普通高等教育“十二五”旅游与饭店管理专业系列规划教材

总主编 刘 住

中国旅游文化

主 编 杨 妮
副主编 丁春文 杨海红 李小明

西安交通大学出版社
XI'AN JIAOTONG UNIVERSITY PRESS

内容提要

本课程是高职高专院校旅游类专业的基础课之一，全书共有九章，主要由自然文化景观、历史文化景观、社会生活文化景观、文学艺术景观、非物质文化遗产五个文化专题组成，内容主要包括中国旅游名胜山水文化、中国旅游建筑文化、中国旅游园林文化、中国茶文化、中国酒文化、中国烹饪文化、中国聚落文化、中国旅游文学艺术、非物质文化遗产等。本书内容丰富，体例新颖，为方便读者学习，每章前都列有学习要点，各章后都有与章节内容相结合的思考题。

本书除了作为高职高专旅游及相关专业的教科书外，也可作为旅游职业教育、旅游行业培训的教材，还可供一般旅游服务人员和旅游爱好者自学参考。

前言 Foreword

旅游是当今世界上最大的产业之一，21世纪将是旅游业发展的“黄金世纪”。“文化就是明天的经济”，而文化旅游是最近几年才出现并流行的一个名词。文化旅游泛指那些以人文资源为主要内容的旅游活动，包括历史遗迹、建筑、民族艺术和民俗、宗教等方面，它以鉴赏异国异地传统文化，追寻文化名人遗踪或参加当地举办的各种文化活动为目的。可以说，寻求文化享受已成为当前旅游者的一种风尚，而这一切都离不开旅游文化，如何使我国丰富的旅游资源在日益发展的旅游事业中得到更好的挖掘、培育、开发，使之有效地为旅游事业服务，是当前旅游文化最主要的任务。在此背景下，对旅游文化的研究成为热点。

旅游文化是旅游学和文化学的交叉，也是一门横跨文学、历史、地理、美学、宗教、哲学、艺术以及其他一些自然科学门类的新兴学科。中国旅游文化伴随着旅游活动的产生而产生，它以华夏文化为母体，是中国文化与旅游相结合、相融会的产物，其内涵十分丰富、外延极其宽广。

根据著名学者卢云亭先生的观点，旅游文化可划分为旅游主体文化、旅游客体文化、旅游介体文化。考虑到本书的使用对象主要是高职高专学生，针对性、实用性体现较强，因此本书内容以介绍旅游客体文化为主。旅游客体文化里中国旅游文化涉及的内涵十分丰富，本书的线索体例体现如下——主要包括自然文化景观、历史文化景观、社会生活文化景观、文学艺术景观、非物质文化遗产等五个文化专题。其中，自然文化景观包括旅游名胜山水文化，历史文化景观包括中国旅游建筑文化、中国旅游园林文化，社会生活文化景观包括中国茶文化、中国酒文化、中国聚落文化，文学艺术景观包括旅游文学艺术。

《中国旅游文化》是旅游高职高专院校旅游类专业的专业基础课之一。本书是在项目教学的思路下，利用五个项目专题构建体系，展开内容，且与其他教材相比增加了非物质文化遗产这一专题。本书由长期从事教学工作的教师参与编写，围绕着职业教育，着重强调职业岗位的针对性，按照适应职业岗位所需的知识和能力结构来确定内容，以培养学生职业素质和职业能力为目标，体例与内容贴近教学实际，便于操作，符合高职高专学生的实际，适应高职高专教育的发展。

本书由杨妮任主编，丁春文、杨海红、李小明任副主编。具体分工如下：杨凌职业技术学院杨妮编写绪论和第四章，浙江工商职业技术学院丁春文编写第二章；杨凌职业技术学院李小明编写第五章；杨凌职业技术学院杨妮与南通纺织职业技术学院杨海红共同编写第三章；杨凌职业技术学院刘燕威编写第六章；北京航空航天大学北海学院孟秋莉编写第八章和第九章；陕西商洛职业技术学院王月凤编写第一章和第七章。

本书在编写的过程中，参阅了大量文献资料和网络资料，得到了有关部门、学院领导、专家和广大教师的大力支持，在此一并向他们表示衷心的感谢。本书中的照片因客观原因，虽几经辗转亦未能找到原出处，在此向作者表示感谢和歉意。

由于编者水平所限，书中如有不足之处，敬请使用本书的师生与读者批评指正，以便修订时改进。如读者在使用本书的过程中有其他意见或建议，恳请向编者提出宝贵意见。

编　者

2011年10月

目录 Contents

绪 论

一、旅游文化概述

(一)文化的概念

在我国,"文化"一词最早见于《易经·贲卦》:"观乎天文,以察时变;观于人文,以化成天下",意即按照人文来进行教化。"文"的本意是彩色交错,"物相杂,故曰文",引申为文雅,古人将文教礼乐等社会意识形态作为文化的主要内容,这是狭义"文化"的概念。现代意义上的文化指人类社会历史发展过程中所创造的全部物质财富和精神财富;也特指社会意识形态,包括文学、艺术、教育、科学等,以及与之相适应的制度和组织机构。作为意识形态的文化,是一定社会的政治和经济的反映,亦影响和作用于一定社会的政治和经济。

在西方,"文化"一词起源于拉丁文"culture",原意为"土地耕耘和作物培育"。文化最初指土地的开垦及植物的栽培,后来才指对人类的身体,特别是艺术和道德能力,还有天赋的培养。人类的开垦种植是人类对自然世界有目的的改造活动,象征着人类文明生活的开始与演变。之后,古代西方人从认识自然转向认识自身,"culture"一词的含义也发生了转变,融进了"培养、教育、发展、尊重"等内涵,最终主要用来指称人类精神领域。可见,文化的含义是从物质生产活动逐步引向精神生产活动。

目前,国外关于文化概念的表述至少有 250 种以上,文化学奠基者、英国人类学之父泰勒在 1871 年把文化定义为:"文化是由知识、信念、艺术、伦理、法律、习俗以及作为社会成员的人所需要的其他能力和习惯所构成的综合体。"《苏联大百科全书》(1973 年)认为广义的文化,"是社会和人在历史上一定的发展水平,它表现为人们进行生活和活动的一种类型和形式,以及人们所创造的物质和精神财富。"作为狭义的文化,"仅指人们的精神生活领域"。

(二)旅游文化的概念

旅游文化这一名词实际上是舶来品,最早出现于美国学者罗伯特·麦金托斯和夏希肯特·格波特合著的《旅游学——要素·实践·基本原理》一书中。关于旅游文化的定义,在学术领域曾出现过多种说法,归纳起来,大致有三种:

一种是客体说:"旅游文化是指与自然风光、古迹遗址有关的历史掌故、民俗文化、文学艺术、传说故事及百科知识等"(周谦《泰山旅游文化发掘初议》)。

另一种是主体说:"旅游文化是指旅游者或旅游服务者在旅游观赏或旅游服务过程中所反映出来的观念形态及其外在表现"(冯乃康《关于旅游文化概念的探讨》)。

第三种是碰撞说:"旅游文化是指旅游主体和旅游客体之间各种关系的总和"(肖洪根《国内外旅游文化研究述评》)。

二、中国旅游文化的特征

(一)承袭发展性

旅游文化的承袭发展性是指文化代代相传沿袭的特性,这是纵向从时间方面感受其发展的。任何现存的旅游文化都是从旧文化脱胎而来，是人类文化长期发展的结果，这中间既有本民族历史文化的沉积、继承和发展，也有对其他民族文化的吸收和融合。例如，中国表演艺术的精华——戏曲，就起源于原始社会的巫舞和傩舞。起初，那只是一种含有戏剧因素的祭祀仪式，后来逐渐发展为汉代的角抵戏和南北朝的参军戏，有了情节内容和人物形象。之后，又进化为宋杂剧、金院本，具备了生、旦、净、丑等角色行当。到元明时期，就成为成熟的戏剧形式——元杂剧、明传奇。到清代中期以后又完善为具有极高审美成就的京剧和其他众多地方戏曲。艺术成就越来越高，艺术形式就越来越复杂，但不管它们如何发展变化，都继承了中国戏曲的基本特征。例如，去南京旅游，即会感受到它的庙堂文化在中华文化中所占的重要地位。除了庙堂文化，南京的旅游文化还有市井文化、农耕文化、商业文化，另外还有明清的"秦淮风月"、"六朝金粉"的享乐文化，更有在中山陵上才能感受到的金陵文化历史主线——进取精神、争胜意识和爱国热情。

佛教诞生于印度，汉代传入中国，到魏晋时期形成很大的势力，并与中国原有的儒家、道家文化发生激烈的冲突，在冲突过程中各方相互吸收对方形式和内容，佛教也开始"中国化"，到隋唐时期成为以禅宗为中心的中国佛教。中国佛教受道家思想和儒家思想的影响极深，和印度的原始佛教有很大的区别。

(二)地域民族性

地域性即旅游文化具有的地方特色，是从横向空间方面探求不同地域的旅游文化特质。所谓"五里不同风，十里不同俗"，地域性是形成旅游文化独特性、丰富性的基础，它使我国的旅游文化闪耀着绚丽多姿的色彩。在我国境域内，以汉文化为中心，山东有齐鲁文化、浙江有吴越文化、湘鄂有楚文化、两广有岭南文化，都具有地域性和民族性的特征，因此部分专家学者正是依据地域的差异，将中华旅游文化划分为京华大观、中原览古、朔漠风光、雄关内外、东南形胜、荆楚游望、川滇山水、闽粤览胜、唐蕃古道、丝绸之路、中华宝岛十一大区域。每一区域的历史、文学、文字、地理、宗教、科学、建筑、园林、书法、绘画、民俗、掌故等旅游文化都有其独特的魅力。

民族性即旅游文化的民族特征，文化的主体是民族，每个民族都是在不同的自然环境和社会环境中生产和生活的，其文化形态都发生和成长在相对固定的地域之内，最初的发展基本不受外来势力的影响，如古埃及文明、两河文明、印度文明和中国文明，大都是这样生长的。例如，坎儿井只会出现在干燥少雨的沙漠而不可能出现在雨量充沛的海岸和低地；爱斯基摩人具有居住圆顶屋室、以狗拉雪橇、使用皮筏等文化特点，完全是北极高寒气候决定的；中国滨海的吴越人因"常在水中，故断其发、文其身，以象龙子"，以求得图腾祖先的保佑；等等。中国旅游文化门类繁多，形态复杂，但都具有强烈的民族特征，体现了中华民族聪慧、勤勉、务实、含蓄的民族性格和坚忍不拔、勤奋进取的民族精神，显示了独特的价值观念和审美观念。

(三)交融互动性

中国旅游文化不仅包括时间上的传承，也包括地域上的多元、交融和互补。各种文化之间的内涵和外延都有融合和交叉，呈现出你中有我、我中有你、相互影响、相互渗透的现象。从世界范围来说，民族文化的一个重要的来源，就是文化的交融互动性。如指南针、火药、造纸术的发明权属于中国，而今天世界每个地方的人们都在享受这些发明的惠泽。欧洲中世纪的羊皮纸，古代两河的泥版、埃及的纸草、印度的贝叶经早已变成了精美的图书，这样，纸和活字印刷已成为世界文化的一部分，不再只是中国人所专有。众所周知，唐代的文化交流十分频繁，文学艺术创作也蔚为大观。当时的绘画、歌舞、服饰、器具多以域外风格为时尚。当时的长安城里，来自西域的画家有撒马尔罕的康萨陀、于阗的尉迟父子；音乐家有来自龟兹的白明达、安国的安叱奴，米国的米嘉荣、米和郎父子等。贵族中流行的蹴鞬亦传自西域，甚至延续至今的元宵观灯的风俗也是受西域的影响。

再以饮食文化为例，有人把鲁菜作为宫廷菜，淮扬菜作为文人菜，川菜作为平民菜，粤菜作为商贾菜。但是每个莱系中都有许多菜无法截然区分，原料既可以就地取材，也可以南来北往，烧烤未必是京鲁菜的专利，火锅也并非不准淮扬菜使用，尤其是现代社会的交通网的形成，交通工具的便捷快速，吸取交融成为当今的趋势。各种文化之间都是潜移默化地在相互交流、互补中，即保持了区域文化的传统特色，又孕育出新的文化因素、新的文化特征。

三、中国旅游文化的内容

(一)中国旅游名胜山水文化

仁者乐山，智者乐水，赏心悦目的奇山异水给人以无限的美感与慰藉，因而人们都喜爱游山玩水。自古以来，人们就与山水有着不解之缘，不仅爱山，而且恋水。对于中国古代士人而言，观山水，有若读书，从山水中可以悟出许多人生哲理，涤荡和滋润着他们的心灵。

中国旅游名胜山水文化包括山岳文化、水域文化和森林溶洞文化。

(1)山岳文化。山岳文化是山岳景观被大自然赋予自然美的同时，烙上人类文化的印记。人类用自己独特的民俗文化模式审视山岳景观，使其具备多种多样的浓郁的民俗性格，展现千姿百态的民俗风貌和丰富深刻的文化内涵。中国地大物博，山岳文化主要包括三山五岳、佛教四大名山、道教四大名山；此外，还有风景名山如安徽黄山、江西庐山；西部高山如珠穆朗玛峰等。

(2)水域文化。水域文化的核心内容和本质特征在于注重水域环境的保护和水资源的持续利用，它造就了中华民族具有水域文化特色的传统。水域是指江、河、湖、海从水面到水底的一定范围。那么，蕴藏在水域景观中的文化即水域文化。水域文化主要包括湖泊、江河、流泉、飞瀑等景观类型。

(3)森林溶洞文化。森林是地球上最大的陆地生态系统，是全球生物圈中重要的一环。它不仅能为人类提供赖以生存和发展的资源和环境，而且能涵养水源，调节气候，减少水土流失，净化空气，对维系整个地球的生态平衡起着至关重要的作用。为发展生态旅游，各地纷纷建立自然保护区，使森林成为人们了解自然、亲近自然的良好场所。著名的有西双版纳热带雨林、轮台胡杨林、蜀南竹海等。

溶洞，地理学称作喀斯特地貌，在我国称为岩溶地貌，是石灰岩在水流溶蚀作用下形成的洞穴。水流的侵蚀和溶蚀在洞内形成了千姿百态的形状，有石钟乳、石笋、石瀑、石花、鹅管等样子，令人称奇。由于洞内凉爽的温度、新鲜的空气、静谧的气氛，溶洞成为炎炎夏日游人青睐的地方。中国的喀斯特地貌分布广泛，除了西南地区是著名的岩溶地貌外，在东北、华北、东南也有少量的喀斯特地貌分布，使得中国从东到西、从南至北都有神奇洞穴的奇异景观。著名的有织金洞、芙蓉洞、腾龙洞等。

(二)中国旅游建筑文化

建筑是人类文明的标志，是人类文化的重要组成部分。不论是宫廷建筑、民间建筑，还是宗教建筑无不反映出中国人民的勤劳和智慧。中国古代建筑以独特的结构体系、优美的艺术造型和丰富的艺术装饰享誉中外，在世界建筑史和文化艺术史中写下了光辉的一页，受到了各国建筑师、艺术家和广大旅游者的高度赞赏。

(1)宫殿建筑文化。宫殿建筑文化是皇家尊严和权威的集中体现，严格的中轴对称、中轴线上建筑高大华丽和轴侧建筑低小简单的反差，体现了皇权的至高无上；中轴线纵长深远，更显示了帝王宫殿的尊严华贵。宫殿建筑体现中国的礼制思想，即崇敬祖先、提倡孝道，祭祀土地神和粮食神；而规划布局、地势环境等方面无不体现阴阳五行等中国传统文化。

(2)陵墓建筑文化。陵墓建筑文化体现着中国深厚的传统文化和丧葬文化意蕴。中国帝王陵墓的演变，也呈现形式多样的特点。

(3)坛庙建筑文化。坛庙是一种祭祀建筑。它不是宗教建筑，却具有一定的民族宗教文化的崇拜意义；它不是宫殿，但有渗融着政治、伦理的丰富内容。它是遵从“礼”的要求而产生的建筑类型。

(4)民居建筑文化。民居建筑有着悠久的历史传统，中国人民在建筑的群体组合、院落布局、外观造型、地形利用等方面都积累了丰富的经验。不同地区、不同民族的民居都有自己独特的艺术风格和特色。民居的艺术价值在于“意”，而不在于“形”，其结构特点虽简单，但意蕴丰富。与生活息息相关的民居以真实的情感与实用的功能，在不断创新中，传达出复杂深厚的氛围意境。

(三)中国旅游园林文化

园林是人们模拟自然环境，利用树木花草、山、水、石和建筑物，按一定的艺术构思而建成的人工生态环境，是融建筑、雕塑、绘画、文学、书法、金石等艺术为一体的综合艺术品，具有观赏游览、读书养性、休憩娱乐、陶冶情操的功能，达到了美的境界，被称为中国“文化一绝”。

中国园林艺术的灵感完全来源于自然山水，造园方法模拟自然山水意境，因而称为“自然山水式园林”。中国古典园林滋生在中国文化的肥田沃土之中，并深受绘画、诗词和文学的影响。由于诗人、画家的直接参与和经营，中国园林从一开始便带有诗情画意的浓厚感情色彩。

师法自然、融于自然、顺应自然、表现自然，中国古代园林体现了“天人合一”的民族文化，体现了生境、画境、意境三种艺术境界，这也是中国园林永具其艺术生命力的根本原因。园林中的亭、台、楼、榭，小品的石凳、石桌、藤架，水池中栽植的荷花等都具有典型的中国园林风味。

(四)中国茶文化

中华茶文化源远流长，博大精深，不但包含物质文化层面，还包含深厚的精神文明层面。自唐代陆羽著《茶经》之后，茶的精神渗透宫廷和社会，深入中国的诗词、绘画、书法、宗教、医学等方方面面。几千年来中国不但积累了大量关于茶叶种植、生产的物质文化，更积累了丰富的有关茶的精神文化，即中国特有的茶文化。

(五)中国酒文化

酒是一种历史悠久的饮料。在欢庆佳节、婚丧嫁娶、宴请宾客时都少不了酒，它具有使人精神振奋，刺激食欲，消除疲劳，加快血液循环，促进人体新陈代谢的作用。适量饮酒有益身体健康；在酒会、宴会、聚餐等场合，频频举杯祝酒，更能活跃气氛，增进友谊。此外，酒还是一种烹调中的上等佐料，它不仅可以解腥去腻，而且可以增加菜肴的美味。

中国是酒的王国，在长期的发展过程中，酿造出许许多多被誉为“神品”、“琼浆”的酒类珍品。中国又是酒的乐土，著名诗人李白、杜甫、白居易、杜牧都有脍炙人口的关于酒的诗篇流传至今，构成了丰富多彩、千姿百态的酒文化，并成为蜚声海内外的中国旅游文化中又一朵艳丽的奇葩。

(六)中国烹饪文化

烹饪是一门技术，更是一种艺术，包含着美的形式和内容。中国烹饪技术历史悠久，技艺精湛，注重形式美与内容美的统一。艳丽的色彩、美观的形态、诱人的香气、多变的味型是我国烹饪美学的一大特点。中国地大物博，可食用的品种繁多，而且各地民俗民风不一，经过漫长历史的演变而形成一整套自成体系的烹饪技艺，产生了一些不同风格的菜系（即地方菜），它们是我国烹饪技术的精华，是我国烹饪水平的代表，统称为“中国菜”。其中地方菜按地域划分，又可分为各个地方菜系，即四川菜系、广东菜系、江苏菜系和山东菜系等，各大菜系口味的主要区别是南甜、北咸、东辣、西酸。

（七）中国聚落文化

聚落，本义是指村落，后来泛指人群聚居的地方，包括都市、城镇和乡村等。它是在一定地域内发生的社会活动和社会关系，并由该区域的成员所组成的相对独立的地域社会。聚落是一种空间系统，是一种复杂的经济、文化现象和发展过程，是在特定的地理环境和社会经济背景中人类活动与自然相互作用的综合结果。

聚落文化在长期的历史发展过程中，积累和保存了大量的古代建筑和文物史迹，体现了特定时期社会的经济基础和丰富多彩的民族文化。

（八）中国旅游文学艺术

中国旅游文学艺术是有着悠久历史的中国传统文化在文学、书法、绘画、戏曲、雕塑、民间工艺等各个领域的成就体现，它承载着历史的厚重，传递着千古信息，形成了独具特色的东方神韵与气质，为世界各地的旅游者所惊叹和神往。在长期的历史发展过程中，诸多文化表现形式与旅游相结合，成为重要的旅游文化资源，并形成了具有中国特色的旅游文学艺术。

旅游文学艺术是指与旅游诸多组成要素相结合，反映旅游活动、激发人们的旅游动机、构成旅游资源的文学艺术。它主要由两部分组成：一是直接构成旅游吸引物或吸引因素的文学艺术作品，如楹联、书法、雕塑、曲艺等；二是以旅游为审美对象的文学艺术作品，如山水诗词、旅游游记等。

（九）非物质文化遗产

非物质文化遗产是地方民间文化的精髓。各民族创造的民间歌舞、地方戏曲、民俗节庆、传统工艺品等都承载着一个民族的文化基因，体现着一个民族的审美情趣，曾被誉为历史文化的“活化石”和“民族记忆的背影”。通过对非物质文化遗产的欣赏和理解，可以领略地方民间文化的精髓，把握地方文脉，体验地方文化，满足旅游者追寻异质文化的心理需求。非物质文化遗产是一种重要的旅游文化资源。

本章思考题

1. 简述文化和旅游文化的概念。
2. 简述中国旅游文化的特征。
3. 试述中国旅游文化的内容。

文化专题一　自然文化景观

第一章　中国旅游名胜山水文化

学习要点

1. 了解山岳及山岳文化的概念，掌握山岳文化的审美特征及类型，学会用美学观点欣赏名山
2. 了解水域文化的概念及分类，掌握不同类型水域文化的审美特征，学会用美学观点审视著名的水域景观
3. 了解森林溶洞文化景观的特点，掌握西双版纳热带雨林、轮台胡杨林、蜀南竹海及织金洞、芙蓉洞和腾龙洞的景观特色，学会欣赏自然美景

第一节　山岳文化

一、山岳的审美特征

在漫长的地球运动过程中形成的，在地貌学上绝对高度在500米以上的地貌形状，通常被称为山或山岳。我国是一个多山的国家，海拔在500米以上的地区占全国总面积的75%。山岳在地理空间分布上具有明显的地域性，不同地区的山岳具有不同的景观。例如，我国北方的山峰高大宏伟，南方的山峰低矮纤丽，可称之为“北雄南秀”。

山岳文化包括物质层面和精神层面两种含义：物质层面的含义是指人们对山岳的自然环境特征的认识，包括山岳的成因、岩石的形状、气候特征与物产等；精神层面的含义是指人们对山岳的心态、心理、信念、观念和思想等，也包括与山岳有关的哲学、宗教、美学、文学和绘画等。人们在认识自然、了解自然的过程中，逐渐将山岳纳入审美对象，并且赋予它丰富的文化内涵，使之成为自然与人类文化传承的载体之一。在旅游业日益兴旺的今天，山岳又成为极其重要的旅游资源，吸引着大量游客。

(一)形象美

自然景观之美，总是以一定的形式和形象表现出来，山岳景观也不例外。山岳形象美可概括为雄、奇、险、秀、幽、旷、野等。

1. 雄

山岳之雄指山岳形体高大、气势宏伟、坚韧挺拔，是一种壮美、崇高的形象。雄所引起的审美感受是震惊、崇敬、赞叹、愉悦。东岳泰山就具有“泰山天下雄”的美谈，人们也常用山岳来形容男子汉顶天立地的英雄气概。

2. 奇

山岳之奇在于形象非同一般、离奇怪异、变化多端。奇所引起的审美感受是好奇、惊喜、兴味盎然、妙趣横生。以奇为美的山岳首推黄山。

3. 险

山岳之险往往表现为垂直如斧劈、悬崖峭壁、突兀嶙峋、深不见底等形象特征。险所引起的审美感受是惊心动魄、心惊胆战、心有余悸，具有强烈的吸引力，可以激发人们的好奇心和战胜欲。西岳华山素有“华山天下险”之称。

4. 秀

山岳之秀的主要特征是柔和、秀美。山岳绵延起伏，线形较为柔和，没有突兀陡峭的险峰，雄伟中透露迷人的秀色。它时常同女性美联系在一起。四川峨眉山被誉为“峨眉天下秀”。

5. 幽

幽，是一种意境，也是一种审美特征。山岳之幽在于深藏，景色越深，藏之愈隐，越富有情趣。幽深莫测的神秘感，可使旅游者轻松宁静、心境愉悦、恬适超然。素有“青城天下幽”美誉的青城山，在我国山岳中属最幽美的景观。

6. 旷

山岳之旷指空阔、辽远，多给人以高旷之感。位于山顶，极目远眺，人与景观拉开距离，便得高旷之景。“黄河之水天上来，奔流到海不复回”，“会当凌绝顶，一览众山小”，“江小细如绳，湓城小于掌”，均描绘出高旷景观带给人们开朗旷达的审美感受，同时也反映了自古以来人们登高览胜的审美习惯。

7. 野

山岳之野指未经人类雕饰、干扰或破坏的原始状态或“第一自然”景观。如西藏的南迦巴瓦峰、四川的贡嘎山等，其山、水、石、林仍处于原始状态，保持着纯真古朴的风貌，游历其境，带给人一种远离尘世、返璞归真的“野趣”之美。

以上归纳了山岳的七种审美特征。事实上，每座名山的形态各异，在整体上可能只突出一、两种形象美的特征，或雄，或险，或奇，或秀，或幽。但在微观上，其大小景区会因地质地貌、植被生成、气候变化等差异，幻化出各种各样的形象美。因此我们在观赏山岳时，既要注意山岳景观的整体风格，又要细细品味其细微景象，唯此才能真正领悟其自然之美。

（二）色彩美

树木花草、江河湖海、云岚烟霞及阳光等构成大自然的色彩美，如蓝天、白云、青山、绿水、碧海、金沙……自然界中的色彩美给旅游者带来轻松、欢悦和幸福，带来赏心悦目的美感，乃至令人振奋和神往。

就山岳而言，其色彩美更多地体现在山体植被色彩的变化上，它们随季节的变化而变化。山岳因春而绿，因夏而红，因秋而黄，因冬而白。如深秋季节北京的香山红叶，其浓重的金黄色彩令人叫绝。这种红叶的美在于它特殊的红色之美，恰似“霜叶红于二月花”。当然，山岳景观中最引人注目的色彩莫过于鲜花，像云南的山茶花、峨眉的杜鹃花、盘山的梨花和杏花等，都是以其色彩美闻名于世。

（三）动态美

山岳的动态美蕴藏在其静态之中，主要表现在群峰形象的方向性，及其聚集、倾斜、高下的节奏所形成的总体构图上。苏东坡诗云：“前山槎牙忽变态，后岭杂沓如惊奔。”生动描述了峰峦起伏、如逐如奔的动势。“七十二峰朝大顶”,则以拟人化的手法,描写了武当山群峰峰顶均微弯而趋向主峰天柱峰金顶,仿佛觐见君主的动态妙趣。另外,山是静的,人是动的,由于人在山上的活动,使得整个山岳活跃起来。如今越来越多的人喜欢登山,人们在登山的过程中,体味战胜大自然的乐趣。甚至还有根据山岳特色设置的竞赛活动,如徒步越野、山地探险、山地自行车越野、山路汽车越野等。有了人的参与,山岳也呈现出所谓的动态美。

(四)声音美

山岳是静止无声的,但活跃在其间的生物是有声的,甚至山泉小溪穿流其中发出的声响,都会使得整个山岳生机盎然。如王维诗云“声喧乱石中,色静深松里”,“明月松间照,清泉石上流。竹喧归浣女,莲动下渔舟”形象地描绘了新雨之后,青山特别清朗,清泉轻轻地在大石上叮咚流淌,山上竹林传出归家洗衣女的谈笑声,使人们不禁联想到一幅动中有静、静中有动的优美画面。

二、山岳文化类型及介绍

山岳景观被大自然赋予自然美的同时,也深深地烙上人类文化的印记,人类用自己独特的民俗文化模式审视山岳景观,使其具备多种多样的浓郁的民俗性格,展现千姿百态的民俗风貌和丰厚深刻的文化内涵。

中国地大物博,不乏名山大川,除人们熟知的三山五岳外,还有佛教四大名山:山西五台山、浙江普陀山、四川峨眉山、安徽九华山;道教四大名山:湖北武当山、江西龙虎山、安徽齐云山、四川青城山;此外,还有风景名山如安徽黄山、江西庐山;西部高山如珠穆朗玛峰、南迦巴瓦峰;等等。

(一) 五岳

五岳包括东岳泰山、西岳华山、南岳衡山、北岳恒山和中岳嵩山。五岳形态各异,泰山如坐,华山如立,衡山如飞,恒山如行,嵩山如卧,早已闻名于世界。五岳论景观各具特色:泰山雄,华山险,衡山秀,恒山奇,嵩山峻。下面我们重点介绍东岳泰山和西岳华山。

1. 东岳泰山

泰山位于山东省泰安市,因地处东部,故称东岳,号称五岳之首、五岳独尊。

图 1-1　东岳泰山

泰山自然景观雄伟高大，其美以雄伟著称，在雄伟中蕴含着奇、险、秀、幽、奥、旷等美的形象。著名风景名胜有天柱峰、日观峰、百丈崖、仙人桥、五大夫松、望人松、龙潭飞瀑、云桥飞瀑、三潭飞瀑等。1987年泰山被列入《世界自然与文化遗产名录》。

泰山不仅自然风景美丽壮观，还蕴藏着深厚的文化内涵。泰山是黄河流域古代文化的发祥地之一，泰山南麓的大汶口文化和北麓的龙山文化遗存，便是佐证。孔子曾在此留下"登泰山而小天下"的赞叹，杜甫也写下了"会当凌绝顶，一览众山小"的千古绝唱。数千年精神文化的渗透和渲染以及人文景观的烘托，使泰山有了"天下第一山"之美誉。泰山将建筑、绘画、雕刻、山石、林木融为一体，是东方文明伟大而庄重的象征。

历经几千年的文化积淀，泰山上存有许多人文景观。最引人入胜的地方就是泰山是中国历史上受过皇帝封禅的名山。数千年来，先后有12位皇帝在此封禅。"封"是在泰山极顶聚土筑圆坛祭天帝，增泰山之高以表功于天；"禅"是在泰山下小山丘积土筑方台坛祭地神，增大地之厚以报福广恩厚之情。圆坛方坛表示天圆地方，一代帝王若登封泰山即视为天下太平、国家兴旺的标志。自秦汉至明清，历代皇帝到泰山封禅27次，历朝有94代帝王到这里参拜。同时泰山也是佛、道两教兴盛之地。历代帝王所到之处，建庙塑像，刻石题字，留下了众多文物古迹。历代名人宗师对泰山亦仰慕备至，纷纷到此游览，留下了大量描绘、赞美泰山风景的诗文佳作，为泰山锦上添花。

泰山之称最早见于《诗经》，"泰"意为极大、通畅、安宁。另外，泰山还有岳父的意思。古老的泰山，群峰拱岱，物产丰富，其地盛产的赤灵芝、何首乌、泰山参、穿山龙被誉为"泰山四宝"，实乃驰名中外的营养佳品。

2. 西岳华山

华山古称太华山，位于陕西省渭南市华阴境内，是秦岭支脉的一座花岗岩山。它东临潼关，西望长安，扼守着大西北进出中原的门户。因有东南西北中五峰环峙，状如莲花，故名华山。华山之险居五岳之首，有"自古华山一条路"之说。凭借大自然风云变幻的装扮，华山的千姿万态被有声有色地勾画出来，是国家级风景名胜区。

图1-2　西岳华山

西岳华山与东岳泰山并称，最早见于《尔雅·释山》一书。西岳这一称呼据说是因周平王迁都洛阳，华山在东周京城之西，故称“西岳”。华山山路奇险，景观独特，文化内涵丰厚，是中华民族文化的发祥地之一。据清代著名学者章太炎先生考证，“中华”、“华夏”皆因华山而得名。中国历史上，曾有56位皇帝曾到此巡游或举行祭祀活动。自隋唐以来，李白、杜甫等文人墨客咏华山的诗歌、碑记和游记不下千余篇，摩岩石刻多达上千处。自汉杨宝、杨震到明清冯从吾、顾炎武等不少学者，也曾隐居华山诸峪，开馆授徒，一时蔚为大观。

而建于汉武帝时期的西岳庙，有着“陕西故宫”和“五岳第一庙”之称誉，这是五岳中建制最早和面积最大的庙宇。华山还是道教名山，道教称第四小洞天，山上现存72个半悬空洞，道观20余座，其中玉泉院、东道院、镇岳宫被列为全国重点道教宫观。在华山诸多故事中，流传最为广泛的神话故事有“巨灵劈山”、“沉香劈山救母”、“吹箫引凤”等。

华山著名景点多达200余处，有凌空架设的长空栈道，三面临空的鹞子翻身，以及在峭壁绝崖上凿出的千尺幢、百尺峡、老君犁沟等，而华岳仙掌被列为关中八景之首。

1949年华阴解放前夕，国民党陕西省第八行政督察区专员兼陕西保安第六旅旅长韩子佩率残部百余人逃上华山，妄图凭借天险负隅顽抗作最后挣扎。中国人民解放军在华阴群众的帮助下，打破“华山自古一条路”的传说，从黄甫峪攀上北峰，奇袭残匪，创造了“神兵飞跃天堑、英雄智取华山”的奇迹。今真武殿前百米处建有花岗岩圆雕石亭一座，亭中立有解放华山纪念碑。从此，北峰又成为向青少年进行爱国主义教育和革命传统教育的课堂。

（二）佛教名山

山西五台山、浙江普陀山、四川峨眉山、安徽九华山，被誉为中国佛教四大名山。它们分别供奉着文殊菩萨、观音菩萨、普贤菩萨、地藏菩萨，通常有“金五台、银普陀、铜峨眉、铁九华”之称。随着佛教的传入，四大名山自汉代开始建寺庙，修道场，延续至清末。中华人民共和国建立后佛教受到国家的保护，新中国政府对寺院进行了修葺。如今中国佛教四大名山已成为蜚声中外的宗教旅游胜地。

图1-3　五台山

1. 五台山

五台山列我国四大佛教名山之首，它位于山西省忻州市五台县东北，距太原市240公里。五台山与尼泊尔蓝毗尼花园，印度鹿野苑、菩提伽耶、拘尸那迦并称为世界五大佛教圣地，同时也是中国佛教及旅游胜地，2009年被列入《世界自然与文化遗产名录》。

五台山由一系列大山和高峰组成，其中五座高峰，峰顶平坦宽阔，“有如垒土之台”，故名五台山。北台云浮山腰，海拔3 058米，是五台山最高峰，有“华北屋脊”之称。因山上气候寒冷，盛夏不知炎暑，五台北部阴谷处有终年不化的“千年雪”、“万年冰”。北台盛夏时亦可偶见降雪，因此五台山亦称“清凉山”，是一个融自然风光、历史文物、古建筑艺术、佛教文化、民俗风情、避暑休养为一体的旅游区。

五台山是驰名中外的佛教圣地，也是中国的佛教中心、文殊菩萨的道场。五台山以其建寺历史悠久、规模宏大，而居中国佛教四大名山之首，故有“金五台”之称。始建于汉明帝对期的大孚灵鹫寺（今显通寺），与洛阳白马寺同为中国最早的佛教寺院。唐代因“文殊信仰”的繁盛，寺院多达360余处。盛唐时期，五台山成为海外信徒留学听经的高等佛教学院。千百年来，印度、日本、蒙古、朝鲜、尼泊尔、斯里兰卡等国佛教徒，很多人都到五台山来朝圣求法巡礼，有些甚至留在五台山修行终身。

北魏孝文帝、隋炀帝、宋太宗、元英宗、清圣祖、清高宗等都曾驾幸五台山。自北魏至清朝，历朝历代皇帝、皇后遣使札礼五台山者，从未间断。翻开五台山各大寺的“庙史”，第一页几乎全是“敕建”二字。五台山也是我国唯一兼有汉地佛教和喇嘛教的佛教道场。

五台山名寺众多，著名的有显通寺、塔院寺、菩萨顶、栖贤寺、龙泉寺、金阁寺和广仁寺等。其中显通寺位于台怀镇中心，是五台山历史最长、规模最大的寺庙。塔院寺在显通寺南侧，由尼泊尔匠师阿尼哥设计，院内修建一座白塔，取名为塔院寺。人们进入台怀镇，首先映入眼帘的就是高大的塔院寺白塔，非常引人注目，常被人们看作是五台山的标志。

2. 峨眉山

峨眉山位于四川盆地西南部，地处长江上游，屹立于大渡河与青衣江之间，西南距峨眉山市7公里，东距乐山市37公里，是著名的佛教名山和旅游胜地，是一个集佛教文化与自然风光为一体的国家级山岳型风景名胜区。

峨眉山是中国佛教四大名山之一，是举世闻名的普贤菩萨道场。由于有山峰相对如蛾眉，故名峨眉山。峨眉山平畴突起，巍峨秀丽。它以优美的自然风光、悠久的佛教文化、丰富的动植物资源、独特的地质地貌而著称于世，有“峨眉天下秀”之美誉。“蜀中多仙山，峨眉邈难匹”，是大诗人李白赞美峨眉山的诗句。峨眉山以优美的自然风光和神话般的佛国仙境而驰名中外，美丽的自然景观与悠久的历史文化内涵完美结合，相得益彰。1996年，峨眉山被联合国教科文组织列入《世界自然与文化遗产名录》。

峨眉山秀甲天下，气象万千，集雄奇险秀于一身，素有“一山有四季，十里不同天”之妙喻。登临金顶极目远望，视野宽阔无比，景色十分壮丽。观日出、云海、佛光、晚霞，令人心旷神怡。

据载佛教于公元1世纪传入峨眉山，汉末佛家便在此建立寺庙。他们把峨眉山作为普贤菩萨的道场，主要崇奉普贤大师。普贤菩萨形象总是身骑六牙白象，作为愿行广大、功德圆满的象征。普贤菩萨声名远播，广有信众，菩萨因山而兴盛，山因菩萨而扬名。

相传东汉时，山上已有道教宫观。峨眉山被尊为普贤菩萨道场后，全山由道改佛。唐、宋时期，两教并存，寺庙宫观得到很大发展。明代之际，道教衰微，佛教日盛，僧侣一度曾达1700

图 1-4　峨眉山

余人，至清末寺庙达到 150 余座。峨眉山千百年来香火旺盛，游人不绝，永葆魅力。

近 2 000 年的佛教发展历程，给峨眉山留下了丰富的佛教文化遗产，成就了许多高僧大德，使峨眉山逐步成为中国乃至世界影响深远的佛教圣地。峨眉山著名寺庙有报国寺、伏虎寺、清音阁、洪椿坪、仙峰寺、洗象池、金顶华藏寺、万年寺八大寺庙。寺庙中的佛教造像造型生动，工艺精湛，均为珍贵的佛教文物。

峨眉山金顶四面十方普贤金像是世界上最高的金佛，也是第一个十方普贤的艺术造型。

图 1-5　峨眉山四面十方普贤金像

金佛系铜铸鎏金工艺造像，通高48米，总重量达660吨，由台座和十方普贤像组成。其中，台座高6米，长宽各27米，四面刻有普贤的十种广大行愿，外部采用花岗石浮雕装饰，十方普贤像重350吨。金佛通高48米代表着阿弥陀佛的48个大愿。“十方”一是意喻普贤的十大行愿，二是象征佛教中的东、西、南、北、东南、西南、东北、西北、上、下十个方位，喻普贤菩萨以圆满的无边愿行，广度十方三世一切众生。普贤大师的十个头像分为三层，神态各异，代表了世人的十种心态。

峨眉与少林、武当共为中土武术的三大宗派。峨眉山武术，内容广泛、技艺精湛。峨眉派总的特点，在于亦刚亦柔，如玉树临风，是诸家武术中姿态最为优美的一种。

(三)道教名山

道教是中国主要宗教之一，由张道陵于东汉顺帝时首创于四川鹤鸣山，到南北朝时盛行起来。道教徒尊称张道陵为天师，因而又叫“天师道”，后又分化为许多派别。道教奉老子为教祖，尊称他为“太上老君”。青城山、武当山、龙虎山、齐云山被誉为我国道教四大名山。

1. 青城山

青城山为中国道教发源地之一，属道教名山。它位于四川省都江堰市西南，古称“丈人山”，东距成都市68公里，处于都江堰水利工程西南10公里处。青城山靠岷山雪岭，面向川西平原。主峰老霄顶海拔1 600米。全山林木青翠，四季常青，诸峰环峙，状若城郭，故名青城山。青城山丹梯千级，曲径通幽，以幽洁取胜，自古就有“青城天下幽”的美誉。

青城山分前、后山。前山是青城山风景名胜区的主体部分，景色优美，文物古迹众多，主要景点有建福宫、天然图画、天师洞、朝阳洞、祖师殿、上清宫等；后山水秀、林幽、山雄，高不可攀，冬天寒气逼人、夏天凉爽无比，主要景点有金壁天仓、圣母洞、山泉雾潭、白云群洞、天桥奇景等。

自古以来，人们以“幽”字来概括青城山的特色。青城山空翠四合，峰峦、溪谷、宫观皆掩映于繁茂苍翠的林木之中。道观亭阁取材自然，不假雕饰，与山林岩泉融为一体，体现出道家崇尚朴素自然的风格。堪称青城山特色的还有日出、云海、圣灯三大自然奇观。其中圣灯(又称神灯)尤为奇特。上清宫是观赏圣灯的最佳观景处。每逢雨后天晴的夏日，夜幕降临后，在上

图1－6　青城山

清宫附近的圣灯亭内可见山中光亮点点，闪烁飘荡，少时三、五盏，忽生忽灭，多时成百上千，山谷一时灿若星汉。传说是“神仙都会”青城山的神仙朝贺张天师时点亮的灯笼，称为圣灯。实际上，这只是山中磷氧化燃烧的自然景象。

青城之幽素为历代文人墨客所推崇，唐代“诗圣”杜甫来到青城山写下了“自为青城客，不唾青城地。为爱丈人山，丹梯近幽意”的佳句。1940 年前后，当代国画大师张大千举家寓居青城山上清宫。他寻幽探胜，泼墨弄清彩，作品愈千幅，还篆刻图章一方，自号“青城客”。20 世纪 60 年代，张大千在远隔重洋的巴西圣保罗画巨幅《青城山全图》，供自己及家人卧游。晚年自云：“看山还故乡青城”，“而今能画不能归”，终身对故乡青城仙山充满着眷恋之情。

青城山是中国首批公布的风景名胜区之一，素有“拜水都江堰，问道青城山”之说。2000 年，青城山与都江堰共同作为一项世界文化遗产被列入《世界自然与文化遗产名录》。

2. 武当山

武当山又名太和山，古有“太岳”、“玄岳”、“大岳”之称。它位于湖北省西北部的十堰市丹江口境内，属大巴山东段，西界堵河，东界南河，北界汉江，南界军店河、马南河，背倚苍茫千里的神农架原始森林，面临丹江口水库。武当山无与伦比的美，是自然美与人文美高度和谐的统一，因此被誉为“亘古无双胜境，天下第一仙山”。2009 年，武当山作为国家重点风景名胜区、全国武术之乡、全国八大避暑胜地之一当选中国世界纪录协会中国道教第一山。武当山还是武当拳的发源地。

武当山高峰林立，主峰天柱峰海拔 1 612 米，被誉为“一柱擎天”，四周群峰向主峰倾斜，形成“万山来朝”的奇观。胜景有箭镞林立的山峰、绝壁陡峭的悬岩、激湍飞流的山涧、云腾雾蒸的洞穴、玄妙奇特的怪石等。

武当山古建筑群分布在以天柱峰为中心的群山之中，总体规划严密，主次分明，大小有序，布局合理。建筑位置选择注重环境，讲究山形水脉，布置疏密有致。建筑设计的规划或宏伟壮观，或小巧精致，或深藏山坳，或濒临险崖，达到了建筑与自然的高度和谐，具有浓郁的建筑韵律和天才的创造力。据统计，唐至清代共建庙宇 500 多处，庙房 20 000 余间，其中明代达到鼎盛，历代皇帝都把武当山道场作为皇室家庙来修建。明永乐年间，大建武当，史有“北建故宫，

图 1-7　武当山

南建武当”之说。明嘉靖三十一年(1552 年)又进行扩建,形成“五里一庵十里宫,丹墙翠瓦望玲珑。楼台隐映金银气,林岫回环画镜中”的建筑奇观,达到“仙山琼阁”的意境。除古建筑外,武当山尚存珍贵文物 7 400 多件,尤以道教文物著称于世,故被誉为“道教文物宝库”。

武当武术,又称“内家拳”,源远流长,玄妙飘灵,是中国武术的一大流派,素有“北崇少林,南尊武当”之说。它以静制动,以柔克刚,炼气凝神,刚柔相济,内外兼修,是极好的健身养性之术。富有神韵的武当道教音乐,具有中庸、委婉庄重和典雅的特点,与武当武术同享盛名。武当传说故事、民歌、民俗风情等丰富多彩,异彩纷呈。《倚天屠龙记》中,少年张三丰在武当山创立门派,最后成为中国武术史上的不世奇才,金庸把这一回题拟为“武当山顶松柏长”,就是比喻张三丰开创的武当基业。武当山神奇的自然景观和丰富的人文景观融为一体,其物华天宝又兼具人杰地灵的特质给世人留下极大的想象空间。

(四)风景名山

中国的名山众多,它们以其俊秀的英姿、绚丽的风采吸引着全世界的游客流连忘返,其中以“黄山归来不看岳”闻名的安徽黄山、“匡庐奇秀甲天下”著称的江西庐山的名气最大,享有“世界级名山”的声誉。

1. 黄山

黄山位于安徽省黄山市,地处皖南歙县、黟县和休宁县的边境,为三山五岳中三山(黄山、庐山、雁荡山)之一,是中国十大风景名胜中唯一的山岳风景区。黄山素以奇松、怪石、云海、温泉“四绝”著称于世。黄山风景名胜区是中国第一个同时作为文化、自然双重遗产被列入《世界自然与文化遗产名录》的名山。

黄山是一座著名的花岗岩名山,它集泰山之雄伟,华山之险峻,衡山之烟云,庐山之飞瀑,雁荡山之巧石,峨眉山之清凉于一体,更有“天下第一奇山”之称。黄山有 72 座奇峰,三大主峰是高耸的莲花峰、平旷的光明顶、险峻的天都峰。周围还有 77 座千米以上的山峰,群峰叠翠,有机地组合成一幅波澜壮阔、气势磅礴、令人叹为观止的立体画面。明代旅行家、地理学家徐

图 1-8 黄山

霞客曾两游黄山，赞叹道："登黄山天下无山，观止矣！"黄山又留下"五岳归来不看山，黄山归来不看岳"的美誉。

黄山自古闻名，许多文人前来游历并留下名诗吟诵。另外还有寺庙亭台，为黄山增色不少。山中以道教命名的名胜有朱砂峰、炼丹峰、天都峰、轩辕峰、仙人峰、丹井、试剑石、蒲团松、仙人晒靴石、仙女绣花石、望仙台、炼丹台、炼丹源、神仙洞等等，山南部朱砂峰下的慈光阁和山北部叠障峰下的松谷庵均为道教庙宇。直至今日，黄山上仍遍布古桥、古塔、古亭阁、古宗祠、古牌坊，犹如一座天然的历史博物馆。

黄山景区可分为六大景区：温泉景区、玉屏景区、北海景区、白云景区、松谷景区和云谷景区。其中，玉屏景区的玉屏楼地处天都、莲花之间，这里几乎集黄山奇景之大成，故有黄山绝佳处之称。驰名中外的迎客松挺立在玉屏楼左侧，右侧有送客松，楼前有陪客松、文殊台，楼后是玉屏峰，著名的"玉屏卧佛"就在峰顶。

黄山北海景区是黄山景区的腹地，在光明顶与始信峰、狮子峰、白鹅峰之间，东连云谷景区，南接玉屏景区，北近松谷景区，是一片海拔 1 600 米左右的高山开阔地带。北海景区以峰为体，汇集了峰、石、矼、坞、台和松、云奇景，巧夺天工的布局，琉璃色彩的变幻，构成一幅幅伟、奇、幻、险的天然画卷，是黄山的风景窗。狮子峰、清凉台、猴子观海、仙人背宝、梦笔生花、飞来石、十八罗汉朝南海等令游人目不暇接。这里流传着许多优美动听的故事传说，如猴子观海、梦笔生花、飞来石等，为黄山增添了不少雅趣。

2. 庐山

庐山地处江西省北部的鄱阳湖盆地，九江市庐山区境内，滨临鄱阳湖畔，雄峙长江南岸。庐山山体呈椭圆形，绵延 90 余座山峰，犹如九叠屏风，屏蔽着江西的北大门。庐山以雄、奇、险、秀闻名于世，素有"匡庐奇秀甲天下"之美誉。

图 1-9　庐山

庐山是一座地垒式断块山，外险内秀，具有河流、湖泊、坡地、山峰等多种地貌。主峰——大汉阳峰，海拔 1 474 米，与大江、大湖浑然一体，刚柔并济，雄奇险秀，形成了世所罕见的壮丽景观。“春如梦、夏如滴、秋如醉、冬如玉”，更构成一幅充满魅力的立体天然山水画。

千百年来，无数文人墨客、名人志士在此留下了浩如烟海的丹青墨迹和脍炙人口的篇章。李白写的“飞流直下三千尺，疑是银河落九天”的秀峰马尾瀑和苏轼写的“不识庐山真面目，只缘身在此山中”的庐山云雾，均是诗景交融、名扬四海的绝境。“苍润高逸，秀出东南”的庐山，自古以来深受众多的文学家、艺术家的青睐，并成为隐逸之士、高僧名道的依托，政客、名流的活动舞台，从而为庐山带来了浓浓的文化色彩，并使庐山深藏文化的底蕴。从司马迁“南登庐山”，到陶渊明、白居易、王安石、黄庭坚、陆游、朱熹、康有为、胡适、郭沫若等 1 500 余位文坛巨匠登临庐山，留下的 4 000 余首诗词歌赋使庐山文化名山之称得以确立；从慧远始建东林寺，开创“净土法门”，到集佛、道、天主、基督、伊斯兰教于一身的宗教圣地的形成；从朱熹重建白鹿洞书院弘扬“理学”，到教育丰碑的构建；从“借得名山避世哗”的隐居之庐，到 20 世纪初世界 25 个国家风格的庐山别墅群的兴建；从胡先骕创建中国第一个亚热带山地植物园，到李四光“第四纪冰川”学说的创立……庐山的历史遗迹，代表了中国历史发展的大趋势，处处闪烁着中华民族历史文化的光华，充分展示了庐山极高的历史、文化、科学和美学价值。庐山作为千古名山，得到了全国人民厚爱及世界的肯定。1996 年根据文化遗产遴选标准庐山被列入《世界自然与文化遗产名录》，是我国唯一的世界文化景观，也是我国首批入选的世界地质公园。

庐山宗教文化的独特性则在于“一山藏六教，走遍天下找不到”。宗教文化在庐山文化中的独特地位是极为显著的。风格各异的宗教建筑，芸芸的宗教徒，袅袅的香火，清悦的梵音，构成了庐山神秘而具魅力的宗教世界，从而受到海内外宗教人士的瞩目。

(五)西部名山

我国西部名山多以高山雪峰为主，它们不仅以其丰富多彩的冰川地貌吸引旅游者，而且还凭它们的巍峨高大、险象环生成为登山探险者的乐园。

1. 珠穆朗玛峰

珠穆朗玛峰，简称珠峰。它巍峨屹立在中国和尼泊尔边境，为世界第一高峰，2005 年 5 月 22 日中华人民共和国重测珠峰高度测量登山队成功登上珠穆朗玛峰峰顶，再次精确测量珠峰高度，珠峰新高度为 8 844.43 米。随着时间的推移，珠穆朗玛峰的高度还会因为地理板块的运动而不断增高。

图 1 - 10　珠穆朗玛峰

1717 年，清朝测量人员在珠穆朗玛峰地区测绘《皇舆全览图》，以“朱姆朗马阿林”命名，“阿林”是满语，意思是“山”。1952 年，新中国政府更名为珠穆朗玛峰。它以举世无双的海拔高度、绚丽多姿的地形地貌、神奇莫测的自然奥妙，长期以来吸引着世界各国的登山探险者和科学家。

珠穆朗玛峰峰高势伟，地理环境独特，峰顶的最低气温常年在－34℃。山上一些地方常年积雪不化，冰川、冰坡、冰塔林到处可见。峰顶空气稀薄，空气的含氧量只有东部平原地区的 1/4，经常刮七八级大风，十二级大风也不少见，风吹积雪，四溅飞舞，弥漫天际。珠峰地区及其附近高峰的气候复杂多变，即使在一天之内，也往往变化莫测，据说 9 月初至 10 月末是珠峰雨季过度至风季的秋季。在此期间，有可能出现较好的天气，是登山的最佳季节。

1953 年 5 月 29 日，34 岁来自新西兰的登山家埃德蒙·希拉里(Edmund Hillary)作为英国登山队队员与 39 岁的尼泊尔向导丹增·诺尔盖 (Tenzing Norgay)一起沿东南山脊路线登上珠穆朗玛峰，是纪录上第一个登顶成功的登山队伍。1960 年 5 月 25 日，中国人首次登上珠穆朗玛峰，他们是王富洲、贡布(藏族)、屈银华。此次攀登，也是首次从北坡攀登成功。2008 年 5 月 8 日上午 9 时 17 分，北京奥运火炬接力珠峰传递中国登山队顺利登顶珠峰。藏族女队员次仁旺姆在峰顶高擎奥运火炬，“祥云”火炬在世界最高峰熊熊燃烧。这是奥运圣火第一次登顶珠穆朗玛峰，奥运永恒不熄的火焰达到一个前所未有的高度，这无疑是奥运史上最伟大的壮举之一。

珠峰所在的喜马拉雅山地区原是一片海洋，在漫长的地质年代，从陆地上冲刷下来大量的碎石和泥沙，堆积在喜马拉雅山地区，形成了厚达 3 万米以上的海相沉积岩层。1989 年 3 月，珠穆朗玛峰国家自然保护区宣告成立。区内珍稀、濒危生物物种极为丰富，其中有 8 种国家一类保护动物。峰顶共有 600 多条冰川，最长的 26 千米，每当旭日东升，巨大的山峰在红光照耀下，绚丽多彩。

珠峰不仅巍峨宏大，而且气势磅礴。在它周围 20 公里的范围内，群峰林立，山峦叠嶂，仅海拔 7 000 米以上的高峰就有 40 多座。在这些巨峰的外围，还有一些世界一流的高峰遥遥相望，形成了群峰来朝、峰头汹涌的波澜壮阔的场面。

2. 梅里雪山

梅里雪山又称雪山太子，位于云南省德钦县东北约 10 公里的横断山脉中段怒江与澜沧江之间。梅里雪山平均海拔在 6 000 米以上的有 13 座山峰，称为“太子十三峰”。主峰卡瓦格博峰海拔 6 740 米，是云南第一高峰。梅里雪山以其巍峨壮丽、神秘莫测而闻名于世。1908 年法国人马杰尔·戴维斯在《云南》一书中首次使用“梅里雪山”的称呼。但实际上梅里雪山所指的并不是卡瓦格博峰所在的太子十三峰，而是指在太子雪山北面的一座小山脉。当年，一支测量队到了德钦，在与当地人的交流中，误把卡瓦格博峰所在的太子雪山记作了梅里雪山。从此，太子雪山就成了梅里雪山。

梅里雪山是云南最壮观的雪山山群，数百里耸立绵延的雪岭雪峰，占去德钦县 34.5%的面积。迪庆藏族人民在梅里雪山脚下留下了世世代代的生存痕迹，也将深厚的文化意蕴赋予了梅里雪山。梅里雪山不仅有太子十三峰，还有雪山群所特有的各种雪域奇观。卡瓦格博峰下，冰川、冰碛遍布，其中的明永冰川可谓最壮观的冰川。此冰川从海拔 6 740 米的梅里雪山往下呈弧形一直铺展到 2 600 米的原始森林地带，绵延 11.7 千米。每当骄阳当空雪山温度上升，冰川受热融化，成百上千巨大的冰体轰然崩塌下移，响声如雷，地动山摇，令人惊心动魄。

图 1-11　梅里雪山

被誉为“雪山之神”的卡瓦格博峰作为“藏区八大神山之一”，享誉世界。卡瓦格博峰峰型有如一座雄壮高耸的金字塔，时隐时现的云海更为雪山披上了一层神秘的面纱。独特的低纬度冰川雪山、错综复杂的高原地形、四季不分而干湿明显的高原季风气候，使梅里雪山成为野生动物的天堂。美国国家地理杂志将其列为世界上五片“最后的净土”之一。

第二节　水域文化

发祥于大河流域的中华民族，在利用水资源并与水作斗争的过程中，逐渐形成了与水密切相关并具有鲜明水域特征的水域文化。水域文化的核心内容和本质特征在于注重水域环境的保护和水资源的持续利用，它造就了中华民族具有水域文化特色的传统。水域，是指江、河、湖、海从水面到水底的一定范围。那么，蕴藏在水域景观中的文化即水域文化。水域文化主要包括湖泊、江河、流泉、飞瀑等景观类型。

一、湖泊水域

湖泊是陆地上的洼地积水形成的广阔水域，也是最能体现形、影、光、色等审美特征的水体。湖泊地理环境的差异使得依附于湖泊的地域文化各具特色，我国许多湖泊都具有很高的审美价值和历史文化价值，如青海湖、喀纳斯湖、纳木错湖、长白山天池和西湖等。

(一)青海湖

青海湖古称西海，是中国最大的内陆咸水湖。蒙古语称“库库诺尔”，意为“青色的湖”。这里地域辽阔，河流众多，水草丰美，环境幽静。湖的四周被四座巍巍高山所环抱，举目环顾，犹如四幅高高的天然屏障，将青海湖环抱其中。而烟波浩渺、碧波连天的青海湖，就像是一个翡翠玉盘镶嵌在高山、草原之间，构成了一幅山、湖、草原相映成趣的壮美风光和绮丽景色。

青海湖中有海心山、海西山、三块石、沙岛、蛋岛(即鸟岛)等，每年春季有十万多斑头雁、天鹅、棕头鸥、鸬鹚等来此，使这里成为鸟的世界。

图 1-12 鸟岛

鸟岛是亚洲特有的鸟禽繁殖所，是我国八大鸟类保护区之首，是青海省对外开放的一个重要地点。每年 3～4 月间，从南方迁徙来的雁、鸭、鹤、鸥等候鸟陆续到青海湖开始营巢；5～6 月间鸟蛋遍地，幼鸟成群，热闹非凡，声扬数里。此时岛上有 30 余种鸟，数量达 16.5 万余只；7～8 月间，秋高气爽，群鸟翱翔蓝天，游弋湖面；9 月底开始南迁。为保护鸟类供人观赏，青海湖鸟岛自然保护区 1980 年被列为国家级自然保护区。

(二)喀纳斯湖

喀纳斯是蒙古语，意为“美丽富饶、神秘莫测”。喀纳斯湖位于新疆维吾尔自治区阿勒泰地区布尔津县境内北部，是一个坐落在阿尔泰深山密林中的高山湖泊。与我国绝大部分的江河属于太平洋水系不同，喀纳斯湖属于北冰洋水系。环湖四周原始森林密布，阳坡被茂密的草丛覆盖。湖面海拔 1 374 米，面积 45.73 平方公里，平均水深 120 米，最深处达到 188.5 米。该湖外形呈月牙状，风景优美，四周林木茂盛，为中国国家 5A 级旅游景区，主要居民为图瓦人。

图 1-13 喀纳斯湖

喀纳斯不仅是亚洲唯一具有瑞士风光的景区，而且是我国唯一和四国接壤的自然保护区。

喀纳斯湖还是我国唯一的南西伯利亚区系动植物分布区，生长有西伯利亚区系的珍贵树种和众多的桦树林。兽类、鸟类、两栖爬行类等动物在此繁衍生息，更是生趣无限。

喀纳斯湖不仅自然资源和生物物种非常丰富，而且旅游环境和人文资源也别具异彩。喀纳斯湖既具北国风光之雄浑，又有南国山水之娇秀，更有"云海佛光"、"变色湖"、"浮木长堤"、"湖怪"等胜景。其北面是白雪皑皑的奎屯山、高耸入云的友谊峰。湖周重峦叠嶂，山林犹如画屏。不同的植物群落层次分明，色彩各异。每至秋季更是万木争辉，金黄、殷红、墨绿各呈异彩。林中灌木叶茂，枯叶朽木上苔藓、野草遍生。林间空地草甸如茵，山花鲜艳。风静波平时湖水似一池翡翠，随着天气的变化更换着不同的色调，自晨至暮变换着风采。每当烟云缭绕，雪峰、春山若隐若现，恍若隔世。

喀纳斯湖周边的居民主要是蒙古族的一个分支——图瓦人。图瓦人至今保留着原始、淳朴而独特的生活方式：住木屋，放牧牛羊，与河谷、森林唇齿相依……喀纳斯湖与图瓦人相互辉映，融为一体，构成喀纳斯湖旅游区独具魅力的民族风情，他们也被称为"住在风景里的人"。

(三)纳木错湖

纳木错湖位于西藏拉萨以北当雄县和那曲地区班戈县之间，蒙语和满语称"腾格里诺尔"，藏语纳木错湖意为天湖。纳木错湖的形成和发育受地质构造控制，是第三极喜马拉雅运动凹陷而成，为断陷构造湖。纳木错湖南面有终年积雪的念青唐古拉山，北侧和西侧有高原丘陵，湖的周围是广阔无垠的湖滨平原，生长着蒿草、苔藓、火绒草等草本植物，是水草丰美的天然牧场，全年均可放牧。湖水含盐量高，是世界上海拔最高的咸水湖。因其远离现代文明的污染，保持着自然原始生态，所以是朝圣者心目中的圣地。

纳木错湖的形状像静卧的金刚度母，湖的南面有 18 道梁，湖的北面有 18 个岛，湖的四面

图 1-14 纳木错湖

建有 4 座寺庙。这些寺庙的墙壁上有许多自然形成的佛像，被善男信女视为必去的神圣之地，从古到今香客不断。湖中五个岛屿兀立于万顷碧波之中，佛教徒们传说他们是五方佛的化身，凡去神湖朝佛敬香者，莫不虔诚顶礼膜拜。岛上到处怪石嶙峋，峰林遍布。峰林之间还有自然连接的石桥，岛上地貌奇异多彩，巧夺天工，实属奇观。

(四)长白山天池

我国最深的湖泊——长白山天池——坐落在吉林省东南部,是我国和朝鲜的界湖,湖的北部在吉林省境内,是松花江之源。因为它所处的位置高,水面海拔达 2 150 米,所以被称为“天池”。长白山天池又称白头山天池,呈椭圆形,形如莲叶初露水面。湖面海拔 2 194 米,面积 10 平方公里,平均水深 204 米,中心深处可达 373 米。天池蓄水 20 亿立方米,是一个巨大的天然水库。在天池周围环绕着 16 个山峰,天池犹如是镶在群峰之中的一块碧玉。

图 1-15　长白山天池

长白山是我国十大名山之一,与五岳齐名,是风光秀丽、景色迷人的关东第一山。长白山气候瞬息万变,使得天池若隐若现。2007 年长白山成为国家首批 5A 级风景区。

长白山以长白山天池为代表,集瀑布、温泉、峡谷、云雾、冰雪等旅游景观为一体,构成了一道亮丽迷人的风景线。大自然赋予了它无比丰富独特的资源,使之成为集生态游、风光游、边境游、民俗游四位一体的旅游胜地。

天池四周奇峰林立,池水碧绿清澈,是松花江、图们江、鸭绿江的三江之源。从天池倾泻而下的长白飞瀑,是世界落差最大的火山湖瀑布,它轰鸣如雷,水花四溅,雾气遮天,与冠冕峰南的锦江瀑布遥相呼应,蔚为壮观,生动地再现了“疑似龙池喷瑞雪,如同天际挂飞流”的神奇境界。

(五)杭州西湖

杭州西湖位于浙江省杭州市西部,旧称武林水、钱塘湖、龙川,后因苏东坡诗曰:“欲把西湖比西子,淡妆浓抹总相宜”,又被称为“西子湖”。西湖依杭州而名,杭州因西湖而盛。以西湖为中心的西湖景区,是首批公布的国家重点风景名胜区和国家 5A 级风景区。

西湖以秀丽的湖光山色和众多的名胜古迹闻名中外,是我国著名的旅游胜地,也被誉为人间天堂。杭州之美,美在西湖;西湖之美,美在其如诗如画的湖光山色,美在湖山与人文的自然相融。杭州的西湖景区是立体的和全方位的,不论从哪个角度都能领略她的风姿,素有“景在城中立,人在画里游”的美称。

图 1-16　杭州西湖

西湖不仅山水秀美，林壑幽深，更有大量的文物古迹，以及优美动人的神话传说。断桥上至今还流传着许仙和白娘子动人的爱情故事，也因为这个故事让断桥成为西湖上最著名的桥。“孤山不孤，断桥不断，长桥不长”被誉为西湖三绝。长桥与断桥一样，都是情人桥。长桥不长，指的是梁山伯与祝英台，两人在桥上送别，依依不舍，来回送了十八次。桥虽不长情意长，故民间有长桥之称。

西湖从形成迄今，有两个人物起到了关键的作用。公元 822 年，年过半百的白居易来到杭州任刺史，官场失意的他在看到西湖山水时，精神为之一振。到杭州的当天，他就迫不及待地写了《杭州刺史谢上表》，从此开始了伟大诗人与美丽山河的千古绝恋。白居易在杭州的政绩数不胜数，但其中最突出的便是整治西湖，筑建白堤。

另一个人就是苏轼，他在杭州期间，赈灾安民、治理河道。公元 1090 年，他亲自为西湖请命，上书宋哲宗，写下历史性的文件《乞开杭州西湖状》，那著名的断言“杭州之有西湖，如人之有眉目，盖不可废也”便出于此。这之后，一场前所未有的西湖整治行动开始了。苏轼发动全城募捐，动用了 20 万民工，用淤泥葑草，便筑就了今天的这道举世闻名的——苏堤。苏轼在杭期间，筑堤一条，吟诗千首，从这时起，西湖才真正成为人们流连忘返的风景胜地。

二、江河水域

人类文明的产生大都源自江河，基于江河流域的世界文明古国无不依赖于江河的存在。如尼罗河哺育了古埃及文明，恒河孕育了古印度文明，幼发拉底河和底格里斯河培育了两河流域的文明。黄河更是中华民族的摇篮，养育了我国北方的炎黄子孙，被誉为中华民族的母亲河；而长江则孕育了我国南方华夏儿女，是南方文明的发源地。

(一)长江

长江不仅是我国第一大河，而且是亚洲第一长河。它发源于青藏高原唐古拉山。长江干流自青藏高原蜿蜒东流，经 11 个省、区、市，在上海市注入东海，全长 6 397 千米。

中国古代文献中，“江”特指长江，长江流域气候温和，土壤肥沃，历来就是鱼米之乡。优越

图 1－17　长江三峡大坝

的生存条件，使得这里成为中华民族文明的摇篮之一。长江下游新石器时代文化的代表河姆渡文化、马家洪文化和良渚文化便是佐证。

长江河道非常曲折，尤其是自湖北枝江到湖南城陵矶一段，古称荆江，素有“九曲回肠”之称。那里自古就有“万里长江，险在荆江”的说法。沿江有不少名城，如重庆、宜昌、武汉、南京、上海等，其中上海是中国最大的工商业城市。长江两岸有许多名胜古迹，是了解中国历史的珍贵资料，还有不少神话传说，是中国文学的宝贵遗产。

已经建成的三峡大坝是世界第一大水电工程，工程总投资 954.6 亿元人民币，于 1994 年 12 月 14 日正式动工修建，2006 年 5 月 20 日全线建成。三峡大坝和葛洲坝这两座现代奇观成为长江三峡的新景点，为其添姿增色。集自然美景、古代遗址和现代奇迹于一身的长江三峡吸引和陶醉着来自世界各地的游客。

(二)黄河

黄河是中国的母亲河，亦是世界上含沙量最多的河流。它发源于青海省巴颜喀拉山，干流贯穿 9 个省区，最后经山东注入渤海。黄河全长 5 464 千米，流域面积达到 75 万多平方公里，在中国北方蜿蜒流动。从高空俯瞰，它恰似几个巨大的“几”字，又隐约像中华民族独一无二的图腾——龙。

从秦皇汉武到唐宗宋祖，一代又一代帝王统领中华民族把古黄河文明推向了令世界瞩目的辉煌顶峰。火药、指南针、造纸术、印刷术等四大发明以及唐诗、宋词、元曲是黄河文明中闪闪发光的瑰宝，发明创造和科学成就不仅推动了中国的发展，而且传播到世界各地，促进了全人类的进步。

有史以来，黄河流域曾经长时期作为中国政治、经济和文化中心，被誉为中华文明的摇篮。它不仅以其雄浑的自然风光吸引着游客，还保留了大量的古代历史遗存，如古人类遗址、古都城遗址、帝王陵墓以及宗教胜迹等，都具有厚重的历史文化底蕴。抗日战争时期，革命诗人光未然、音乐家冼星海，就是在黄河壮丽情景的激励下，谱写出鼓舞人民斗志的《黄河大合唱》。

黄河流域最早沐浴了文明之光，在《诗经》中，我们听到了先民们砍伐时的吟唱："坎坎伐檀兮，置之河之干兮，河水清且涟漪。""伐木叮叮，鸟鸣嘤嘤。"广泛流传的"鲤鱼跳龙门"的故事就源于此。黄河中游水流湍急，相传鲤鱼如果能跳过龙门就可成龙。这个传说表达了人们对付出艰苦努力后到达理想境界的美好愿望，也激励着中华儿女顽强拼搏，奋斗不息。这里相传是大禹治水所凿开的一条峡口，因而又称禹门口。

(三)黑龙江

位于我国东北边境的黑龙江，是世界著名的十大巨川之一。黑龙江有南、北两源。北源石勒喀河，发源于蒙古人民共和国东北部的肯特山麓；南源额尔古纳河，其上源又分为三支，其一源于我国大兴安岭西侧古利牙山的海拉尔河。南、北两源在我国漠河以西的洛古村汇流后始称黑龙江。

在古代，黑龙江有浴水、完水、黑水之称，13 世纪成书的《辽史》始称黑龙江。黑龙江所经之处，森林茂密，水草丰盛，土壤中富含黑色的腐殖质，因而被地表水带入江中，使得江水青黑幽深；世居黑龙江流域的满族，称它为"萨哈连乌拉"，"萨哈连"意为"黑"，"乌拉"意为"江"，黑龙江的名称即由此而来。水色微黑、状如游龙的这条大河，被冠以黑龙江之名，确实既生动又形象。

黑龙江是一条重要的国际界河，它穿越中国、俄罗斯和蒙古，全长 4 370 千米，流域总面积 184.3 万平方公里。黑龙江的长度，在我国仅次于长江、黄河而居第三位。年径流总量达 2 700亿立方米，仅次于长江、珠江，也居全国第三位。

在曲折漫长的历史岁月中，满、蒙古、朝鲜、赫哲、鄂伦春等少数民族，与汉族人民一起活跃在黑龙江流域，共同开发和保卫着这片肥沃的土地，为中华民族大家庭的繁荣昌盛做出了卓越的贡献。作为神州大地上从南到北的四条大江之一，黑龙江与长江、黄河、珠江一样，在中华民族的文明史上拥有重要的地位。生活在黑龙江流域的各族人民，以自己所特有的民族习俗和文化，丰富和发展着中华民族的灿烂文化。

三、名泉

我国幅员辽阔，千姿百态的碧水清泉就有十万处之多，其中水质好、水量大或因水奇泉怪而闻名遐迩的"名泉"也有百余处，它们清流汩汩，水质清澈，晶莹可爱。泉不仅给人们提供了理想的水源，有的还具有神奇的医疗作用。

泉水滋养了人类的生命，更美化了大地，给人们带来了奇特的审美感受：温泉四季如汤，冷泉刺骨冰肌，承压水泉喷涌而出、飞翠流玉，潜水泉清澈如镜、汩汩外溢，喷泉腾地而起、水雾弥漫，间歇泉时淌时停、含情带意，还有离奇古怪的水火泉、甘苦泉、鸳鸯泉等。这些不同类型的泉水，更使风景名胜之地锦上添花。

(一)济南趵突泉

趵突泉位于济南市中心区。该泉位居济南七十二名泉之首，被誉为"天下第一泉"。趵突泉是泉城济南的象征与标志，与千佛山、大明湖并称为济南三大名胜。

趵突泉水分三股，昼夜喷涌，水盛时高达数尺。所谓"趵突"，即跳跃奔突之意，反映了趵突泉三窟迸发、喷涌不息的特点。北魏郦道元《水经注》载："泺水出历城县故城西南，泉源上奋，水涌若轮，觱涌三窟，突出雪涛数尺，声如隐雷。"元代著名画家、诗人赵孟頫在《趵突泉》诗中

图 1－18　济南趵突泉

赞道："泺水发源天下无，平地涌出白玉壶。"趵突泉水清澈透明，味道甘美，是十分理想的饮用水。相传乾隆皇帝下江南，出京时带的是北京玉泉水，到济南品尝了趵突泉水后，便立即弃玉泉水不用，而改用趵突泉水，并封趵突泉为"天下第一泉"。

（二）临潼华清池

华清池亦名华清宫，位于陕西省临潼骊山北麓，是中国著名的温泉胜地。千百年来，华清池那旖旎的风光、众多的古迹和温滑的泉水闻名遐迩，蜚声海内外。

华清池也叫骊山温泉。这里作为古代帝王的离宫和游览地已有 3 000 多年的历史。西周时，周幽王曾在这里建过"骊宫"。传说秦始皇曾在这里调戏神女，被唾面生疮，洗之即愈，又名"神女汤"。自秦之后，"千成万国之民，怀疾枕疴之客，莫不宿粮而来宾，疗苦于水"（元苌《温泉颂》），洗浴以治疗皮肤病的人接踵而至。唐太宗时始建"汤浴宫"，唐玄宗时再次扩建，使骊山上下，亭台楼阁错落，曲道回廊相连，并将泉池置于豪华的宫殿楼阁之内，改称"华清宫"。因宫在泉池之上，故泉为"华清池"。

这里的温泉共有四处泉眼，是一个富含许多微量元素如铁、锂、锶、钡、钾、钠、钙、碘、溴、硼等的矿泉，具有"吞肿去毒"、"润肤去疾"的功能。杨妃池，原名芙蓉池，传说是杨玉环当年洗澡的地方。白居易《长恨歌》里所说的"春寒赐浴华清池，温泉水滑洗凝脂。待儿扶起娇无力，始是新承恩泽时"，指的就是这里。八国联军入侵时，慈禧太后带着光绪皇帝来西安避难，曾在华清池住过。杨妃池南的五间厅和半山腰的兵谏亭，是 1936 年"西安事变"时，蒋介石居住和就擒的地方。

（三）无锡惠山泉

惠山泉位于江苏无锡惠山寺附近，原名漪澜泉，相传为唐朝无锡县令敬澄派人开凿的，共两池，上池圆，下池方，故又称二泉。泉水质轻而味甘，深受茶人赞许。唐代刑部侍郎刘伯刍和"茶神"陆羽，都将惠山泉列为"天下第二泉"。惠山泉名不虚传，泉水无色透明，含矿物质少，水质优良，甘美适口，系泉水之佼佼者。苏轼曾两次游无锡品惠山泉，留下了"独携天上小圆月，来试人间第二泉"的吟唱，更使惠山泉生辉。自此以后，历代名人学士都以惠山泉沏茗为快。泉畔建有"二泉亭"，泉池旁的大石上，镌刻着元代著名书法家赵孟頫所题"天下第二泉"五个大

图 1-19　无锡惠山泉

字。赵在题字之余，还题诗一首："南朝古寺惠山前，裹名来寻第二泉。贪恋君思当北去，野花啼鸟漫留连。"中国民间音乐家瞎子阿炳(华彦钧)，曾在此作《二泉映月》二胡名曲，曲调悠扬，如泣如诉，更使二泉美名远播天下。

四、瀑布

瀑布是河水从悬崖峭壁或河谷纵剖面岩坎上倾泻下来的水流。根据流量的大小，流速的缓急，落差的高低，瀑布一般呈现出雄、奇、险、秀、幽等特点。它是山水的完美结合，具有独特的审美价值。正由于此，瀑布深受历代文人墨客的青睐，他们或作诗文，或写题记，或在摩崖上进行雕刻，形成了独特的瀑布文化，如"飞流直下三千尺，疑是银河落九天"，"龙驰电掣锁天枢，天地浑然河见图。谁把海眼装弱水，悬潢射瀑一玄壶"等。依据瀑布的外观和地形的构造，瀑布大致分为：垂帘型瀑布、悬空型瀑布、有潭型瀑布、无理型瀑布等。

(一)黄果树瀑布

著名的黄果树瀑布位于贵州省安顺市镇宁布依族苗族自治县白水河上，因当地一种常见的植物"黄果树"而得名。它以其雄奇壮阔、连环密布的瀑布群闻名于海内外，享有"中华第一瀑"之盛誉，也是仅次于尼亚加拉瀑布和维多利亚瀑布的世界第三大瀑布。黄果树瀑布高度为77.8 米，其中主瀑高 67 米；瀑布宽 101 米，其中主瀑顶宽 83.3 米。以黄果树瀑布为核心，在它的上游和下游 20 千米的河段上，共形成了雄、奇、险、秀风格各异的 18 个瀑布群，形成一个庞大的瀑布"家族"，1999 年被大世界吉尼斯总部评为世界上最大的瀑布群，列入世界吉尼斯纪录。

黄果树大瀑布是黄果树瀑布群中最为壮观的瀑布，是世界上唯一可以从上、下、前、后、左、右六个方位观赏的瀑布，也是世界上有水帘洞自然贯通且能从洞内外听、观、摸的瀑布。明代伟大的旅行家徐霞客考察大瀑布时赞叹道："捣珠崩玉，飞沫反涌，如烟雾腾空，势甚雄伟；所谓'珠帘钩不卷，匹练挂遥峰'，俱不足以拟其壮也，高峻数倍者有之，而从无此阔而大者"。

黄果树景区内风景秀丽、环境优美、空气清新、气候宜人，有着悠久的历史文化，是休闲、度假、观光、疗养、追求静谧的理想胜地。

(二)德天瀑布

德天瀑布位于中越边境、中国广西大新县归春河上游。瀑布横跨中国、越南两个国家,是亚洲第一、世界第四大的跨国瀑布。瀑布气势磅礴,一波三折,层层跌落,水势激荡。瀑布河水时急时缓,时分时合,迂回曲折于参天古木间;更有花草掩映,百鸟低徊。德天瀑布雄奇瑰丽,

图 1-20　德天瀑布

变幻多姿,无论春夏秋冬,阴晴雨雾,均各具情态。德天瀑布三级跌落,最大宽度 100 多米,是东南亚最大的天然瀑布,被国家定为特级景点。这里有奇峰夹峙、树木葱茏的黑水河,水平如镜、石峰玉立的乔苗平湖,鬼斧神工、造型奇特的龙宫岩,多级跌落翻滚的沙屯叠瀑,具有特殊意义的 53 号界碑和无数的古迹文物、珍稀动物……素有"小桂林"之称的明仕田园更是让人流连忘返。

(三)黄河壶口瀑布

黄河壶口瀑布是黄河中游流经秦晋大峡谷时形成的一个天然瀑布,东濒山西省临汾市吉

图 1-21　壶口瀑布

县壶口镇，西临陕西省延安市宜川县壶口乡，是仅次于贵州省黄果树瀑布的我国第二大瀑布。壶口瀑布以排山倒海的独特雄姿著称于世，是世界上最大的黄色瀑布，也是伟大中华民族的象征。

河水流至壶口，300 余米宽的洪流骤然被两岸峭立的石壁所束缚，上宽下窄，在 50 米的落差中翻腾倾涌，声势如同在巨大无比的壶中倾出，故名“壶口瀑布”。

黄河在这里以雷霆万钧之势，奔腾而来，咆哮而去。“黄河之水天上来，奔流到海不复回”，唐代著名诗人李白脍炙人口的佳句，勾画出了大河奔流的壮观景象。壶口瀑布既是黄河的象征，更是中华民族不惧艰险、勇于开拓、勇往直前精神的象征。“风在吼，马在啸，黄河在咆哮，黄河在咆哮”这雄壮的歌声唱出了黄河的风采，更唱出了中华民族的战无不胜、奋发图强的英雄气概。不观壶口大瀑布，难识黄河真面目，壶口瀑布这颗黄河上的璀璨明珠，正以它巨龙般的姿态奔腾、咆哮着。

(四)九龙瀑布

被称为“南国一绝”的九龙瀑布，位于云南东部罗平县城北偏东 20 千米外，由于发源于九龙河而得名。相传，当年神龙在这里大胜铜鼓精，从此镇守这方水域，护佑着九龙河两岸的人民。由于得天独厚的地质构造和水流的长期侵蚀，此地形成了 10 级高低宽窄不等、形态各异的瀑布群。九龙河是罗平的母亲河，这条河从白蜡山背后的群山中呼啸着奔腾出来，养育着罗平大地上的各族儿女。

九龙河原名喜旧溪，在长约 4 千米的河道上，凭借地貌差异形成了大小 10 级瀑布。各级瀑布姿态各异，或雄伟、或险峻、或秀美、或舒缓，美不胜收，绝伦无比。其中最壮观的“神龙瀑”落差 56 米，宽 112 米，瀑面呈弧形，瀑后有一个深约 10 米的水帘洞，瀑下是深不可测的圆形之潭。它隐藏在层层叠叠的山峦之中，有着无穷无尽的奇丽风景，优美的景致如索居深闺的绝世佳人。裂帛般的白瀑、绿玉般的流水、阶梯状层层叠叠的水台，绕着瀑布蜿蜒而下，不同的角度都会带给人们阵阵惊喜。

“幅宽、差大、极多”是罗平九龙瀑布的特点。景区景观丰富，景点集中，特点突出，风景迷人；景点集雄、险、奇、秀于一体，尽显美丽风光。九龙十瀑之间，以浅滩或深潭相连，形成了一串辉映太阳光芒的明珠彩带。这些瀑布承受着季节的更替变化，变幻无穷，令人目不暇接。除瀑布外，还可以感受到附近布依族的特殊风情，每年三月三的对歌会吸引来自海内外的游客。

罗平处于滇、黔、桂三省区交界，素有“鸡鸣三省”之称。罗平还是中国的“油菜之乡”，油菜花开的时节放眼望去全是金黄的油菜花梯田，罗平油菜花已成了滇东北高原上的奇特景观。九龙瀑布周围群山环绕，阡陌纵横，呈现一派田园风光。“集桂林之灵秀、版纳之风情、九寨沟之幽静、三峡之险峻、黄果树之雄奇”是来九龙瀑布旅游客人的真切观感。

(五)诺日朗瀑布

诺日朗瀑布位于四川省九寨沟，海拔 2 365 米，瀑宽 270 米，高 24.5 米，是我国大型钙化瀑布之一，也是中国最宽的瀑布。藏语中“诺日朗”有伟岸高大之意，因此诺日朗瀑布意思就是雄伟壮观的瀑布。诺日朗瀑布宽阔浩大，朝阳照射，分外迷人。诺日朗瀑布是九寨沟众多瀑布中最宽阔的一个。滔滔水流自诺日朗群海而来，经瀑布的顶部流下，如银河飞泻，声震山谷。南端水势浩大，寒气逼人，腾起蒙蒙水雾。早晨阳光照耀下，常可见到一道道彩虹横挂山谷，使得这一片飞瀑更加风姿迷人。

瀑布对面建有一座观景台，站在台上，瀑布全景尽收眼底，秋季时，瀑布的 300 米飞流在秋

图 1-22　诺日朗瀑布

色、云雾的衬托下，化成了一幕波澜壮阔的画面。

瀑布顶部平整如台，传说以前这里没有瀑布，只有平台。聪明美丽的藏族姑娘若依果学会了用纺车纺线。她把纺车架到三沟交界的平台上，让过往的姐妹们观看、学习，人们便叫这里为"纺织台"。凶残的头人罗扎认为她在搞歪门邪道，一脚把她和纺车踢下山崖。立刻，山洪暴发，把罗扎和帮凶冲下悬崖，纺织台就成了今天的瀑布。

诺日朗瀑布景色四季变换，昼夜迥异。春天的诺日朗瀑布，宛若一个刚刚苏醒的孩子，欢呼雀跃地奔流在苍翠欲滴的山谷崖壁上，给予人的是一派空灵翠绿、生机勃勃的景象。当夏日来临，瀑布水量增多，声势渐壮，水流跌落在瀑下岩石上，激起水花万朵，如银珠万斛，四处抛洒，而其细微之处，水流有如帘幕一般，垂落下来，有如断线的珠子，滴落入潭，令人玩味无穷。金秋季节，山谷坡地，万紫千红，若一幅浓重的油画，诺日朗瀑布在一片片红叶、黄叶之中，分成无数股细流，飘然而下，景色最为迷人。若至隆冬时节，瀑布早从流动状态，转变成固体状态，诺日朗瀑布成了一幅千姿百态的冰瀑画卷。白天阳光下的诺日朗瀑布，多姿多彩，景色迷人；而当夜幕降临，皓月当空，清辉如练，诺日朗瀑布更有一翻令人沉醉的诗情画意。

第三节　森林溶洞文化

一、森林文化景观

（一）西双版纳热带雨林

西双版纳热带雨林位于云南省南部西双版纳州景洪、勐腊、勐海三县境内，它的热带雨林、南亚热带常绿阔叶林、珍稀动植物种群，以及整个森林生态都是无价之宝，是世界上唯一保存完好、连片大面积的热带森林，深受国内外瞩目。

西双版纳自然保护区是国家重点自然保护区之一。这里终年温暖，阳光充足，湿润多雨，是地球北回归线沙漠带上唯一的一块绿洲，它是当今我国高纬度、高海拔地带保存最完整、最典型、面积最大的热带雨林，也是当今地球上少有的动植物基因库，被誉为地球的一大自然奇观。5 000多种热带动植物云集在西双版纳近20 000平方公里的土地上，令人叹为观止。“独木成林”、“花中之王”、“空中花园”、婀娜的孔雀等等，都是大自然在西双版纳上精心绘制的美丽画卷，是不出国门就可以完全领略的热带气息。如果徘徊在西双版纳的傣族村寨，除了特色的民俗风情，然后就是郁郁葱葱了。

保护区内交错分布着多种类型森林。森林植物种类繁多，板状根发育显著，木质藤本丰富，绞杀植物普遍，老茎生花现象较为突出。特色植物有望天树、大板根、毒木之王、空中花园、神秘果、跳舞草等。

(二)轮台胡杨林

轮台胡杨林森林公园位于新疆维吾尔自治区轮台县南40多公里处，在壮阔的塔克拉玛干沙漠腹地，总面积100平方公里。轮台又名布古尔，原为维吾尔语“雕鹰”之意。这里自古以来就是古丝绸之路的中心，现在是我国“西气东输”的起点。这里有被誉为世界最古老、面积最大、保存最完整、最原始的胡杨林保护区，有世界第二大沙漠——塔克拉玛干沙漠、大漠中的香格里拉——草湖、拉依苏汉唐烽燧遗址及西域都护府等众多历史文化古迹和丰富多彩的民族风情。

图1-23　轮台胡杨林

胡杨是一种古老的树种，亦称“胡桐”，维吾尔语叫“托克拉克”，意为“最美丽的树”。由于它顽强的生命力，以及惊人抗干旱、御风沙、耐盐碱的能力，人们又叫它“沙漠英雄树”。胡杨生长期漫长，由于风沙和干旱的影响，很多胡杨树造型奇特、诡异，有“活三千年不死，死三千年不倒，倒三千年不朽”的说法。全世界的胡杨绝大部分生长在中国，而中国90%以上的胡杨林又生长在新疆塔里木河流域。

轮台胡杨林公园集塔河自然景观、胡杨景观、沙漠景观、石油工业景观于一体，是观光览胜、休闲娱乐、野外探险、科普考察的自然风景旅游胜地。森林公园色彩绚丽多变，绿树、碧水、蓝天，犹如一幅浓重的水墨画。登上沙丘顶，向南观望，胡杨林一眼看不到边；向北远眺，沙漠油井喷射的火焰映红了蓝天。这如诗如画的美景迷倒了无数的游人，令人流连忘返。

(三) 蜀南竹海

翠甲天下的蜀南竹海，位于四川南部的宜宾市境内，面积 120 平方公里。景区内共有竹子 58 种，占地 70 000 余亩，是我国集山水、溶洞、湖泊、瀑布于一体，自然生态与历史人文并重的最大、最壮观的原始竹林。

蜀南竹海原名万岭箐，据传北宋著名诗人黄庭坚到此游玩，见此翠竹海洋，连连赞叹："壮哉，竹波万里，峨眉姐妹耳！"即持扫帚为笔，在黄伞石上书"万岭箐"三字，因而得名。蜀南竹海

图 1－24　蜀南竹海

景区以竹景为主要特色，兼有文物古迹。其中楠竹遍布大小 28 座山峦，整个竹海呈"之"字形。竹林成片，茂密苍翠，郁郁葱葱。清风徐来，只见群竹忽然婆娑起舞，摇曳万里，涛声阵阵。登高眺望，烟波浩渺，犹如绿色的海洋，可谓度假、休闲、疗养的胜地。

(四)天山雪岭云杉林

天山雪岭云杉林是分布于新疆天山南北坡、昆仑山西部、准噶尔西部山地最主要的常绿针叶林。雪岭云杉是天山林海中特有的一个树种。在巍巍天山深处，它苍劲挺拔、四季青翠、攀坡漫生、绵延不绝，犹如一道沿山而筑的绿色长城。风吹林海，松涛声声，绿波起伏，其势如潮。

天山林区中 90%以上的林地，都有雪岭云杉生长。其下缘常与高大的阔叶林混交，郁郁葱葱，五彩纷呈，形成绮丽的美景。伊犁河畔的那拉提山是雪岭云杉最为繁茂的地区。这里的雪岭云杉，树高达 50～60 米，年轮都在三、四百年以上。树冠狭长，主干粗壮笔直，犹如收拢的巨伞拔地而起，层层叠叠。如此高大广阔的原始森林，就是在全世界也很罕见，堪称天山森林的精华。

一株雪岭云杉就是一座微型水库。云杉的根系极为发达，只需雨水，不择土壤，不管是岩石还是山脊，都是沿细小的缝隙挺进。天长日久，强壮的根系穿岩裂石，裸露的根系，有的形如狮子，有的状如墨鱼。凭着这庞大的根系，每株成材的云杉都像一台抽水机，可贮水 2.5 吨。因而，广阔的雪岭云杉生长区是十分宝贵的水源涵养区。

以恰特布拉克山峡谷为核心的西天山国家级自然保护区，堪称雪岭云杉的王国。这里高山冰雪覆盖，山坡林木参天，博大的山岭，蕴藏着连绵浩瀚的云杉，使这里成为整个天山森林生态系统的典型代表。在这座山中园林里，白桦、山杨、野山杏等簇拥密立，山柳、柽柳、野蔷薇等

灌木丛生，百种药草形态各异。峻岭密林深处，棕熊、雪豹、狍鹿等野生动物奔突其间，堪称是亚欧大陆腹地野生生物物种的“天然基因库”。

(五)尖峰岭热带雨林

中国海南岛的西南角，有一片神秘的热带原始雨林——尖峰岭国家森林公园。尖峰岭国家森林公园位于三亚市北部，是海南岛西部濒临北部湾的一处山地，总面积447平方公里，尖峰岭主峰海拔1 412米，因形似尖刃而得名。在这片神秘的大森林里生长繁衍着海南75%的植物和85%的野生动物种类。其植被的完整性和生物物种的多样性位居全国前列，不亚于亚马逊河、刚果河及东南亚热带雨林。

公园里古木参天，藤蔓缭绕，溪水潺潺，云雾弥漫，融大山、大海、大森林于一体，气势宏伟。尖峰岭山高林密，周围寂然无声。尤其是海拔600米的天池，四周林木环抱，鸟语花香，是疗养避暑的度假胜地。尖峰岭还是我国第一个国家热带雨林公园，拥有我国现存面积最大、保存最好的热带原始森林。

尖峰岭森林生长着2亿多年前的活化石树蕨，热带植物世界的连生、绞杀、大板根、老茎生花、空中花园随处可见。植物的丰富带来动物的繁荣，尤其是蝴蝶品种比被誉为“蝴蝶王国”的台湾省还要多。置身公园可以领略四海奇观，飞瀑流溪，奇花异草，珍禽异兽，沟谷雨林，金沙海湾，黎苗风情。尖峰岭从海滨至主峰，分布着多种植被类型，生物多样性和植被完整性十分明显。整个攀登中，可以看到林海、云海、雾海、大海“四海奇观”。

二、溶洞文化景观

“溶洞”从“溶”字就可以看出其特点，“氵”说明其发育需要水的作用，“容”字说明其洞内要能容纳很多的人。以下便是我国著名的溶洞。

(一)织金洞

织金洞原名打鸡洞，位于贵州省织金县城东北23公里处的民寨乡，地处贵州西部高原山区，属典型喀斯特地貌。游客曾留诗赞美织金洞：“黄山归来不看岳，织金洞外无洞天”。织金

图1-25 织金洞

洞囊括了当今世界溶洞中的各种沉积形态，它既是一座地下艺术宝库，又是一座岩溶博物馆，堪称"世界奇观"。

整个景区青山叠翠，孤峰挺拔，地势雄奇险峻，堪称山青、洞奇、石美。由于所在地形起伏、岩质复杂，洞中遍布石笋、石柱、石塔、石鼓、石盾、石花等40多种堆积物，形成千姿百态的岩溶景观。洞道纵横交错，石峰四布，流水、间歇水塘、地下湖错置其间。高大的石幔、石帷如从天上垂下，颜色各异。地下河烟雾缥缈，深邃莫测，被誉为"岩溶瑰宝"、"溶洞奇观"。溶洞、山水、湖泊、峡谷风光、文物古迹、民族风情等构成了别开生面的旅游胜地，具有很高的旅游和科研价值。

(二)芙蓉洞

芙蓉洞位于重庆市武隆县江口镇芙蓉江畔，发现于1993年5月。芙蓉洞是一个大型石灰岩洞穴，洞高一般8～25米，最高48.3米，洞底总面积37 000平方米。其中"辉煌大厅"面积11 000平方米，整个芙蓉洞的最大客容量为185 000人，与美国的猛犸洞、法国的克拉姆斯洞并称世界三大洞穴。

芙蓉洞内钟乳石类型几乎包括世界各类洞穴近30余个种类的沉积特征。其中有宽15米、高21米的石瀑和石幕，光洁如玉的棕榈状石笋，粲然如繁星的卷曲石和石花等，其数量之多、形态之美、质地之洁、分布之广，为国内罕见。净水盆池中的红珊瑚和犬牙状的方解石结晶更是珍贵无比。大量的次生化学沉积形态，构成目不暇接的各种景观数十处。洞中主要景点有金銮宝殿、雷峰宝塔、玉柱擎天、玉林琼花、海底龙宫、巨幕飞瀑、石田珍珠、生殖神柱、珊瑚瑶池等。进芙蓉洞游览，使人感受到大自然的神奇造化。我国的著名洞穴专家朱学稳教授评价说："从科学研究和科学普及方面看，芙蓉洞堪称是一座地下艺术宫殿和洞穴科学博物馆。"

(三)黄龙洞

黄龙洞地处世界自然遗产张家界武陵源核心景区的东端，因享有"世界溶洞全能冠军"、"中国最美旅游溶洞"等顶级荣誉而名震全球。

图1-26　黄龙洞

1983年，黄龙洞由当地八个青年民兵发现。1984年10月1日正式向社会开放。自开放至今，已接待中外游客1 000万人次。黄龙洞属典型的喀斯特岩溶地貌，现已探明总面积48公顷，全长15千米，垂直高度140米，内分二层旱洞，二层水洞。黄龙洞洞中有洞，洞中有河，钟乳石、石笋、石花、石幔、石枝、石管、石珍珠、石珊瑚等洞穴景观遍布其中，无所不奇，无奇不有，仿佛一座神奇的地下"魔宫"。经中外地质专家考察认为：黄龙洞规模之大、内容之全、景色之美，包含了溶洞学的所有内容。黄龙洞以立体的洞穴结构、庞大的洞穴空间、高大的洞穴瀑布、宽阔的龙宫厅、水陆兼备的游览线等优势，构成了国内外颇有特色的游览洞穴，享有"中华神奇洞府，世界溶洞奇观"之美誉。

(四) 腾龙洞

腾龙洞位于湖北恩施土家族苗族自治州的利川市。腾龙洞既有水洞又有旱洞。旱洞洞内最高处达235米，主洞长52.8千米。旱洞洞口的旁边是水洞，水洞的两岸是一片密林，中间是瀑布和起伏的流水……20世纪80年代，中外32名洞穴专家经过一个多月的探险考察，认为该洞穴系统是世界特级溶洞之一。腾龙洞以其雄、险、奇、幽、绝的独特魅力驰名中外。

腾龙洞整个洞穴群共有上下五层，其中大小支洞300余个，洞中有山，山中有洞，无山不洞，无洞不奇，洞中有水，水洞相连，构成了一个庞大而雄奇的洞穴景观。其中水洞伏流16.8千米，洞穴面积20平方公里。洞中有5座山峰，10个大厅，地下瀑布10余处。水洞旱洞相连，主洞支洞互通，且无毒气、无蛇蝎、无污染。洞内终年恒温，空气流畅。洞中景观千姿百态，神秘莫测。洞外风光山清水秀，水洞口的卧龙吞江瀑布落差20余米，吼声如雷，气势磅礴。腾龙洞以独特的自然景观和宜人的气候环境，被公认为旅游、疗养、探险、地质考察的首选去处。

(五)九曲本溪水洞

本溪水洞风景名胜区，位于辽宁省本溪市东35千米的太子河畔，由水洞、温泉寺、汤沟、关门山、铁刹、庙后山六个景区组成，沿太子河呈带状分布，总面积42.2平方公里。风景名胜区以本溪水洞为主体，融山、水、洞、泉、湖、古人类文化遗址于一体。

图1-27　本溪水洞

本溪水洞是目前发现的世界第一长的数百万年前形成的大型石灰岩充水溶洞，水洞分水、旱两洞。水洞深邃宽阔，一条蜿蜒 5 800 米的地下长河贯穿全洞，有九曲银河之称。洞内常年保持 10℃左右的恒温，四季如春。旱洞长 300 米，洞内怪石嶙峋，起伏多变，深邃宽阔。地下暗河水流终年不竭，清澈见底，洞顶和岩壁钟乳石发育较好，千姿百态，泛舟游览，使人流连忘返。

本溪水洞洞口坐南面北，洞口高 16 米，宽 25 米，呈半月形，上端刻有薄一波同志手书“本溪水洞”四个大字。进洞口是一座高、宽各 20 多米，气势磅礴，可容纳千人的“迎客厅”。大厅向右，有旱洞长 300 米，洞穴高低错落，洞中有洞，曲折迷离。洞顶和岩壁钟乳石多沿裂隙成群发育，呈现各式物象，不假修凿，自然成趣，宛若龙宫仙境。古井、龙潭、百步池等诸多的景观，令游人遐想联翩，留连忘返。洞尽头是一泓清潭，深不见底，水气袭来，令人寒骨。洞外盘缘山腰的古式回廊，别具风韵的人工湖和水榭亭台，使水洞内外景观相得益彰。

温泉寺景区，泉水温度 44℃，日流量 400 吨，有较高的医疗价值。庙后山古文化遗址，是我国东北地区旧石器时代早期洞穴遗址，对研究辽东古人类分布、古代地理有重要价值。大厅正面，是通往水洞的码头，千余平方米的水面，宛如一幽静别致的“港湾”，灯光所及，水中游船、洞中石景倒映其中，使人如入仙境。从护岸石阶拾级而下，通过长廊从码头上船，即可畅游水洞。码头可同时停泊游船 40 艘，泛舟则可畅游水洞，欣赏水洞之大、水洞之长、水洞之深、飞瀑之美。本溪水洞 1994 年被批准为国家重点风景名胜区；1997 年被国际旅游洞穴协会接纳为亚洲首批会员。

本章思考题

1. 举例说明山岳文化的类型及其审美特征。
2. 说说我国名泉大致分为几类，试举两例加以说明。
3. 试举一例谈谈你对瀑布的审美感受。
4. 列举三个森林文化景观，并说说它们各自有什么特点。
5. 举例说明溶洞的奇异景观及其旅游价值。

文化专题二　历史文化景观

第二章　中国旅游建筑文化

学习要点

1. 了解中国古代建筑的历史源流、特点和现代价值
2. 掌握中国古代宫殿建筑、民间建筑、陵墓建筑、坛庙建筑等旅游建筑文化
3. 掌握中国古代的建筑思想

第一节　中国古代建筑概说

一、中国建筑的历史源流——各朝代建筑的历史沿革

中国是一个地域辽阔、人口众多的国家，也是一个由多民族组成、具有悠久的历史而又富于革命传统的伟大国家。中国古代各族劳动人民在广阔的国土上，在极其悬殊的自然条件下，使用木构件与砖、石等材料相结合的结构方法，建造了大量的房屋，积累了丰富的实践经验，逐步形成为一个独特的建筑体系，即极具中国特色的东方建筑体系。

首先，自然环境条件对中国古代建筑产生了深刻影响，复杂的地形和多样的气候造就了中国建筑地区差异巨大。

黄河中游一带，由于黄土层既厚且松，利于农业生产，在新石器时代后期，人民便在这里定居下来。当时这一带的气候比现在温暖而湿润，生长着茂密的森林，木材就逐渐成为中国建筑自古以来所采用的主要材料；为了抵御严寒，北方的房屋朝向采取南向，以便冬季阳光射入室内，并使用火炕与较厚的外墙和屋顶，建筑外观厚重而庄严。

在温暖潮湿的南方，房屋多采取南向或东南向，以接受夏季凉爽的海风，或在房屋下部用架空的干栏式构造，流通空气，减少潮湿。建筑材料除木、砖、石外，还利用竹与芦苇；墙壁薄，窗户多；建筑风格轻盈而疏透，与北方建筑恰成鲜明的对比。此外，在石料丰富的山区，常用石块、石条和石板建造房屋；森林地区则往往使用井干式壁体。这些差别说明在同一民族的建筑中，又因不同地区的自然条件，产生了各种各样的特点。

其次，传统文化对中国古代建筑的影响十分明显。比如，在历史的长河中，儒家思想对中

国传统文化影响最为深刻，对建筑的影响也显而易见。其一，在重礼的倡导下，对于一切建筑制造都要遵循礼法。不管是城市规划、宫殿庙宇抑或百姓住宅，都要受礼制的制约，因此形式上就要讲究对称、均齐、庄严。其二，在崇孝的主张下，儒家提倡“慎终追远”，敬祀祖先，对陵墓建筑极为重视。王者生前的威风和死后的尊严都要于此体现。而至于宅居，则要求是“五世同堂”，形成了中国大家庭制度下的民居特色，同时还提倡崇尚自然、回归自然，与大自然协调并存。因此，我国的古代建筑文化极其丰富，极富审美趣味。综观历史，各不同时期表现出各自的特点。

(一)秦汉以前建筑——形成时期

在原始社会早期，原始人群曾利用天然崖洞作为居住处所，或构木为巢。到了原始社会晚期，在北方，我们的祖先在利用黄土层为壁体的土穴上，用木架和草泥建造简单的穴居或浅穴居，以后逐步发展到地面上；南方则出现了干栏式木构建筑。

进入阶级社会以后，在商代，已经有了较成熟的夯土技术，建造了规模相当大的宫室和陵墓。西周及春秋时期，统治阶级营造很多以宫市为中心的城市。原来简单的木构架，经商周以来的不断改进，已成为中国建筑的主要结构方式。瓦的出现与使用，解决了屋顶防水问题，是中国古建筑的一个重要进步。战国时期，城市规模比以前扩大，高台建筑更为发达，并出现了砖和彩画。

秦汉时期，木构架结构技术已日渐完善，其主要结构方法抬梁式和穿斗式已发展成熟，高台建筑仍然盛行，多层建筑逐步增加。石料的使用逐步增多，东汉时出现了全部石造的建筑物，如石祠、石阙和石墓。秦汉时期还修建了空前规模的宫殿、陵墓、万里长城、驰道和水利工程。

(二)魏晋南北朝建筑——发展时期

魏晋南北朝时期，在建筑材料方面，砖瓦的产量和质量有所提高，金属材料被用作装饰。在技术方面，大量木塔的建造，显示了木结构技术的提高；砖结构被大规模地应用到地面建筑，河南登封嵩岳寺塔的建造标志着石结构技术的巨大进步；石工的雕凿技术也达到了很高的水平。大量兴建佛教建筑，出现了许多寺、塔、石窟和精美的雕塑与壁画。

(三)隋唐建筑——成熟时期

隋朝建造了规划严整的大兴城，开凿了南北大运河，修建了世界上最早的敞肩券大石桥——安济桥。唐朝的城市布局和建筑风格规模宏大，气魄雄浑。唐长安城在隋大兴城的基础上继续经营，成为当时世界上最大的城市。

在建筑材料方面，砖的应用逐步增多，砖墓、砖塔的数量增加；琉璃的烧制比南北朝进步，使用范围也更为广泛。

在建筑技术方面，也取得很大进展，木构架的作法已经相当正确地运用了材料性能，出现了以“材”为木构架设计的标准，从而使构件的比例形式逐步趋向定型化，并出现了专门掌握绳墨绘制图样和施工的都料匠。建筑与雕刻装饰进一步提高，创造出了统一和谐的风格。唐朝的住宅，根据主人不同的等级，其门厅的大小、间数、架数以及装饰、色彩等都有严格的规定，体现了中国封建社会严格的等级制度。这一时期遗存下来的殿堂、陵墓、石窟、塔、桥及城市宫殿的遗址，无论布局或造型都具有较高的艺术和技术水平，雕塑和壁画尤为精美，是中国封建社会前期建筑的高峰。

我国现存最早的木结构建筑的实物仅有唐代的五台山南禅寺和佛光寺部分建筑。其建筑特点是：单体建筑的屋顶坡度平缓，出檐深远，斗拱比例较大，柱子较粗壮，多用板门和直棂窗，风格庄重朴实。

(四)宋元建筑——转变发展时期

宋朝是中国古建筑体系的大转变时期。宋朝建筑的规模一般比唐朝小，但比唐朝建筑更为秀丽、绚烂而富于变化，出现了各种复杂形式的殿阁楼台。宋朝流行仿木结构建筑形式的砖石塔和墓葬，创造了很多华丽精美的作品。建筑构件的标准化在唐朝的基础上不断发展，各工种的操作方法和工料的估算都有了较严格的规定，并且出现了总结这些经验的建筑文献《营造法式》。《营造法式》是北宋政府为了管理宫室、坛庙、官署、府第等建筑工程，于北宋崇宁二年(1103 年)颁行的，是各种建筑的设计、结构、用料和施工的“规范”。现存宋代的建筑有山西太原晋祠圣母殿、福建泉州清净寺、河北正定隆兴寺和浙江宁波保国寺等，其建筑特征是：屋顶的坡度增大，出檐不如前代深远，重要建筑门窗多采用菱花隔扇，建筑风格渐趋柔和。

元朝是中国古建筑体系的又一发展时期。元大都按照汉族传统都城的布局建造，是自唐长安城以来又一个规模巨大、规划完整的都城。元代城市进一步发展了各行各业的作坊、店铺、戏台和酒楼等娱乐性建筑。从西藏到大都建造了很多藏传佛教寺院和塔，大都、新疆、云南及东南地区的一些城市陆续兴建伊斯兰教礼拜寺。藏传佛教和伊斯兰教的建筑艺术逐步影响到全国各地。中亚各族的工匠也为工艺美术带来了许多外来因素，使汉族工匠在宋、金传统上创造的宫殿、寺、塔和雕塑等表现出若干新的趋势。现存元代的建筑有山西芮城永乐宫、洪洞广胜寺等。

(五)明清建筑——高峰时期

明清时期是中国古建筑体系的最后一个高峰时期。明朝由于制砖手工业的发展，砖的生产大量增长，明代大部分城墙和一部分规模巨大的长城都用砖包砌，地方建筑也大量使用砖瓦。琉璃瓦的生产，无论数量或质量都超过过去任何朝代。官式建筑已经高度标准化、定型化。清朝于 1723 年颁布了《工部工程做法则例》，统一了官式建筑的模数和用料标准，简化了构造方法。民间建筑的类型与数量增多，质量也有所提高。各民族的建筑也有所发展，地方特色更加显著。皇家和私人的园林在传统基础上有了很大的发展，在明末出现了一部总结造园经验的著作——《园冶》，并留下了许多优秀作品。北京明清故宫和沈阳故宫就是明清宫殿建筑群的实例。

二、中国古代建筑的主要特征

(一)中国古代建筑以木结构为主，辅以砖瓦，拥有完整的木构架系统

中国古代建筑从原始社会起，以木构架为其主要结构方式，一脉相承，并创造与这种结构相适应的各种平面和外观，形成了一种独特的风格。此结构方式，由立柱、横梁、顺檩等主要构件建造而成，各个构件之间的结点以榫卯相吻合，构成富有弹性的框架。其主要有抬梁、穿斗、井干三种不同的结构方式。抬梁式木构架是沿着房屋的进深方向在石础上立柱，柱上架梁，再在梁上重叠数层瓜柱和梁，自下而上，逐层缩短，至最上层梁上立脊瓜柱，构成一组木构架。抬梁式建筑使用范围较广，在三种类型中居于首要地位。中国古代建筑中的宫殿、坛庙、寺院等大型建筑物中常采用这种结构方式。穿斗式是用穿枋把一排排的柱子穿连起来成为排架，然后用枋、檩斗接而成，故称作穿斗式，多用于民居和较小的建筑物。穿斗式用料经济，施工简易，这种木构架在汉朝已经相当成熟，流传到现在，为中国南方诸省所普遍采用。井干式是用

木材交叉堆叠而成的，因其所围成的空间似井而得名，这种结构比较原始简单，现在除少数森林地区外已很少使用。

(二)中国古代建筑平面规整，具有自身的布局规律

中国古代建筑总体组织原则是以“间”为单位构成单座建筑，再以单座建筑组成庭院，进而以庭院为单元，组成各种形式的组群。就单体建筑而言，以长方形平面最为普遍。重要建筑大都采用均衡对称的方式，以庭院为单元，沿着纵轴线与横轴线进行设计，借助于建筑群体的有机组合和烘托，使主体建筑显得格外宏伟壮丽。

中国古代建筑分单座建筑柱网布置、庭院与组群及多样化群体组合形式。

单座建筑的平面布置在很大程度上取决于使用者的政治地位、经济状况，以及功能方面的要求，从而殿堂、厅堂、亭榭与一般房屋的柱网有很大的区别。单座建筑的平面布置中，殿堂比较严谨，殿堂与厅堂的混合体较为灵活自由，厅堂以次至于一般房屋则变化更多。

庭院与组群的布局，由于受阶级社会制度及其意识形态所支配，大都采用均衡对称的方式，沿着纵轴线与横轴线进行设计，其中多数以纵轴线为主，横轴线为辅。三合院与四合院的布局方式大体可分为两种：一种是在纵轴线上先安置主要建筑，再在院子的左右两侧，依着横轴线以两座体形较小的次要建筑相对峙，构成三合院；另一种是在主要建筑的对面，再建一座次要建筑，构成正方形或长方形的庭院，称为四合院。四合院的四角通常用走廊、围墙等将四座建筑连接起来，成为封闭性较强的整体。这种布局方式在中国古代社会的宗法和礼教制度下，便于安排家庭成员的住所，使尊卑、长幼、男女、主仆之间有明显的区别；同时，也为了保证安全、防风、防沙，或在庭院内种植花木，造成安静舒适的生活环境。

汉代以来有很多建筑在纵横二轴线上都采取对称方式的多样化组群。它和四合院建筑相反，以体形巨大的建筑为中心，周围以庭院环绕，再外用矮小的附属建筑、走廊或围墙构成方形或圆形外廓。此外，对于不位于同一轴线上的组群，往往以弯曲的道路、走廊、桥梁作为联系的工具。

(三)中国古代建筑讲求造型，追求艺术美

中国古代建筑的艺术处理，经历代劳动人民长期努力和经验的累积，创造了丰富多彩的艺术形象。

(1)单体建筑的艺术处理。单体建筑从整个形体到各部分构件，利用木构架的组合、各构件的形状及材料本身的质感等进行艺术加工，达到建筑的功能、结构和艺术的统一，是中国古代建筑的卓越成就之一。房屋下部的台基除发挥它本身的结构功能以外，又与柱的侧脚、墙的收分等相配合，增加房屋外观的稳定感。各间面阔采取明间略大的方式，既满足了功能需要，又使外观收到主次分明的艺术效果。殿堂与厅堂中，梁架、斗拱、攀间等也都以其结构与装饰的双重作用，成为室内艺术形式的重要组成部分。

(2)组群建筑的艺术处理。一般而言，一座住宅、一座庙宇或一座宫殿，指的都是整组建筑群。古代最早的建筑仅是简单的单座房屋，以后随着功能要求和经济技术水平的提高，各种用途需要的空间已不能由单座房屋来满足，而需要扩大建筑物的平面和空间。但木结构建筑扩大平面和空间的主要方法是加大构架尺度、增加梁架数目、增加层数，而这些都受到材料、结构技术和使用要求的限制。因此，古代建筑自然地发展了单个建筑物的群体组合的形式。

(四)中国古代建筑注重装饰，外观丰富多彩

使用色彩是中国古代建筑装饰最突出的特点之一，它的卓越成就是建筑的艺术要求与保护木材相结合而发展形成的。

就宫殿建筑而言，从春秋时代起，主要使用强烈的原色，经过长期的发展，在鲜明的色彩对比与调和方面，创造了不少优秀手法。南北朝、隋、唐间的宫殿、庙宇、府第多用白墙、红柱，或柱、枋、斗拱绘有华丽的彩画，屋顶覆以灰瓦、黑瓦及少数琉璃瓦，而脊与瓦往往采用不同颜色，已开后代"剪边"屋顶的先例。宋、金宫殿逐步使用白石台基，红色的墙、柱、门、窗及黄绿各色的琉璃屋顶，而在檐下用金碧交辉的彩画，加强了阴影部分的对比，创造出一种堂皇富丽和绚烂夺目的艺术效果。这种方法在元朝基本形成，到明朝成为制度化。

在古代封建社会中，由于封建等级制度，色彩的使用也有着严格的限制。因此，只有宫殿、坛庙和府第建筑才能施用这种金碧辉煌的色彩。而一般民居住宅因受等级制度及经济条件所限，多用白墙、灰瓦和栗、黑、墨绿等色的梁、柱装修，形成秀丽雅淡的格调，与居住环境所要求的气氛相协调，在色调的处理上取得了很好的艺术效果。

彩绘具有装饰、标志、保护、象征等多方面的作用。明清的梁枋彩画最为瞩目。清代彩画可分为三类，即和玺彩画、旋子彩画和苏式彩画。雕饰是中国古建筑艺术的重要组成部分，包括墙壁上的砖雕、台基石栏杆上的石雕、金银钢铁等建筑饰物。雕饰的题材内容十分丰富，有动植物花纹、人物形象、戏剧场面及历史传说故事等。

(五)中国古代建筑特别注意跟周围自然环境的协调

建筑本身就是一个供人们居住、工作、娱乐、社交等活动的环境，因此不仅内部各组成部分要考虑配合与协调，而且要特别注意与周围大自然环境的协调。中国的设计师们在进行设计时都十分注意周围的环境，对周围的山川形势、地理特点、气候条件、林木植被等，都进行了认真调查研究，务必使建筑布局、形式、色调等跟周围的环境相适应，从而构成为一个大的环境空间。

三、中国古代建筑的现代价值

中国建筑具有悠久的历史传统和光辉的成就。从陕西半坡遗址发掘的方形或圆形浅穴式房屋发展到现在，已有六、七千年的历史。修建在崇山峻岭之上、蜿蜒万里的长城，是人类建筑史上的奇迹；建于隋代的河北赵县的安济桥，在科学技术同艺术的完美结合上，早已走在世界桥梁科学的前列；现存的高达 67.1 米的山西应县佛宫寺木塔，是世界现存最高的木结构建筑；北京明、清两代的故宫，则是世界上现存规模最大、建筑精美、保存完整的大规模建筑群。这一系列现存的技术高超、艺术精湛、风格独特的建筑，在世界建筑史上自成系统，独树一帜，是我国古代灿烂文化的重要组成部分。所以，我国古代的建筑也是旅游鉴赏的重要对象。

中国古代建筑是古代劳动人民辛勤的劳动和智慧的结晶，具有很高的价值。它反映该建筑产生时的时代艺术风格、工艺技术水平、审美的观点，同时还能反映出当时的社会政治经济等的情况。艺术性古建筑都是历史上艺术大师、劳动人民血汗和智慧的结晶，其中有许多宝贵的经验，值得参考借鉴；许多古建筑与其所在环境融为一体，具有永不磨灭的魅力，永远为人们所欣赏。同时，中国古建筑在社会主义现代化建设的今天，发挥着越来越重要的作用。

首先，文物古迹与古建筑是激发爱国热情和民族自信心的实物。在世界人类的大家庭里，每一个民族都在自己的土地上进行辛勤的劳动，创造自己的物质文明。由于生活环境、生活方式、语言文字、宗教信仰等不同，从而形成了许多不同的民族文化。各个不同的民族文化又都是组成世界文化总体的一部分。

其次，古建筑是研究历史科学的实物例证。古代建筑和其他物质文化遗存一样，它本身的发展常常反映了生产力发展的水平，也往往打下阶级的烙印。因此，古建筑对于研究社会发展史是很好的实物凭证。俄罗斯作家果戈理曾经写道：“建筑同时还是世界的年鉴，当歌曲和传说已经缄默的时候，而它还在说话。”

建筑科学是一门范围较广、综合性较强的科学，它与其他科学的发展关系密切。因此，从对古建筑的研究中，可以看出同时期其他科学的发展水平。当然，古建筑对于研究建筑史来说，更是直接的实物例证。中国现存的古建筑本身就是一部实物建筑史，对于研究我国历代建筑的布局、艺术造型、民族风格和建筑结构、材料、施工以及有关的科学技术等都是最生动可靠的资料。

再次，古建筑是新建筑设计和新艺术创作的重要借鉴。几千年来，无数建筑工匠在建筑布局、建筑材料、建筑施工、建筑艺术装饰、建筑传统风格等各方面进行大量发明创造，积累了丰富的经验。这些成就今天仍然是我们应当继承的一份宝贵财富。例如，在建筑布局方面，我国的古代园林设计就有着利用自然、顺应自然和缔造自然的独特手法。在利用建筑材料方面，古代建筑工匠们也在长期的实践中创造了许多就地取材、因料施用的经验。在建筑工程技术方面，我国古代工匠创造了“斗拱”这种木结构建筑所特有的构造，形成了“梁柱式”与“穿斗式”两大木结构体系。对砖石建筑技术，从现存的汉代墓葬、石室、砖塔等遗物中已可看出 2 000 年前所达到的水平。中国古建筑的装饰艺术，如木雕、石刻、砖雕、琉璃、彩画、壁画、塑饰、镶嵌、堆叠等等，皆独具一格，成就很高。

最后，古建筑是人民文化游憩的好场所，是发展旅游的重要物质基础。众多古建筑、园林今天更加具有供人游憩的使用价值。保存下来的古建筑大都是宫殿、苑囿、寺观、园林、古城墙、古街道等，因而自然为中外旅游者所关注和向往。

第二节　中国古建筑文化欣赏

一、宫殿建筑文化

我国由于经历了漫长的封建社会，历代帝王为了满足其骄奢淫逸的生活和维护其统治的威严，往往大兴土木，营建各种宫室殿堂。宫殿为帝王居住之所，是中国古代建筑中最高级、最豪华的一种类型。根据考古发掘证明，早在商代，就出现了宫殿。在河南偃师二里头发现两座规模宏大的宫殿建筑基址，其中第一号宫殿基址是一个长、宽各约 100 米的夯土台基，周围有墙，南面有门，台基上有一座东西长 30.4 米、南北宽 11.4 米、面宽 8 间、进深 3 间的殿堂建筑。安阳殷墟的宫殿规模宏大，分为甲、乙、丙三组，其中丙组共有基址 17 座，排列有序，左右对称，显示了建筑结构和布局的进一步发展。到了东周时期，列国宫殿的规模远远超过了前代，充分反映了当时的财力和建筑的技术力量，以及统治者的骄奢淫逸。

秦始皇统一中国后兴建的阿房宫，就已达到惊人的规模。西汉初年修建的未央宫，宫城周围达 8 900 米。汉高祖刘邦曾因见到这座宫殿建筑的奢华而动怒，主持这一工程规划的萧何说：“天子以四海为家，非壮无以重威。”这说明统治阶级已经认识到，规模宏大的宫殿建筑也可以作为巩固其政权的一种工具。萧何的这个看法，使以后历代帝王更加重视都城和宫殿建筑。所以，秦汉以后，宫殿建筑始终在中国古代建筑中占有重要的位置。可惜许多宫殿建筑都已成为遗迹。

(一)宫殿的布局

1. 严格的中轴对称

为了表现君权受命于天和以皇权为核心的等级观念,宫殿建筑采取严格的中轴对称的布局方式。中轴线上的建筑高大华丽,轴侧的建筑低小简单。这种明显的反差,体现了皇权的至高无上;中轴线纵长深远,更显示了帝王宫殿的尊严华贵。

2. 左祖右社(或称左庙右社)

中国的礼制思想有一个重要内容,即崇敬祖先、提倡孝道,祭祀土地神和粮食神。有土地才有粮食,"民以食为天","手中有粮,喜气洋洋;手中无粮,慌慌张张","有粮则安,无粮则乱","风调雨顺,国泰民安',左祖又社正是体现了这些观念。所谓"左祖",是在宫殿左前方设的祖庙。祖庙是帝王祭祀祖先的地方,因为是天子的祖庙,故称"太庙"。所谓"右社",是在宫殿右前方设社稷坛。"社"为土地,"稷"为粮食。社稷坛是帝王祭祀土地神、粮食神的地方。古代以左为上,所以左在前,右在后。

3. 前朝后寝

这是宫室(或称宫殿)自身的布局。大体上有前后两部分,一墙之隔,"前堂后室",即"前朝后寝"。所谓"前朝",即为帝王上朝治政、奉行大典之处。所谓"后寝",即帝王和后妃们生活居住的地方。

(二)宫殿外陈设

1. 华表

华表是古代设在宫殿、城垣、桥梁、陵墓前作为标志和装饰作用的大柱。设在陵墓前的又名"墓表"。华表一般为石制,柱身通常雕有蟠龙等纹饰,上为方板和蹲兽。华表高高耸立,既体现了皇家的尊严,又给人以美的享受。华表竖立于皇宫和帝王陵园之前,被认为是皇家建筑的特殊标志。

华表起源于墓碑(木制),后来人们将木柱竖于交通要道,作为识别道路的标志,故称"华表木"或"垣表"。不久,君主又让人们在上面写意见,称起为"诽谤木"(古代"诽谤"一词是中性词,即指责过失的意思)。随着原始社会的瓦解,奴隶制度、封建制度社会相继建立,已经不允许人们在"诽谤木"上刻写"谏言",而演变为刻上云龙纹的华表。

2. 石狮

宫殿大门前都有一对石狮(或铜狮)。石狮(或铜狮)有辟邪的作用。又因为狮是兽中之王,所以又有显示"尊贵"和"威严"的作用。按照中国文化的传统习俗,成对石狮系左雄右雌。雄雌可以从狮爪所踩过之物来辨别:爪下为球,象征着统一环宇和无上权力,必为雄狮;爪下踩着幼狮,象征着子孙绵延,必定是雌狮。在中华大地还有北狮、南狮之分。北狮雄壮威严,南狮活泼有趣。还有所谓"三王狮",那是因为狮子是兽中之王,而狮子所蹲之石刻着凤凰和牡丹,凤凰是鸟中之王,牡丹是花中之王,故合称"三王狮"。

3. 日晷(guǐ)

日晷利用太阳的投射和地球自转的原理,借指针所生阴影的位置来显示时间。

4. 嘉量

嘉量我国古时的标准量器。全套量器从小到大依次为:斛、斗、升、合、龠(yuè)。嘉量含有统一度量衡的意义,象征着国家的统一和强盛。

5. 吉祥缸

吉祥缸是置于宫殿前盛满水以防火灾的水缸，有的是铜铸的。古代称之为“门海”，以比喻缸中水似海可以扑灭火灾，故又被誉为“吉祥缸”。如北京故宫中的吉祥缸，古时每年冬天在缸外套上棉套，覆上缸盖，下边石座内置以炭火，以防止冰冻，直到天气回暖时才撤火。

6. 鼎式香炉

有盖为鼎，无盖为炉。鼎式香炉是古代的一种礼器，举行大典时用来燃檀香和松枝。

7. 铜龟、铜鹤

龟和鹤是中国文化中的神灵动物，用来象征长寿，庆贺享受天年。最有名的被称为“龙头龟”、“仙鹤”。

（三）中国现存的古代皇宫

现在保存下来的规模最大、最完整，也是最精美的宫殿建筑，首推北京的故宫。此外，还有沈阳的清初故宫和西藏的布达拉宫。

1. 北京故宫

北京故宫位于北京市区中心，始建于1406年，历时14年才完工。故宫是世界上现存规模最大、最完整的古代木构建筑群，为清明两代的皇宫。有24位皇帝相继在此登基执政，至今已有600多年的历史。

图3-1　北京故宫

整个故宫规模宏大，极为壮观。仅以宫殿的核心部分紫禁城为例，它东西长760米，南北长960米，占地72万多平方米。根据宫廷建筑的一般习惯，故宫也可以分作皇帝处理政务的外朝和皇帝起居的内廷两大部分。故宫中的乾清门，就是外朝和内廷之间的分界线。外朝以“三大殿”——太和殿、中和殿、保和殿——为主，前有太和门，两侧有文华殿和武英殿两组宫殿。内廷以“后三宫”——乾清宫、交泰殿、坤宁宫——为主，它的两侧是供嫔妃居住的东六宫和西六宫，也就是人们常说的“三宫六院”。故宫的这种总体布局，突出地体现了传统的封建礼制“前朝后寝”的制度，而整个故宫的设计思想更是突出地体现了封建帝王的权力和森严的封建等级制度。例如,主要建筑除严格对称地布置在中轴线上外,特别强调其中的"三大殿","三大殿"中又重点突出举行朝会大典的太和殿(俗称金銮殿)。为此,在总体布局上,"三大殿"不仅占据了故宫中最主要的空间,而且它前面的广场面积达2.5公顷,有力地衬托出太和殿是整个宫城的主脑。再加上太和殿又位于高8米分作三层的汉白玉石殿基上,每层都有汉白玉石刻的栏杆围绕,并有三层石雕"御路",使太和殿显得更加威严无比,远望犹如神话中的琼宫仙阙,气象非凡。至于内廷及其他部分,由于它们从属于外朝,故布局比较紧凑。

此外,还应当指出的是,故宫是最能体现建筑是一种时间与空间的持续性艺术的最好例子。人们从天安门一步步走进故宫,穿过端门和午门时,两旁是一间间重复出现的朝房,再进去就是太和门和"三大殿",这一系列建筑,特别是其中的三大殿仿佛是一部乐章中的一个重要乐段。然后又出现"后三宫",它们是大同小异建筑的不断地重复,可说是又一个乐段,或者说是乐曲主题的"变奏"。而每一座宫殿的本身,也都是由许多构件形成的重复。至于东西两侧比较低矮的廊、庑、楼、门等建筑则犹如配合主调的伴奏。这样,人们漫步故宫中的感受,是在时间进程中对一系列连续的空间序列印象所产生的总和,这与乐曲的艺术效果是很相像的,所以,整个故宫就像一部大型的、凝聚的乐章。

当然,整个故宫建筑由于是为体现帝王的政治权力而服务的,因而不可避免地产生严正而刻板的缺点,但是,从故宫建筑群的整个建筑艺术来说,它体现了我国古代建筑艺术的特殊风格和杰出成就,是世界上优秀的建筑群之一。而这一杰作,从明代永乐年间创建后,500余年中,不断重建、改建,动用的人力和物力是难以估计的,真可谓"穷天下之力奉一人"。所以,这宏伟壮丽的故宫,是我国古代劳动人民智慧和血汗的结晶。

1911年辛亥革命爆发,末代皇帝溥仪仍居内廷,直至1924年被逐出宫。1925年故宫博物院正式成立,延续至今。该院收藏历代文物近100万件套,是世界上最大的博物馆之一。1987年被列入《世界自然与文化遗产名录》。

2.沈阳故宫

沈阳故宫位于沈阳旧城中心,占地6万平方米,全部建筑90余所,房屋300余间。四周围有高大的红色宫墙,殿堂金瓦雕梁画栋,光彩夺目,是我国现存仅次于北京故宫的最完整的皇宫建筑。

沈阳故宫的布局有浓厚的民族和地方特色。依其自然布局和建筑先后,可分为三个部分:第一部分是清太祖努尔哈赤建都沈阳初期所建的大政殿,也就是故宫的东路;第二部分是清太宗皇太极继位后,续建的大内宫阙,包括最南端的照壁、东西厢楼、东西朝房、崇政殿、凤凰楼、清宁宫等建筑,也就是故宫的中路;第三部分是清高宗弘历在乾隆四十八年(1783年)扩建的,包括戏台、嘉荫堂、文溯阁、仰熙斋等建筑,也就是故宫的西路。

大政殿是一座八角重檐大木架构成的建筑,殿身八面都用木隔子门组成,以榫卯相接,可以任意开启。殿前排列10座方亭,为左右翼王和八旗大臣办公的地方。

崇政殿为五间九檩硬山式,前后有出廊,围以石雕栏杆。此殿为皇太极日常处理军政要务和接见外国使臣、边疆少数民族代表之所。文溯阁为故宫西路的主要建筑,乾隆四十七年(1782年)兴建,专为藏《四库全书》之用,也是皇帝东巡盛京时读书看戏的地方,其建筑形式仿浙江宁波天一阁。

3.布达拉宫

布达拉宫位于西藏自治区拉萨市西北的玛布日山上,是我国著名的古建筑,全国重点文物保护单位。布达拉梵语意为“佛教圣地”。始建于唐朝初年松赞干布时，相传为迎娶文成公主在此首建宫室，后世屡有修筑，现在的布达拉宫是17世纪重建的。

布达拉宫建筑有13层，高117.19米，内有宫殿、灵庙、佛殿、达赖灵塔、经堂、庭院等建筑。布达拉宫用花岗岩砌筑，墙身收分显著，体现了藏族建筑宏伟稳重的风格。红宫顶层采用了我国传统的歇山屋顶并覆盖镏金铜瓦，其斗拱也有明清建筑风格。整座布置自由均匀，主题突出，显示了藏族建筑匠师的杰出艺术才华。

同时，布达拉宫更以辉煌的艺术作品和珍贵文物而闻名。宫内壁画遍及大小殿堂，画面生动，用笔工细，着色艳丽。宫内还珍藏有大量经书，其中精刻的藏文佛经、有金字缮写的甘珠尔、天竺等地的贝叶经，均是稀世珍宝。这座艺术博物馆和文化宝库，对于研究西藏的政治、经济、历史、文化、艺术都有重要的价值。布达拉宫已被联合国列入《世界自然与文化遗产名录》。

二、民间建筑文化

(一)中国民间建筑的发展

1.秦汉以前的民间建筑——民居的各要素已经齐备

西周时期，有些建筑的夯土墙外皮已使用包面砖。陕西扶风云塘西周文化遗址已出土了包面砖实物。砖的背后四个角都有乳丁，是为了附着于墙面而设计的。这样，墙体可以防止风雨的侵蚀。在陕西岐山凤雏村还发出了迄今为止已知为中国最早的一座四合院遗址，并在建筑东南角发现有用陶管或卵石砌成的排水管道，这种在住宅东南隅设排水出口的作法一直流传到明、清。从周代文献和《周礼》、《诗经》、《尚书》等的记载以及发掘的实物上，可以知道春秋战国宅第宫室已有相当大的规模，并设有门楼、重檐等装饰成分，窗户也有了十字棂格的纹样。那时的建筑多半属于干栏式结构，室内地板距室外地面有相当高的距离。登堂入室必先在门外脱屣，入门即是席位，人们席地跪坐。在竹席下面，还都铺有竹编的筵，筵已成为当时建筑计算面积的基本单位之一，如《周礼·考工记》中就有“王室，凡室二筵”的描写。

战国时期，住宅又有了进步，人们已普遍使用床来坐卧休息。那时，睡觉的床很矮而且很大，最为特殊的是四周绕以栏杆。云南祥云大波那村出土的战国时期的两个干栏式小铜房神韵惟妙，下层空敞，上层挑出，有窗洞，悬于山顶，飞动灵秀，豪迈俊逸，其缠绕穿插的装饰风格也与当时文学的格式有着异质同构的共同之处。

2.秦汉两晋时期的民间建筑——汉族房屋制度已经形成

由于秦朝短命，史书未详细记载其住宅构成，但从仅有的文献可知，秦朝住宅没有战国以前那样形式灵活、平面多样。

汉朝是开创性的王朝，建筑方面尤其如此。汉族房屋制度，如前堂后寝、左右对称、主房高大、院落组织等，都是是从汉代开始的，至今无多大变化。

汉朝规模较小的住宅平面为正方形或长方形，屋门开在房屋一面的当中或偏在一边。房屋的构造除少数用承重墙结构外，大多数采用木构架结构。墙壁用夯土筑造。窗的形式有正方形、横长方形、圆形等多种。屋顶多采用悬山式或囤顶。规模稍大一点的住宅，无论平房或楼房都以墙垣构成一个院落。

汉朝最常用的住宅单位，尤其是西汉，即是所谓“一堂二内”的制度，也是一般平民所最喜爱采用的制度。“内”之大小是一丈见方，后世所谓“内人”即是内中之人的意思，亦即是家庭主妇的别称。堂的大小等于二内，所以宅平面是方形的，近于“田“字。这种双开间的宅制在汉明器、祠堂、崖墓上是非常多的。

汉朝楼居的风气很盛，是与后世住宅大不相同的地方。楼居的盛行显然是将干栏式建筑的下段略为提高作堂室之用，而人们仍居楼上。汉代宅第另有一种楼的建筑，在乡村的大地主富豪们可以说每家必有一座，这既是望楼，也是谯楼，楼顶上可以了瞭望，遇着有警，便“登楼击鼓，警告邻里”，使之相救助。这种楼的式样很多，有三层、四层或五层，多为双开间或单开间式。每层常是上有屋檐，下有平坐栏杆，有的壁上满施彩绘，后世木塔的结构即由此发展而成。汉代较好的住宅都有左、右阶：左阶供主人上下之用，右阶是客人上下之用。汉代升堂入室仍同春秋战国，盛行脱屣的制度，入堂室即席地而坐。

3.唐宋时期的民间建筑——民居建筑制度化

唐朝建筑的总体布局，可见于当时的里坊制度。“坊”即一个四面为高墙，民宅建在墙内，墙外是大街的街区。大坊四面开门，而坊只在东、西两面各设一门。新疆交河古城遗址由于当地雨水极少，因而至今保存唐代古城的模样。街道两旁都是高大的土墙，只有小巷内才有“坊”的大门，从门里进去，才能找到窑院的门户。

北宋时期，每个里坊的宅第又各有高大的院墙围起。所以那时一个人的家宅，至少有三重墙包围保护着，即城墙、坊墙、宅院墙。而院墙之内又不知经几道院庭门墙，如大门、中门、厅堂等，才能到寝室部分。这样的布局，一方面是为了可以有许多不同性质的安适幽静的院庭供人休息；一方面则是为了防御的目的。墙院的建置，确实给整个城市增添了许多壮丽严肃的面貌，因此也更使自然式的园林树木在坊内愈显美丽可爱。

宋朝张择端的《清明上河图》是描绘北宋汴京城内外的一幅工笔画，表现逼真。图中所绘城外的农宅比较简陋，有些是墙体低矮的茅屋，有些以草葺、瓦葺混合构成一组房屋。城市住宅屋顶采用悬山或歇山顶，除茅葺瓦顶外，正面的披檐多用竹棚，使得屋面形式既有锋利挺拔之峻利，又有空灵飞动之绰约。房屋转角处的结构十分细密精巧，往往将房屋两面正脊延长，构成十字相交的两个气窗。四合院的门屋，常用勾连搭的形式，屋面曲线如珠走盘，有自然流转之致。院内栽花植树，流露出悠然自得和闲适舒坦的气氛。

4.明清时期的民间建筑——民间建筑走向成熟

明朝住宅现存的类型很多，主要有窑洞、北方四合院、南方封闭式院落、福建土楼、南方干栏楼居和云南一颗印式住宅等。

明朝已出现了已知我国最早的单元式楼房。福建省华安县沙建乡上坪村的齐云楼，是典型的例证。齐云楼是一座椭圆楼，建于明万历十八年(公元1590年)，是一座大型土楼，中心为一院落，四周的环形建筑被划分为十几个和二十几个单元，每个住宅单元都有自己的厨房、小天井、厅堂、卧室、起居室、楼梯，独立地构成一个生活空间。据宗族谱记载，齐云楼的历史可以追溯到明洪武四年(公元1371年)。换言之，我国早在600多年前就出现了单元式楼房，中国民间住宅完全可以和欧洲传统住宅媲美。

清朝康熙、雍正年间，民间住宅家具装饰风甚浓，豪华宅邸从额枋到柱础都有雕刻。硬山式建筑山墙上的山花镂刻精美，且图案复杂，檐下走廊的两端一般都设水磨砖墙；南方民间住宅甚至在封火山墙的变化上大做文章，使建筑产生瑰丽荣华的感觉。北方四合院的垂花门为浓墨重彩的图画，缠绵悱恻，风流蕴藉。清式家具结合民间住宅的室内装修，繁琐华贵的艺术风格强烈而统一，使人目不暇接。

(二)中国民居建筑例证

1.四合院(北京四合院)

四合院是北方居民的典型民居,北京的四合院是北方院落式住宅的代表。北京四合院是相对封闭的一个组合院落,院落四周由厚重的砖墙围合而成,内部各主体房屋按轴线先后居中排列,再在主体房屋两边对称建造各附属建筑。它的平面布局和各建筑的组合形式严格按照古代宗法制度修建,院落本身不仅具备各种使用功能,还要体现长幼尊卑的地位差别和严谨秩序性的精神功能。经过长期的发展,它的建造已经形成了一整套固定而规范的方法,而且四合院的内部结构和各部分建筑功能的划分也逐渐形成了固定的模式。

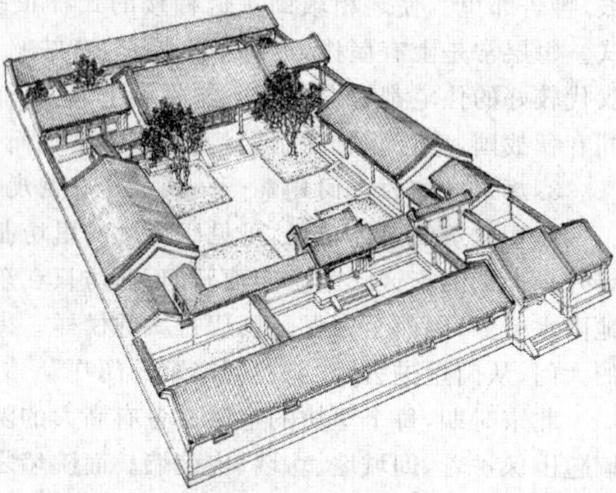

图2-2 北京四合院

所谓四合院即四面围合之意,最基本的四合院是正房、东西厢房和倒座房共同围合成平面为正方形或长方形的院落形式。北京的四合院是在东南角设置大门,而在东西厢房与倒座房之间以墙分隔成两院,再在这堵墙的正中开二门(垂花门),这样就形成了二进院,而再在正房后建一后院,并在院落一侧开后门与之相连,就是三进院。以此类推可以建成多进院,但因为北京城以胡同将城区分成若干个小区域,所以大部分地区最多只能够建四进的院落。于是大型的宅院往往在四合院左右再建跨院,或干脆由几组纵列的独立四合院横向组合而成大型院落组群,在院落之后或侧面还设置有私家花园,以供主人休闲之用。这种多进的四合院占地广大,内部更是层层叠叠,平面较复杂,也就难怪民间有“侯门深似海”一说了。

四合院院落内部的空间划分也有严格的规定,一般前院都以倒座房为主,是会客的客厅和客房,靠近大门外设有门房,以供守门人和男仆居住。大门以东通常是作为儿童读书的私塾小院,以西的小院设有厕所。前院与后院之间有二门相连,后院主要作为居住之用,所以又称为内院。内院的正房位于院落北面,在全宅中地位和规模最大,供长辈或主人居住。正房两头一般建有较低矮的小房间,称为耳房,可用来作储藏室或卧室。正房两侧对称建有东西厢房,是晚辈的起居所。耳房、厢房和院墙之间的小面积空地称“露地”,可用于储放杂物等。内院的面积一般都比较大,可供养殖花鸟虫鱼,以营造舒适优美的居住环境。在内院的二门、厢房、正房之间通常有游廊,以方便雨雪天行走。在内院之后还建有一排后罩房,主要是闺房、配套的生活设施辅助用房和仆人居住之所在,是后院的服务区。

北京四合院内多用砖铺地,等级越高砖的规格也就越大,室内的砖面还要墁地缝,涂桐油,打蜡,极其讲究。室内一般有火炕以供冬天取暖之用,顶部有木头或秫秸的顶棚架,再以纸裱糊。内部装饰于精细中透出浓厚的文化气息。

四合院的设计事实上是皇家建筑前朝后寝布局的缩略再现。它是相对封闭的住宅形式,如在大门的外部或进门处通常设有影壁,主要的作用是阻断外人和来客的视线,而内外院之间的二门也通常由垂花门和屏门两部分组成,两部分各有单独的屋顶却又互相连在一起,也就是采用“勾连搭”的手法，这些错落重叠的门都是为了保持内院的私密性。

我国古代有着森严的等级制度规定，而明清时期更是如此，各种样式不同的四合院充分显示着这一点。面积和建筑规模是地位和财富最直接的反映，而除此之外还有诸多细节可以看到院落的等级差别，如大门的开间数（王府大门多为三间至五间不等）和配套设施、屏风的花纹、房基的高度、屋顶的样式、铺瓦颜色、鸱吻等等。一般四合院内的彩画装饰不多，这是因为大面积的彩画也是不被允许用在民间建筑上的。尽管有着诸多的限制，人们还是着重在细节上对四合院进行各种装饰，这些装饰大多有着其本身的象征意义，并且不同位置也有其相对固定的花纹样式，不能够混用。比较常用的花纹主要有蝙蝠、鹿、龟、灯笼和植物花卉等，主要取其谐音或象征意义。

2. 窑洞（陕北窑洞）

窑洞民居主要分布于黄土高原上，尤以陕西北部的陕北窑洞为典型。当地民居根据黄土高原降水量稀少，土质紧密，开挖后黄土有直立性的特点，因地制宜地创造出黄土高原上所特有的典型民居。

窑洞主要按其建筑形式的不同分为三种类型，即在黄土坡上向里平直开挖而成的靠崖式窑洞；在黄土地上垂直下挖一个院落，再横向开挖出的下沉式窑洞；在平地上用土坯、砖石或版筑的形式砌成的独立式窑洞。

靠崖式窑洞主要以河南和陕西两省为代表。它对地形的要求比较严格，一般都建在土坡或山崖的阳面上，水平向里面开挖，形成一个地面长方形，顶部为拱券的横穴，窑洞前一般还留有开阔的平地作为人们的活动场所。由于良好的地形难觅，所以，这种窑洞大多以多口并列或分多层并列的群体窑洞形式出现，从正立面来分析，其组合形式又分为折线型和等高线型两种。

折线型窑洞，就是按“之”字或“S”形的排列形式在山坡上开掘各家独立的窑洞。而公共道路把每家窑洞串联起来，公共道路呈“之”字或“S”形盘旋在山坡上，以方便居民上下山。等高线型窑洞，就是把整个山坡或山崖分成若干级阶梯，每一层阶梯上横向并列挖掘若干窑洞，每个窑洞前的空地都相连，形成了一个较大面积的广场，为邻居间所共同使用。

独立式窑洞其实就是人们照着窑洞的样子所建的房屋，即先用土坯、版筑或砖石砌成拱券窑洞的样子，再在上面覆土。这种窑洞的特点是：既保留了窑洞冬暖夏凉等优点，又不受地形的限制，可以比较灵活地组合在一起形成类似四合院的建筑群。独立式窑洞很像北方的平顶房屋，所以窑洞前也有木制的出檐和檐廊，并且这些木构件上多雕刻有精美的花纹，这也是在窑洞民居中很少出现的，只限于一些富商的宅第才有。

窑洞民居的特点是冬暖夏凉，而且由于有非常厚的墙体，房屋的隔声性也很好。相比于木构架的房屋，窑洞式的房屋还有较强的抗震性和坚固性。一口窑挖成后住上几十年的情况是很普遍的，并且窑洞式民居的内部通常都比较大，在不少地区，一口窑的室内面积通常都在三四十平方米之上，人们居住的空间十分宽敞。此外在房屋的维护上窑洞也较地上的建筑简单得多，因为它本身的建筑构件就比木结构房屋要少得多，可以说，除了门窗上的木材外就不需要什么特别的构件了。

3. 土楼（福建土楼）

福建土楼是东方文明的一颗明珠，它以历史悠久、种类繁多、规模宏大、结构奇巧、功能齐全、内涵丰富著称，具有极高的历史、艺术和科学价值，被誉为“东方古城堡”，“世界建筑奇葩”，

图 2－3 福建土楼

"世界上独一无二的、神话般的山区建筑模式"。

土楼，俗称"生土楼"，因其大多数为福建客家人所建，故又称"客家土楼"。它是以生土作为主要建筑材料，掺上细沙、石灰、糯米饭、红糖、竹片、木条等，经过反复揉、舂、压建造而成。楼顶覆以火烧瓦盖，经久不损。土楼高可达四五层，供三代或四代人同楼聚居。风格奇异的土楼民宅散布在闽西的永定、武平、上杭及闽西南的南靖、平和、华安、漳浦等地，其造型、装饰和建造工艺世所罕见。

福建土楼产生于宋元，成熟于明末、清代和民国时期。福建土楼的形成与历史上中原汉人几次著名大迁徙相关。西晋永嘉年间即公元 4 世纪，北方战祸频发，天灾肆虐，当地民众大举南迁，拉开了千百年来中原汉人不断举族迁徙入闽的序幕。进入闽南的中原移民与当地居民相互融合，形成了以闽南话为特征的福佬民系；辗转迁徙后经江西赣州进入闽西山区的中原汉人则构成福建另一支重要民系——以客家话为特征的客家民系。

福建土楼所在的闽西南山区，正是福佬与客家民系的交汇处，地势险峻，人烟稀少，一度野兽出没，盗匪四起。聚族而居既是根深蒂固的中原儒家传统观念要求，更是聚集力量、共御外敌的现实需要使然。福建土楼依山就势，布局合理，吸收了中国传统建筑规划的"风水"理念，适应聚族而居的生活和防御的要求，巧妙地利用了山间狭小的平地和当地的生土、木材、鹅卵石等建筑材料，是一种自成体系，具有节约、坚固、防御性强特点，又极富美感的生土高层建筑类型。这些独一无二的山区民居建筑，将源远流长的生土夯筑技术推向极致。史料记载，一次震级测定为七级的地震使永定环极楼墙体震裂 20 厘米，然而它却能自行复合，这足见土楼的坚韧。

土楼是原始的生态型的绿色建筑，它冬暖夏凉，就地取材，循环利用，以最原始的形态全面体现了人们今天所追求的绿色建筑的最新理念与最高境界。

福建土楼多具完善的防御功能。其外墙厚 1～2 米，一二层不开窗，只要仅有的坚固大门关闭，土楼便成坚不可摧的堡垒。为防火攻，门上设有漏水漏沙装置，紧急时楼内居民还可从地下暗道逃出。如今，土楼早已不再是堡垒，但那些完备而精致的防御设施，仍让人们拍案惊奇。

聚族而居的福建土楼是个丰富多彩的小社会。永定承启楼拥有384个房间，最多时曾住过800多人。住在土楼里，有事情大家会互相帮忙，邻里和睦。厚重的福建土楼，承载着厚重的传统文化。发人深省的楹联匾额，与楼共存的私塾学堂，教化育人的壁画彩绘，无不激荡着历朝历代土楼人家“修身齐家”的理想和“止于至善”的追求。振成楼有副名联备受称道：振作哪有闲时，少时壮时老年时，时时须努力；成名原非易事，家事国事天下事，事事要关心。

三、陵墓建筑文化

古代的陵墓建筑因为多为砖石结构，且埋藏于地下，反倒基本被保留了下来。据统计，我国现在保留下来的可以确认的帝王陵墓有100多座，其数量之多，技艺之高，享誉中外。在这类建筑中，除了陵寝本身外，还有为数众多的雕刻、绘画和碑帖文字，它们与建筑融合在一起，不仅成为中国古代建筑中一份丰富的遗产，也形成我国独具特色的文化旅游资源。

(一)陵墓形制的发展阶段

1.方上——秦汉

秦始皇统一中国之后，动用70多万苦力，前后耗时38年，斥巨资修建了始皇陵。秦始皇陵封土采用方上形制，顶部平坦，原高约115米，现存高76米，东西长345米，南北宽350米。陵体四周筑有两层城垣，内城四周共长2 525米，外城周长6 294米。始皇陵是目前已知的中国封建社会规模最大的一座帝王陵墓，也是我国古代陵寝发展史上的里程碑。

汉承秦制，墓室深埋地下，累土为方锥形去其上部，作为陵体，形状酷似覆斗。陵园前开始出现神道，两侧建有石雕刻和石建筑。汉代帝王陵墓以武帝茂陵规模最大，冢高46.5米，周长240米。汉代陵墓是保留至今的唯一一种汉代建筑类型，出土的画像砖、画像石以及明器，为今人了解那个时代的社会生活提供了大量形象资料。

2.以山为陵——隋唐

唐朝是中国封建社会的高峰时期，在陵墓建造上比前代更加追求陵冢的高大。为了显示雄伟壮观，防止盗墓和水土流失，唐太宗开创了以山为陵的先河，选择有气势的山脉为陵体，开凿墓室。平面布局是在山陵四周建筑方形陵墙围绕，四面建门，门外立石狮，四角建角楼，神道顺地势向南延伸，两侧的石人石狮比前代增多。这种利用天然山势环境，加以人工规划而建成的庞大陵区，确实更能体现出封建帝王唯我独尊的心理取向和一统华夏的强大意志。

3.宝城宝顶——明清

明十三陵是一个庞大的皇陵区，位于北京昌平县以北的天寿山南麓。除朱元璋的孝陵和代宗景泰陵以外(葬于北京西的金山口诸王墓地)，明朝13位皇帝的陵墓都在这里。朱元璋开启了有明一代的统治，其孝陵的封土形式及布局也成了明清两朝皇陵的标准格式。孝陵没有模仿唐朝的以山为陵，而是采取“宝城宝顶”的建制，既威严肃穆，又防止雨水冲刷，起到良好的保护作用。陵墓前有长长的神道，神道上依次排列着大金门、石碑、石柱、文臣及武臣，直到棂星门。进门过金水桥到达陵墓中心区，在由南至北的中轴线上分布着大红门、隆恩门、隆恩殿、方城明楼、宝城。十三陵延续这种建制，集中建造在一起，各陵既各自独立，又有共同的入口和共同的神道，组成一个统一的既完整又有气势的皇陵区。目前，除万历皇帝的定陵于1956年发掘以外，明朝皇陵都没有发掘。

清朝皇陵主要分布在三个地区。入关前，努尔哈赤和皇太极在沈阳建造了福陵和昭陵。入关后，在河北遵化县建造了清东陵，葬顺治、康熙、乾隆、咸丰、同治等五帝及其后妃，在河北易县建造了清西陵，葬雍正、嘉庆、道光、光绪四帝及其后妃。这两座陵区承袭明制，各陵既独立又相互联系，陵区拥有共同的神道，有隆恩门、隆恩殿、明楼、宝顶等一系列地面建筑，地宫深埋宝顶之下。清代陵墓与前代不同之处是开始为皇后另建陵墓，慈禧太后的普陀裕定东陵，无论在建筑材料的选用上，装饰的精美程度上，还是装饰主题的寓意上，既超过了作为皇后应该享用的标准，也超过了一般的皇帝陵墓，确实是她生前穷奢极欲和权倾朝野的真实人生写照。

（二）陵墓建筑的文化内涵

1. 事死如生

走入帝王陵墓的地宫，仿佛就置身于帝王的宫殿。地宫虽然深埋地下，是帝王以及后妃百年之后的居住场所，然而受“事死如生”文化传统的影响，生者要按照死者生前的生活居住情形为死者安排冥间的一切。地宫的建制模仿宫殿，大部分墓室明显分为前后两部分，前边相当于堂，后边相当于室，用来放置棺木。如明神宗定陵地宫的墓室由五个高大的拱券石室组成，分为前殿、中殿、后殿和东西配殿。后殿相当于室，中殿相当于堂，前殿相当于庭，两个配殿相当于房和厢。帝陵神道两侧的石像生象征着朝中位列两侧的文武大臣。“普天之下，莫非王土，率土之滨，莫非王臣”，宝座上的古代帝王憧憬着自己的政权统治与日月同辉，希望在冥间继续生前豪华的生活，威严浩大的地宫及其内部种类繁多的明器和价值连城的随葬品都是这种思想的见证。

2. 厚葬之风盛行

古代中国是一个礼制盛行的国家。守孝、祭祖是中国儒家礼俗中的头等大事。何谓孝？“生，事之以礼；死，葬之以礼，祭之以礼”。厚葬是表示生者对死者忠孝的一种重要方式。厚葬以明孝，通过埋葬死者来规范生者的行为举止，强化忠孝等级和伦理观念。历史上很多明君如汉光武帝刘秀、唐太宗李世民、宋太祖赵匡胤等都提倡薄葬，但在整个古代社会厚葬的风气始终都很浓厚。这种传统甚至延续到当今社会，这与中国几千年的礼制传统不无关系。这种风气为我国留下了大量宝贵的建筑遗产与丰富的文化旅游资源，同时也引来了持续不断的盗墓之风。众多陵墓在不同时期遭到程度不同的破坏，有的甚至遭到致命的洗劫，带来无法估计的损失，为后人了解消逝的历史建筑文化与工艺艺术设置了障碍。

3. 深受堪舆学说影响

中国古代社会，帝王非常重视自己的陵墓选址。堪舆学说在民间称为风水学说，对陵墓地址的选择影响重大。这种学说认为：选择好地，则子孙荫福；选择坏地，则祸患无穷。《葬书》中提出：“风水之法，得水为上，藏风次之。”选择阴宅最理想的环境是背靠祖山，前景开阔，有流水自山间流来，呈曲折绕前方而去，朝向是坐北向南，形成一个四周有山环抱，负阴抱阳，背山面水的良好环境。目前已知的陵墓建筑除北宋位于河南巩县的陵墓以外，大多建在这样的环境中。

4. 具有鲜明的等级性

同宫殿一样，古代陵墓建筑也是重要的政治性建筑，具有鲜明的等级性。陵墓的方方面面都印上了等级制的痕迹。社会等级不同，死后使用葬具的规格差别很大。根据《礼记》记载，“天子之棺四重，诸公三重，诸侯再重，大夫一重，士不重”，不得僭越。陵丘形状也有具体规定，比如秦汉时期，只有帝王才能用方形坟丘，一般贵族官员只能用圆锥形坟丘。石像生的数量也有规定，三品以上的官员可制石人、石羊、石虎各2件，四五品官员只能制石人、石羊各2件，六品以下则不得制。相比之下，皇帝陵墓的石像生一般都在10对以上。唐朝帝王陵园中的石像生初具规模，如唐高宗和武则天的乾陵中，神道长3公里，两侧整齐排列的石像生有朱雀1对，石马及牵马人5对，石人10对，石狮1对，充分显示了帝王的威严与权势。

（三）古代帝王陵墓建筑例举

1. 汉茂陵

茂陵是西汉武帝刘彻的陵墓，位于西安市西北40公里的兴平市（原兴平县）城东北南位乡茂陵村，现为全国重点文物保护单位，公元前139年～前87年间建成，历时53年。

图2-4　汉茂陵

汉武帝刘彻是历史上可以和秦始皇相提并论的伟大帝王。汉茂陵建筑宏伟，墓内殉葬品极为豪华丰厚，史称“金钱财物、乌兽鱼鳖、牛马虎豹生禽，凡百九十物，尽瘞藏之”。相传汉武帝的金镂玉衣、玉箱、玉杖等一并埋在墓中。当时在陵园内还建有祭祀的便殿、寝殿，以及宫女、守陵人居住的房屋，设有5 000人在此管理陵园，负责浇树、洒扫等差事。西汉政府在茂陵东南营建了茂陵县城，许多文武大臣、名门豪富迁居于此，人口达277 000多人。茂陵封土为覆斗形，现存残高46.5米，墓冢底部基边长240米，陵园呈方形，边长约420米。至今东、西、北三面的土阙犹存，陵周陪葬墓尚有李夫人、卫青、霍去病、霍光、金日磾等人的墓葬。它是汉代帝王陵墓中规模最大、修造时间最长、陪葬品最丰富的一座，被称为“中国的金字塔”。咸阳原共葬有西汉11个皇帝中的9个，陵墓自西向东依次排列，长近百里，气势宏伟。

2. 唐乾陵

乾陵是中国乃至世界上独一无二的一座两朝帝王、一对夫妻皇帝合葬陵。乾陵里面埋葬着唐王朝第三位皇帝高宗李治和中国历史上唯一的女皇帝武则天，是全国重点文物保护单位。乾陵建于公元684年，历时23年才修建完成。

乾陵位于陕西咸阳市乾县城北6公里的梁山上，陵区仿京师长安城建制。梁山是圆锥形石灰岩山体，共有三峰，北峰最高，海拔1 047.9米，乾陵就在北峰之上。梁山南面两峰较低，东西对峙，中间为司马道，故而这两峰取名叫“乳峰”。据史书记载，陵墓原有内外两重城墙，四

图 2-5　唐乾陵无字碑

个城门，还有献殿阙楼等许多宏伟的建筑物。勘探表明内城总面积 240 万平方米。城墙四面，南有朱雀门，北有玄武门，东有青龙门，西有白虎门。从乾陵头道门踏上石阶路，计 537 级台阶，其台阶高差为 81.68 米。走完台阶即是一条平宽的道路直到“唐高宗陵墓”碑，这条道路便是司马道。乾陵周围还有 17 座陪葬墓。“唐高宗陵墓”墓碑，高 2 米，是陕西巡府毕源为高宗所立，原碑已毁，现在这块碑是清乾隆年间重建的。此碑右前侧另一块墓碑，是郭沫若同志题写的“唐高宗李治与则天皇帝之墓”12 个大字。另外在南门外有为高宗皇帝和武则天歌功颂德的《述圣记碑》和《无字碑》二碑以及参加高宗葬礼的中国少数民族首领和友好国家使臣的石刻像 61 尊。在中国历史上，陵前石刻的数目、种类和安放位置是从乾陵开始才有了固定制度的，一直延袭到清代，历代大同小异。

3. 明十三陵

明十三陵是中国明朝皇帝的墓葬群，坐落在北京西北郊昌平区境内的燕山山麓的天寿山。这里自永乐七年(1409)五月始作长陵，到明朝最后一帝崇祯葬入思陵止，其间 230 多年，先后修建了 13 座皇帝陵墓、7 座妃子墓、1 座太监墓，共埋葬了 13 位皇帝、23 位皇后、2 位太子、30 余名妃嫔、1 位太监。

明十三陵总面积 120 余平方公里，距离北京约 50 公里。十三陵地处东、西、北三面环山的小盆地之中，陵区周围群山环抱，中部为平原，陵前有小河曲折蜿蜒，山明水秀，景色宜人。十三座皇陵均依山而筑，分别建在东、西、北三面的山麓上，形成了体系完整、规模宏大、气势磅礴的陵寝建筑群。明代术士认为这里是“风水”胜境，绝佳“吉壤”，因此被明朝选为营建皇陵的“万年寿域”。该陵园建于 1409～1644 年，距今已有 300～500 多年历史。陵区占地面积达 40 平方公里，是中国乃至世界现存规模最大、帝后陵寝最多的一处皇陵建筑群。明代时，在沙河

图 2-6 明十三陵

镇北，建有七孔石造“朝宗桥”。在镇东，则筑有壮丽的“巩华城”。该城原为嘉靖皇帝祭陵时中途休息的行宫，现仅存遗址。

明十三陵是中国历代帝王陵寝建筑中保存得比较好的一处。中华人民共和国成立后，政府为了保护这一文物古迹，从解放初期就开始进行维修，并将明十三陵作为全国重点文物加以保护。1992 年，明十三陵被北京旅游世界之最评选委员会评为“世界上保存完整、埋葬皇帝最多的墓葬群。”

四、坛庙建筑文化

坛庙建筑显然是一种礼制建筑，是因古代中国社会严格的宗法礼制而生的建筑。远古时期，生产力水平低下，人们的生产和生活经常遭受灾害和野兽的侵袭。受到认识水平的限制，人们对此难以做出科学的解释，将希望寄托于神灵的保护。在漫长的历史时期，形成了自然崇拜和祖先崇拜。为了供奉祭祀这些神灵，人们建立了大量坛、庙、祠堂等形式的建筑。

坛庙建筑按照其主要功用，可以分为以下几类：

1. 祭祀天地类坛庙建筑

祭祀天地等自然神灵是古人生活中一项至关重要的活动。人类早期生存的威胁大多来自狂风暴雨、闪电雷击等自然灾害。人们相信“天”是至高无上、操纵一切、无所不能的主宰，日、月、星、辰、风、雨、雷、电各有其神，支配着作物的生长和人间的祸福。因此，祭祀天地山川等自然神灵很早就成为早期人们日常生活的一部分。国家形成之后，君王或帝王宣扬君权神授思想，将自己比作天地之子，受命于天统治百姓，增强政权的合理性，强化自己的政权统治。祭祀天地因而成了中国历史上所有王朝重要的政治活动，而且发展到后来，成为统治阶级的专门权利。《礼记》中规定，“天子祭天地，祭四方，祭山川，祭五祀”，诸侯只能“祭山川，祭五祀”，平民百姓祭祀天地的活动则是越轨的非礼行为。

2. 祭祀祖宗类坛庙建筑

在中国漫长的封建社会中，宗法制度始终是国家统治的基础。中国人自上至下重视血统，尊敬祖先。这种依靠血缘维系人际关系、家族利益乃至国家一统的宗法观念渗透到古人的思想意识中，从帝王的祖庙到庶民的祠堂无一不是宗法制度的物质象征与必然产物。皇帝祭祀祖先的场所是祖庙或称太庙。按照“左祖右社”的营国规定，历朝历代都将太庙建在宫城的左方，在王城中占据重要位置。而且《周礼》中还规定，“君子将营宫室，宗庙为先，厩库为次，屋室为后”。说明了宗庙在国家社稷中的重要地位。祭祀祖先的正殿位于中轴线上，面阔 11 间，重檐庑殿屋顶，坐落在 3 层石台基上，这与紫禁城前朝三大殿、长陵的隆恩殿、天坛的祈年殿规格相同，说明祭祀祖先是封建国家政治生活中的一件大事。

《周礼》规定：“古者天子七庙，诸侯五庙，大夫三庙，士一庙，庶人祭于寝。”明朝以后，普通百姓有了专门祭祀祖先的场所，称为祠堂或家庙。祠堂是祭祖的圣地、祖先的象征。朱熹《家礼》中规定：“君子将营宫室，先立祠堂于正寝之东”，如果遇上灾害或者外人盗窃时，“先救祠堂，后及家财”。显然，祠堂具有关乎宗族命运的神圣地位。在中国南方地区，诸如浙江、安徽、江西等地，祠堂大多是传统的四合院式建筑。主要建筑分布在中轴线上，前为大门，中为享堂，后为寝室，加上左右廊庑，组成前后两进两天井的组群建筑。祠堂的功能首先是供奉和祭祀祖先，达到敬宗收族的目的。随着社会的发展变迁，其功能得到不断扩大和延伸，成为族人举办婚丧嫁娶、娱乐庆典以及宗教活动的场所，是本地居民的社交场所和社会活动中心。

祠堂在中国古代封建社会中，是维护礼法的一种制度，也是家族光宗耀祖的一种精神象征。通过祠堂的建造规模、建筑形象以及装修装饰，能够显示宗族在当地的社会地位与权势。目前，规模宏大、装饰华丽的祠堂主要有广东陈家祠堂、安徽的胡氏宗祠以及江苏的瞿氏宗祠，游客在这里可以欣赏到祠堂古老的建筑风格和卓越的营造技艺。

3. 祭祀圣贤类坛庙建筑

漫长的中国古代社会诞生了很多圣哲先贤，人们为他们建庙立祠，表达钦佩崇敬之情。这类纪念性建筑种类繁多，包括儒家贤哲庙、将相良臣庙、文人学士庙等等，它们分布的范围最广，涉及的对象最宽泛。除了帝王或政府下令修建之外，很大一部分都是民众自愿所建。这类礼制建筑较为重要的有山东曲阜孔庙，山西解州的关帝庙，四川成都的武侯祠、杜甫草堂以及杭州的岳王庙等。这些对大众开放的祠庙，保存了许多达官显贵、文人墨客的诗词歌赋以及绘画碑刻，不仅成为当地文物的集中地，还是游客了解某一地方历史沿革、风土民情的最好方式之一。

4. 坛庙建筑文化的典型代表——北京天坛

北京天坛在各种祭坛中规模最大，建筑规制也最高，是坛庙建筑的典型代表。祭祀性建筑主要包括斋宫、圜丘、祈年殿、神乐署、牺牲所等。古代的能工巧匠使用形象、数字以及色彩等手段确保天坛不仅在物质上满足祭祀的要求，还在精神上实现帝王的祭祀需求。古代中国人相信天圆地方之说，因此，在天坛建筑中，圆与方的形象被大量运用。圜丘坛中的“九”文化体现了阴阳学说，反复使用九和九的倍数，与《周易》中“九五 飞龙在天，利见大人”的说法相合，暗示皇帝乃“九五之尊”。天坛的多数建筑都使用了黄色和蓝色，象征土地和苍天。这些象征元素的使用，再加上坛庙中栽种的大量青松翠柏，共同营造了一种肃穆、崇高和神圣的意境，表达了后人崇敬和怀念的情怀。古代匠师高超的建筑艺术，为中国乃至世界建筑史上留下了一颗璀璨的明珠。

图 2-7 北京天坛

五、中国古代建筑文化中的封建等级思想

(一)中国古代的建筑思想

中国古代的建筑思想主要表现为:敬天祀祖的礼制思想、以皇权为核心的等级思想和以家长为中心的家族思想。

中国古代建筑重在以平面构图为特色。

中国古代建筑以木结构建筑为主要特点,并辅以砖瓦。

(二)森严的等级制度

我国几千年的封建统治历来非常讲究"礼",认为欲求天下大定,首先当行君臣之礼,非礼不定也,礼者则和,和者则定。因此,古建筑中也体现着独特的、森严的等级制度。

中国古代建筑,从建筑等级上来划分,可以分为三个类型:

殿式,即宫殿样式。大型的寺院、庙宇、道观中的主要殿堂也属于殿式建筑。这类建筑的特点是宏伟而华丽,瓦饰、建筑的色彩和绘画各具特色,如采用黄琉璃瓦顶、斗拱,重檐瓦顶、朱漆大门,绘有龙凤图案的彩画等等。

大式,即官吏和富商的宅第样式。这种建筑从体重和规格上低于殿式建筑。另外,大式建筑不允许施琉璃瓦,斗拱和彩画也有严格的规定。

小式,即普通百姓的住宅样式。小式建筑体重、规模和结构都受到种种限制。

此外,建筑的各种部位还有着等级的规定。

1.桥

桥原是河流两岸的通道。古代往往利用这个通道来表现等级制度,不同的桥供不同的等级层次的人来通行,如天安门前的五座桥即很典型,中间的等级最高,称"御路桥",刻有龙纹图案,供皇帝通行;两旁的桥称"王公桥",刻有莲花图案,清朝时亲王可通行;再两旁的桥称"品级桥",供三品以上的官员通行。南京明孝陵、曲阜孔庙也有类似的桥。

2. 石狮

这里所指的石狮主要是官员宅前的石狮，不同于宫殿衙门前的石狮。古代一品官员宅前石狮头上的卷毛有13个，二品12个，三品11个，以此类推。七品以下官员不允许门前放石狮。

3. 面阔间数

皇帝的宫殿一般为9间，清朝有11间。唐朝时规定三品以下官员不得超过5间，庶人不准超过3间。

4. 门钉

皇宫宫门的门钉是纵横各9个，亲王的大门的门钉是纵横各7个，三品以下官员大门的门钉只能纵横各5个。

5. 彩画和色彩

彩画有着严格的等级制度。明朝规定，庶民民居不许饰彩画。宫殿的色彩也有一定的区分。我国古代建筑的彩画共有三种，表示三个等级，即和玺彩画、旋子彩画和苏式彩画。金色和金黄色是皇家的专用色彩，等级最高；其次是红色；最后是黑色。

6. 建筑物的形状

唐宋以前建筑物以正方形等级最高。明清时由于江湖术士的“天圆地方”理论，均以圆形为最高等级，如北京的天坛。最典型的是北京北海的五龙亭，最中间的是个双檐攒尖顶的圆亭，供皇帝钓鱼、赏月、观景、看焰火之用，两旁四个方亭是其他文武百官陪伴皇帝的地方。

7. 数字

皇帝和皇家的专用数字是九，如皇帝寿诞时，各地送礼的生辰纲、皇帝做寿的活动项目、给皇帝准备的戏单等都应该是九或者是九的倍数。

8. 碑、碣

在某些重要的古建筑中(如帝王陵墓、孔庙、中岳庙等)，常让巨大的石龟(称“赑屃”)背负功德碑，这种碑螭首龟趺，隋代以后只有五品以上的官员墓前才能立；而五品以下、七品以上的官员墓前只能立圭首方趺(其形上圆下方)的碣，趺上高4尺。

9. 坟墓的高度

唐代开元二十九年(741年)前，对坟丘的高度就明确规定：官员等级一品为1.8丈，二品为1.6丈，三品为1.4丈，四品为1.2丈，五品为1丈，六品以下为8尺。

南京南朝陵墓的石像生作为区别等级尊卑的标志则更有特色。帝陵前使用的“天禄”和“麒麟”是传说中的灵异瑞兽，所以只有皇帝陵前才能使用，以示皇帝上受天意，具有至高无上的权威尊严；狮子则是世间的猛兽，习称为“百兽之王”，王公贵族墓前列置石狮，以体现他们生前的显赫地位。

(三)古建筑中的封建色彩表现

建筑不仅是一种技术，而且还是一种艺术。那么，在中国古代建筑中就必然也会或多或少的反映出封建的色彩。

1. 螭吻

装饰于屋顶正脊两端的螭吻兽，呈龙形，头上无角，传说是龙的九子之一，它张开大口稳重而有力地吞住大脊，其背上还有一枚剑柄。螭吻在古时候有很多称谓，但其起源是汉代。汉武帝造柏梁台，毁于雷击之火，后听信方士之言，说有一种鸱能起白浪滔天、激流降雨的作用，类似于现在的鲸鱼。所以，当时的螭吻都是鱼尾的形状。

明清时，认为只有龙才有驱邪之力、布雨之能，故屋脊两端皆改为龙尾的状态。其间，也有了一个螭吻先朝内后朝外的演变过程。

2.仙人走兽

在古建筑的屋脊上塑有很多小动物，这就是仙人走兽。前者是仙人，后面依次排列的是龙、凤、狮子、天马、海马、狻猊、獬豸等。仙人走兽在古建筑中起到了三个作用：从封建迷信思想来说，它们属于灭火压邪的祥瑞之物；从封建等级观念来说，它标志了建筑物的等级，其中等级最高全套都有，其次分别是“走九”、“走七”，还有“走五”，最低是“走三”；从建筑结构上来说，它起到了固定屋脊上脊瓦的作用。

3.四灵

古代称龙、凤、麒麟、龟是四灵。龙代表皇帝，凤代表皇后，麒麟是吉祥之物，龟是长寿之物。四灵往往装饰于皇宫的太和殿前平台上，皇帝奉行大典时，在此焚烧檀香、松柏枝的炉子均铸成上述形象。鹤、龟是神灵之物，象征长寿，合起来意为江山永固。

4.四方之神

古时候分别以青龙、朱雀、白虎、玄武表示东、南、西、北的四方之神。一般用于帝王陵寝内的装饰，如在棺椁的每个方位都有此类保护神保护墓主。另外，在古代城池的四面城门也常用四方之神来命名。

5.石人石马

石人石马即侍立帝王陵寝、名人墓地神道两侧的石像生，主要是起仪仗、驱魔、保卫的作用。它的形成源于《周礼》，传说最早在墓地种柏树、塑老虎，用以驱赶一种叫“方良”的动物。后因秦朝大将阮翁仲身高过人，力大无穷，曾驻守临洮，镇服匈奴有功。死后，秦始皇为了纪念他，便铸了阮翁仲铜像，放在咸阳宫的司马门外。后来，后人为借助他的威望，把他的塑像置于墓地，故墓地前的石人通称为“翁仲”。墓地前的石兽主要有獬豸、骆驼、象、麒麟、马等等，但历代差异甚大。杭州岳飞墓前的人物塑像、马、羊、虎也属于石人石马的范围，既符合宋代的礼制，但也有另外的说法。

6.吉祥寓意图案

在古建筑中，人们常将几种不同的图案配合在一起，或富有寓意，或取其谐音，以此寄托美好的希望和抒发自己的感情，以至凡图必有意，凡意必吉祥。如莲花、鲤鱼寓意“连年有余”，蝙蝠、云寓意“福从天降”，金鱼、海棠寓意“金玉满堂”，石榴寓意“子孙满堂”，蝙蝠、桃、灵芝寓意“福寿如意”，松、鹤寓意“延年益寿”，象、万年青寓意“富贵万年”，牡丹水仙寓意“富贵平安”。

本章思考题

1.中国古代建筑有哪些突出特点？试分析其形成原因。

2.试举例说明宗教建筑中如何营造神秘氛围。

3.如何更好地发挥中国古代建筑在旅游方面的作用？

4.中国古代建筑是古代劳动人民辛勤劳动和智慧的结晶，具有很高的文化艺术价值，这些价值主要表现在哪些方面？

5.结合故宫实际，谈谈中国古代建筑体现的建筑思想和封建等级制度。

第三章 中国旅游园林文化

学习要点

1. 了解中国旅游园林文化的发展历程及分类特点
2. 掌握园林文化的置景要素及构景手法
3. 理解掌握中国著名的游览胜地

第一节 中国旅游园林文化的发展历程及分类特点

一、中国旅游园林文化的发展历程

(一)秦汉以前

我国园林最早见于史籍的是公元前11世纪西周周文王建的“灵囿”,主要供天子、诸侯狩猎游乐。春秋时在诸侯国出现了园林,在园林中设有土山、沼池、台,构亭营桥,种植花草,形成了成组的风景。这时园林的组成要素都已具备,不再是简单的囿了。

秦汉时代,国家统一,经济繁荣,于是大兴土木,营建宫室花囿。秦始皇率先在咸阳修建著名的上林苑,又在上林苑中挖池筑岛,取名蓬莱仙岛,象征人间仙境,开创了人工堆山之先河。汉武帝时扩建上林苑,开凿了昆明、太液两池。太液池中修建了三座仙山,分别命名为蓬莱、方丈和瀛洲。这种“一池三山”的造园布局,及它所体现的神仙思想,一直是后世王朝营建皇家宫苑的指导原则。

当时的园林建造是以生产、通神、狩猎、游憩合一的综合体构成,除帝王建有大量的宫廷园林以供欣赏外,王公贵族、富绅官僚之家也兴起建山水自然园。

(二)魏晋南北朝时期

魏晋南北朝是中国园林发展的转折期,此时园林因受山水画影响,毗邻湖岸布置假山、建造厅堂、点缀花木,其初衷是士大夫追求精神解脱,陶醉于山林田园之中,以山居隐逸为高雅。这个时期的园林是山水、植物和建筑相互结合组成的山水园,魏晋南北朝时期文人参与造园,以诗画意境作为造园主题,同时渗入了主观的审美理想,体现了曲折委婉、讲求趣味的造园理念。园林形式由粗略地模仿真山真水转到用写实手法再现山水;园林植物由欣赏奇花异木转到种草栽树,追求野致;园林建筑结合山水,列于上下,点缀成景。

魏晋南北朝由于佛教盛行,僧侣们喜择深山水畔广建寺庙。因此,寺院选址往往在树老林深、峰石古朴、洞壑深幽、丛林茂密的山林之中或选山水胜地营建。因此,形成了一种新的园林类型——寺庙园林。此外，一些风景优美的景区，逐渐有了山居、别业、庄园和聚徒讲学的精舍。

(三)隋唐时期

隋唐时代是中国封建社会又一个繁荣兴旺的高潮，园林艺术得到进一步发展。隋唐是中国园林的全盛时期。

隋朝结束了魏晋南北朝后期的战乱状态，社会经济一度繁荣，加上当朝皇帝的荒淫奢靡，造园之风大兴。隋炀帝"亲自看天下山水图，求胜地造宫苑"。隋不仅在长安建苑囿，而且在其东都洛阳大规模营建西苑。

隋唐中国的山水画对园林艺术产生了深远的影响，出现了把诗情画意"写"进园林的写意山水园。写意山水园一方面是上层地主阶级的诗意化生活要求，另一方面展现了园林艺术所取得的杰出成就，如叠石、堆石、理水等。同时园中所养的禽兽也不再供狩猎之用，而成了园林中的观赏之物。

盛唐时代，国力强盛，长安城宫苑壮丽，特别是由于石雕工艺已经娴熟，宫殿建筑雕栏玉砌显得格外华丽。唐朝在大力营建宫殿的同时，在都城营建了南苑、北苑、大明宫内苑以及园林性质的兴庆宫，此外，在骊山建有温泉宫。

另外，唐代在文人墨客中还出现一种自然园林——别业山居，中国园林史上最著名的"别业"当推盛唐诗人兼画家王维的"辋川别业"，它是王维在辋川山谷(今陕西蓝田县西南10余公里处)，在宋之问辋川山庄的基础上营建的园林，可惜今已湮没。辋川别业营建在具有山林湖水之胜的天然山谷区，因植物和山川泉石所形成的景物题名，使山貌、水态、林姿的美更加集中地表现出来，在可歇处、可观处、可借景处，建筑宇屋亭馆，创作成既富自然之趣又有诗情画意的自然园林。

中唐诗人白居易游庐山，见香炉峰下"云山泉石胜绝，因置草堂，建筑朴素，不施朱漆粉刷，草堂旁，春有绣谷花(映山红)，夏有石门云，秋有虎溪月，冬有炉峰雪，四时佳景，收之不尽"。

上述园林创作反映了唐代自然园林式别业山居是在充分认识自然美的基础上，运用艺术和技术手段来造景、借景而构成的优美园林境域。

(四)宋元明清时期

1.宋元时期

宋元是造园又一个兴盛时期，特别是在用石方面，有较大发展。宋徽宗在"丰亨豫大"的口号下大兴土木，他对绘画很有造诣，尤其喜欢把石头作为欣赏对象，北宋时建筑技术和绘画都有发展，出版了建筑学巨著《营造法式》，界画开始兴起。公元1117年，始筑万岁山，后更名艮岳。艮岳突破秦汉以来宫苑"一池三山"的规范，把诗情画意移入园林，以典型、概括的山水创作为主题，是中国园林史上的一大转折。苑中叠石、掇山的技巧，以及对于山石的审美趣味都有提高。苑中奇花异石取自南方民间，运输花石的船队称为"花石纲"。

2.明清时期

明、清是中国园林创作的高峰期，出现了许多造园理论著作和造园艺术家，如《园冶》这部著作就是对明代江南造园艺术的总结，为中国造园艺术提供了理论基础。造园艺术到清代达到了鼎盛时期，出现了圆明园、颐和园、承德避暑山庄等著名的皇家园林和以苏州园林为代表的私家园林。

皇家园林创建以清代康熙、乾隆时期最为活跃。特别是乾隆对江南山水极有兴致，几次南巡，所到之处都留下“御笔”。北京颐和园、承德避暑山庄是清王朝建造的皇家苑囿行宫。承德避暑山庄占地 8 400 余亩，比颐和园的面积大近一倍，是我国现存最大的皇家园林。私家园林是以明代建造的江南园林为主要成就，如沧浪亭、个园、拙政园、寄畅园等，虽然规模不似皇家园林，但也堪称小巧精细之作。

二、中国园林的分类

对中国园林进行分类，从不同的角度有不同的分法，常见的有以下两种。

(一)按占有者身份划分

1. 皇家园林

皇家园林属于皇帝个人和皇室所私有，古籍里的苑、苑囿、宫苑、御园等都属此类。典型的有北京颐和园和承德避暑山庄，其特点是规模宏大，利用真山真水，并且集中了各地建筑中的精华。园中建筑体型高大，黄色的琉璃瓦、朱红的廊柱、洁白的玉石雕栏、精美的雕梁画栋，色彩华美，富丽堂皇，再加上其大量吸收江南园林的造园手法，使用游廊、水廊、拱桥、舫、榭、洞门、漏窗等，再现江南园林的主题，使园林充满诗情画意，具有多种象征寓意。

2. 私家园林

私家园林属于民间的贵族、官僚、缙绅所私有，古籍里的园、园亭、池馆、山庄、别业、草堂等都属此类。如苏州的拙政园、留园、沧浪亭、网狮园，上海的豫园，无锡的寄畅园，扬州的个园等。其特点是规模较小，面积不大，但建筑家巧妙安排，常用假山假水，建筑小巧玲珑，园中有山有水，景物多变，自然而宁静，表现出淡雅素净的色彩。

(二)按园林所处地域划分

按照园林所处地域可分为北方园林、江南园林和岭南园林。

1. 北方园林

北方园林集中在西安、洛阳、北京等古都，其中以北京园林为代表。北方园林多是皇家园林，园林因为地域宽广，所以范围较大；因为大多为都城所在，所以建筑富丽堂皇；因为自然气象条件所局限，所以河川湖泊、园石和常绿树木都较少；因为风格粗犷浑厚，所以秀丽媚美则显不足。

2. 江南园林

江南园林多集中于南京、上海、无锡、苏州、杭州、扬州等地，尤以苏州园林为典型。这些地区商业发达，人文荟萃，达官豪商云集，这些都为私人庭园的大量出现准备了条件。中国的私家园林“盛在明清，胜在江南”。该地区造园有许多有利条件，河湖、园石、常绿树较多，气候温和，有雄厚的经济基础和文化背景。园林景致较细腻精美、明媚秀丽、淡雅朴素，尤为擅长叠石理水，花木种类繁多，布局有法，明媚秀丽，淡雅朴素，曲折幽深，极富有田园情趣之特色。

3. 岭南园林

岭南园林主要集中在珠江三角洲，即潮州、汕头、广州等地。岭南因地处亚热带，终年常绿，又多河川，所以造园条件比北方、江南都好。岭南园林具有中国古典园林的传统风格，同时地方特色十分浓厚。其主要特点是：既有北方园林的稳重、堂皇和迤逦，也融会了江南园林的素雅和潇洒，具有热带、亚热带风光，建筑物较高而宽敞，体形简练，加之外国通商往来较多，受西方文化影响并吸收了国外造园的手法，园林以山石、池塘衬托，更结合南国植物配置，并以自身建筑的简洁、轻盈布置其间，形成岭南庭园的畅朗、玲珑、明快的独特风格。著名的有广东顺德清晖园、东莞可园、番禺余荫山房、佛山十二石斋等。

三、中国园林的基本特征

(一)造园艺术,师法自然

师法自然,在造园艺术上包含两层内容:一是总体布局、组合要合乎自然。山与水的关系以及假山中峰、涧、坡、洞各景象因素的组合,要符合自然界山水生成的客观规律。二是每个山水景象要素的形象组合要合乎自然规律。如花木布置应是疏密相间,形态自然;乔灌木也错杂相间,追求天然野趣;水池常作自然曲折、高下起伏状;假山峰峦是由许多小的石料拼叠合成,叠砌时要仿天然岩石的纹脉,尽量减少人工拼叠的痕迹。

(二)分隔空间,融于自然

中国古代园林用种种办法来分隔空间,其中主要是用建筑来围蔽和分隔空间。分隔空间力求从视角上突破园林实体的有限空间的局限性,使之融于自然,表现自然,如此,则把园内空间与自然空间融合和扩展开来。例如,窗子在园林建筑艺术中起着很重要的作用,窗外的翠竹或青山,经过窗框望去就是一幅画。颐和园乐寿堂差不多四边都是窗子,周围粉墙列有许多小窗面向湖景,每个窗子都等于一幅小画;而且同一个窗子,从不同的角度看出去,景色都不相同。为了丰富空间的美感,在园林中采用多种手法来布置空间。例如,颐和园的长廊,把一片风景隔成两个,一边是近于自然的广大湖山,一边是近于人工的楼台亭阁,游人可以两边眺望,这是"分景"。颐和园中的谐趣园自成院落,另辟一个空间,另是一种趣味。

(三)园林建筑,顺应自然

中国古代园林中,有山有水,有堂、廓、亭、榭、楼、台、阁、馆、斋、舫、墙等建筑。人工的山,石纹、石洞、石阶、石峰等都显示自然的美色。人工的水,岸边的曲折自如,水中波纹层导线递进,也都显示自然的风光。所有的建筑,其形与神都与天空、地下自然环境吻合。

在中国园林中,人工的建筑与自然的山水树石互相配合,共同构成一幅幅完整和谐、赏心悦目的风景画面。中国园林中的建筑在特定环境条件下,综合采用了各种处理手法,使之与环境协调。如建筑选址多分散又不乏联系,根据环境空间的尺度决定体量的大小,体型组合富于变化,活泼生动;装饰细部精巧秀丽,建筑的色彩线条与环境融为一体;翼角飞椽、雕梁砖刻、粉墙漏窗成为中国园林景观形象的组成部分,建筑与自然要素保持着和谐,相互配合衬托。

造园者为了进一步把建筑融于自然,还发展、创造了许多别致的建筑形象和细节处理。例如,亭这种最简单的建筑物在园林中随处可见,不仅有点景和观景的作用,而且通过其形象还体现了"以圆法天、以方象地"的哲理寓意。又如,临水的舫和陆地上的船厅即模仿舟船以突出园林的水乡风貌。廊是联系建筑物、划分空间的手段,像园林里飘然凌波的水廊,婉转曲折、通花渡壑的游廊,随势起伏、蟠蜒山际的爬山廊等各色廊子,把人为的建筑与天成的自然贯穿起来。例如,扬州个园小景,常见山石包镶着房屋的一角,堆叠于平桥的两端,随墙的空廊在一定的距离上故意拐出一个弯留出小天井,随意点缀些许山石花木,顿成绝妙小景。

(四)树木花卉,表现自然

与西方系统园林不同,中国古代园林对树木花卉处理与安设,讲究表现自然。松柏高耸入云,柳枝婀娜垂岸,桃花数里盛开,乃至于树枝弯曲自如,花朵迎面扑香,其形与神、意与境都十分重在表现自然。中国园林通过运用乔木、灌木、藤木、花卉等材料,经过设计与配置,创造意境美,表现自然。例如,故宫御花园的轩前海棠、颐和园乐寿堂前后的玉兰、谐趣园的一池荷花等，都是用来创造环境气氛。布局上“栽梅绕屋”，“移竹当窗”，“榆柳荫后檐，桃李罗堂前”。

玉兰、紫薇常对植，梅林、桃林、梨园、橘园、月季园等常体现群体之美。栽植树木不讲求成行成列，但也不是随意参差，往往以三株五株、虬枝枯干而予以人蓊郁之感，运用少量树木的艺术概括表现天然植物的万千气象。

此外，树木花卉在选用时常与比拟、寓意联系在一起，如松的苍劲、竹的潇洒，而且善于利用植物的形态和季相变化，来表达一定的思想感情或形容某一意境，如“岁寒而知松柏之后凋”，表示坚贞不渝；“留得残荷听雨声”，表示宁静的气氛；海棠则为棠棣之花，象征兄弟和睦等。

第二节　中国园林的置景要素及构景手法

一、中国园林的置景要素

(一)筑山

山是园林的骨架，也是造园中用来表现自然的最主要因素之一，园林中的山靠堆叠而成。叠山是中国古典园林的独特创造，对于自然山形，筑山的目的在于通过利用、改造、突出重点，表现大自然的美，而更多园林中的筑山则是堆山叠石，以自然为师，是真山的艺术性体现，讲究“自然之理，自然之趣”，“虽由人作，宛若天开”。

筑山的类型有土山、土石假山、石山。石材的种类有黄石(用于叠脚)、太湖石(用于收顶)。太湖石有五大特点：瘦、皱、漏、透、丑。“瘦”是指棱角分明、不屈不阿的风骨；“皱”是指纹理苍老、光影明暗的情韵；“漏”是指峰石上下、关窍相通的活力；“透”是指玲珑多孔、光透迷离的多姿；丑是指石状奇突，“怪石丑到极处，也就是美到极处”，清代画家郑燮以丑石自喻，他在自题画中说“燮画此石，丑石也。丑而雄，丑而秀。”

筑山的代表有苏州环秀山庄的假山(园林专家惊叹：“造园者未见此山，正如学诗者不知李杜”)。江南三大奇石：玉玲珑(上海豫园)、冠云峰(苏州留园)、皱云峰(杭州竹素园)

(二)理水

为表现自然，理水也是中国古典园林造园最主要的要素之一。无水不活，中国园林理水之法，一般有三种：

1.掩

中国园林理水贵在有源，源头讲究隐，形成“水外有水”、“大小共生”的妙景。如杭州西湖“三潭印月”，大湖包小湖，形成“湖中有园，水外有水”之妙境；而北京颐和园的昆明湖与谐趣园、苏州街，北海的太液池与濠濮涧、画舫斋则是大小对比，阔狭不同，有幽有朗，有动有静，达到彼此衬托、“大小相生”之境界，以建筑和绿化，将曲折的池岸加以掩映。临水建筑，除主要厅堂前的平台，为突出建筑的地位，不论亭、廊、阁、榭，皆前部架空挑出水上，水犹似自其下流出，用以打破岸边的视线局限；或临水布蒲苇岸、杂木迷离，造成池水无边的视觉印象。

2.隔

水面上或筑堤，或架石板小桥，或涉水点以步石，正如计成在《园冶》中所说，“疏水若为无尽，断处通桥”，如此则可增加景深和空间层次，使水面有幽深之感。中国园林隔水基本上有两种手法：一是做狭，如无锡寄畅园之水池，南北狭长，故在中部知鱼槛(半亭)处水面设计狭窄，使水面分成南北两部分。二是造桥或筑堤，园中之桥，固然为交通之需，但它也是分隔水面空间之物。用桥分隔水面，使水面有层次感，而且处理得更为含蓄。例如，扬州寄啸山庄水池中有水心亭，亭南有曲桥，亭北有堤与两岸相连，同时也分隔了水池；而苏州拙政园的松风亭，水池之前有"小飞虹"，是廊桥，将水面分隔，更有空间层次感，透过廊桥，外面景致虚虚实实，可谓园林之空间的极致了。

3.破

如果水面很小时，像曲溪绝涧、清泉小池，可用乱石为岸，怪石纵横、犬牙交错，并植配以细竹野藤、朱鱼翠藻，那么虽是一洼水池，也令人似有深邃山野风致的审美感觉。例如，南京瞻园内南段的水面曲折多变，一侧设大量水榭；中部水面开阔宁静，有亭台点缀其畔；北段水面最小，但与假山相伴，深邃而有山林之趣。三个水域以狭长的溪水相连，池岸形态丰富，有贴水石矶、亭台水榭、亲水草坡、陡崖堑路及夹涧石谷等多种变化。又如，杭州"九溪十八涧"，游览小径须时缘溪行，时踏汀步，两岸树木掩映，表现山水相依的景象，

(三)植物

植物是强化园林山水的重要因素，古代造园理论认为花木犹如山峦之发，水景如果离开花木就没有美感。中国园林着意表现植物的自然美，对花木的选择讲究姿美、色美和味香。姿美指树冠的形态、树枝的疏密曲直、树皮的质感、树叶的形状；色美指树叶、树干、花都要求有各种自然的色彩美，如红色的枫叶、青翠的竹叶、白色的广玉兰等；味香则是要求自然淡雅和清幽，最好月月有花香，其中尤以腊梅最为淡雅、兰花最为清幽。

园林植物的配置有其一定的特点：首先是与季节密切相关，春天有玉兰、牡丹，夏天有荷花、紫薇，秋天有桂花、菊花、枫叶，冬天有腊梅等，像春日柳叶、夏夜荷风、秋月桂香，冬雪梅海等，都是利用季节配置，从而确保园林四季有景，季季不同。其次是讲究"景因境异"，即因不同的环境创作不同的景色，如高山栽松、岸边植柳、山中挂藤、水中放莲、修竹千竿、双柜相映、小园孤植、大园群植等等。再次是构成一园一景的植物配置景观，如无锡"梅园"以赏梅为主，杭州西湖"苏堤春晓"以桃花为主，北京香山以红叶为主，都是一园一景，因花木而生色。

另外，花木对园林山石景观起衬托作用，往往和园主追求的精神境界有关。如松柏象征高洁、坚强和长寿；竹子象征人品清逸和气节高尚；兰花象征幽居隐士；梅花象征坚定、孤高；莲花象征洁净无瑕，洁身自好；玉兰、牡丹、桂花象征荣华富贵；紫薇象征高官厚禄等。

(四)建筑

园林建筑与山水林木相配合，形成古典园林风格。园林建筑物常作景点处理，既是景观，又可以用来观景。因此，除去使用功能，园林建筑还有美学方面的要求。从其种类来说可分为宫殿、楼、阁、厅、堂、轩、馆、斋、亭、台、榭、舫、廊、桥等。

(1)宫殿：只存在于帝王苑囿之中，仿造宫廷中的宫殿营造，供帝王处理朝政、起居之用。

(2)楼：多为两层单檐，朝向园区的一面开有长窗，两侧为封闭的山墙。楼大多建于厅堂之后，或依山傍水，一般用作卧室、书房，或用作观赏风景的观景点。

(3)阁：近似于楼而更精巧，多为两层，四面开窗，造型轻巧，用以储物、藏书、供佛或登高观景之用。

(4)厅堂：常为园林中的主体建筑，多位于园中重要地段上。厅用于会客宴请、观赏花木或堂会演唱，要求能容纳众多的宾客，所以形体较大，空间较为宽敞。堂是园主一家之长的居住处，也用作家庭庆典的场所，空间稍小于厅，室内常用槅扇、博古架进行分割。

(5)亭:功能是供人休憩,观赏园林景致,有圆亭、方亭、六角亭、八角亭、扇形、梅花形,另可分为攒尖顶、单檐、双檐、三重檐等。不同位置的亭,作用不同,如制高点上的亭可登高远望、俯瞰全园;树丛中的亭,若隐若现,可增加神秘感;湖中心的亭,虚无飘缈,如入仙境。

(6)廊:"引"且"观"的建筑,分单廊、复廊、直廊、曲廊等。

在中国古典园林中,颐和园的长廊最著名,全长728米,自东向西,将前山的景点串联起来。廊中建有留佳、寄澜、秋水、涛遥四亭,分别象征着春夏秋冬四季。

曲廊的形态婀娜多姿,"随形而弯,依势而曲,或蟠山腰,或穷水际,通花渡壑,蜿蜒无尽",游者走在其中,步移景变,尽得无穷的美感。

复廊是在长廊中间修花墙,将廊分隔成内外两部分。复廊中间的隔墙上设有漏窗,内外景色隔而不断。

(7)榭和舫:因水而生的建筑物。建于水边,也称水榭,跨水部分由水中的石柱支撑,上面架上木板,周围设有栏杆,伫立水边,凭栏远眺,增加了空灵之美。舫即旱船,是模仿船形建在水边的建筑物。

(8)桥:桥为园林中构景连景建筑。它方便游客跨越园中水体,又可连接风景点,点缀景观,增加园林的自然情趣。常见的有平桥、曲桥和拱桥。平桥造型简单、质朴,有山林野趣之美。曲桥蜿蜒曲折,造型优美,便于游览水景,延长游客观景时间,如上海豫园和杭州西湖的九曲桥。拱桥有单拱、多拱之分,倒影映在水中,形成玉带般的特殊景色,如颐和园的十七孔桥,远望拱洞犹如天边的门、空中的彩带,近观恰似少女美丽的珠链,映在水中,随风摇曳,天然入画。

(五)匾额、楹联、刻石

匾额是指悬置于门楣之上的题字牌。楹联是指门两侧柱上的竖牌,造园家们利用楹联来写景状物,怀古励今,引导游览者进入下行,遐思游离于景物之外。刻石是指山石上的题诗刻字,内容大都是些园苑记文、景物题咏、名人轶事,诗赋图画。它们不仅是装饰,还是一处园林的档案史料,对于旅游者来讲,又是一部很好的导游书,如寺庙园林中的匾额、楹联主要表现玄奥莫测、博大崇高的道理,所以常以楷、篆二体为主,借以烘托殿堂古奥肃穆的氛围,而为了表现山光水色、花笑鸟啼的旖旎风光,则以行、草、隶书为多。

"文因景生,景借文传",匾额、楹联刻石在造园中起润饰景色、揭示意境的作用。在园林中若能恰如其分地运用,则可把以山水、建筑、树木花草等所构成的景物形象升华到更高的艺术境界,不但能够陶冶情操,抒发胸臆,而且能够起到点景的作用,为园中景点增加诗意,拓宽意境。

二、中国园林的构景手法

为达到渐入佳境、小中见大、步移景异的理想境界和自然淡泊、恬静含蓄的艺术效果,中国园林在长期的造园实践通常有以下几种构景方法。

(一)抑景

中国传统艺术历来讲究含蓄,所以园林造景也将最好的景色藏在后面。所谓抑景,即先把园林中的景致隐藏起来,不使其被一览无余,然后再展现在人们的面前,先藏后露,欲扬先抑,以此提高风景的艺术感染力和层次感。例如,园林入口处常常迎门挡以假山,这种处理就叫山抑。抑景并不仅限于园林的开始部分,园中处处都能灵活运用,可给旅游者以"山重水复疑无路,柳暗花明又一村"的感觉,从而激发旅游者的游兴。

(二)添景

在一望无际的远景中增添中景与近景,使园林具备景深的层次感染力,叫做添景。当甲风景点在远方,或自然的山、或人文的塔,如果没有其他景点在中间、近处作过渡,就显得虚空而没有层次。这中间的乔木和近处的花卉,便叫做添景。如当人们站在北京颐和园昆明湖南岸的垂柳下观赏万寿山远景时,万寿山因为有倒挂的柳丝作为装饰而生动起来。

(三)夹景

为了突出优美的景色,园林中常将视线两侧的较贫乏的景观利用树丛、树列、山石、建筑加以隐蔽,形成较为封闭的狭长空间,夹出空间端部的景物,此为夹景。夹景一般用在河流及道路的组景上,夹景可以增加远景的深度感,如在颐和园后山的苏州河中划船,远方的苏州桥主景为两岸起伏的土山和美丽的林带所夹峙,构成了明媚动人的景色。

(四)对景

对景是在园林中景点与景点之间相互观赏与烘托的构景手法。在园林中,或登上亭、台、楼、阁、榭,可观赏堂、山、桥、树木,或在堂、桥、廊等处,可观赏亭、台、楼、阁、榭,都是对景手法的体现。如在北京颐和园知春亭能观赏园内的万寿山、夕佳楼园外的西山、玉泉山,在无锡寄畅园能观赏园内景致和园外惠山、锡山。对景有近景、远景之分。近景对景,其所对之景为小空间近景,则其画面多为竹石、花木、叠石小景或靠壁山;远景对景,则多为自然山水和建筑,这种对景不但有峰峦丘壑、深溪绝涧、竹树云烟,还有楼台亭阁等建筑。

(五)框景

框景就是把真实的自然风景用类似画框的门、窗洞、框架,或用乔木的冠环抱而成的空隙,有选择地摄取另一空间的景色,恰似一幅嵌于镜中的图画。框景能使散漫的景色集中、突出、延绵不断,空间有内外之分,使自然美升华为艺术美。如李渔在西湖闲居时,购湖舫一艘,窗格四面皆实,中虚为扇面形,坐于其中,则两岸之湖光、山色、云烟、竹树,进入其中作天然图画,一日之内现百千万幅佳山佳水。

(六)漏景

漏景即在园林的围墙上或者廊的侧墙上设漏窗,又叫花窗,用以透视园外或相邻景区的风景。漏窗的使用使被隔的景色更加朦胧、虚幻,具有探幽之趣,使园林变幻无穷,增加了不少诗情画意的美感和意境。

漏景以隐现为胜,常以漏窗、花墙、漏屏风、漏隔扇,甚至在枝影横斜之中取景。漏窗上或雕以带有民族特色的各种几何图形,或雕以民间喜闻乐见的葡萄、石榴、老梅、修竹等植物,或雕以鹿、鹤、兔等动物。如沧浪亭的108式漏窗,留园长廊的30多种漏窗,都已名闻天下。而内容最具文化意义的,当推狮子林的琴、棋、书、画四雅漏窗,四个不同形状的漏窗中,依次塑有古琴、棋盘、书函、画卷,这些富于鲜明文化特色的图案内容,为园林增添不少优雅的情调。

(七)借景

借景即将园外的景物组织到园内所能看到的画面中来,与园内景物浑然一体,从而突破园子的有限空间,丰富园景的层次。借景有远借、邻借、仰借、俯借、应时而借之分。借远方的山,叫远借;借邻近的大树,叫邻借;借空中的飞鸟,叫仰借;借池塘中的鱼,叫俯借;借四季的花或其他自然景象,叫应时而借。借景在园林中广泛使用,如无锡寄畅园将锡山上的龙光塔借入园中,开阔园中景物视野;扬州何园将隔墙的片石山房假山峭奇的主峰纳入园内的画面,造成园外有园、两园一体的错觉。

第三节 中国园林游览胜地举例

一、颐和园

颐和园,原是清朝帝王的行宫和花园,始建于1750年,乾隆时将这里改建为清漪园,1764年建成,历时15年竣工。1860年遭英法联军破坏,光绪时,1886年开始重建,公元1888年慈禧太后挪用海军军费修复此园,改名为"颐和园",取"颐养冲和"之义。以后又历遭破坏,解放后不断修缮,才使这座古老的园林焕发了青春。

颐和园的面积达290公顷,其中水面约占3/4。整个园林以万寿山上高达41米的佛香阁为中心,根据不同地点和地形,配置了殿、堂、楼、阁、廊、亭等精致的建筑。全园共分三个区域:以仁寿殿为中心的政治活动区,以玉澜堂、乐寿堂为主体的帝后生活区,以万寿山和昆明湖组成的风景游览区。全园以西山群峰为借景,加之建筑群与园内山湖形势融为一体,使景色变幻无穷。

政治活动区的仁寿殿是光绪帝在颐和园居住期间朝会大臣的场所,殿内陈列着许多贵重文物。

帝后生活区的乐寿堂是慈禧太后在园内居住的地方,室内的陈设,基本上保持当年的面貌。庭院里栽种了几株珍贵的玉兰,并点缀着一块名为青芝岫的巨大的山石。

风景游览区的万寿山,园内主要建筑物均集中于此。建筑依山而筑,万寿山前山,以八面三层四重檐的佛香阁为中心,组成巨大的主体建筑群。从山脚的"辉玉宇"牌楼,经排云门、二宫门、排云殿、德辉殿、佛香阁,直至山顶的智慧海,形成了一条层层上升的中轴线。沿湖北岸东西逶迤的"长廊",共273间,全长728米,这是中国园林中最长的游廊。

后山的景观与前山迥然不同,是富有山林野趣的自然环境,林木蓊郁,山道弯曲,景色幽邃,除中部的佛寺"须弥灵境"外,建筑物大都集中为若干处自成一体、与周围环境结合的精致小园林,著名的谐趣园就在后山。

风景游览区的昆明湖是颐和园的主要湖泊,占全园面积的3/4,约220公顷。南部的前湖区碧波荡漾,烟波淼淼,西望湖水起伏,北望楼阁成群;湖中有一道西堤,堤上桃柳成行;十七孔桥横卧湖上,湖中三岛上也有形式各异的古典建筑。

二、承德避暑山庄

承德避暑山庄位于河北省承德市北部,属中国古代帝王宫苑,是清代皇帝避暑和处理政务的场所,始建于1703年,历经清康熙、雍正、乾隆三朝,耗时89年建成。1994年12月,避暑山庄及周围寺庙(热河行宫)被列入《世界自然与文化遗产名录》。2007年5月8日,承德避暑山庄及周围寺庙景区被国家旅游局正式批准为国家5A级旅游景区。

避暑山庄是清朝皇帝为了实现安抚、团结中国边疆少数民族,巩固国家统一的政治目的而修建的一座夏宫。避暑山庄占地564万平方米,环绕山庄蜿蜒起伏的宫墙长达万米,是中国现存最大的古典皇家园林。

避暑山庄分宫殿区、湖泊区、平原区、山峦区四大部分。宫殿区是皇帝处理朝政、举行庆典和生活起居的地方;湖泊区是整个山庄的精华区,湖泊面积包括洲岛约占43公顷,有8个小岛屿，将湖面分割成大小不同的区域，层次分明，洲岛错落，碧波荡漾，极富江南鱼米之乡的特色；平原区地势开阔，有万树园和试马埭，碧草茵茵，林木茂盛，具有茫茫草原风光；山峦区山峦起伏，沟壑纵横，众多楼堂殿阁、寺庙点缀其间。

宫殿区位于山庄南部，是皇帝处理政务和帝后居住的地方，占地10.2万平方米，包括正宫、松鹤斋、万壑松风和东宫(已毁)四组建筑。正宫是宫殿区的主体建筑，包括9进院落，分为前朝、后寝两部分。主殿叫“澹泊敬诚”，是用珍贵的楠木建成，因此也叫楠木殿。宫殿区建筑风格朴素淡雅，但不失帝王宫殿的庄严。正宫现辟为博物馆，陈列清代遗留下来的宫廷文物。正宫区藏有珍贵文物2万余件。“澹泊敬诚”后的殿堂分别叫“四知书屋”、“烟波致爽”、“云山胜地”等，是皇帝处理朝政、读书和居住的地方，其中“烟波致爽”殿是一座五开间平房。

湖泊区位于山庄东南部，面积49.6万平方米。有大小湖泊8处，即西湖、澄湖、如意泅、上湖、下湖、银溯、镜溯及半月湖，统称为塞湖。塞湖湖面被长堤和洲岛分割成5个湖，各湖之间又有桥相通，两岸绿树成荫，显得曲折有致，秀丽多姿。湖区的风景建筑大多是仿照江南的名胜建造的，如烟雨楼是模仿浙江嘉兴南湖烟雨楼的形状修建，金山岛的布局仿自江苏镇江金山。湖中的两个岛分别有两组建筑，一组叫“如意洲”，一组叫“月色江声”。“如意洲”上有假山、凉亭、殿堂、庙宇、水池等建筑，布局巧妙，是风景区的中心。

平原区位于山庄北部，占地60.7万平方米。平原区主要是一片片草地和树林。其中又分为西部草原和东部林地。草原以试马埭为主体，是皇帝举行赛马活动的场地。林地称万树园，是避暑山庄内重要的政治活动中心之一。当年这里的万树园内有不同规格的蒙古包28座。其中最大的一座是御幄蒙古包，直径达7丈2尺，是皇帝的临时宫殿，乾隆帝经常在此召见少数民族的王公贵族、宗教首领和外国使节。

山峦区位于山庄西北部，面积443.5万平方米。山峦区占了整个园林面积的4/5。从西北部高峰到东南部湖沼、平原地带，相对高差180米，形成了群峰环绕、沟壑纵横之景，山谷中清泉涌流，密林幽深。山峦区以园林、寺庙著称，避暑山庄周围寺庙共占地47.2万平方米，博仁寺、博善寺、普乐寺、安远庙、普宁寺、普佑寺、广缘寺、须弥福寿之庙、普陀宗乘之庙、广安寺、罗汉堂、殊像寺等12座金碧辉煌、雄伟壮观的喇嘛寺庙群，是清政府为安抚中国西北蒙、藏等少数民族，加强边疆管理而建造的皇家寺庙。寺庙之集中，规模之宏大，建筑之精湛，寺庙中大量佛像、祭器制造技艺之高超，使其成为藏传佛教圣地之一。

三、沧浪亭

沧浪亭位于苏州市城南人民路三元坊，为宋代园林建筑艺术的代表，以清幽古朴见长，是苏州现存最古老的园林，始为五代吴越王钱谬之子钱元亮的池馆，著名诗人苏舜钦以四万贯钱买下废园，进行修筑，傍水造亭，题名“沧浪”，自号沧浪翁，并作《沧浪亭记》。欧阳修应邀作《沧浪亭》长诗，诗中以“清风明月本无价，可惜只卖四万钱”题咏此事。自此，园以人传，“沧浪亭”名声大著。清康熙年间，巡抚宋荦重建沧浪亭，并将明朝文征明隶书“沧浪亭”三字作为匾额，形成今天“沧浪亭”的布局基础。

园内布局以山为主，沧浪之水不是藏于园林之中，而是借助于园外葑溪之水，因此未进园门已是绿水回环。四周环列建筑、亭及依山起伏的长廊，通过复廊上的漏窗渗透作用，沟通园内、外的山、水，使水面、池岸、假山、亭榭融成一体。园中山上石径盘旋、古树葱茏、箬竹被覆、藤萝蔓挂、野卉丛生、朴素自然，景色苍润如真山野林。

沧浪亭高踞丘岭，飞檐凌空，亭的结构古雅，与整个园林的气氛相协调。园中最大的主体建筑是面阔三间的明道堂，取“观听无邪，则道以明”意为堂名，为明、清两代文人讲学之所。明道堂在假山、古木掩映下，屋宇宏敞，庄严肃穆。相传乾隆帝南巡时，曾召誉满江浙的苏州评弹艺人王周士于此堂内说书。

折而向北，有屋名“翠玲珑”，四周遍植翠竹，取苏舜钦诗句“日光穿竹翠玲珑”意而为名。竹是沧浪亭自苏舜钦筑园以来的传统植物，亦是沧浪亭的特色之一。现植各类竹 20 余种。“翠玲珑”连贯几间大小不一的旁室，使小馆曲折，绿意四周。前后芭蕉掩映，竹柏交翠，风乍起，万竿摇空，滴翠匀碧，沁人心脾。

四、拙政园

拙政园位于苏州市东北街 178 号，占地 62 亩，始建于明正德四年(公元 1509 年)，由明代弘治进士、御史王献臣弃官回乡建成，名取晋代文学家潘岳《闲居赋》中“灌园鬻蔬，此亦拙者之为政也”之意，借凡人所做浇花卖菜的事来喻主人做官不得志和清高的心境。1997 年 12 月 4 日，拙政园被联合国教科文组织列入《世界自然与文化遗产名录》。

拙政园的特点是园林的分割和布局非常巧妙，把有限的空间进行分割，充分采用了借景和对景等造园艺术，是苏州四大名园之首。全园分东、中、西、住宅四部分。东部明快开朗，以平冈远山、松林草坪、竹坞曲水为主。中部为拙政园精华所在，以水为主，池广树茂，景色自然。西部台馆分峙，回廊起伏，水波倒影，别有情趣，装饰华丽精美。

拙政园中部基本保留明代风貌，也是全园精华所在。远香堂是中园的主景建筑，中园的一切景点，均围绕远香堂而设。其特点是庭柱为“抹角梁”，并巧妙地分设在四周廊下，因而室内没有一根阻碍视线和行动的柱子。四周都嵌有玲珑剔透的长玻璃窗，可环观周围不同景色，犹如观赏长幅画卷，所以又称“四面厅”。此处面临荷池，每到夏季，荷风扑面，清香满堂，故取宋代周敦颐《爱莲说》中“出淤泥而不染，濯清涟而不妖”、“香远溢清，亭亭净植”的语意作为堂名。

堂南部隔有亭台池水，屏立黄石假山，重峦叠翠；山上林木配置错落有致，以主建筑前的广玉兰扶疏相接。远香堂之东土山上有秀绮亭，四周遍植牡丹、芍药。土山南为枇杷园，园中遍植枇杷，夏初成熟，果实累累。园东有海棠春坞，因多植海棠花而得名。再南行，为玲珑馆，有曲廊可通。馆旁有嘉实亭，与之并立的还有听雨轩。至此，远香堂北部，境界大开，一片水面山岛展现在眼前。这是采用了欲扬先抑的手法。堂北的水池清澈旷朗，水中垒土叠石，构成东西两山岛，山间隔一小溪，幽深曲折，溪上架桥相连，桥下流水潺潺。二岛与远香堂隔水相望，起了分割和点缀水面的作用，形成了“山因水活、水随山转”的意境。

岛上西建“雪香云蔚亭”，以雪香喻梅花，点出其周边梅花盛开的景观。岛东建“待霜亭”取意唐代韦应物诗句“洞庭须待满林霜”，洞庭产橘，霜降始红。“待霜”点出了此处有橘树。岛东侧下山过折桥，与“悟竹幽居”景点相连。西侧下山，可往“荷风四面亭”，亭在三条线路的交叉点上，三面环水，一面临山。亭的位置恰在池水的中央，其西南两头，联系着三曲和五曲的低栏石桥。两桥将水一分为三，但桥身空透，桥栏低矮，似分非分，保持了水面的广阔浩渺之势。远香堂西部，有短廊接“倚玉轩”。出轩向南，有桥一座，名“小飞虹”，桥上复有走廊，是苏州唯一的一座廊桥。桥影随波浮动，宛如水上彩虹。桥南有水阁三间，名“小沧浪”，与亭廊组合，构成独立的水院，环境幽静。折北至“得真亭”，周围遍植松柏，其名取自《荀子》评价松柏的话：“经隆冬而不凋，蒙霜雪而不变，可谓得其真矣。”向前，明代所建的“玉兰堂”质朴幽静，自成一院。

再向前，是石舫“香洲”，上楼下轩，造型轻巧。隔水与“倚玉轩”相对，互相映衬。舱中有大镜一面，可映对岸倚玉轩一带景色，是极好的借景手段。

拙政园西部水系周围环以假山和建筑。位于中西部园墙交界处土山上的“宜两亭”，立意来自白居易因与友人为邻，隔墙共享柳树报春的故事。他做诗赞道：“得杨宜作两家春”。“与谁同坐轩”为扇面亭，其立意援自苏轼的诗句“与谁同坐？明月、清风、我”，反映了园主人的清高和孤寂。“三十六鸳鸯馆”为两面临水建筑，是西部主景，馆名点出水池有鸳鸯成对在水中嬉戏的意境。

五、留园

留园位于苏州市城西阊门外留园路，为中国四大古典名园之一，始建于明嘉靖年间，为太仆寺卿徐泰时的私家花园，时称东园。留园是将中国的古代建筑艺术与山水花木融为一体的代表作。全园曲廊长达700多米，随形而变，顺势而曲。留园分四部分，中部以山水为主，东部以建筑见长，北部系田园景色，西部是山林风光。

留园的整个园林采用不规则布局形式，使园林建筑与山、水、石相融合而呈天然之趣，利用云墙和建筑群把园林划分为中、东、北、西四个不同的景区。中部景区荟萃了全园精华，以山池为中心，环以山石、楼阁，贯以长廊、小桥，明洁清幽，峰峦回抱，与大型厅堂相对，景以天成，极富情趣。东部景区以建筑结构紧密见长，厅堂轩敞富丽，冠云峰居中雄峙，周围建筑如众星捧月，站在峰前，如入神仙宫阙。北部景区因旧构已毁，今建为盆景区，遍植月季，花枝烂漫，清香宜人，有村野风光，令人有“柳暗花明又一村”之感。西部景区以大假山为主体，漫山枫林，其南平地环以曲水仿晋人武陵桃源，以自然山村为特色。

留园的结构严谨，装饰精致，重门迭户，深奥莫测。著名学者俞樾在《留园记》中赞道：“泉石之胜，华木之美，亭榭之幽深，诚足为吴中名园之冠。”1997年12月，留园与拙政园、网师园、环秀山庄作为苏州古典园林典型例证，被联合国教科文组织批准列入《世界自然与文化遗产名录》。

本章思考题

1.简述中国旅游园林文化的发展历程及分类特点。

2.试举例说明中国园林的构景手法。

3.结合本地景点，运用所学知识，介绍当地的园林文化景点。

文化专题三　社会生活文化景观

第四章　中国茶文化

学习要点

1. 了解茶文化的起源及发展及各历史阶段茶文化的发展概况
2. 掌握中国茶道与茶艺的基本概念
3. 了解茶道与茶艺的欣赏及各主要茶类的茶艺
4. 掌握中国各民族形形色色的饮茶习俗
5. 理解中国茶馆的兴起与发展概况
6. 掌握各地特色明显的茶馆文化

第一节　茶文化的起源及发展

一、茶的出现

古代中国人最早从发现野生茶树到开始利用茶，是以咀嚼茶树的鲜叶开始的。而传说第一个品尝茶树的鲜叶并发现了它神奇的解毒功能的人就是神农氏。在汉代托名神农而作的药书《神农本草经》中有这样的记载："神农尝百草之滋味，水泉之甘苦，令民知所避就，当此之时，日遇七十毒，得茶而解。"而神农氏是什么时代的人呢？《庄子・盗跖篇》称："神农之氏……只知其母，不知其父。"可见他生活于只知其母、不知其父的母系氏族社会。据考证，茶的发现与利用迄今当有万年左右的时间了。

二、茶的药用和食用

古人最初利用茶的方式是口嚼生食，后来，便以火生煮羹饮，就像今天我们煮菜汤一样。在茶的利用之最早阶段是无法从制茶谈起的。那时人们把它煮成羹来饮用或以茶作菜来食用。《晏子春秋》这本记载春秋时代齐景公的宰相晏婴生平事迹的史书，有一段以茶作餐菜的记载："婴相齐景公时，食脱粟之饭，炙三弋五卵，茗菜而已。"说晏婴身为国相，饮食节俭，吃糙米饭，几样荤菜之外只有"茗菜而已"。晏婴吃的这种"茗菜"，就是新鲜的不经晒过的茶叶。这种以茶代菜的风俗，就是在现代还有某些地方仍保留着。如云南省基诺族至今还有吃"凉拌茶"的习惯，把采来的新鲜茶叶，揉碎放在碗里，加上少许大蒜、辣椒、盐等配料，再加上泉水拌匀，就成为美味可口的佳肴了。

三、各历史阶段的茶文化的发展

茶叶最早在我国被发现，开始仅作药用。唐朝的《本草拾遗》、明朝的《本草纲目》、清朝的《本草求真》等书籍中，都确切地记载着茶叶的药用功能，并把茶叶奉为万病之药。

(一)两汉魏晋南北朝茶文化的发展

史料记载，我国的制茶业源于古巴蜀(今川、滇、黔、鄂相邻区)山区，自秦汉在巴蜀设置郡县以来，制茶的地区日益扩展。那时的饮茶方式是熬茶，到西汉变为"煮作羹饮"，即将茶叶蒸压成砖，饮用前用火炙烤，捣成细末，放至锅中加水煎煮，并投入葱、姜、橘皮、薄荷等佐料煮成"茶粥"，类似今日蒙古族的奶茶和藏族的酥油茶；此时的茶树已开始了人工栽培，茶叶生产已进入专业化。魏晋以后，饮茶之风渐盛，吴国把茶作为宫廷饮料，贵族宴会皆设茗饮。南朝时期，饮茶已普及到平民百姓家庭；而同时期的北朝，士大夫把饮茶作为"华夏口味"。这一时期，随着佛教传入，道教兴起，饮茶亦与佛、道联系起来。在道家看来，茶是帮助炼"内丹"、升清降浊、轻身换骨，修成长生不老之体的好办法，可以说，道家"天人合一"思想是中国茶道的灵魂。在佛家看来，茶是禅定人静的必备之物，佛与茶的共同诉求是心，是感悟，是顿想，是自我修行，是生命协调。佛要清除人类心灵的杂尘，茶则可以洗尽上面的污垢。茶是人、神、佛共同的饮品，是天堂、人间、地狱一致的灵魂净化剂、身体洗礼水，可以说，佛教为茶道提供了"梵我一如"的哲学思想，使中国茶道更具神韵，尽管这一时期尚未形成完整的宗教饮茶仪式和阐明茶的思想原理，但茶已经脱离作为饮食的物态形式，具有显著的社会、文化功能，中国茶文化初见端倪。

(二)唐宋茶文化的发展

唐朝是中国茶文化的形成期，是中国茶文化史上划时代的时期。中国茶文化的形成，以陆羽《茶经》的刊行为标志。陆羽(733－804 年)，唐复州竟陵(今湖北天门市)人，字鸿渐，一名疾，号竟陵子、桑苎翁、东冈子。他一生嗜茶，精于茶道，工于诗词，善于书法，因编著世界上第一部茶叶专著——《茶经》——三卷而闻名于世，流芳千古。《茶经》一出，中国茶文化的基本轮廓方成格局。《茶经》是一部独出心裁的文化创造，它把精神与物质融为一体，突出反映了中国传统文化的特点。《茶经》首次把饮茶当作一种艺术过程来看待，全书近 8 000 字分为十章，一章一题，一题一议，既有丰富的自然科学知识，又有深奥的茶文化知识，寓意深远地融会着茶道理论，创造了烤茶、选水、煮茗、列具、品饮等一套中国茶艺，被后人誉为"茶学的百科全书"。《茶经》首次把"精神"二字贯穿于茶事当中，强调茶人的品格和道德情操，把饮茶看做进行自我修养、锻炼意志、陶冶情操的方法。陆羽首次把我国儒、释、道的思想文化与饮茶过程融为一体，首创中国茶道精神，搭设了中国茶文化的基本构架，为茶文化的形成与发展作出了卓越的贡献。

我国有"茶兴于唐，盛于宋"之说。中国茶叶生产的规模和质量，在宋朝已达到一个新高峰。中国茶文化形成并兴起于盛唐之后，到宋朝发展到了一个鼎盛时期。宋朝的贡茶是以闽北建瓯凤凰山北苑所产的"龙团凤饼"为代表，所以人们把盛极一时的宋代茶文化称为"龙凤盛世"。在宋代，随着理学思想的出现，儒家的内省观念进一步渗透到茗饮之中。从茶艺讲，已将唐代的穿饼，发展为精制团茶，使制茶本身工艺化，增加了茶艺的内容。民间的点茶和斗茶之风的兴起，将茶艺推展到更为广泛的社会层面。宫廷贡茶和茶仪、茶宴的大规模的举行，又使茶文化的地位进一步得到提升，如果说唐代茶文化更重于精神实质，宋人则把这种精神进一步贯彻于社会各阶层日常生活和礼仪当中。

(三)明清茶文化的发展

明朝是中国茶文化的转折时期,表现在茶叶的制作过程中完成了炒青工艺,刻意追求茶叶特有的造型、香气和滋味。茶叶开始分为绿茶、青茶、黑茶和白茶几大类。饮茶的方法也由煮茶改为冲泡,将饮茶从繁琐的制作中解放出来,使人能品尝到茶的天然滋味,并促使茶叶生产呈现出千姿百态的繁荣发展局面。与此同时,宜兴的紫砂壶也应运而生,为茶文化提供了更丰富的内涵。

清朝开创了红茶制作的先河,并逐渐发展成畅销海内外的“功夫红茶”。开始于唐朝代宗(728—779年)时代的贡茶制度到清朝“康乾盛世”时已发展到极致,这给一大批名茶的诞生创造了条件,如“龙井”、“碧螺春”、“蒙顶茶”、“六安爪片”等享誉中外的高级名茶都成名于清代。至此,中国茶的家族基本建立起来了。

第二节　中国茶道与茶艺

一、中国茶道与茶艺的概念

(一)什么是茶道

茶道是茶文化的核心。“道”是指饮茶过程中贯彻的精神。有道无艺,道则空洞;有艺无道,艺则无神。茶艺有名有形,是外在表现形式;茶道经常是看不见、摸不着的,但可以通过心灵去体会,它是精神、道理、规律、本源与本质。中国茶道的“七义一心”指的是:第一是茶艺,包括烹茶的规范程式和有关茶事的诗、词、书、画等;第二是茶德,饮茶重在“品”,是一种生活享受和人格自我完善的手段;第三是茶理,我国是礼仪之邦,自古就十分讲究以茶待客;第四是茶情,唐代名僧皎然《饮茶歌诮崔石使君》中有“一饮涤昏寐,情来朗爽满天地”的诗句,说的就是茶情;第五是茶理,单就茶叶而言,它便是天时、地利、人和高度合一的产物,品茶过程,实质是体现了人与自然和谐相处的神妙意境;第六是茶学说,陆羽的《茶经》不但开创了茶学说的先河,而且倡导了利用茶饮为现实生活服务的风气;第七是茶引导,使人释躁平矜,怡情悦性。以上“七义”道出了中国茶道精神的核心思想,那就是“和”,“和”是中和、和谐,属于哲学、美学的范畴,包含和体现了儒、释、道的思想精华。

《易经·系辞上》:“形而上者谓之道,形而下者谓之器。”道是无具体形象的,含有规律和准则的意思。茶道实际上是有关修身养性、学习礼仪和进行交际的特有风俗。茶道一词最早见于唐代《封氏闻见记》一书,它自古就是中国传统的艺术形式。唐宋时期,茶叶由日本留学生带回日本。据史料记载,日本佛教天台宗创始人最澄于唐德宗贞元二十年(804年)随遣唐使入唐,曾登浙江天台山国清寺学佛,翌年归国时,携回茶籽试种于近江(今日本滋贺县);贞元二十二年(806年),日本高僧空海来我国学佛后,回国时携回茶籽分种日本各地;嵯峨天皇弘仁于815年巡游至滋贺县的梵释寺,寺僧献茶,天皇饮后大悦;当年天皇令近江、舟波、播磨等地种茶,以作为贡茶。南宋时,被日本尊为“茶祖”的口水禅师荣西,曾于南宋孝宗乾道四年(1168年)和宋孝宗淳熙十四年(1187年)两度来到中国,到浙江天台、四明、天童等地,于南宋绍熙二年(1191年)回国。他回国时带回茶籽和种茶技术,著《吃茶养生记》上、下两卷,大力提倡吃茶养生之道。

中国茶道以儒、释、道三家文化为主体构成，总体基调是高雅而深沉、博大而精深。各家茶文化精神既有共同之处，又有独到之点。

1.共同特征

(1)和谐与宁静。儒家将中庸引入茶道，主张在饮茶中沟通思想，创造和谐气氛，增进彼此的友情，通过饮茶自省，清醒地认识自己，也清醒地看待别人。道家主张人与物、物质与精神不分，互相包容，与儒家的中庸有异曲同工之妙。中国茶人接受老庄思想，强调天人合一，精神与物质统一。佛教禅宗主张“顿悟”，理清净，无有烦恼，此心即佛，佛在“心内”，即可除苦恼，又可自由自在做信徒，与茶找到了相通之处。如果世界缺乏炎热、激情，会显得过于沉闷，没有生机。如果世界上的纷争、喧闹过多，又会显得混乱颇躁，人类也就难以正常生存。茶性之柔，茶的宁静、清醒有利于心情的平静与环境的和谐。

(2)淡泊与旷达。道家主张清心寡欲、无为、简朴、戒贪。老庄的无限时空观促成了茶人的宽大胸怀，使茶人十分注意从茶中体悟大自然的道理，从无为之中看到大自然的勃勃生机。文人儒士是中国茶文化潮流的领导者，“知足常乐”而又“以天下为己任”，他们以茶修身养性，磨砺匡世治国之志。印度佛的原义是今生永不得解脱，未免太过于悲伤；但禅宗是中国化的佛教，认为把事情都看淡些就“大彻大悟”了。

于是儒、释、道三家在这一点上趋于一致，三家思想融入茶道，形成了中国茶文化中淡泊与旷达的基调。

(3)礼仪与养生、清思。中国人主张礼仪，便是主张互相节制、有秩序。茶能使人清醒，所以在中国茶道中也吸收了“礼”的精神。儒家的思想核心之一便是“克己复礼”，提倡克制和约束自己的行为规范，讲究君臣、父子、夫妻之情与礼仪规范，倡导敬老爱幼、兄弟礼让、尊师爱生。佛教戒律甚多，这在茶文化中也有体现。唐代怀海和尚在《百丈清规》中对僧人的行为作了规范，对僧人饮茶也作了明确的规定。从此，佛家茶仪正式出现。此后，佛门的茶礼、茶仪不断完善，不仅茶宴讲究礼仪，而且日常饮茶和待客也十分讲究茶礼，一些禅院茶礼还渗透、传播到了民间。

2.个性特征

儒、释、道三家茶文化既有相通之处，也有各自的特点。儒学是中国的主体文化，品味人生、忧患生命是茶道与儒家的共同主题。深受儒家的思想熏陶的中国人充满了乐观主义精神，多能随遇而安，直面人生。即使自己生活境况不佳，也谈不上有何作为，但他们也能乐观地将希望寄于子孙和未来，多能苦中求乐，既承认苦，又争取乐。饮茶，自己养浩然之气，大家又分享快乐，这构成了儒家茶道精神的欢快格调。儒家立足于现实，都积极参与任何事，喝茶也忘不了家事、国事、天下事，主张文武之道，一张一弛。传统儒士有两种最高境界的生命价值观：“学而优则仕，不仕而后隐。”但无论为仕还是归隐，茶都是他们的忠实伴侣，唯有淡淡茶香，可以使自己心平气静，偷闲一时。儒学独创茶道以“清”为美意识，升华了中国茶道的美学意境。清于俗尘，清于高洁，清于香馨，清于明哲，两袖清风，清心寡欲，方可脱逸超然，寄情山水。中国茶文化从一产生，便以儒家积极入世的思想为主，茶人中消极避世者有之，但一直不占主导地位，大都提倡的是以苦茶而砺大志。

道家“天人合一”思想是中国茶道的灵魂。道家茶文化具有明显的避世超尘思想。道家强调“无为”，避世思想浓重，给中国文化扩大了领域，增加了弹性和韧性，是对儒家思想的补充。中国许多著名茶人，退隐思想浓重，他们并不是逃避责任，而是表明不苟同世俗的人格。大多数茶人有一股穷骨气，其中之富者也懂得雅洁自爱。这培养了许多知识分子忠耿清廉的性格。如果说儒家茶文化适合士大夫的胃口，那么道家茶文化则更接近普通寒士和平民的思想。

佛教为茶道提供了“梵我一如”的哲学思想，深化了茶道的思想内涵，使茶道更具神韵。佛家茶文化具有“苦寂”，以茶助禅，明心见性，以助“顿悟”而得道的特点。虽说儒、释、道三家在求“静”，求豁达、理智几方面在茶中趋于一致，但道人们过于疏散，儒生们多红尘难了，难以摆脱世态炎凉和人间的烦恼，禅僧们在追求静悟方面却执著不舍，故中国“茶道”二字率先由禅僧提出。

（二）什么是茶艺

“茶艺”这个名词有广义与狭义之争。

有的学者提出，广义的茶艺应包括从种茶、采茶、制茶、卖茶到泡茶、品茶的所有茶事活动。这样解释虽涵盖面广，但是，概念包含的内容太多太杂。按照广义的概念，从事“茶艺”工作者既可以是农艺师系列，也可以是工程师系列，还可以是茶叶审评师甚至经济师、会计师等等。很显然，这样理解则无法将“茶艺”做为一门独立的学科或专门的职业去研究。

狭义的茶艺是指在茶道精神指导下的茶事实践，是一门生活艺术。它包括艺茶的技能、品茶的艺术，以及茶人在茶事过程中以茶为媒体去沟通自然、内省自性、完善自我的心理体验。其中在茶道精神指导下的茶事实践，是一门生活的艺术，是茶艺这一概念的内涵，它反映了茶艺的本质；其余则是概念的外延，它们反映了茶艺活动的具体内容。

（三）茶艺和茶道的关系

综观上述可知，中国茶道内涵厚重、博大精深，既包含了“克明峻德、格物致知、以身许国、穷通兼达”的儒家思想，也包含了“天人合一、宁静致远、道法自然、守真养真”的道家理念，茶道的理论浅到“不过是烧水点茶”，深到“思接千载、学贯三教、视通万里”。茶道的基本精神集中反映了中华民族平和敦厚、崇尚自然、重生乐生、追求怡真的民族个性。所以说，茶道是茶文化的灵魂，是茶艺的指导思想。

而中国茶艺源于生活，高于生活，我国国土广袤、民族众多，各民族的茶风、茶俗异彩纷呈、各具风骚，这些茶风、茶俗升华之后，形成了多姿多彩、繁花似锦的茶艺。茶艺既能表现儒家的含蓄美、端庄美、儒雅美，又能表现佛教的空灵美、清寂美、禅机美，也能够表现道家的自然美、幽玄美、旷达美，还能表现少数民族不拘一格、热情奔放的质朴美。所以说，茶艺是茶道精神的载体，是茶道思想的表现形式。在学习茶艺中必须“以艺示道，以道驭艺”，只有这样，茶道的精神才能借助茶艺加以发扬光大，茶艺有了茶道为灵魂，才可能真正做到“文质并重、形神兼备、美妙动人”，不仅成为生活的艺术，而且成为人生的艺术。

二、中国茶艺欣赏

茶艺是指选茶、制茶、烹茶、品茶的一定程序和约定俗成。它讲究五境之美，即茶叶、茶水、火候、茶具、环境，同时配以情绪等条件，以求“味”和“心”的最高享受。茶道是五者与精神的结合。

（一）茶叶

茶以新为贵，好茶是茶道的基本条件之一。中国是世界上茶类最多的国家，名茶辈出。唐代以阳羡茶和顾渚紫笋茶为贵；宋代流行建安团茶（北苑茶）；明朝名茶有六品：虎丘茶、天池茶、阳羡茶、六安茶、龙井茶、天日茶；清代奠定了中国茶类总体结构的基本格局——绿茶、黄茶、青茶、白茶、红茶、黑茶、花茶。不同茶道各具风韵，北方人爱喝花茶，江南人多喝绿茶，粤闽一带则好乌龙茶。

(二)茶水

水常以泉水为最好，江河水次之，井水再次之。无污染的雪水、雨水也适宜沏茶。茶圣陆羽主张："其水用山水上，江水中，井水下。"陆羽品水标准为后人赞同。唐宋以来的品水标准是水质与水味，水质要求清、活、轻，水味要求甘洌(即清冷)。宋徽宗赵佶在《大观茶论》中言道："水以清、轻、甘、洁为美。轻甘乃水之自然，独为难得。"

许多茶人对泉水情有独钟。世上因不同时期不同茶人的提倡而出现了众多的"天下第一泉"，如庐山谷帘泉、云南安宁碧玉泉、北京玉泉等。

(三)火候

茶道讲究火候与汤候，火候指煮水的火力。煮水煎茶，陆羽主张用炭火。他在《茶经》中说"其火用炭，次用劲薪"。煮水适当与否为"汤候"。辨别汤候的标准是：看水沸时沸泡的多少和大小，或是水沸时的声响。陆羽《茶经》中的"茶之煮"，总结了煎水过程中从初沸到全沸时的"三沸之汤"：其沸如鱼目微有声，为一沸；缘边如涌泉连珠，为二沸；腾波鼓浪，为三沸。水煎过头时或不及者(即老、嫩)都不宜冲茶。绿茶类名茶，其茶叶嫩度好，一般以80℃左右的沸水冲泡为宜，这样泡出来的茶嫩绿明亮，滋味鲜爽，且保留的维生素C较多。

(四)茶具

茶道讲究茶具的精良美观和艺术欣赏价值。陆羽在《茶经》中提出了为历代所遵循的两个茶具标准，即"口唇不卷，底卷而浅"，意为盏沿不外翻，稍有内敛，底稍外翻不宜深。

中国人饮茶，最早没有专门的茶具，到了西汉，在王褒的《僮约》中才第一次提到"烹茶尽具"。随着南北朝饮茶之风开始兴起，唐代饮茶之风的盛行，煮茶、饮茶的专门器具也就诞生了。陆羽在《茶经·茶之器》中，介绍了25种烹饮器具，这是中国茶具发展史上最早最完整的记录。

1.煮茶烧水器具的演变

中国在宋代以前饮的是团茶，因此，饮茶只需要烧水煮茶。从宋代起，开始出现少量散茶。到了明代，中国人饮的茶基本为散茶。饮散茶，也需烧水。唐代以前，据《茶经》记载，煮茶用具为釜。釜为宽边、凸肚、无盖的大口小锅。宋代演变为用铫煮茶，铫是一种有柄带嘴的小烹器。明代，宜兴紫砂陶茶具兴起，其具有"能发真茶之色香味"的效果。文震亨在《长物志》中说："壶以砂者为上，盖既不夺香，又无熟汤气。"清代在煮茶工具上，一方面来自同国外的铜吊受到推崇，另一方面中国古老的瓦铫仍然备受欢迎。近代，中国人习惯干铝壶烧水。

2.泡茶饮茶器具的演变

唐代的饮茶器具，民间多以陶瓷茶碗为主，而皇宫贵族家庭多用金属茶具和当时稀有的秘色茶具及琉璃茶具。从宋代开始直到明代，饮茶多用茶盏，它敞口底小，实是一只小茶碗，再垫一个茶托，自成一套。明代时，江苏宜兴用五色陶土烧成的紫砂茶具开始兴起。清代时，陶瓷茶具以康乾时期最为繁荣，并以"景瓷宜陶"最为出色，瓷器茶具以盖碗为主，它由盖、碗、托三部分组成。此外，福州的脱胎茶具，四川的竹编茶具，海南的椰子、贝壳茶具也自成一格。近代，茶具名门更多，除陶瓷茶具外，常用的还有玻璃茶具、塑料茶具、搪瓷茶具、金属茶具等。

(五)环境

茶道非常讲究环境，茂林修竹、画舫游艇、小榭山亭都为品茶佳境。古人品茗设有茶室，为个人煎茶、品茶、读书的场所。明代文人十分讲究饮茶的场所,《长物志》卷一中说:“构一斗宇,相傍,山斋,内设茶具,教一童专主茶役,以供长日清谈,寒窗兀坐,幽人首务,不可少废者。”其精舍、茶具、茶座为“幽人”的第一要事。

根据中国茶艺的五境之美,结合传统品茶艺术,花茶、绿茶、乌龙茶的茶艺可以描述如下:

1.花茶茶艺

第一道程序:烫杯。在茶盘中,用开水烫洗冒着热气的洁白如玉的茶杯,像一只只在春江中游泳的小鸭子,其可谓“春江水暖鸭先知”。

第二道程序:赏茶。赏茶也称为“目品”。目品是花茶三品(目品、鼻品、口品)中的头一品,主要观察鉴赏花茶茶胚的质量,可谓“香花绿叶相扶持”。

第三道程序:投茶。用茶导把花茶从茶荷中拨进茶杯,花干和茶叶飘然而下,恰似“落英缤纷”。

第四道程序:冲水。冲泡花茶讲究高冲水,水温90℃左右,热水从壶中直泄而下,注入杯中,杯中的花茶随水浪上下翻滚,恰似“春潮带雨晚来急”。

第五道程序:闷茶。冲泡花茶要用“三才杯”,茶杯的盖代表“天”,杯托代表“地”,中间的茶杯代表“人”,是谓“天涵之,地载之,人育之”。闷茶的过程象征着天、地、人三才合一,共同化育出茶的精华。

第六道程序:敬茶。敬茶时应双手捧杯,举杯齐眉,注目嘉宾并行点头礼,然后从右到左,依次一杯一杯地把沏好的茶奉给客人,最后一杯留给自己。

第七道程序:闻香。闻香,也称为“鼻品”,为三品花茶的第二品,品花茶讲究“未尝甘露味,先闻圣妙香”。闻香时“三才杯”的天、地、人不可分离,应用左手端起杯托,右手轻轻地将杯盖掀开一条缝,从缝隙中去闻香。

第八道程序:品茶。这是三品花茶的最后一品——口品。在品茶时依然是天、地、人三才不分离,左手托杯,右手将杯盖的前沿下压,后沿翘起,然后从开逢中品茶。

第九道程序:回味。茶人们认为一杯茶中有人生百味,无论茶是苦涩、甘鲜,还是平和、醇厚,从一杯茶中人们会有良多的感悟和联想,所以品茶重在回味。

第十道程序:谢茶。茶是祛襟涤滞、致清导和,使人神清气爽、延年益寿的灵物,所以品茶时,要慢慢斟品。

2.绿茶茶艺

第一道程序:点香。通过点香营造一个祥和肃穆的气氛,以期达到驱除妄念、心平气和的目的。

第二道程序:洗杯。用开水烫洗干净的玻璃茶杯。

第三道程序:凉汤。把开水倒入瓷壶养一会,使水温降至80℃左右。

第四道程序:投茶。用茶匙把茶叶投入玻璃杯中。

第五道程序:润茶。泡茶之前先向杯中注入少许水,起到润茶的作用。

第六道程序:冲水。冲泡时,要高冲水,在冲水时水壶有节奏地三起三落,好比是凤凰在向嘉宾们再三点头致意,是谓“凤凰三点头”。

第七道程序:泡茶。冲入热水后,绿茶先是浮在水面,而后慢慢下沉至杯底。

第八道程序:奉茶。把泡好的茶敬奉给客人。

第九道程序:赏茶。这道程序是绿茶茶艺的特色程序。杯中的热水如春波荡漾,在热水的浸泡下，茶芽慢慢地舒展开来，尖尖的叶芽如枪，展开的叶片如旗。一芽一叶的称为“旗枪”，一芽两叶的称为“雀舌”，直直的茶芽称为“针”，弯曲的茶芽称为“眉”，卷曲的茶芽称为“螺”。在品茶之前，先观赏在清碧澄净的茶水中，千姿百态的茶芽在茶杯中随波晃动，如有生命的绿精灵在舞动，发人深思，生动有趣。

第十道程序：闻茶。品绿茶要一看、二闻、三品味。在欣赏了“春波展旗枪”之后闻一闻茶香。绿茶与其他茶类不同，它的茶香更加清幽淡雅，必须用心灵去感受，才能够闻得到绿茶那种春天的气息，以及清纯悠远、难以言传的生命之香。

第十一道程序：品茶。绿茶的茶汤清纯甘鲜，淡而有味，它虽不像红茶那样浓艳醇厚，也不像乌龙茶那样岩韵醉人，但是只要用心去品，就一定能从淡淡的绿茶中品出天地间至清、至醇、至真、至美的韵味来。

第十二道程序：谢茶。品茶有三乐。一曰“独品得神”，一个人面对青山绿水或置身高雅茶室，通过品茗，心驰宏宇，神交自然，物我两忘，此一乐。二曰“对品得趣”，两个知心朋友相对品茗，或无需多言即心有灵犀一点通，或推心置腹倾诉衷肠，此亦一乐。三曰“众品得慧”，众人相聚品茶，相互沟通，相互启迪，这同样是一大乐事。在品了头道茶后，请客人自己泡茶，以便通过亲自实践，从茶事活动中去感受修身养性、品味人生的无穷乐趣。

3.乌龙茶茶艺

第一道程序：焚香。

第二道程序：介绍茶具，欣赏乌龙茶的外观形状。

第三道程序：用开水烫壶和杯。

第四道程序：纳茶。将茶倾在四方白纸上，再将白纸上的茶叶倾入茶壶中，纳茶约占壶容积的七八成。此道程序亦谓“茗倾素纸，乌龙入宫”。

第五道程序：冲水，悬壶高冲。将开水壶提高，向紫砂壶内冲水，使壶内的茶叶随水浪翻滚，起到开水洗茶的作用。冲水时要沿壶边缘冲，不可向壶的中心冲，以免冲破“茶胆”。然后用壶盖轻轻刮去茶壶中泛起的白色泡沫。

第六道程序：把第一次注入壶中的开水直接注入茶海，立即第二次向壶中冲水，注满加盖后，用开水浇淋壶的外部，这样内外加温，有利于茶香的散发。这道程序可以称为“乌龙入海，重洗仙颜”。

第七道程序：冲泡乌龙茶要备两把壶。一把紫砂壶专门用于泡茶，称之为“泡壶”或“母壶”；另一把容积相等的壶用于储存泡好的茶汤，称之为“海壶”或“子壶”。现代也可用玻璃“公道杯”代替海壶来储备茶水。

第八道程序：按“低、快、匀、尽”的要求快速而均匀地将茶汤依次注入闻香杯中。“低”即壶嘴紧贴杯沿；“快”即迅速泻茶入杯；“匀”即对放置的杯子采取“一二三，三二一”的方式巡回倒茶，人称“关公巡城”，以使每杯中的茶汤浓度均匀；“尽”即当壶中的茶汤所剩待尽时，将巡回快斟改为点斟，不留积茶于壶中，要一滴滴分斟，人称“韩信点兵”。

第九道程序：将品茗杯倒扣在盛有茶汤的闻香杯上，称为“夫妻和合”或“龙凤呈祥”；然后把扣合的杯子翻转过来，称为“鲤鱼翻身”。

第十道程序：用双手把翻转后的品茗杯和闻香杯捧到齐眉高，恭敬地向右侧第一位客人行注目礼后把茶传给该客人。客人接到茶后不能独自先品，而应恭敬地向奉茶者点头致谢，并按奉茶者的姿势依次把茶传给下一位客人，直到传到坐得距奉茶者最远的一位客人为止。然后再从左侧同样奉茶。

第十一道程序:请客人用左手把茶杯端稳,用右手将闻香杯以逆时针或顺时针方向慢慢旋转提起来,然后把品茗杯放在案前,双手搓转闻香杯于鼻前闻香。

第十二道程序:闻香结束后,请客人用拇指、食指扶杯,用中指托住杯底的姿势来端杯观看汤色,然后用右手托住左手分三次品饮茶汤,这道程序人们称之为“三龙护鼎,初品奇茗”。

第十三道程序:按上道程序,请客人第二次闻香观色品茗。

第十四道程序:按上道程序,请客人第三次闻香观色品茗。闻香讲究“三口气”,即不仅用鼻子闻,还要用口吸入茶香,然后像抽烟一样,从鼻腔呼出,连续往复三次。

第十五道程序:在请客品饮三道浓茶之后,再喝一口白开水,含在嘴中细细玩味,慢慢咽下。此时会满口生津,回味甘甜。这道程序可归纳为:君子之交淡如水,此时无茶胜有茶,平平淡淡总是真。

第十六道程序:好的乌龙茶起泡有余香,久泡不失真,之后,请客人把充分泡开后的茶叶放到清水玻璃杯中,观赏经多次冲泡后充分舒展开的茶叶叶片,行话称为“看叶底”。因为乌龙茶是半发酵茶,叶底三分红、七分绿。叶片的周边呈暗红色,叶片的内部呈绿色,称为“绿叶红镶边”。

第十七道程序:尽杯谢茶。客人离开时,宾主起立,同干杯中茶,把杯底朝上放回茶船。

第三节　各地饮茶习俗

一、中国饮茶习俗

我国56个民族,自古以来都嗜茶、爱茶,都有以茶敬客、以茶祭祖、以茶供神、以茶联谊的礼俗。但是,由于各个民族所处的地理环境不同,历史文化背景不同,宗教信仰不同,饮茶的风俗习惯也自有差异。即使同一个民族,也有“千里不同风,百里不同俗”的现象,正因为这样,才形成了我国百花齐放、异彩纷呈的饮茶风俗,其中影响面比较广的如闽粤工夫茶,广式早茶,白族的三道茶,藏族的酥油茶,傣族、拉祜族的竹筒香茶等。

(一)小杯细啜工夫茶

广东、福建、台湾等地,习惯用小杯啜乌龙茶。乌龙茶在广东潮汕地区和闽南一带,又叫功夫茶或工夫茶。所以,啜乌龙茶,又称为啜工夫茶。何谓工夫茶,有两种说法:一是认为工夫茶是广东潮州、汕头一带人们品茶的一种风俗。《辞源》称:“工夫茶,广东潮州地方品茶的一种风尚。其烹治方法本于唐陆羽《茶经》。器具精致……见清俞蛟《潮嘉风月记》,也作功夫茶。”二是如清代蔡伯龙《官话汇解便览》所称,是指好茶而言的。清陆廷灿《续茶经》也称:“武夷茶在山上者为岩茶……其最佳者曰工夫茶。”清代梁章钜《归田琐记》说,武夷名种茶“山以下不可多得,即泉州、厦门人所讲工夫茶”,工夫茶是指武夷岩茶中的上品而言,是清时由福建泉州、厦门人给叫出来的。上述两种说法,都说出自清初。作为茶艺,两地啜工夫茶都具有器具精巧、技艺精致、物料精绝、礼仪周全的特点。不过,啜工夫茶最为讲究的要数广东的潮汕地区,不但冲泡讲究,而且颇费工夫。要真正品尝到啜工夫茶的妙趣,升华到艺术享受的境界,需具备多种条件。主要取决于三个基本前提,即上乘的工夫茶、精巧的工夫茶具,以及富含文化的瀹饮法。以广东潮汕地区啜工夫茶为例:

首先，要根据饮茶者的品味，选好优质的乌龙茶，如凤凰单枞、武夷岩茶、冻顶乌龙等。其次，泡茶用水应选择甘洌的山泉水，而且强调现烧现冲。再次，要备好茶具，这一环节非常讲究的，从火炉、火炭、风扇，直到茶洗、茶壶、茶杯、冲罐等，备有大小十余件。人们对啜工夫茶的茶具，雅称为"烹茶四宝"，即潮汕风炉、玉书碨、孟臣罐、若琛瓯。一般啜工夫茶世家，也是收藏工夫茶具的世家，总会珍藏有好几套工夫茶具。

冲泡乌龙茶时，先要用沸水把备好的茶具淋洗一遍，然后，按需将工夫茶倒入白纸，轻轻抖动，把茶粗细分开。将细末填入壶底，其上盖以粗条茶，以免填塞茶壶内口。冲泡时，要提高水壶，再缓慢冲水入壶，俗称"高冲"。将沸水满过茶叶，溢出壶口，尔后用盖刮去茶汤表面浮沫；也有将头遍茶冲泡后的茶汤立即倒掉，这叫"洗茶"。其实，刮沫和洗茶目的是一样的，都是有洗茶的作用。工夫茶冲泡后，应立即加盖，其上再淋一次沸水，以提高壶中茶水温度，这叫"内外夹攻"。约1～2分钟后，注汤入杯，这叫"斟茶"。但斟茶宜低，这叫"低斟"。为了使几个杯中茶水浓度均匀一致，斟茶时要来回往复注茶汤入杯，这叫"关公巡城"。若一壶茶汤，正好斟完，这叫"恰到好处"。若要更为讲究，还要将茶壶中的最后几滴茶汤，分别一滴一滴地将它注入各个杯中，使各杯茶汤浓度不致有浓淡之分，这叫"韩信点兵"。

一旦茶叶冲泡完毕，主人示意啜茶，啜茶时，一般用右手食指和拇指夹住茶杯口沿，中指抵住杯子圈足，这叫"三拓(手指)护鼎"。

按广东潮汕地区啜工夫茶的风俗，凡有客进门，主人必然会拿出珍藏的茶具，选上最好的工夫茶，或在客厅，或在室外树阴下，主人亲自泡茶，品茗叙谊。如果客人也深通工夫茶理，这叫"茶逢知已，味苦心甘"。酽酽工夫茶，浓浓人情味，说话投机，足足可以坐上半天，也不厌多。另外，按潮汕人喝茶的习惯，认为啜工夫茶，可随遇而安。因在当地人不分男女老少，地不分东南西北，啜工夫茶已成为一种风俗。所以，啜工夫茶无须固定位置，也无须固定格局，或在客厅，或在田野，或在水滨，或在路旁，或在航舟中，都可随着周围环境变化的随意性，茶人在色彩纷呈的生活面前，使啜茶变得更有主动性，变得更有乐处。"一壶好茶，一片浓情"。他们还认为，啜工夫茶最大的乐处，是在工夫茶冲泡程序的艺术构思，其中概括出的形象语言和动作，啜茶者虽未曾品尝，已经倾倒，这种"意境美"，已或多或少地替代了茶人对"环境美"的要求。当然，有好的啜茶环境也是求之不得的，只是当地并没有刻意追求罢了。

(二)"一盅两件"吃早茶

在中国南方，有吃早茶的风俗，尤其是在岭南，吃早茶的风气更盛。吃早茶，既能充饥补营养，又能补水解渴生津。目前中国的一些大中城市都有早茶供应，而最具代表性的，则是羊城广州和香港、澳门的早茶。

早茶具有茶饮、茶食和茶文化的共性：说它是饮茶，就在于它保留着饮茶的基本内容；说它是吃茶，就在于它在饮茶同时，还结合佐点食品；说它是吃早茶，就是那里的人们，特别注重早晨上茶楼吃茶，而茶楼的建筑布局、室内装饰以及娴熟的沏茶技艺，又都饱含着茶文化的丰富内涵。因此，上茶楼吃早茶，总能使人感到生活色彩的斑斓和生活情趣的幽雅。所以，人们无论在早晨上工前，还是在工余后，抑或是商务洽谈、朋友聚会，总爱去茶楼。泡上一盅茶，要上几件点心，边品茶，边尝点心，润喉充饥，妙趣横生。其实，广州人吃茶，大都一日有早、中、晚三次，但特别喜欢吃早茶，早茶风气最盛。

(三)藏族的酥油茶

藏族主要聚居在我国的西藏自治区，在四川、青海、云南、甘肃的部分地区也有居住。茶是藏族同胞生活中的大事,藏族同胞把茶和米看得同等重要,无论男女老幼,都离不开茶,成年人每天喝几十碗茶并不稀奇。所以,藏族同胞认为能喝上茶就是幸福。酥油茶是一种在茶汤中加入酥油等佐料,再经特殊加工而成的茶汤。至于酥油,乃是把牛奶或羊奶煮沸,经搅拌冷却后凝结在溶液表面的一层脂肪,而茶一般选用的是紧压茶中的康砖茶、普洱茶或金尖。制作时,先将紧压茶打碎加水在壶中煎煮15～20分钟,滤去茶渣,把茶汤注入长约1米、直径为20厘米的长柱形的打茶筒内,同时,加入适量酥油。此外,还可根据需要加入事先已炒熟研碎的核桃仁、花生米、芝麻粉、松子仁之类。接着,用木杵在圆筒内上下抽打。根据藏族同胞经验,当抽打时,打茶筒内发出的声音由"伊啊、伊啊"转为"嚓伊、嚓伊"时,表明茶汤和作料已混为一体,酥油茶才算打好了,随即将酥油茶倒入茶瓶待喝。

由于酥油茶是一种以茶为主料,并加有多种食料经混合而成的液体茶饮料,所以,滋味多样,喝起来咸里透香,甘中有甜,它既可暖身御寒,又能补充营养。在西藏草原或高原地带,人烟稀少,家中少有客人进门。偶尔,有客来访,可招待的东西很少,加上酥油茶的独特作用,因此,敬酥油茶便成了藏族同胞款待宾客的珍贵礼仪。

(四)白族的三道茶

白族是一个十分好客的民族,习惯于用三道茶款待客人。三道茶以其"一苦、二甜、三回头"的茶道,成为白族同胞招待贵宾的一种礼仪。制作三道茶时,每道茶的制作方法和所需原料都是不一样的。

三道茶习惯的做法是:第一道茶,称之为"苦茶",寓意做人的哲理,即"要立业,先要吃苦"。制作时,先将水烧开,司茶者先用一只粗糙的小砂罐,置于文火上烘烤,不停地转动罐子,待罐烤热后,随即取出适量的茶叶放在罐内,并要继续不停地转动罐子,使茶叶受热均匀,待罐内茶叶发出"啪啪"声响,茶的叶色转黄,并发出焦糖香时,立即注入已经烧沸的开水。少顷,主人将沸腾的茶水倾入小茶杯内,再用双手举盅献给客人。由于这种茶经烘烤、煮沸而成,因此,看上去色如琥珀,闻起来焦香扑鼻,喝下去滋味苦涩,故而谓之苦茶,通常只有半杯,需一饮而尽。接着,泡制第二道茶。这道茶,称之为"甜茶"。当客人喝完第一道茶后,主人重新用小砂罐置茶、拷茶、煮茶,与此同时,还得在茶盅放入少许红糖,待煮好的茶汤倾入八分满为止。这样沏成的茶,甜中带香,甚是好喝,它寓意"人生在世,做什么事情,只有吃得了苦,才会有甜香来!"最后一道茶,称之为"回味茶"。其煮茶方法虽然相同,只是茶盅中放的原料已换成适量蜂蜜、少许炒米花、3～5粒花椒、一撮核桃仁,茶汤容量通常为六七分满。饮第三道茶时,一般是一边晃动茶盅,使茶汤和佐料均匀混合;一边口中"呼呼"作响,趁热饮下。这杯茶,喝起来甜、酸、苦、辣各味俱全,回味无穷。因此,白族称它为"回味茶",意思是说,凡事要多"回味",切记"先苦后甜"的哲理。通常主人在款待三道茶时,一般每道茶相隔3～5分钟进行。另外,还得在桌上放些瓜子、松子、糖果之类,以增加饮茶情趣。如今,白族三道茶的料理已有所改变,内容更加丰富,但"一苦、二甜、三回味"的基本特点依然如故,现已成为白族人民的传统风尚。

(五)傣族、拉祜族的竹筒香茶

竹筒香茶是云南傣族、拉枯族同胞别具一格的风味茶。

竹筒香茶产于西双版纳傣族自治州勐海县,用很细嫩原料所制成,又名"姑娘茶"。"姑娘茶"的做法有两种:制法之一是采摘细嫩的一芽二三叶的茶青,经铁锅炒制、揉捻后,装入生长仅一年的嫩甜竹(又名香竹、金竹)筒内,这样就制成了既有茶香、又有竹香的竹筒茶。制法之二是在一个小饭甑中先铺上6～7厘米厚浸足了水的香糯米,在糯米上铺一层干净的纱布,在纱布上放上一层晒青毛尖茶，然后盖上饭甑用旺火蒸上 15 分钟左右，待茶叶软化并充分吸收了糯米的香气之后即可倒出，再装入竹筒，放在炭火上以文火慢慢烘烤，待筒内茶叶全部烘干后，即可以收藏起来，这便是既有茶香、糯米香又有甜竹的清香的竹筒茶。制好的竹筒香茶很耐贮藏，用牛皮纸包好，放在干燥处贮藏，品质经久不变。在饮用时最好是用嫩甜竹的竹筒装上泉水，放在炭火上烧开，然后放入竹筒香茶再烧 5 分钟，待竹筒稍凉后即可慢慢品饮；亦可用壶具冲泡。饮竹筒香茶，几种香气相得益彰，既消暑解渴，又解乏提神，别有一番情趣。

第四节　地域明显的茶馆文化

一、茶馆的兴起与发展

茶馆的兴起，是在茶的生产及饮用较普及之后，它是人们把饮茶变成商业与服务手段的结果。在中国的茶诗茶画中，我们可以见到雅士高人们置身于幽谷深林之中，品泉煮茗、观云听籁，可谓既寄情山水，又冥合万化，深得幽雅之妙。其实，这仅仅体现了文人雅士们品茗时所憧憬的返归自然与自然造化同流的精神境界，在实际生活中，人们一般没有条件为了饮一壶清茶前往深山老林。于是，一些以营业为目的，供客人饮茶的场所——茶室、茶馆、茶亭、茶肆、茶坊、茶寮、茶社、茶居——就应运而生。

据今所知，最早的有文字记载的茶室见于唐代人封演写的《封氏闻见记》，它说唐代开元年间(713—741 年)，从山东河北等地至京都长安，很多城镇开有店铺，煎茶出售，不管是出家的僧道，还是一般百姓，只要投上些银钱，就可从店铺里买到茶饮，“自邹、齐、沧、棣，渐至京邑城市，多开店铺，煎茶卖之，不问僧道，投钱取饮”(《封氏闻见记》卷六《饮茶》)。这些店铺里卖的茶水，其茶叶是从江淮一带运来的。运茶的舟车，前后络绎不绝，茶室里的茶叶堆积如小山一般。此外《太平广记》卷四百三十一《韦浦》记载韦浦“俄而憩于茶肆”；《旧唐书・王涯传》记载王涯仓皇出走，“至永里茶肆，为禁兵所擒”。这些资料中所谈的茶肆，就是在城市、乡镇正式形成的商业性的饮茶场所。唐代是茶文化发展的一个很重要的阶段，在这个阶段，茶馆得以真正确立。而唐以前，上溯至西晋，只是茶馆的初始及形成期，那时出现的是茶摊。最早的记载见于南北朝的神话小说《广陵耆老传》。陆羽的《茶经》引用了这部小说，说东晋元帝时(317—322 年)，“有老妪每旦独提一器茗往市鬻之，市人竞买，自旦至夕，其器不减”。这种茶摊，正是卖茶羹茶水的初始方式，即茶馆的雏形。从西晋到唐代，茶肆业逐渐发展，并具有相当规模了。

当时社会饮茶之风盛行，文人学士不但爱茶，且以诗文咏茶，朝廷倡导，而禅宗学禅务于不寐，不夕食，许其饮茶，因此寺僧到处煮饮。饮茶从转相仿效遂成风俗，从而渐波及平常百姓，去茶肆饮茶习以为常，茶肆成为人们休憩叙旧的好去处，这是当时茶肆业形成的社会基础。

这个时期，茶肆主要以卖茶为主，仅有简单的设备、必要的陈设。由于茶叶本身的禀性(如茶性不可污、茶性温稳等)以及可修身养性等特点首先被文人墨客所发现，文人墨客便结伴品茶吟咏，但并没有把这种文化色彩完全带入茶肆，当时的茶肆仍主要是为人们茶饮需要服务的，因此，可称为茶饮茶馆或市井茶馆。

到了宋代，茶馆业更为兴盛。汴京作为北宋的都城，这里的茶坊鳞次栉比，而闹市区与居民集中地更是兴盛。据《东京梦华录》载，当时不但有早市茶坊，每天早晨五更天就开始点灯做生意；而且有专业茶坊，人们可以一边喝茶，一边谈买卖；另外还有专供仕女夜游吃茶的夜市茶坊。而《梦粱录》中不但描述了汴京茶坊之盛，而且也谈到了杭州的茶肆。《梦粱录》卷十三《铺席》载："杭州处处有茶坊、酒肆、面店、果子、彩帛、绒线、香烛、油酱、食米等铺。"同书《茶肆》中谈到，城内的茶楼很讲究，室内挂名人字画，供人消遣欣赏。也就是说自宋代起，由于社会经济的发展，市民阶层人数的增多，人们对文化精神需求拓宽，茶馆不仅在数量上大大增多了，而且在文化色彩、审美领域等方面都有了一定程度的融入，以前仅是个别茶楼很考究，张挂名人字画供人消遣，而"今茶坊皆然"(《都城纪胜·茶坊》)。茶馆作为社交场所的功能得到了充分发挥，为了满足不同层次的各式人等的不同需要，茶馆的社会功能由单一的专供饮茶的功能相应衍化而趋于复杂，据《都城纪胜·茶坊》记载，有出卖声色技艺展示身价的交易市场，也有妓女以茶为缘引花花公子至茶坊追欢买笑。《古杭州梦游录》也记载，有"专是诸行借工卖伎人会聚行老处，谓之市头水茶坊"，"娼妓兄弟打聚处"，以及"乃娼家聊设桌凳，以茶为由，后生辈甘于费钱，谓之干茶钱"。与此同时，一些为文人墨客、达官贵人、宦商王孙公子提供休憩、吟咏、会旧、叙谈、洽谈生意的品茶场所也出现了。这些茶室茶楼往往选择景色宜人之地，《古杭州梦游录》中记述了南宋都城临安茶馆，就建在西湖边，在茶楼可凭栏眺望西子湖优美的景致，人处茶室中如入画中一般。室内陈放的鲜花、盆景潇洒整洁，饮茶器皿及桌椅都相当考究。有的茶馆兼备浴室，可供人休憩、洁身。而且宋代的茶馆的名称特别吸引人，如"宛在家"、"纯乐"、"八才子"、"珍珠"等，体现出对于高雅情致与精神享受的追求，茶馆的雅文化色彩渐已浓烈起来。宋代茶馆，有时还引进艺妓吹拉弹唱，有时由茶客点唱，音乐与歌唱表演与茶馆开始结缘。

至元明清三代的茶馆，基本上是宋代茶肆茶坊的延续。不过，又有了新的发展，对于茶类品种、泡茶用水、煮茶火候、盛茶器皿越来越讲究。明代人张岱在《陶庵梦忆》中谈到："崇祯癸酉(1633 年)，有好事者开茶馆。泉实玉带，茶实兰雪，汤以旋煮，无老汤；器以时涤，无秽器。其火候、汤候亦时有天合之者。"而元明之际，曲艺、评话问世，茶馆便和民间艺人结下了不解之缘。

清代的茶馆遍及全国各地，这时的茶馆强调环境的优美和供应点心的方便。清咸丰五年(1855 年)左右，曾在明代可与苏州拙政园相媲美的私家名园湖心亭成为茶楼。湖心亭和老城隍庙附近的十余家颇具名气的回美轩、春风得意楼、乐圃阆、凝晖阁、红舫等茶楼在一起，组成了有特色的城隍庙茶市风光。湖心亭最初变为茶楼时称"也在轩"，后改为"宛在轩"，但人们习惯称它"湖心亭"。王韬在《瀛蠕杂志》和《蘅华馆日记》中曾描写过湖心亭一带的风光："园中茗肆十余所，莲子碧螺，芬芳欲醉，夏日卓午，饮者杂沓。"湖心亭是当时茶资最高，环境最幽雅宁静的茶室，文人雅士都喜欢至此品茗聊谈。来湖心亭的外国人也不少，为迎合外国人饮茶的习惯和口味，在茶水里特地加入糖精。那富于东方气息的古色古香的茶具，以及亭台楼阁、堂馆轩榭、池石花木等错落有致的布置，令外国人充满惊奇的感受。

随着上海开辟为商埠，旧上海的茶馆受到了欧风西俗的影响，发生了急剧的变化，音乐茶座、公园露天茶室等应运而生，茶室周围兴建了一些新的西式的娱乐场所。这种开风气之先的变化被全国各大中城市相继效尤。

二、形形色色的茶馆文化

每个地区的文化都有自己的地域特征，而中国的茶文化与不同地区的文化相结合，从而呈现出不同的风格。以茶馆文化为例，全国每个城市也是各有千秋。茶与当地的地域文化结合，形成了特色明显的茶馆。其中以综合效用见长的四川茶馆，幽雅著称的苏杭茶室，与"食"相结合的广东茶楼，以及集各地之大成的北京茶馆最为有名。

（一）四川茶馆

巴山蜀水之间，是我国古老的原始文明地区之一。早在据今约6 000年以前，这里便分布着新石器文化。考古界认为，巴蜀文明既受到北方先进文化的影响，又具有自己的特点。在新石器时代，川东地区三峡之地与大漠文化有着直接关系；川北则属于马家窑文化范畴。这是一个既有长江文明特征，又很早受到黄河文明影响的地区。而在它的西南，云贵高原上，也是重要的古文明发源地。但到后来，黄河文明很明显地走在各地区的前列，巴蜀文明又自然地与秦岭以北的黄土文化相交融。就茶叶从原生地传播来看，首先是由云贵高原沿江流入川，然后再沿长江东出三峡，所以，四川是茶由它的故乡原生之地向外行进的第一站，而正是在这里，茶与中原黄土文化相遇了。周初，武王伐纣，巴蜀两个小的邦国前来相助，便以茶作为献给周的贡品，中原知茶，其实主要是从周时开始。待到周王朝结束，秦王朝统一全国时，巴蜀已与中原连为一气，成为中央统辖下的郡属，它比云贵、岭南甚至长江下游接受中原文明早，但又比黄河流域用茶的历史早，这造成茶文化在此地发展的优越条件。所以，中国历史上最早的茶人，几乎都是蜀人，而且都是大文化人，如写《僮约赋》的王褒是四川人，他首次记载了我国买茶、饮茶的情况，大文学家司马相如也是茶的知音，扬雄同样懂茶。所以晋人张载写《登成都楼赋》，想到前辈饮茶先生们时说："借问扬子舍，想见长卿庐，芳茶冠六情，溢味播九区。"可见，在两汉之时，川人饮茶的经验远远走在各地之前。

巴蜀是我国最古老的产茶胜地之一。在茶乡不可能无茶事，川民一直保留了喜好饮茶的习惯，茶事最突出的表现便是四川茶馆。有谚语说，四川"头上晴天少，眼前茶馆多"。且不论这谚语本身是对自然环境的描绘，还是对旧中国政治的讽刺揭露，四川茶馆多却是真的。而四川茶馆又以成都最有名，所以即有"四川茶馆甲天下，成都茶馆甲四川"的说法。成都的茶馆有大有小，大的多达几百个座位，小的也有三、五张桌。四川茶馆讲究从待客态度，铺面格调、茶具、茶汤、操作技艺配套服务。正宗四川茶馆应是紫铜茶壶、锡杯托、景瓷盖碗、圃沱茶、好么师(茶博士)样样告精。

不过，四川茶馆之所以十分引人注目，还不仅仅是因为数量多，服务技巧娴熟，态度和气、周到，而是由于它所具有之社会功能。

四川山水秀丽，物产丰富，但四周环山，中间是一块地。巴山蜀水使四川多出文化人，特别是两汉、三国时期，长江下游尚未充分开发，四川与当时的政治中心长安接近，又是秦汉时期重要的经济区，故古代文化相当发达。司马迁《史记·货殖列传》中多记"川蜀之事，其中有蜀之卓氏，于临邛鼓铸"，"富至僮千人，田池射猎之乐，拟于太君"。还有位巴寡妇清，也积累了很大的家业。而到三国时期，诸葛亮帮助刘备入川建蜀国，对开发巴蜀文化起了重大作用，并给川民留下了关心国事的好传统。但四川天然闭塞，川民想了解全国形势实在不易，这样，近代四川茶馆便首先突出了"传播信息"的作用。川人进茶馆，不仅为饮茶，而是为获得精神上的满足，自己的新闻告诉别人，又从他人那里获得更多的新闻与信息。四川茶馆的第一功能是"摆龙门阵"，一个大茶馆便是个小社会。成都以及其他四川大小城镇茶馆都很多。许多四川人，过去一起床便进茶馆，有的甚至洗脸都在茶馆里。然后是品茶、吃早点，接下去便摆开了龙门阵。四川茶馆陈设并不十分讲究，但十分舒适。茶馆有桌凳，有的还设一排竹躺椅，客人可以坐着品，也可以躺着品。有人说在四川饮茶谈不到茶艺，但这并非绝对化，四川茶馆里的行茶师傅都有一手绝活。客人进门，在竹椅上一躺，伙计便大声喊着打招呼，然后冲上茶来。若是集体饮茶，你便会看到一场如“杂技小品”一般的冲茶表演。茶博士托一大堆茶碗来陈列桌上，茶碗都是有盖的，这时，茶师傅左手揭盖，右手捉壶，一手翻，一手冲，左右配合，纹丝不乱，而速度又快的惊人，甚至数十只杯，转眼间翻盖冲水即举，桌上可以滴水不漏。这种行茶方法，既体现了我国茶文化中“精华均匀”的传统，又表现出一种优美韵律和高超的技艺。川人爱饮浓茶，这是一种紧压茶，味浓烈，清香久，且对持久品饮以伴长谈最相宜。沱茶经泡，一盅茶可以喝半天，有的人清晨喝到中午，临走还吩咐“幺师”：“把茶碗给我搁好，吃罢饭晌午我还来。”四川人口才好，脑子快，能言善辩，不论老友新知一进茶馆皆是谈友，大事小事都能说个天方地圆，如云如雾，所以，“信息交流站”是四川茶馆的第一项重要作用。

四川茶馆又是旧社会“袍哥们”谈公事的地方，“舵把手”关照过的朋友，每个茶馆都会关照，一架滑竿抬来客人，只要在当门口桌子上一坐，茶馆老板便认为是“袍哥大爷”，上前问声好，恭恭敬敬献上茶来，茶罢，还不收茶钱，说：“某大爷打了招呼，你哥子也是茶抬上的朋友，哪有收钱的道理?”可见，四川茶馆的又一功能，是“民间社会联谊站”。

四川茶馆还有一项极特殊的功能，有人叫它“民间法院”。乡民们有了纠纷，逢“场”时可以到茶馆里去“讲理”，由当地有势力的保长、乡绅或“袍哥大爷”“断案”，至于公道不公道，自有天知道，但它却说明，川人很看重茶馆。有茶的公平、廉洁内容四川菜馆的政治、社会功能似乎比其他地区更为突出。

不少四川茶馆是文人活动场所。据说，有些四川作家写作专到茶馆里，“闹中取静”，没有茶馆便没有灵感。在那里，学生们可以吟诗作画、谈心，成立“诗社”，比一般茶馆多了些风雅气氛。四川不仅大中城市茶馆多，小的镇邑也总有茶馆，甚至在乡间场上也有，碰上赶场天，茶桌子一直摆到街沿上。作为民间文化活动的场所，茶馆在那里，可以观赏到川剧、四川清音、说唱，还有木偶戏。

四川茶馆有一项重大作用常为人们所忽视，即“经济交易所”。在四川，民间主要生意买卖都是在茶馆进行的。在成都，有专门用来进行交易的茶馆，在那里一般都设有雅座，不但有点心售出，还可以临时叫菜设宴，谈生意十分方便。旧社会买官鬻爵，也是在茶馆里讲价钱。至于乡间茶馆，更是生意人经常聚会的地方。

总之，四川茶馆是多功能的，集政治、经济、文化功能为一体，大有为社会“拾遗补缺”的作用，虽然少了些儒雅，但茶的文化社会功能却得到充分体现，实为四川茶馆文化一大特点。

(二) 杭州茶室

要想了解江南的茶文化风格，首先要认识古老的吴越文化。

“是故江淮以南，无冻饿之人，亦无千金之家”，陶朱公是极少数。现代人看沿海地区比内地既开放，又富足，古代远不是如此。但自三国以后，吴越经济不断发展；隋唐以后，长江中下游经济则超过黄河流域经济。直至现代，江南仍是我国最富庶的地区之一。吴越地区的这种历史轨迹造成它自己的区域文化特征：既接受黄河文化的影响，但更多表现了本地区特点；早期的落后与中、晚期的先进形成鲜明对照；一方面是富庶的经济生活，同时又保留更多古风古俗。吴越、闽粤都有这种特点。上海具有中国最现代的工业，但至今总爱“阿拉”长、“阿拉”短，不愿说普通话；苏州语委婉动听，苏州评弹的清扬低通、细腻婉转、独具风格；闽南语没有多少其他地区的中国人能懂；广东是现今中国最开放的地区，但唯独语言不肯开放，甚至以说粤语为荣耀。这使他们的文化总在古老与革新两种潮流的巧妙结合中独放异彩。

吴越茶文化正反映了这一突出特点。这个地区，也是我国产茶胜地。其中，浙江的绿茶久负盛名。除了这个基本条件外，还有几个重要因素使该地区成为中国茶文化的真正发源地。

第一，吴越地区山水秀丽，风景如画，不仅有产茶的自然条件，而且有品茶的自然艺术环境。在这里，经常是集名茶、名水、名山为一体。中国茶文化向来主张契合自然，吴越地区、太湖南北、钱塘江畔，本身就是一个天然大"茶寮"。

第二，我国东南地区向来是佛、道胜地，而且，正因为这里的人民有尊古风、重乡情的特点，佛教在此地不可能如北方地区接受其"原味"多。不论何种文化，到这里总是要经过一番改造，接近本地"土风"。所以，青海、西藏密宗为多；北方律宗为多，已被中国文化改造了不少；而在吴越地区，主要是完全被改革的禅宗占主要地位。然而也正是禅宗与中国"原种"文化的道家、儒家思想更为贴近。于是儒、道、佛三家在这一产茶胜地集结，共同创造了中国的茶文化体系。

第三，隋唐以后，长江下游经济逐步发达，南宋建都临安，又使这一地区文化得到突飞猛进的发展。"山性使人塞，水性使人通"。江南水域使这一地区总是带来清新的文化气息。但是，由于自成体系的文化格局，又使它新风之中好融古俗。近代以来，中国古老的茶文化受到严重冲击，但在这些地区，不仅吴越，也包括闽粤，却悄悄地把中国茶文化的精髓保留下来。至今浙江茶亭最为兴盛，便有力地证明了我们的判断。从陆羽、僧皎然"饮茶集团"，到湖州民间"打茶会"；从杭州现代化的中国茶叶研究所，到兼古通今的茶叶博物馆；从西子湖畔一座座茶室，到集茶肆、茶会、茶学研究为一体的"茶人之家"，都证明了这一点。

杭州的茶室同样说明上述观点。杭州茶室文化起于南宋。金人灭北宋，南宋建都于杭州，把中原儒学、宫廷文化都带到这里，使这座美丽的城市茶肆大兴。《梦粱录》载："杭州茶肆，插四时花，挂名人画，装点门面，四时卖奇茶异场，冬月添七宝擂茶、撒手、葱茶，或卖盐鼓汤，暑天添卖梅花酒。"说明早在南宋，杭州茶肆便有与书画结合的特殊风格，并有各种民间俗饮方法。擂茶是以茶与芝麻、米花等物捣碎而成，是一种既开胃又健身强体的饮料。盐鼓汤可能即指今浙江流行的盐豆茶。至于茶中加葱与姜也是宋代民间普遍流行的吃茶法。

当代的杭州茶室，可能不如成都数量多，整个吴越地区，大概也不像整个四川大城小镇林比林立。这是因为，浙江人饮茶大部分是在自己家里。但是，若比茶馆的文化气氛，杭州茶室则略胜一筹。杭州茶室有几大特点：

第一，杭州茶室讲究名菜配名水，品茗临佳境，能得茶艺真趣。表面看，杭州茶室既没有工夫茶的成套器具，也没有四川茶馆坐椅壶碗配套及"幺师"的行茶绝技，但杭州茶室贵在一个"真"字。杭州人喝茶，主要以西湖龙井为贵，真正绝品龙井并不在龙井村，而在狮峰，一般人自是难得。但稍好一点的特级、一级龙井，也大可品尝了。龙井茶属典型绿茶类，它最好地保持了茶的本色。一杯茶沏出来，清澈无比，叶芽形状美丽而不失真，味亦清淡甜美，确有如饮甘露之感。西湖龙井之所以能保持这种特点，与水有很大关系。虎跑泉为天下名泉，杭州其他地区虽水质稍逊，但较内地江河之水也美得多。到杭州，游西湖，上灵隐，品虎跑泉水加上等龙井，那是极大享受，其妙就妙在无论茶与水，都不失真味。对于龙井茶中色、香、味的体验，不需雕琢粉饰。苏轼云："欲把西湖比西子，淡妆浓抹总相宜。"杭州茶室也如此，不论在亭台楼榭之中，或是山间幽谷之处，或繁或简，总透着自然的灵气。

第二，杭州案室，多了些仙气、佛气与儒雅之风。在杭州，各种茶室一般皆典雅、古朴，像京津那种杂以说唱、曲艺的茶室不多；更没有上海澡堂子与茶结合的"孵茶馆"；也很少像广州、香港，名曰"吃茶"，实际吃点心、肉粥的风气。杭州茶馆所以叫"茶室"，是别有意境的。一个"室"，既可以是文人的书室，又可以是佛道的净室。可以卖杭扇、竹雕、济公小像等工艺品，也可以兼卖西湖藕粉，但总离不开雅洁、清幽的意境。

沿西湖而行，苏堤、白堤，茶室中体会到的是湖天一气，人茶交融呈现于眼前。到了虎跑泉，淙淙的泉水，清幽的茶室，大虎、二虎“跑来桂泉”的民间故事，会使你领略到一种道家的神仙味道。而假如到了灵隐寺，古刹钟声，袅袅香烟，虎城的佛门弟子，汩汩的泉水流淌，再到茶室饮上一杯龙井，不是佛徒，也便好像从茶中触动了禅机。至于西泠印社之侧，茶人之家的内外，书画诗文，更构成自然的儒雅风格。所以，到杭州茶室，体会茶的“文化味道”，不能仅从烹茶、调茶程式、方法来领会，而要从那种历史氛围中去感受。面对葛洪、济颠、白娘子的遗迹，你不是仙，那茶中也自然沾上了“仙气”。因此，在杭州茶室饮茶，不伴以对吴越历史文化的理解，就难以成为真正的西湖茶人。

第三，整个杭州城山水是构成杭州茶室文化的自然氛围。参天的竹林，重间石径，山间云雾，和路旁卖鲜茶的大嫂，自然使人明白，为什么茶人喜欢伴以竹林松风。那种幽隐的韵律，在其他城市茶馆，绝难体味。来到龙井村，进入龙井寺，面对起伏的茶山，看着穿红着绿的采茶姑娘隐现在茶树丛中，自然会产生九天仙女“下凡舍茶”的联想。而到得满觉陇，桂子飘香，乳石滴泉，才可领略僧皎然诗中以茶伴花的意境。所以，整个杭州城就是一个“大茶寮”，不必刻意雕琢。茶与人、天地、山水、云雾、竹石、花木自然契合一体；人文与自然，茶文化与整个吴越文化相交融。这便是杭州茶室表面无特色，内中最有特色，使人终生难忘的道理，这又应了“大象无形”的哲理。

杭州茶室可作为“吴越茶馆文化”的代表。其他江浙市镇，除上海外，其茶馆文化大体相仿。湖州茶馆在接受杭州茶室风格外又多了些民间情趣。据民国《湖州月刊》记载，1932 年湖州尚有茶馆、茶肆 64 家，兼听书、交易、评理。如府庙的金贵园、顺元楼；南门的同春楼、清和楼；北门的岳阳楼、九江楼；还有天韵楼、玉壶春、状元楼、荟芳楼、一升天、升凤阁等。单从名称看，便可体会湖嘉地区的茶肆茶楼，虽处闹市，但仍保持与自然、儒雅相结合的韵味。此地茶馆也有兼理民事纠纷的功能。民间发生纠纷，在两厢情愿的前提下可以相约到茶馆当众去讲理、调解。不过，在茶的氛围中，虽然是矛盾、纠纷，但是申辩也变成轻言细语。当众裁判，输者出“条钢”，称为“吃品茶”。纷争用茶一协调，是非分明了，同时和气，不伤感情，“中庸原则”，“为而有为”，在这里被融进茶理之中。中国人运用文化之巧妙，外国人是很难理解的。至于苏州茶馆，则加上些幽雅的评弹、曲艺。像北京老茶馆中可以红火热闹的“姚加官”，吴越之地则少见。

总之，仙气、佛气、儒雅特色与自然契合，是吴越茶馆文化的主要特征。

(三)北京茶馆

北京茶馆以种类繁多，功用齐全，文化内涵丰富、深邃为主要特点。

北京历史上的茶馆有很多，就形式而言，有大茶馆、清茶馆、书茶馆、贰浑铺、红炉馆、野莱馆等，至于茶摊、茶棚更不计其数。北京向来是文人也多，闲人多。三教九流、五行八作、士民众庶，于本业之外总要有适当的交往地点与场所。茶馆较正式厅堂馆所活动方便，较饭店酒楼费用低廉，较家中会友自由，无家无室的京客也可以找个暂时休歇之地。这种特殊的人口结构造成对茶馆的极大需要。所以，老北京的茶馆遍及京城内外，各种茶馆又有不同的形式与功用。本书主要从文化、社会功用角度介绍北京茶馆。

1. 书茶馆里的评书与市民文学

在我国文学史上，明清小说占有一个光辉的地位。然而，中国的古代小说与西方的古典小说不同。中国最优秀的古代小说，特别是长篇名著，大多数并不是完全由作家的书斋里诞生，而是来自民间艺人的“话本”，是从城市里的茶肆、饭馆，从说唱艺人的口头文学转变而来。如《三国演义》、《水浒传》等名著，都经历了这样一个过程。所以，中国的古代小说比其他文学形式在民众中植根更深，也更有生命力。在这个问题上，宋元以来的茶馆文化作出了特殊的贡献。北京的书茶馆便是最好的说明。

老北京有许多书茶馆，在这种茶馆里，饮茶只是媒介，听评书是主要内容。评书一般分“白天”与“晚灯”两班。“白天”一般由下午三点至六、七点，“晚灯”由下午七、八点直至深夜十一、二点。当然，也有在下午三点前加说一两个小时的，叫作“说早儿”，是专为不大知名的角色提供的演习机会。这些书茶馆，开书以前卖清茶，也可为过往行人提供偶饮一两杯歇息解渴的机会。开书以后，饮茶便与听书结合，不再单独接待一般茶客。茶客们边听书，边品饮，以茶提神助兴，听书才是主要目的。茶客中，既有失意的官员，在职的政客、职员，商店的经理、账房先生，纳福的老太太，也有一般劳苦大众。听书客交费不称茶钱，而叫“书钱”，正说明书是主题，茶是佐兴。旧北京的书茶馆多集中于东华门和地安门外。东华门最著名者称东悦轩，地安门最著名者称同和轩。有人说天桥的书茶馆最兴旺，其实，天桥茶馆主要是曲艺，介于书茶馆与大茶馆之间，并非典型的书茶馆。著名的书茶馆布置讲究，有藤椅藤桌的，有木椅木桌的，有的墙上还挂些字画，首先造成听书的气氛。茶馆预先请下先生，一部大书可以说上两三个月。收入三七开，茶馆三成，先生七成。说书先生也算文化人了，茶馆老板十分敬重。评书的内容有说史的“长枪袍带书”，如《三国演义》、《隋唐演义》等；有“公案书”，如《包公案》、《彭公案》等；有“神怪书”，如《西游记》、《济公传》、《封神演义》等；也有说《聊斋》的，《聊斋》虽然也是神怪故事，但多为优雅的爱情篇章，很不好说，过俗会失去作品原意，过雅则听客不易明白，有的艺人却对此很善长，把鬼狐故事说成人间世态炎凉，听客们在饮茶中遨游于人间、地下与天上，似乎与茶的气氛更容易一致。

天桥一带的书茶馆，主要是曲艺，主要有梅花大鼓、京韵大鼓、北极大鼓、唐山大鼓、梨花大鼓，种类很多。进行曲艺表演虽也说书讲故事，但大多为片段，除了选取大部评书的段子外，还有些应时应景新编的故事，如《老妈上京》、《辞活》、《红梅阁》等等。

书茶馆直接把茶与文学相联系，给人以历史启迪，又达到消闲、娱乐的目的，于老人卧养天年最宜。可如今北京这样的书茶馆已大多湮没在历史的长河中。

2.清茶馆、棋茶馆与北京人的游艺活动

书茶馆里市民文化的味道虽浓，但毕竟有一些单调。为适于各种人清雅的娱乐，北京还有许多清茶馆。清茶馆确实是专卖清茶的，饮茶的主题较为突出，一般是方桌木椅，陈设雅洁简练。清茶馆皆用盖碗茶，春、夏、秋三季还在门外或内院高搭凉棚，前棚坐散客，室内坐常客，院内有雅座。茶馆门前或棚架檐头挂有木板招牌，刻有“毛尖”、“雨前”、“雀舌”、“大方”等名目，以表明所卖是上好茗茶。有的清茶馆每日清晨五时许便挑火开门营业。到这种茶馆来的多是悠闲老人，也有清末的遗老遗少、破落子弟，以及一般市民。北京的老人有早起锻炼的习惯，称为“遛早儿”。朝日未出即提了鸟笼子走出家门，或是在城外苇塘之边，或是在护城河两岸，挂上鸟笼子，打打拳，伸伸手脚，人与鸟都呼吸够了新鲜空气，便回得城来，进了茶馆。把鸟笼顺手挂于棚竿，要上壶好茶，边饮茶，边歇息，边听那鸟的叫声。鸟笼里的百灵、画眉、黄雀、红靛、蓝靛等便开始叫了起来。这些鸟儿经过训练，不仅发出本音，而且会模仿喜鹊、山鹊、老鹰、布谷、大雁、家猫的叫声，可有十几套叫法。于是老茶客们开始论茶经、鸟道，谈家常，论时事。在茶与自然的契合上，北京的老茶客有自己独特的创造。清茶馆的老板为招揽顾客，还帮助知名的养鸟人组织“串套”，即进行“茶鸟会”。老板要向老人们发出请帖，又于街头“张黄条”，至时养鸟者皆来参与“闻鸣”。老人们以茶会为怡乐，茶馆也利市百倍。而到冬天，茶客们除取暖聊天外，又养蝴蝶、斗蛐蛐，用茶的热气熏得蛐蛐鸣叫，蝴蝶展翅，于万物萧疏之时企望着新的生机，给老人们的暮年生活增添了不少情趣。这也算北京的一绝。中午以后，清茶馆里的老人们早已回家休息，于是又换了一批新茶客，主要是商人、牙行、小贩，他们主要在这里谈生意。

北京还有专供茶客下棋的棋茶馆。棋茶馆设备虽简陋，却朴洁无华，一般以圆木或方木半埋于地下，上绘棋盘，或以木板搭成棋案，两侧放长凳。棋茶馆每日下午可聚茶客数十人，边饮茶，边对弈。北京人，即使是贫苦人也颇有些风雅之好，在棋茶馆中以茶助奕兴，便是一例。喝着并不高贵的“花茶”、“高末”，把棋盘暂作人生搏击的“战场”，生活的痛苦会暂时忘却，茶在这时，被称为“忘忧君”是名副其实了。

3.与园林、郊游结合的野茶馆和季节性茶棚

北京人爱好郊游，春季踏青，夏季观荷，秋季看红叶，冬季赏晴雪。还有些老人喜爱郊外的瓜棚、豆架、葡萄园、养鱼池。于是，在这些地区便出现了“野茶馆”。这些茶馆多设在风景秀丽之地，如朝阳门外的麦子店，四面芦草，环境幽僻，附近多池塘。许多养鱼技术水平很高的人常到这里捞鱼虫。每当夕阳西下，老翁们扛着鱼竿行于阡陌之间，渐渐向着茶馆走来。又如六铺炕的茶馆，处于一片瓜棚豆架之间，茶客们到这里，看着黄瓜花、茄子花，黄花粉蝶，一派田园风光，大有陆放翁与野老闲话桑麻的乐趣。在这种地方饮茶，人也便感到返璞归真了。朝阳门外还有家葡萄园茶社，西临清流，东、南皆菱坑、荷塘，北有葡萄架，并有老树参天，短篱环绕。旧时文人们看中了这块地方，常来此处聚会。

老北京的好水十分难得，城内多苦水，只有西北部山泉才甜美，所以清代宫廷用水皆取于玉泉山。因此，好泉水一旦被发现，自然成了野茶馆的最佳场所。安定门外有许多既因为风景好，又因为水质好而兴起的茶馆。清代此地有兴隆寺，寺北积水成池，大致十亩。庙内又有三百年树龄的“文王树”，花开时香布满院。寺外有一口好水井，甘甜清澈。这是一个集文物、风景、好水于一处的饮茶住地。于是茶老板播下天棚，卖茶兼卖酒及馒头。小小一座土房建于土坡之上，可临窗小饮，看着那寺里和井边的老树、池中的菱苇，西山的落日，听着那古刹钟声、乡间的鸡鸣和犬吠，喝上一杯井水沏出的清茶，人间的苦辣酸甜便尽在其中了。至于高架桥畔、白石桥头，则因清代游船所经过而兴起。这些野茶馆，使终日生活在喧闹中的城里人获得一时的清静，对于调节北京人的生活大有裨益，又使饮茶活动增添了不少自然情趣，虽不如杭州西湖茶馆的幽雅，却更多了些质朴，于中国茶道思想的本色似乎更为接近。

同类茶馆，还有公园里的季节性茶棚。这种茶棚以北海“小四天”最著名，茶棚临水而设，举杯可品茗，伸手可采莲。饥饿时又有杏仁、豌豆黄、苏造肉可吃，能坐上半日也算福气。

4.与社交、饮食相结合的大茶馆

老北京的大茶馆是一种多种功能的饮茶场所。在大茶馆里既可以饮茶，又可品尝其他饮食；既可以供生意人聚会、文人交往，又可为其他三教九流、各色人等提供服务。从老舍先生的名剧《茶馆》，我们可以看到老北京大茶馆的模型，而今天的前门“老舍茶馆”也使我们看到大茶馆继往开来的局面。正因为大茶馆功能多，服务周到全面，所以曾经十分“走红”。北京的大茶馆以地安门外的天汇轩最为著名，其次是东安门外的汇丰轩。

老北京的大茶馆布置十分讲究。大茶馆入门为“头柜”，负责外卖和条账目。过了条桌即

“二柜”，管理“腰栓账目”。最后称“后柜”，管理后堂及雅座。三层柜台各有界地，接待不同来客。有的后堂与腰栓相连，有的则中隔一院。

大茶馆茶具十分讲究，一律都用盖碗，一则卫生，二则保温。北京人讲礼仪，喝茶要不露口，碗盖打开，首先用于拨茶，饮时则用于遮口。在这种茶馆里饮茶，可以终日长饮，即中午回家吃饭，下午回来还可接着喝，堂官会把茶客的茶具、茶座妥善照应。

北京的大茶馆，以其附设服务项目而分，又有红炉馆、窝窝馆、搬壶馆等类别。

红炉馆是因设有烤饽饽的“红炉”而得名，专作满汉点心，北京称之为饽饽，红炉馆比一般饽饽馆制作饽饽要小巧玲珑。北京特产大八件、小八件，样样俱全。茶客们边品茶，边品尝糕点实为一大享受。

窝窝馆专作小点心，更合民间日用，北京的艾窝窝、蜂糕、排叉、盆糕、烧饼等，在这里皆随茶供应。

搬壶馆以一把大铜壶为标志，品位介乎红炉馆与窝窝馆之间，雅俗共赏。

还有一种大茶馆叫作“二荤铺”，是既卖清茶，又卖酒饭的铺子。之所以取名“二荤铺”，是因为这种大茶馆既可由店馆出原料，也可由顾客“带粮加工”名为“炒来菜”。如西长安街曾有座“二荤铺”叫“龙海轩”，是教育界聚会之所。清末保定新型学堂骤起，学界常有京保之争，每有纠纷，京派人物便到茶馆来聚，饮上几道茶，再添几道菜，开一个校长联席会来商议对策。所以有人称京派叫“龙海派”。

大茶馆集饮茶、饮食、社会交往、娱乐为一身，所以较其他种类茶馆不仅规模大，而且影响也长远。这便是时至今日“老舍茶馆”一兴便受到各界欢迎的原因。在这里，茶确实仅仅是一种媒介，茶人之意不在茶，茶的社会功能超过了它物质功能本身。

本章思考题

1. 简述中国茶文化的起源及发展。
2. 试析茶道与茶艺的异同之处。
3. 简述茶艺，并介绍绿茶茶艺及乌龙茶茶艺。
4. 试述四川茶馆和杭州茶室的异同。
5. 结合本地茶文化发展，简述当地特色饮茶习俗。

第五章 中国酒文化

学习要点

1. 理解酒的文化传说及发展阶段
2. 掌握中国白酒的香型和特色名酒
3. 掌握中国其他酒类的特点和特色名酒
4. 熟悉西餐中的主要酒类

第一节 酒的文化传说

一、外国酒的文化传说

(一)古希腊酒神狄奥尼索斯

古希腊神话里的酒神狄奥尼索斯是葡萄酒与狂欢之神,也是古希腊的艺术之神。据最流行的传说,他是宙斯和西姆莱公主所生的儿子。宙斯的妻子赫拉是只醋坛子,凡是宙斯与别人相爱,她一定要作陷害性的报复。赫拉劝诱怀了孕的西姆莱公主请求宙斯现出本相,以证明爱情的神圣性。原来,宙斯与人间女子相爱时,都以化身出现。在西姆莱的请求下,宙斯表示同意。宙斯是希腊宗教和神话里的主神,他的威力太大,西姆莱这个凡间女子无法承受,结果被雷霆击死。宙斯从西姆莱的腹中取出未足月的胎儿,缝入自己的大腿。宙斯在这段时间里成了瘸腿。待儿子足月后出生,取名为"狄奥尼索斯",意思是"宙斯瘸腿"。这样,狄奥尼索斯出生过两次。

狄奥尼索斯的生死神奇传说以及他同美女阿里阿德涅的婚姻,使得在有些地方,人们几乎把他和太阳神阿波罗同等对待。酒神的象征是一个由常春藤、葡萄蔓和葡萄果穗缠绕而成的花环,一支杖端有松果形物的图尔索斯杖和一只叫坎撒洛斯的双柄大酒杯。在早期的绘画艺术中,他被描绘成一个蓄须男子,但后来又变成了一个有女性味道的青年男子,并常由女祭司们陪伴和长笛演奏者们簇拥着。希腊国家博物馆的古币馆中陈列着一枚铸有狄奥尼索斯头像的古希腊钱币。酒神面带希腊众神所共有的平静表情,他的头发用葡萄蔓结成发髻,葡萄叶装饰着他的前额,犹如头戴王冠。

早在公元前 7 世纪,古希腊就有了"大酒神节"。每年 3 月为表示对酒神狄奥尼索斯的敬意,都要在雅典举行这项活动。人们在筵席上为祭祝酒神狄奥尼索斯所唱的即兴歌,称为"酒神赞歌"。与比较庄重的"太阳神赞歌"相比,它以即兴抒情合唱诗为特点,并有芦笛伴奏,使众人翩然起舞的酒神赞歌受到普遍的欢迎。

到公元前 6 世纪左右,酒神赞歌久负盛誉,并发展成由 10 名成年男子和男孩组成的合唱队，在科林斯的狄奥尼索斯大赛会上表演竞赛的综合艺术形式。

伟大的酒神赞歌时代也是伟大的希腊抒情合唱诗盛行的时代，并导致了古希腊戏剧、音乐艺术的发展。古希腊的悲剧、喜剧和羊人剧都源于"大酒神节"。

(二)古罗马酒神巴克斯

罗马帝国时期的酒神是巴克斯，他是葡萄与葡萄酒之神，也是狂欢与放荡之神。

有关巴克斯酒神的出生，在梵蒂冈博物馆收藏的一块古代浮雕上记录了与狄奥尼索斯类似的场景。从西姆莱女神腹中取出巴克斯后，朱庇特主神将孩子置于大腿中三个月，从浮雕中可以看见巴克斯足月后正从父神的腿中降生时的情景。此时，站在一旁的畜牧神海尔梅斯手捧衣衫，准备为幼神接生，而掌握生、死、命运的三位帕尔卡女神则要为新生的幼神祷告。17世纪意大利著名画家卡拉瓦乔，以他"无情的真实"表现手法创作了《年轻的巴克斯》等多幅巴克斯酒神形象。

在罗马宗教中，有为酒神巴克斯举行的酒神节。这个节日从意大利南部传入罗马后，起初秘密举行，且只有女子参加，后来男子也被允许参加，举行的次数多达一个月五次。节日期间，信徒们除了狂饮外，还跳起狂欢的酒神节之舞。这种成了狂欢酒宴的节日使罗马元老院于公元前186年发布命令，在全意大利禁止酒神节。但多年来这一节日在意大利南部却没有被取缔。

(三)古埃及酒神俄赛里斯

俄赛里斯是古埃及主神之一，也是公认的葡萄树和葡萄酒之神。

俄赛里斯统治已故之人，并使万物自阴间复生，如使植物萌芽、使尼罗河泛滥等。对俄赛里斯的崇拜遍及埃及，而且往往与各地对丰产神和阴间诸神的崇拜相结合。在新王国时期(公元前1567—前1085年)以前，俄赛里斯的形象是一具干尸，双臂交叉在胸前，一手拿着弯杖，另一手拿着连枷，额下胡须编成辫，头戴阿特夫冠，即埃及白色王冠，两侧各饰一根红色羽毛。

二、中国酒的文化传说

酒是人类文化的象征之一。中国的酒历史极为悠久，酒与中国人的生活关系十分密切。从氏族社会的族长到阶级社会的天子、诸侯，从踌躇满志的官僚到失意落魄的寒士，从超尘拔俗的僧人、道士到风流倜傥的诗人、画家，从洞房花烛的新郎、新娘到疾病缠身的病人等都与酒结下不解之缘。但酒始于何时，由谁酿造，历来争论不休。

一是猿猴造酒。明周光旦《篷栊夜话》记载："黄山多猿猱，春夏杂采花果于石洼中，酝酿成酒，香溢四发，闻数百步。"另有清彭贻孙《粤西偶记》记载："平乐等府山中猿猴极多，喜采百花酿酒。樵子入其巢穴，饮之香美异常。"猿猴酿酒不是有意识的，那是花果堆积偶然发酵而成。但猿人有目的地采集花果酿酒却是可能的。因此，有学者推断，含糖果物酿酒起源于猿人时代。

二是仪狄造酒。成书于公元前2世纪的《吕氏春秋》记载："仪狄造酒"。汉代刘向所编《战国策》亦记载："昔者，帝女令仪狄作酒而美之，进之禹(夏)，禹饮而甘之，曰'后世必有以酒亡其国者'。遂疏仪狄而绝旨酒。"

三是杜康酿酒。据说，中国最早的酒，是出在大约在六七千年前的尧舜时代。当时从事农业生产的炎帝部落，酒是由于食物发酵变质而自发出现的。晋人江统的《酒诰》载："酒之所兴，肇自上皇。有饭不尽，委之空桑。"而开自觉造酒之先河者，乃是发明了"酒泉法"酿酒的黄帝部落。据说杜康是黄帝部落管理粮食的一位官员，因其手下仆从渎职而造成库存粮食发霉变质事件，后被贬职回乡。他把霉变的粮食带回家乡，走访乡民，总结民间酿酒的经验，取附近山里的泉水酿造，经过反复实验，终于酿成了酒。因此，人们称其为“酿酒始祖”。清朝乾隆年间《白水县志》记载：“杜康，字仲宁，为县康家卫人，造酒始祖。”

第二节　中国名酒欣赏

中国作为世界上最早的酿酒国家之一，早在5 000年前就已开始酿酒。现代根据商业习惯，可把酒分为白酒、黄酒、葡萄酒、啤酒、果酒、露酒和药酒。

一、白酒

白酒的类型主要有以下几种：①酱香型，又称茅型，以贵州茅台酒为代表，其特点是酱香突出、幽雅细致、酒体醇厚、回味悠长。②窖香型，又名浓香型，以泸州老窖特曲为代表，在白酒中所占比例最大，其特点是窖香浓郁、绵柔甘洌、香味协调、尾净余长。③清香型，以山西汾酒为代表，其特点是清香纯正、口味协调、微甜绵长、余味爽净。④米香型，以广西桂林三花酒为代表，其特点是蜜香清雅纯和、入口柔绵、落口爽洌、回味怡畅。⑤其他香型，有些白酒兼有两种香型的特点，所以称为兼香型（复香型）或其他香型，如贵州遵义董酒为兼香型，陕西西凤酒为凤香型。

（一）茅台酒

茅台酒被尊为我国的“国酒”，有270多年的历史，它以独特的色、香、味为世人称颂，以清亮透明、醇香回甜而甲名天下。茅台酒产于贵州省仁怀县茅台镇，因产地得名。相传公元1704年，有一姓贾的山西盐商从山西汾阳杏花村请来酿酒大师，在茅台镇酿制山西汾酒。酿酒大师按照古老的汾酒制法，用高粱作料，小麦作“曲”，以茅台镇旁赤水河之水作“引”，酿出了沁香醇厚的美酒，只是该酒的风味与汾酒不同，故称“华茅”。因古代“华”与“花”相通，“华茅”即“花茅”，意思是杏花茅台。后因贵州财阀赖永初占有了生产“华茅”的酒坊，即称之为“赖茅”。关于茅台酒的制作工艺，《续遵义府志》有下列描述：茅台酒出仁怀县茅台镇，黔省称第一。制法纯用高粱作沙，煮熟和小麦面三分，纳酿地窖中，经月而出蒸槁之，既槁而复酿，必经数回然后成，初曰生沙，三四轮曰燧沙，六七轮曰大回沙，以次概曰小回沙，终日得酒可饮，其品之醇，气之香，乃百经自具，非假曲与香料而成，造法不易，他处难于仿制，故独以茅台称也。”

茅台酒一般为53度。在蒸馏过程中，先出的和后出的酒的质量不一样。它们可分为酒头、特级、甲级、乙级、一般和酒尾。在接酒时要“斩头去尾”，因为“头”、“尾”中含水分和杂质多，酸甜苦辣俱全。酒的“头”、“尾”虽然质量不好，但它们能起到的调味作用就像胡椒粉一样，不能单吃，但做菜时又少不了用它来调味。“特级”重点取香，“甲级”重点取甜，“乙级”香甜差不多，有时会没有“特级”。蒸酒时各级酒的出现时间和比例不定式，全凭酿酒大师凭经验及时、恰当地分段接酒，分级贮存，最后由勾兑师傅将贮存期满的各种级别的酒进行勾兑。勾兑师必须勾出本酒的风格来。

（二）五粮液

五粮液产于四川省宜宾市，其历史可追溯到唐朝，但那时并不叫五粮液，酒的成分、质量也与今日不同。大约清末时，宜宾酿造出了以高粱、糯米、大米、小麦、玉米为原料的酒，当时称“杂粮酒”，直到1928年，宜宾的清末举人杨慧泉认为其酒好但名不够雅，提议将酒名改称“五粮液”并沿用至今。五粮液在大曲酒中以酒味全面著称，该酒不仅为国内大众称赞，在国际上也声誉日盛，自1964年出口以来，对外销量已有数十倍的增长。五粮液香气纯气，酒味醇厚，入口甘美,下喉净爽,各味协调,余味悠长。在第二届至第五届全国评酒会上,五粮液被评为“国家名酒”,并被授予金质奖章。

(三)汾酒

汾酒产于山西省汾阳县杏花村,是我国名酒的鼻祖,距今已有1 500多年的历史。我国最负盛名的八大名酒,都与汾酒有着十分亲近的“血缘”关系。

相传当年杏花村昌盛时,有大小72家酒坊,可谓是酒馆云集。唐朝诗人杜牧有诗云:“清明时节雨纷纷,路上行人欲断魂。借问酒家何处有,牧童遥指杏花村。”诗人借小牧童都知道杏花村的事实,将当年汾酒酿造业欣欣向荣的场面刻画得淋漓尽致。明末李自成率农民起义军经过汾阳,在畅饮汾酒后题词:“尽善尽美”。

汾酒酿造有一套独特的工艺,总结起来有七大秘诀:“人必得其精(即人要精明强干),粮必得其实(即做原料的“一把抓”高粱要颗粒饱满),水必得其甘(即用作“引子”的水要甘甜、没有杂质),曲必得其明(即酒曲质量要好),器必得其洁(即盛酒的器皿要干净),缸必得其湿(即要保持盛酒缸的潮湿),火必得其缓(即蒸煮酒的火要平稳缓和)。正是因为有如此严格的酿造工艺,才形成了特殊的品质和风味,使汾酒赢得“甘泉佳酿”和“液体宝石”的美誉。

(四)泸州老窖特曲(浓香型)

泸州老窖特曲产于四川省泸州市。目前,正在生产用的酒窖最早的已有300多年的历史,如第一个酿酒作坊“舒聚源糟房”,即开业于清代顺治十四年(1658年)。泸州老窖特曲之所以具有独特的风格,关键是发酵的窖池历史悠久。这种老窖在建窖时有特殊的结构要求,经过长期使用,窖内泥地已出现了红绿彩色,并产生奇异的香气;此时发酵醅与窖泥接触后,蒸馏出来的酒就带有一般浓郁的香气。泸州老窖特曲无色透明,醇香浓郁,清洌甘爽,饮后尤香,回味悠长。在第一届至第五届全国评酒会上,泸州老窖特曲被评为“国家名酒”,并被授予金质奖章。

(五)西凤酒

西凤酒产于陕西省凤翔县柳林镇,凤翔古名雍城,相传是春秋时代五霸之一的秦穆公建都的所在地。这一带地方从周初以来传说是出凤凰的地方,流传着“凤鸣岐山”的典故和秦穆公的女儿弄玉吹箫引凤的故事。自唐朝以来,它又是“西府”府台所在地,人们称其为“西府凤翔”,西凤酒的名字概源于此。北宋大文豪苏东坡在凤翔任府尹时,曾在城东修建东湖,落成之日,邀朋欢叙,饮酒赋诗,他在词中曾说道:“柳林酒,东湖柳,妇人手。”这里“妇人手”是指妇女精巧的手工艺,而“柳林酒”则是如今的西凤酒。

西凤酒的制曲原料是大麦和豌豆,使用的是清凉甘甜的西凤泉水,制作方法也不同于一般的白酒。在酿造中,该酒采用“多次发酵,多次取酒,以酒养糟,长期贮存”的独特方法,酒要贮存三年后才能出厂。西凤酒酒度65度,酒液清澈透明似水晶,香醇馥心幽兰,在我国酒类中属清香型,甜、酸、苦、辣、香五味俱全,为爱烈酒者所喜好。有诗赞道:“西凤飘香入九霄,衔杯却赞柳林豪。五味俱全真醇美,博得今古誉声高。”在第一届、第四届和第五届全国评酒会上,西凤酒被评为“国家名酒”,并被授予金质奖章。

二、黄酒

黄酒是以糯米或粳米、籼米、黍米、玉米等为原料,蒸熟后加入专门的酒曲,经糖化发酵后压制而成的一种饮料。

黄酒是我国特有的一种酿造酒,酒度一般为16～20度,产区主要集中在我国长江下游一带。黄酒除作饮料外，还可作烹饪的调料及中药用的辅料。

(一)黄酒的分类

黄酒的分类方法很多，按其理化指标之一糖度的含量，可分为甜型黄酒(含糖量在10%～20%之间)、半甜型黄酒(含糖量在1%～8%之间)、不甜型黄酒(含糖量在1%左右)三类。

(二)著名的黄酒

1.绍兴酒(不甜型)

绍兴酒产于浙江省绍兴市，简称绍酒，其酿造历史已有2 400多年，早在先秦时期，《吕氏春秋》上就有关于绍兴酒的记载，说明绍兴酒是我国最古老的酒之一。清代康熙年间，绍兴酒酿造的规模逐步扩大，到光绪年间时产量已达6万多吨。绍兴酒的酿造有一套严格的程序，原料以糯米为主，使用的是鉴湖之水，酒液是压榨出来的，含有复杂的成分，特别是富含氨基酸类。由于酿酒工艺及辅料的不同，绍兴酒的品种甚多，风格各异，主要有加饭酒(又分为单加饭、双加饭)、元红酒、善酿酒、花雕酒等。绍兴酒酒液黄亮有光，香气浓郁芬芳，口味鲜美醇厚，适当饮用具有增进食饮、帮助消化、消除疲劳的功效。在第一届至第四届全国评酒会上，绍兴酒之一的加饭酒被评为“国家名酒”，并被授金质奖章。

2.沉缸酒(甜型)

沉缸酒产于福建省龙岩市，始酿于清代嘉庆年间，当地民间流传有“斤酒当九鸡”的赞语，意思是说，沉缸酒不仅品质优良，也富有营养，饮1斤酒如食9斤鸡肉。沉缸酒在酿造过程中，酒醅必须沉浮三次，最后沉于缸底，故此得名。如果酒醅不沉，或浮沉不到三次，就说明其质量不佳。沉缸酒呈鲜艳透明的红褐色，有琥珀的光泽，香气醇郁芳香，这香气是由红曲香、国药香、粘酒香所形成的。沉缸酒纯净自然，酒味醇厚，饮后余味绵长。在第二届至第四届全国评酒会上，沉缸酒被评为“国家名酒”，并被授予金质奖章。

3.即墨老酒(甜型)

即墨老酒也称“山东黄酒”，产于山东省即墨市，它是我国北方黄酒的代表，具有悠久的历史，历史上曾有“南有绍兴加饭、北有即墨老酒”之说。即墨老酒始创于2 000多年前的东周，当时称“醪酒”；到宋神宗熙宁年间，即墨老酒的酿造工艺开始普及民间，生产已具相当规模；清代道光年间以后，即墨老酒的生产进入全盛时期。即墨老酒晶明透亮，浓厚挂碗，色泽黑褐中带紫红，具有“焦糜”的特殊香气。在第二届、第三届全国评酒会上，即墨老酒被评为“国家优质酒”，并被授予银质奖章。

(三)黄酒的饮用

黄酒因香气协调、脂香浓郁、入口清爽、鲜甜甘美、酒味柔和无刺激性等特点以及自身特有的活血舒筋之功效，使其在饮用上有特殊的方法。

1.黄酒需加温后饮用

人们喜欢把黄酒加温后配菜饮用，在加热过程中可加少量的姜片、话梅、红糖等来提高口感。加热方法比较简单：一是直接将黄酒和辅料倒入瓷盆中，用小火加热；二是将黄酒和辅料加入玻璃杯中，然后将玻璃杯放入热水中温烫。一般将黄酒加热至30℃～40℃即可。此酒在南方常被产后妇女饮用，有活血补血、促进体力恢复的功效。

在日常的消费习惯中，黄酒还能与可口可乐、雪碧等碳酸饮料兑饮，此饮法可使味道酸甜可口。另外，黄酒还可以与中国白酒兑饮以增强其酒味。

2.以黄酒为基酒浸泡其他辅料

①红枣黄酒。将优质大红枣(干)清洗沥干,炒至表面微焦并有枣香后,用5~10倍于枣量的黄酒撮泡,密封于阴凉处,储放1年,饮用前澄清过滤。该酒枣香浓郁,口味甘润醇厚,有强身健体的作用。

②当归黄酒。选优质当归,切片或捣碎后盛入袋中,浸入20倍于当归的黄酒,另加5%~10%蜂蜜或砂糖搅拌,在阴凉处密封储存半年。饮用前澄清过滤,若感觉味辣,可再加糖调整。该酒对妇女有补血活血、调经止痛、润肠通便等功效。

③茴香黄酒。以加饭黄酒为酒基,配以小茴香,研成粗末后袋装,浸泡入100倍于当归的酒中,1个月后分离。该酒中的小茴香味辛,具有散寒功效。

④山楂酒。以糯米黄酒为酒基,配以山楂、桂圆、红枣浸泡,山楂应事先打碎,红枣适当烘焙,浸泡1个月后分离、澄清,加红糖调配而成。该酒具有健胃、益气等功效。

⑤玫瑰花酒。以优质黄酒为酒基,选用新鲜玫瑰花蕾,阴干、烘焙为末后,浸泡酒中3个月,饮用前分离,调配过滤。玫瑰花香醇郁、芳香甘美、令人神爽。该酒对肝胃气痛、月经不调有疗效。

⑥菊花黄酒。以糯米黄酒为酒基,将白菊花切碎,浸泡酒中1个月,饮用前分离过滤。白菊花甘寒,养肝明目,可治头晕头痛、目赤眼花等症。

三、葡萄酒

中国在2 000多年前的周朝已开始人工种植葡萄。汉代西域地区就以酿葡萄酒而驰名。唐朝时我国西北地区已开始用葡萄蒸制葡萄烧酒,饮葡萄酒之风非常兴盛。中国近代葡萄酒酿造企业是1892年华侨张弼士先生创建的山东烟台张裕葡萄酒厂。该厂引进120多个酿酒葡萄品种,建起东山、西山两大葡萄园,并从欧洲等地购进大橡木桶和酿酒设备,建造了闻名中外的地下大酒窖,引进国外酿酒工艺,写下了中国葡萄酒工业化生产的第一页。

(一)葡萄酒的分类

国际上,凡是葡萄酒都是葡萄全汁制成的,所以葡萄酒无外乎两类:红葡萄酒和白葡萄酒,即中国的所谓“干红”和“干白”。

但葡萄酒在我国有很多品种,有干型、半干型、半甜型及甜型葡萄酒等。这些分类可能令自以为对葡萄酒很了解的法国人都摸不着头脑。下面是按照不同的标准对葡萄酒进行的分类:

(1)根据酒的色泽,葡萄酒可分为红葡萄酒、白葡萄酒、桃红葡萄酒三大类。

(2)根据酒的含糖量(以下称葡萄糖汁):

红葡萄酒可分为干红葡萄酒、半干红葡萄酒、半甜红葡萄酒和甜红葡萄酒。

白葡萄酒可分为干白葡萄酒、半干白葡萄酒、半甜白葡萄酒和甜白葡萄酒。

干葡萄酒,含糖量小于或等于4.0克/升,葡萄汁浓度为100%。

半干葡萄酒,含糖为4.1~12.0克/升,葡萄汁浓度为50%。

半甜葡萄酒,含糖为12.1~50.0克/升。

甜葡萄酒,含糖等于或大于50.1克/升。

(3)根据酒中二氧化碳的压力,葡萄酒可分为无气葡萄酒、起泡葡萄酒和葡萄气酒。

①无气葡萄酒。这种葡萄酒也称静酒(包括加香葡萄酒),不含有自身发酵产生的二氧化碳或人工添加的二氧化碳。

②起泡葡萄酒。这种葡萄酒中含的二氧化碳是以葡萄酒加糖再发酵而产生的或用人工方法加入的,其酒中的二氧化碳含量在20℃时保持压力0.35兆帕以上,酒精度不低于8%。香槟酒属于起泡葡萄酒,在法国规定只有在香槟省出产的起泡葡萄酒才能称为香槟酒。

③葡萄汽酒。这种葡萄酒中的二氧化碳是发酵产生的或是人工方法加入的,其酒中二氧化碳含量在20℃时保持压力0.051~0.025兆帕,酒精度不低于40%。

(4)根据酒的再加工,葡萄酒可分为加香葡萄酒和白兰地葡萄酒。

①加香葡萄酒,也称开胃酒,是在葡萄酒中添加少量可食用并起增香作用的物质,混合而成的葡萄酒。按葡萄酒中所添加的主要呈香物质的不同,加香葡萄酒可分为苦味型、花香型、果香型和芳香型。味美思就属于这种类型。

②白兰地葡萄酒:这种葡萄酒是经过蒸馏而成的蒸馏酒。有些白兰地也可用其他水果酿成的酒制造,但需冠以原料水果的名称,如樱桃白兰地、苹果白兰地和李子白兰地等。

(二)著名葡萄酒

葡萄酒虽然只是果酒的一种,但由于它在果酒中占了绝大多数,在市场上也占有特殊的地位,因此,这里主要介绍我国著名的葡萄酒。

1.张裕雷司令干白葡萄酒

雷司令是德国一种名贵酿酒葡萄的名称。该酒即是以雷司令葡萄为原料,经低温发酵工艺制成,是一种不甜的白葡萄酒,具有味微酸、爽口,柔而丰满、香气清雅的特点,适合吃鱼虾时饮用。雷司令干白葡萄酒经我国酒类专家品评,认为可以和德国莱茵河流域所产的雷司令葡萄酒相媲美。

2.张裕解百纳干红葡萄酒

解百纳原是法国一种名贵酿酒葡萄的名称。解百纳干红是一种不甜的红葡萄酒,是以解百纳为原料经低温发酵制成,色呈宝石红,香气宜人,味醇厚,适合吃牛、鸡、鸭、猪肉时饮用。

3.烟台红葡萄酒(甜型)

烟台红葡萄酒产于山东省烟台市的张裕酿酒公司,原名“玫瑰香红葡萄酒”。我国伟大的革命先行者孙中山先生对此酒曾题词“品重醴泉”。烟台红葡萄酒酒液鲜艳如红宝石,透明似晶体,果香明显,具有口味醇厚、甜而微酸、清鲜爽口、余味绵长的特点。在第一届至第四届全国评酒会上,烟台红葡萄酒被评为“国家名酒”,并被授予金质奖章。

4.长城干白葡萄酒

长城干白葡萄酒以著名葡萄品种——沙城特产的龙眼葡萄——为原料。龙眼葡萄果皮呈紫红色,果汁为无色,含糖量最高年份的1963年曾高达25%。葡萄经破碎,取自流汁进行澄清处理,加入纯种酵母发酵后,贮存2年以上,再经勾兑、过滤、装瓶、瓶贮半年以后才出厂。

该酒微黄带绿,果香怡人,酒香浓郁,口感柔和、细腻、圆润、爽适,被专家们认为“怡而不滞、醇而不酽、爽而不薄、谐和适口、恰到好处、风格独特”。饮用时感觉到的果酸,既利口又增加食欲,营养丰富,益于身体健康。

此外,在历届全国评酒会上被评为“国家名酒”并被授予金质奖章的著名葡萄酒还有:山东青岛的白葡萄酒、河北沙城的白葡萄酒、河南民权的白葡萄酒等。

(三)葡萄酒的鉴别及佐餐

1.葡萄酒的鉴别

(1)第一步,看酒瓶外观。

①看酒瓶标签印刷是否清楚，是否仿冒翻印。

②看酒瓶的封盖是否有异样，有没有被打开过的痕迹。

③看酒瓶背面标签上的国际条形码，如法国国际码是3。

④看酒瓶背面标签上是否有中文标识：根据中国法律，所有进口食品都要加中文背标，如果没有中文背标，有可能是走私进口，则质量不能保证。

(2)第二步，看葡萄酒液。

①看葡萄酒的颜色是否自然。

②看葡萄酒上是否有悬浮物。(注：瓶底的少许沉淀是正常的结晶体)

③酒质变坏时颜色有浑浊感。

(3)第三步，看酒塞标识。

打开酒瓶，看木头酒塞上的文字是否与酒瓶标签上的文字一样。在法国，酒瓶与酒塞都是专用的。

(4)第四步，闻葡萄酒的气味。

如果葡萄酒有指甲油般呛人的气味，就变质了。

(5)第五步，品葡萄酒的口感。

①饮第一口酒，酒液经过喉头时，正常的葡萄酒是平顺的，有刺激感的酒则可能有问题。

②咽酒后，残留在口中的气味有化学气味或臭气味，则不正常。

③好葡萄酒饮用时应该令人神清气爽。

2. 葡萄酒的佐餐(即葡萄酒与中、西餐的搭配)

葡萄酒饮用的基本次序：

——香槟和白葡萄酒饭前作开胃酒喝，红白葡萄酒佐餐时喝，干邑在饭后配甜点喝。

——白葡萄酒先喝，红葡萄酒后喝。

——清淡的葡萄酒先喝，口味重的葡萄酒后喝。

——年轻的葡萄酒先喝，陈年的葡萄酒后喝。

——不甜的葡萄酒先喝，甜味的葡萄酒后喝。

葡萄酒与餐食搭配的基本原则：

——红葡萄酒配红肉类食物，包括中餐中加酱油的食物。

——白葡萄酒配海鲜及白肉类食物。

表7-1　葡萄酒与中餐的搭配

酒别	菜肴举例
红葡萄酒	川菜、烤鸭、叉烧肉、烧鸡、香菇、火腿、酱熏类食品
白葡萄酒	油炸点心、海鲜类、清蒸类
香槟酒	点心、鱼翅类

表7-2　葡萄酒与西餐的搭配

酒别	菜肴举例
红葡萄酒	奶酪、火腿、蛋类、牛羊排、禽类、兽类、野味、内脏类
白葡萄酒	沙拉、奶酪、巧克力、鹅肝、海鲜、蜗牛
香槟酒	茶点、布丁、火鸡

四、啤酒

啤酒是用大麦芽和啤酒花为主要原料再加上水、淀粉、酵母等辅料，经发酵制成的一种富含二氧化碳的饮料。

啤酒含有丰富的氨基酸、维生素，每瓶啤酒相当于 200 克鸡蛋或 1 瓶牛奶或 340 克猪肉所产生的热量，因此有“液体面包”的美称。

(一)啤酒的分类

啤酒的品种繁多，但其主要化学成分大致相当。根据我国的情况，啤酒可按麦汁的浓度、酒精的含量、色泽的深浅、包装的不同等进行分类。目前按科学的生产工艺的分类方法，啤酒可分为以下五种：

1. 熟啤

啤酒酿造合格后，为使其具有较长的保存期限，将其用巴氏法热处理，大量杀灭新鲜酵母菌，这类啤酒多为瓶装或易拉罐装。

2. 鲜啤

酒质、营养介于生啤与熟啤之间，经过板式热交换器 72℃瞬时杀菌，使啤酒在常温下可保鲜 2～3 个月。

3. 散装混生啤

啤酒酿造合格后，不经过巴氏法处理，也不过滤，直接装在木桶或其他盛器里拉到商店销售，这种啤酒在常温下保质期仅 1 天时间。

4. 桶装纯生啤

桶装纯生啤是在散装混生啤基础上采用现代灭菌设备，经过 4 次除菌过滤，然后密封装入不锈钢酒桶内，销售时专门配有一台生啤机，边降温边补充二氧化碳。此酒口味鲜美，气体充足，营养丰富，在 8℃～13℃条件下保质 20～30 天。桶装纯生啤是目前国际上酒质、保鲜、营养三方面综合评价最理想的啤酒。

5. 作坊啤酒

此酒国外早已见到，我国近几年在北京、上海、广州等大城市先后出现，其最大的特点是前店后厂，将一套迷你型酿酒设备搬进店堂，自产自销、现酿现喝。

(二)著名的啤酒

1. 青岛啤酒

青岛啤酒产于山东省青岛市青岛啤酒厂。青岛啤酒以浙江、江苏等省所产二棱大麦为原料，配以自产优质啤酒花，用崂山泉水为酿造水，采用德国传统工艺，精心酿制而成，以严、准、细而著称。青岛啤酒自 20 世纪 50 年代开始远销至美国、英国、法国、日本等 40 多个国家和地区。近年来，青岛啤酒在美国的销售量以每年 20％的速度递增。目前青岛啤酒的年出口量占我国啤酒年出口总量的 90％，在对美国的啤酒出口中占 98％。青岛啤酒酒液呈淡黄色，清澈透明，有光泽，二氧化碳气充足，泡沫洁白、细腻、厚实、持久、挂杯，有显著的啤酒花香和麦芽清香，口感柔和清爽，余味纯净，略带啤酒花特有的苦味，令人感到愉快。在第二届至第四届全国评酒会上，青岛啤酒被评为“国家名酒”，并被授予金质奖章。

2. 北京特制啤酒

北京特制啤酒产于北京啤酒厂，又称北京白牌啤酒。它选用高级麦芽和优质酒花为原料，工艺细致，品质长期稳定。北京特制啤酒酒液淡黄，清亮透明，泡沫丰富，口感细腻持久。在第四届全国评酒会上，北京特制啤酒被评为“国家名酒”，并被授予金质奖章。

3. 特制上海啤酒

特制上海啤酒由上海啤酒厂生产。该酒配方独特，工艺严谨，选用优良麦芽、新疆一级酒花、精白大米为辅料，酿酒工艺精良，远销美国、加拿大、意大利、日本等国。特制上海啤酒酒液呈金黄色，清亮有光泽，泡沫洁白持久，有明显的酒花和麦芽香，含有醇厚舒适的苦味。在第四届全国评酒会上，特制上海啤酒被评为“国家名酒”，并被授予金质奖章。

此外，在历届全国评酒会上被评为“国家优质酒”并被授予银质奖章的著名啤酒有：北京的特制五星啤酒、辽宁沈阳的雪花啤酒、上海的海鸥啤酒、浙江杭州的西湖啤酒等。

(三)啤酒的服务

1. 提供一杯优质啤酒的主要影响因素

酒吧中出售啤酒有瓶装、罐装和桶装三种方式。啤酒的服务操作比人们想像的要复杂得多。一般地说，提供一杯优质啤酒服务要依靠三个条件，即啤酒的温度、酒杯的洁净状况和斟酒方式。

(1)啤酒的温度。啤酒的最佳饮用温度是8℃～11℃，高级啤酒的最佳饮用温度是在12℃左右，季节、室温及所用酒杯薄厚的变化对饮用温度也有一定的影响，应加以考虑。

(2)酒杯的洁净状况。啤酒杯必须是绝对干净的，任何油污，无论看得见与否，都会破坏啤酒应有的味道，使泡沫消失。应将洗涤和消毒后的啤酒杯放在干净的滴水板上，使之自然风干，切忌用毛巾擦杯，以免杯子再受污染。另外，切勿用手指触及啤酒杯内壁。

(3)斟酒方式。理想的泡沫层对顾客很有吸引力。通常情况下，使泡沫缓缓上升并超过酒杯半寸为好，泡沫与酒液的最佳比例是1∶5。泡沫的状态与斟酒方式(压力)密切相关，瓶装与桶装酒的斟酒方式各异。

①瓶装或罐装啤酒斟注时，先将酒杯微倾，顺杯壁注入2/3的无沫酒液，再将酒杯放正，采用倾注法，使泡沫产生。

②桶装啤酒斟注时，将酒杯倾斜成45度，打开开关，注入3/4酒液后，将其放于一边使泡沫稍平息，然后再注满酒杯。

衡量啤酒服务操作的标准是：酒液清澈，二氧化碳含量适当，温度适中，泡沫洁白厚实。

(四)啤酒的储存与保管

啤酒对外来的气味很敏感，易受空气中细菌的污染，怕强光，因此要将啤酒储存在干净通风的暗处。储存啤酒要注意：清洁、适当的温度和压力。分装啤酒的用具要特别清洁，而且要定期检查，每周至少清洗用具一次。储存温度要适宜，温度太低，会使啤酒气泡消失，酒因变质而混浊；温度过高，会使酒里的气体放出，成为 wild beer(野变啤酒)。一般情况下，啤酒储存温度为5℃～10℃为佳。对黄啤酒而言，其储存温度以4.5℃较适宜，其他啤酒的储存温度以8℃较适宜。

另外，啤酒的气压应保证为一个大气压(1 帕)，如果超过则应放掉多余气体。当桶装啤酒打开后，应尽快接上压力补偿器和冷冻盘管，要在全桶酒出售过程中保持压力，否则，失掉碳酸气的啤酒会变得平淡无味。

第三节　西方饮酒文化

一、世界酒文化

(一)法国酒习俗

法国是饮食文化大国，也是酒文化大国，更是葡萄酒、香槟、白兰地的王国。有人认为，西方只有法国的饮食文化可以与中国媲美。

法国人天生爱喝酒。法国人很小年纪就开始在吃饭时用水勾兑葡萄酒喝，一生不离酒。法国人认为女士喝酒文雅，一杯酒下肚会更加妩媚迷人；男士喝酒高雅，一杯酒下肚尽显男子汉魅力。法国成年人几乎顿顿离不开酒。法国人口仅占世界的 1%，消费酒精饮料却占世界的 30%，平均每人每年喝酒精 30 公斤。

(1)饮酒温度。法国人对于饮酒温度的要求比一般欧美人更为严格。玫瑰红葡萄酒宜在 8℃～10℃的温度内饮用；干白葡萄酒要在 6℃～8℃的温度内饮用；淡一些的红葡萄酒以 10℃～13℃之间的温度饮用最合适；酿制不到 10 年的红葡萄酒为使酒温低些，可在斟酒时启盖。10 年以上的名酒必须提早 2～4 小时启盖，以使酒温与屋内温度相同。香槟酒饮用前要进行冰镇，酒温接近 0℃为宜，一般喝前应将香槟放在装有干净冷水和冰块的水桶中冰镇约 90 分钟左右再拿出来饮用。

(2)佐餐艺术。每种葡萄酒都有自己的品格。吃海鲜或牡蛎时，必须饮白葡萄酒；吃家禽肉时，宜喝红葡萄酒或初次发酵的香槟酒；吃餐后点心时，宜喝甜的或带泡沫的酒；吃水果或搭配肉类菜肴时，喝芳醇的葡萄酒或者干香槟酒。据说有人应邀去法国波尔多的一个法国人家里吃饭，主人共上了七道菜，每一道菜都是奶酪。但是，每一次所用的面包都不同，更重要的是，每一次就着奶酪和面包所喝的葡萄酒也各不一样。

(3)酒的品质。无论是葡萄酒，还是香槟、白兰地，其品质的优劣跟调酒师大有关系。调酒师是一份充满智慧与艺术的职业，作为一名调酒师，必须具有超群的嗅觉、味觉、记忆力及辨别力。调酒师只有严格选定各种酒调混的比例和时间，才能配出口味一致但又不同凡响的酒品。与调酒师相对应，法国有一个由葡萄酒发烧友组成的社团组织——小银杯品酒骑士会。该会由于会员众多，国内国外的会员不计其数，因而具有相当大的影响力。品酒骑士在法国是荣誉称谓，即必须能通过敏锐的嗅觉，对酒的各种内在品质进行准确的判断。从 1950 年起，由品酒骑士组成的评判委员会，担当起法国酒类质量认证的重任。

(4)酒吧书屋。这是法国酒文化又一大特色。法国第一家酒吧书屋叫“佐罗酒吧书屋”，位于巴黎市中心。在这个窗明几净的酒吧内排排图书和行行酒瓶摆设得错落有致，让人未喝美酒已先醉三分。这里陈列的名牌美酒与精美图书可供每一位顾客随意地挑选，将物质与精神融合在一起。而且讲究饮什么酒读什么书，酒吧的主人也会向客人介绍一些经典的匹配“菜谱”。一边品酌美酒，一边咀嚼华章，酒中有书，书中有酒，真不愧是世界酒文化的又一个高峰。

(二)美国酒习俗

美国是世界酒类生产消费大国，啤酒产量居世界第一。

美国人对酒有着许许多多的禁忌。1920～1933 年美国曾实行禁酒令。在美国对酒类的管制甚至与枪械同等重要。在美国许多公司的章程里有禁止饮酒的规定，大多数雇员都相信上班时喝酒必被解雇，午饭时喝酒如果让上司知道了，即使不被解雇，也绝不会有益于晋升加薪。所以大多数美国人一般只有周末或下班之后才会喝酒。

美国的各个州对酒都有各自不同的规定和限制。贩卖酒类需要特别营业执照，在某些州还需征得左邻右舍的同意才能开张。有的州规定禁止在星期日卖酒，理由是星期日是上帝的休息日，喝酒对上帝不尊敬。大部分州对公民法定饮酒年龄有明确规定，但不尽相同，基本在1～18 岁之间禁止饮酒。所以，经常有一些青年因在木州不达法定年龄，经常到法定年龄小的州酩酊大醉大过酒瘾后，再踉跄回家。

美国人大都喝啤酒和葡萄酒。在酒吧，他们喝葡萄酒一般不用菜肴，喝烈性酒通常喜欢加冰块，并且大量消费鸡尾酒；佐餐则主要喝啤酒和葡萄酒。美国啤酒产量虽占据世界第一，但高档啤酒市场却被德国与荷兰占领；美国葡萄酒产量世界排名第四，但高档葡萄酒市场却被法国等国家占领。

美国最大也是世界最大的啤酒公司 A—B 公司，早已在中国武汉建厂产销啤酒，其品牌为百威啤酒。

(三)德国酒习俗

德国是当之无愧的啤酒大国，拥有世界啤酒生产经营的多个第一。

第一个啤酒生产法规，即诞生于 1516 年的《啤酒纯度》。当年德国加入欧盟时，绝大多数德国人都担心加入欧盟后会使该法规的执行受到影响，从而逼迫欧盟官员为此让步。可见啤酒对德国人来说不仅是一种嗜好，还代表着尊严和自信。

世界上最古老的啤酒厂在德国，已连续生产了 1 040 余年。世界最大的啤酒馆是德国慕尼黑贝耶斯特拉街 5 号的马尔蒂泽啤酒馆，有 5 500 个座位，一天要卖掉 5 万升的啤酒。世界上最大啤酒市场在德国，它同时经营 50 多个国家的 1 000 种啤酒。世界上最烈性的啤酒、最寡淡的啤酒以及最大的啤酒桶均在德国。

德国的啤酒馆遍布城乡，每到傍晚或节日之际，啤酒馆里总是摩肩接踵，座无虚席。在德国，各公司企业的公共食堂随时出售啤酒，甚至上班时间也可以饮酒。啤酒是德国人午餐和晚餐必不可缺的饮品，他们至今仍保留着古代日耳曼人嗜酒成性的传统。而且德国人对本国啤酒的自信也充分体现在消费中。与美国人自己产葡萄酒却爱喝法国葡萄酒不同，德国人钟爱本国啤酒到了令人无法忍受的地步。除了纯正德国产的 4 000 多种品牌的啤酒之外，所有进口啤酒都要特意挂上标签，似乎提醒消费者：这些啤酒是外国货。

提到德国，不能不提啤酒，而提到啤酒，则不能不提闻名世界的德国慕尼黑啤酒节。慕尼黑啤酒节的正式名称为“十月节”，起源于 1810 年 10 月。当日，拜思国王和黛丽丝结婚，全城放假狂饮 16 天，从此，每年在这个时候举行慕尼黑啤酒节。节日第一天正午 12 时整，礼炮轰鸣 12 响，在乐队高奏《畅饮曲》中，慕尼黑市市长用木锤打开水制啤酒桶的开口处，然后举起流出的第一杯啤酒献给总理，第二杯以后人们开始畅饮狂欢。据报道在第 174 届啤酒节中，共有500 万升啤酒被喝掉，有 233 名旅客因豪饮过度不省人事，被送往医院抢救。

啤酒已经成为德国人生活中不可缺少的元素。

二、西餐用酒

(一)白兰地

1. 白兰地概述

白兰地(Brandy)是一种烈酒,由葡萄酒或水果发酵后蒸馏而成,但须放在木桶里经过相当时间的陈酿。世界各国都出产白兰地,而葡萄酒以法国产为最好,所以法国白兰地也是品质最佳的,其中以干邑白兰地(Cognac Brandy)尤为驰名世界。

所有的干邑都是白兰地,但所有的白兰地并不都是干邑。干邑是由法国的 Charente 所出的葡萄酒蒸馏的,而且受到法律的限制与保障,其他地方出的葡萄酒蒸馏出的白兰地,在法律上不可称为干邑。

白兰地中的上品有干邑、雅文邑、西班牙白兰地、美国白兰地。

法国夏朗德河边的干邑古城,是生产干邑的美酒中心,称为干邑区。

干邑区又分六个小区,所产酒的品质也有高低,按顺序排列如下:

①Grande Champagne 大香槟区。

②Pellti Champagne 小香槟区。

③Borderies 边缘区。

④Finsbois 植林区。

⑤Bonsbols 优等植林区。

⑥Bolsordinaires 一般植林区。

所有白兰地酒厂,都用字母来分别品质,列举如下:

E 代表 Especial (特别的)

P 代表 Fine (好)

V 代表 Very (很好)

O 代表 Old (老的)

S 代表 Superior (上好的)

P 代表 Pale (淡色而苍老)

X 代表 Extra (格外的)

干邑的品质之所以超过其他的白兰地,不仅是因为该地区的特殊蒸馏技巧,也是因为该地区的好土壤、好天气等,因此产的葡萄特别好。

法国政府对于干邑的级别有着极为严格的规则,酒商是不能随意自称的。总括而言,有下列之类别:

3—STAR 三星干邑:蕴藏期不少于 2 年。

V. S. O. P 干邑:蕴藏期不少于 4 年。

NAPOLEON 干邑:蕴藏期不少于 6 年。

X. O. 干邑:蕴藏期多在 8 年以上。

究竟干邑多少年算好呢?一位聪明的饮者说,干邑最好的年龄和女人差不多,大约是25～40岁,品酒专家也同意这种说法。因为超过 50 年,酒里的水分就全蒸发掉了。

雅文邑是仅次于干邑的白兰地,它是法国波尔多东南部一个叫做 Gers 地方出产的。雅文邑所用的葡萄与干邑一样,出产在 St. Emilion、Folle 和 Blanche。

干邑与雅文邑最主要不同之点是在蒸馏的程序上。前者初次蒸馏和第二次蒸馏是连续进行的，而后者则是分开进行的。另一不同之点，前者的储酒桶是用 LIMOUSlNOAK 制成的，有人喜欢雅文邑而不喜欢喝干邑，因为前者比后者味道较烈。这当然是个人口味习惯而已。

还有一种白兰地的名字叫马尔(Marc)。此种白兰地是用制葡萄酒所剩下的葡萄渣蒸馏而成。在法国称此种酒为 Eaudeviedemarc，因此这种酒的洋名为 Marc，但最后一字母不发音，法国各地都有出产，但以 Burgundy 出产的最好。它富有麦杆和木料味道，常被品酒家所欣赏。

白兰地除了公认为具有医疗作用外，还可作为饭后酒。此外加以苏打水，白兰地可作休闲饮料。在咖啡里加些白兰地也会别有一翻风味。

因为白兰地有浓郁的香味，在作甜食、布丁、糕饼和冰淇凌时，加上一点就可增加美味，所有白兰地都可以调为各种混合饮料。

2.白兰地的品饮

即使在科技发达的今天，鉴赏白兰地却只能依靠人的感觉，科学仪器无法将其取代。这是因为白兰地的酿制过程是艺术的加工过程，其酒香味千变万化，层出不穷，只能靠人的感觉才可加以辨别。

试酒与通常喝酒的方法不完全相同。试酒的时间最好是每天上午 11 点左右。此时，人开始感到有些饥饿，为人体器官最易吸收的时候。试酒的地方应该光线暗淡，周围不能有太多的浅色。因为试酒是一项高度集中的脑力活动，不能受到任何外界的干扰。所以，试酒必须在绝对安静的环境下进行。

与平时喝白兰地的球形杯不同，试白兰地的酒杯应是高身郁金香形的，这可以使白兰地的香味缓缓上升，试酒者可以逐步分析其千姿百态、各种层次的酒香味。而球形杯会使香味太过集中于杯子中央急剧上升，影响正常的品试。还要注意，试酒时不能斟得太满，以三分之一满为最适宜，这是要让杯子留出足够空间，使白兰地香味环绕不散，达到最佳品试程度。

品试的第一步是看白兰地的颜色。上乘的白兰地的颜色应该是金黄色的，晶莹通透，既灿烂又不娇艳。带有红暗色的白兰地表明其质量差，有些甚至加有色素。

第二步是闻白兰地的香味。白兰地，尤其是法国干邑区所产的白兰地，香味独特，素有“可喝之香水”的美称。高质量白兰地的香味，其味并不是单一的，而是丰富多彩、多层次的，品尝时只觉得其香味不断翻滚，经久不散。

试酒到了第三步才可入口。第一口不要喝得太多，一小滴白兰地沿着舌尖，经整个舌头进入喉咙，此时可以感受到醇香的酒味。第二口再喝多些，感受那些温暖的、没有强烈刺激的、葡萄发酵后与橡木所形成的酒香味。

白兰地的品试是一种专门的技术。这种技术全凭自己的感受与经验。酿酒师鉴定白兰地，通常有 900 个专用名词来形容其香味。因而，我们日常品尝白兰地全靠自己的口味而定。

(二)威士忌

“威士忌”一词，是古代居住在爱尔兰和苏格兰高地的凯尔特人的语言，古爱尔兰人称此酒为“Visge-beatha”，古苏格兰人称之为“Vis-age-baugh，经过年代的变迁，才逐渐演变成“Whisky”。不同国家对威士忌的写法也有差异，爱尔兰人和美国人写成“Whiskey”，而苏格兰人和加拿大人写成“Whisky”，尾音有长短之别。

所有威士忌都是用一种或多种谷物制成的。世界上许多国家和地区都有生产威士忌的酒厂。但最著名最具代表性的威士忌分别是苏格兰威士忌、爱尔兰威士忌、美国威士忌和加拿大威士忌四大类。每种威士忌都有其特别的颜色和味道，主要是由于蒸馏的方法、技术、谷物和水质的不同所致。

1.威士忌的分类

(1)苏格兰威士忌(Scotch Whisky)。苏格兰威士忌具有其独特的风格，它的色泽棕黄带红(酷似中国黄酒的色泽)，酒液清澈透明，气味焦香，略有烟熏味，给人以浓厚的苏格兰乡土气息；苏格兰威士忌口感干洌、醇厚、劲足、圆正、绵柔。衡量苏格兰威士忌的主要标准是嗅觉感受，即酒香气味。苏格兰威士忌被认为是世界上最好的威士忌。

苏格兰威士忌产于英国的苏格兰地区，主要产地为：高地(Highland)、低地(Lowland)、康贝尔镇(Campbel Town)和伊莱，每区的产品都有其特点。

苏格兰威士忌基本上是用当地产的大麦制成，但因大麦产量不足，近年来也从美国加利福尼亚州、加拿大，印度、非洲进口大麦。制造威士忌有六个主要程序，即发芽、搅拌、发酵、蒸馏、陈酿和混合。

苏格兰威士忌有几千个品种，按原料的不同和酿造方法的差异，可分为以下三大类：

①纯麦芽威士忌(Straight Malt Whisky)。纯麦芽威士忌是以在露天泥煤上烘烤的大麦芽为原料，用罐式蒸馏器蒸馏后，装入特制木桶中陈酿，装瓶前用水稀释。此酒烟熏味浓重。陈酿5年以上的酒可以饮用，陈酿7～8年为成品酒，陈酿15～20年者为最优质酒。储存20年以上的陈酒，则质量下降。纯麦芽威士忌深受苏格兰人喜爱，由于味道过于浓烈，所以很少外销，但国内不乏名品。名品有：金发地(Glenfiddich)、兰利斐(Glenlivet)、马加兰(Macallen)、阿尔吉利(Argyll)。

②谷物威士忌(Grain Whisky)。谷物威士忌是以燕麦、黑麦、大麦、小麦、玉米等多种谷物为原料蒸馏的威士忌酒。它主要用于勾兑其他威士忌酒和金酒，很少零售。

③混合威士忌(Blended Whisky)。混合威士忌是指用纯麦和谷类威士忌掺兑勾和而成的。兑和是一门技术性很强的工作，要考虑纯、杂粮酒液之比例，顾全各种勾兑酒液的年龄、产地、口味及其他特性。兑和后的威士忌烟熏味被冲淡，香味更诱人，通常有普通和高级之分。一般来说，纯麦威士忌用量在50%～80%者，为高级兑和威士忌；如果谷类威士忌所占比重大，即为普通威士忌。兑和威士忌是苏格兰威士忌的精华所在。目前市场销售的威士忌绝大多数都是兑和威士忌，名品有：海格(Haig)、笛沃(Dewar)，约翰尼·沃克(Johnie Walker)、白马(White Horse)、顺风牌(Culty Sark)、金玲(Bells)、皇家礼炮(Royal Salute)、添宝(Dhnple)、护照(Pass port)、百龄坊(Ballantine)、芝华士(Chivas Regal)。

(2)爱尔兰威士忌(Irish Whiskey)。爱尔兰生产威士忌至少有700年的历史了，有些权威人士认为威士忌起源于爱尔兰，以后才传到苏格兰。

爱尔兰威士忌的原料有大麦、燕麦、小麦和黑麦等，以大麦为主，制作程序与苏格兰威士忌大致相同，只是在烟熏麦芽时，用的不是泥煤而是无烟煤。因此，爱尔兰威士忌无烟熏味。另外，爱尔兰威士忌的陈酿时间一般是8～15年，所以成熟度高，口味较绵柔长润。名品有：约翰波厄斯父子(John Power & Soils)、特拉莫尔露(Tullamore Dew)、老布什米尔(Old Bushmills)、帕蒂(Paddy)。

(3)美国威士忌(American Whiskey)。美国威士忌的制造方法没有什么特殊之处，只是所用的谷物不同，蒸馏出的酒其酒精纯度也较低。美国西部的宾夕法尼亚、肯塔基和田纳西地区是制造威士忌的中心。美国威士忌可分为三大类：

①单纯威士忌(Straight Whiskey)。单纯威士忌原料为玉米、黑麦、大麦或小麦,不混合其他威士忌或谷类制的中性酒精,制成后放至橡木桶中至少储存两年,它可分为四种:

a. 波本威士忌(Bourbon Whiskey)。波本威士忌以至少占51%的玉米谷物为原料发酵蒸馏而成,在新橡木桶里陈放2~4年,酒精浓度为34.5度,酒液呈琥珀色,原体香味浓郁,口感醇厚、绵柔,回味悠长。波本威士忌以肯塔基州所产最为出名,名品有:四玫瑰(Four Roses)、珍品(Jim Beam)、老祖父(Old Grand Dad)、野火鸡(Wild Turkey)、杰克·丹尼尔(Jack Daniel)。

b. 黑麦威士忌(Rye Whiskey)。黑麦威士忌是用不得少于51%的黑麦及其他谷物制成酒液,呈琥珀色,味道与前者不同。

c. 玉米威士忌(Corn Whiskey)。玉米威士忌是用不得少于80%的玉米和其他谷物制成酒液,用旧木桶陈酿。

d. 保税威士忌(bottled in Bond Whiskey)。它是一种纯威士忌,通常是波本或黑麦威士忌,但它是在美国政府监督下制成的,政府不保证它的品质,只要求至少陈放4年,酒精纯度在装瓶时为100proof(每100proof含酒精50%),必须是一个酒厂所制,装瓶厂也受到政府的监督。

②混合威士忌(Blended Whiskey)。它是用一种以上的单一威士忌,以及20%的中性谷类酒精混合而成的。装瓶时,酒度为40度,常用来做混合饮料的基酒,共分三种:

a. 肯塔基威士忌,是用该州所出的纯威士忌和谷类制的中性酒精混合而成。

b. 纯混合威士忌,是用两种以上纯威士忌混和而成的,但不加中性谷类制的酒精。

c. 美国混合淡质威士忌,是美国的一个新酒种,用不得多于20%的纯威士忌和80%的酒精纯度100proof的淡质威士忌混合而成。

③淡质威士忌(Light Whiskey)。它是美国政府认可的一种新威士忌,蒸馏时酒精纯度高达89~161proof,用旧桶陈酿。淡质威士忌所加的100proof的纯威士忌,不得超过20%。

除此之外,在美国还有一种威士忌称为"Sou-Mash Whiskey",这种酒是用老酵母(即先前发酵物中取出的)加至要发酵的原料里蒸馏而成的(新酵母与老酵母的比例为1:2)。用此种发酵法造酒,酒液比较稳定,多用于波本威士忌。

(4)加拿大威士忌(Canadian Whisky)。加拿大威士忌多由法裔加拿大人制造,原料为玉米、黑麦和大麦,酿造工艺无特殊之处,用木桶陈酿。上市的酒要陈6年以上,如果少于6年,必须在酒标上注明。加拿大威士忌酒色泽棕黄,酒香清芬,口感轻快爽适,酒体丰满,以淡雅著称多为45度。据专家分析,加拿大威士忌味道独特的原因有以下几点:一是加拿大较冷的气候影响谷物的质地;二是水质;三是蒸馏出酒后,马上就加以混合。其名品有:加拿大俱乐部(Canadian Club)、特醇(Seagram's V. O)、米盖伊尼斯(Me Guinness)、辛雷(Schenley)、怀瑟斯(Wiser's)。

2. 威士忌的饮用与服务

威士忌的标准用量为40毫升/客,主要用平底杯具,也有专用的几种威士忌杯具,如饮用苏格兰威士忌常采用古典杯。据说,这种较宽大而不太深的平底杯更有利于苏格兰威士忌酒风格的表现。

威士忌用于餐前或餐后饮用,可净饮(不加任何其他材料),也可兑水饮用。所兑的水可以是清水、汽水或苏打水,但需加冰块。威士忌作为餐后酒时,一般是净饮。饮威士忌酒时,可不断轻轻摇动,以使酒香充分外溢。爱尔兰人喝威士忌通常是净饮,他们认为加入其他材料兑饮会影响酒的原有品味。其实，爱尔兰威士忌风靡世界的饮法是与咖啡兑饮，称为爱尔兰咖啡。威士忌开瓶后，需马上封闭，采用竖立方式置放，在室温下保存。

(三)鸡尾酒

1.鸡尾酒的起源和发展

关于鸡尾酒的起源有很多种传说，有人认为起源于英国，有人认为起源于美国，还有人认为起源于法国，但这些都无法考证。不过第一次有关"鸡尾酒"的文字记载是1806年，出自美国的《平衡》杂志，记载了鸡尾酒是用酒精、糖、水(或冰)或苦味酒混合的饮料。

1862年，由杰瑞·托马斯(Jerry Thomas)出版了第一本关于鸡尾酒的专著，他是鸡尾酒发展过程中的一个关键人物，他走遍欧洲大小城市，搜集配酒秘方，并用较大的玻璃杯开始配制混合饮料。从那时起，鸡尾酒就开始成为人们野餐和狩猎旅行的必备品。托马斯使鸡尾酒变成当时最流行的酒吧饮料。因在调酒方面的研究成果和丰富经验，他被称为这方面的专家和教授。20年之后的1882年，哈利·约翰逊(Hally Johnson)著有《调酒师手册》一书，该书记载了当时最流行的鸡尾酒的调配方法，如"曼哈顿"等，至今还深受欢迎。到20世纪初的1920年，由于美国禁酒法规的施行，使鸡尾酒在美国很快流行起来。鸡尾酒在美国流行后被传播到世界各地，1920－1937年甚至被称为"鸡尾酒"的时代。第二次世界大战期间，鸡尾酒的消费在西方军人、青年男女中已成为一种风气。第二次世界大战后，鸡尾酒已成为人们休闲、社交的一种媒介。鸡尾酒之所以流行，一是因为它所具有的色、香、味能吸引众多的消费者，二是稀释淡化后的酒被大多数人尤其是女士所喜爱。

如今，鸡尾酒已成为所有混合饮料的通称，到了20世纪70—80年代，不仅传统的混合饮料广受欢迎，而且消费者口味的淡化也有效地促进了鸡尾酒的发展。

2.鸡尾酒的特点和分类

鸡尾酒是以一种或几种酒品(主要是蒸馏酒，有少许发酵酒)为基酒，添加其他辅料，如汽水、果汁，用一定的方法调制而成的混合饮料。一杯好的鸡尾酒应当色、香、味、形俱佳。

(1)鸡尾酒的特点。因为鸡尾酒是使用不同材料、不同方法调制而成的，因此形成了许多各具特色的新型酒品，但是任何一款鸡尾酒都必须能够在协调的味觉中保持其刺激感，否则便失去了鸡尾酒的风格。

①鸡尾酒能生津开胃、增进食欲。鸡尾酒五味俱全，尤其是在餐前饮用，可以起到生津开胃、增进食欲的作用。因此，无论使用何种材料调配，都不应脱离这一基本范畴。

②鸡尾酒能缓解疲劳，创造轻松热烈的气氛。享用经过精心调制的鸡尾酒，可以缓解人们紧张的神经，放松筋骨，消除疲劳。同时，饮用鸡尾酒后，人与人之间的交流也随之增加，交谈的气氛也更趋热烈和谐。

③鸡尾酒口味绝佳，易于被大众接受。由于鸡尾酒的调制使用了诸多味道不同的酒品，因此，它可以满足不同口味的需求，使绝大多数享用者都可以获得自己满意的酒品。

④鸡尾酒具有观赏和品尝双重价值。一份好的鸡尾酒在色、香、味、形等方面都应有具独到之处，尤其是酒的色彩和整体造型，非常讲究艺术性，具有较好的观赏性。

(2)鸡尾酒的分类。鸡尾酒的历史并不久远，但发展的速度十分惊人。目前，世界上流行的鸡尾酒配方已有三四千种之多，且数量还在不断地增加。由于鸡尾酒种类众多，分类的方法也不尽相同。

①按饮用时间分类。鸡尾酒按照饮用时间和场合可分为餐前鸡尾酒、餐后鸡尾酒、晚餐鸡

尾酒和派对鸡尾酒等。

a. 餐前鸡尾酒。餐前鸡尾酒又称为开胃鸡尾酒，主要是在餐前饮用，起生津开胃之作用，这类鸡尾酒通常含糖量较少，口味或酸、或干洌，即使是甜型餐前鸡尾酒，口味也不是十分甜腻。常见的餐前鸡尾酒有马提尼、曼哈顿及各类酸酒等。

b. 餐后鸡尾酒。餐后鸡尾酒是餐后佐餐甜品，有助于消化，因而口味较甜，且酒中使用较多的利口酒，尤其是香草类利口酒，这类利口酒中掺入了诸多的药材，饮后能化解食物瘀结，促进消化。常见的餐后鸡尾酒有B&B、斯汀格、亚历山大等。

c. 晚餐鸡尾酒。晚餐鸡尾酒是晚餐时佐餐用的鸡尾酒，一般口味较辣，酒品色泽鲜艳，而且非常注重酒品与菜肴口味的搭配，有些可以作为头盆汤的替代品。在一些较为正规和高雅的用餐场合，通常以葡萄酒佐餐，而较少使用鸡尾酒佐餐。

d. 派对鸡尾酒。这是在一些聚会场合使用的鸡尾酒，其特点是非常注重酒品的口味和色彩搭配，酒精含量较低。派对鸡尾酒既可以满足人们实际的需要，又可以烘托出派对的气氛，很受年轻人的喜爱，常见的有：特基拉日出、自由古巴、马颈等。

②按鸡尾酒的容量和酒精含量分类。许多欧美人将鸡尾酒习惯地分成短饮类鸡尾酒和长饮类鸡尾酒，但是这种分类法只不过是习惯分类法，没有具体的酒精含量指标，并且有些鸡尾酒是很难用短饮类或长饮类区分的。此外，由于各单位的配方不同，因此同样一个名称可能有不同的分类方法。

a. 短饮类。短饮类鸡尾酒容量小，约在2盎司左右，是酒精含量高的鸡尾酒。烈性酒常占总量的1/3或1/2以上，香料味浓重，并多以三角形鸡尾酒酒杯盛装，有时也用酸酒杯和古典杯盛装。这种鸡尾酒应当快饮，否则就会失去其独特的味道和特色。

b. 长饮类。长饮类鸡尾酒容量大，常在6盎司以上，酒精含量低，是用水杯、海波杯、冷饮杯盛装的鸡尾酒。其中苏打水、奎宁水或水的含量较多。这种鸡尾酒可慢慢饮用，不必担心酒会走味。

③按鸡尾酒的基酒分类。

a. 白兰地酒类。以白兰地酒为基酒调制的各种鸡尾酒，如亚历山大、B&B等。

b. 威士忌酒类。以威士忌酒为基酒调制的各种鸡尾酒，如威士忌酸、干曼哈顿等。

c. 金酒类。以金酒为基酒调制的各种鸡尾酒，如干马丁尼、红粉佳人。

d. 兰姆酒类。以兰姆酒为基酒调制的各种鸡尾酒，如自由古巴、百加地等。

e. 伏特加酒类。以伏特加酒为基酒调制的各种鸡尾酒，如咸狗、血红玛丽等。

f. 特基拉酒类。以特基拉酒为基酒调制的各种鸡尾酒，如玛格丽特、斗牛士等。

g. 香槟酒类。以香槟酒为基酒调制的各种鸡尾酒，如香槟鸡尾酒等。

h. 利口酒类。以利口酒为基酒调制的各种鸡尾酒，如多色酒、阿美利加诺。

i. 葡萄酒类。以葡萄酒为基酒调制的各种鸡尾酒，如红葡萄宾治、夏布丽杯等。

3. 鸡尾酒的基本结构

鸡尾酒的种类繁多，但无论是哪一类鸡尾酒，都有一些共同之处。一般来说，鸡尾酒由以下几部分组成：

(1)基酒。基酒，又称为酒基，它是构成鸡尾酒的主体，决定了鸡尾酒的酒品特色。可以用作基酒的材料包括各类烈酒，如威士忌、白兰地、金酒、兰姆酒、伏特加、特基拉、中国白酒、葡萄酒、香槟酒等。

酒吧里用作基酒的酒品一般都是质量较好，但价格较为便宜的流行品牌，这类酒被称为“酒吧特备”或“酒店特备”酒。使用“酒吧特备”酒一方面是为了更好地控制酒水成本，因为同一类酒品的品牌很多，价格也各不相同，有的甚至相差数十倍；另一方面，也是为了确保鸡尾酒口味的统一，避免宾客投诉。

基酒在配方中的份量有很多种表示方法，目前国际调酒师协会（IBA）统一以“份”为单位表示，一份为40毫升，也有用量杯等单位来表示份量。

（2）辅料。辅料，又称为鸡尾酒的和缓剂或调味调香材料，它们与基酒充分混和后，可以缓和基酒强烈的刺激味，更能发挥鸡尾酒的特色，同时又能增添鸡尾酒的色彩，使鸡尾酒五彩斑斓。可用作辅料的材料很多，主要有以下几种：

①碳酸类饮料，如可乐、雪碧、七喜、苏打水、干姜汽水等。它们与基酒相混配，使基酒变得更加清新爽口。

②果汁类饮料，包括各种罐装或现榨果汁，如橙汁、柠檬汁、菠萝汁、西柚汁等。

③加味加香材料，使用最多的为各类利口酒，如蓝色的橙皮酒、绿色的薄荷酒、咖啡色的咖啡甘露、棕色的可可酒等。

④其他，如糖、奶油、牛奶、丁香、肉桂、巧克力粉、辣椒粉、安哥斯杜拉苦精、胡椒粉等。

（3）装饰物。一份调制完美的鸡尾酒就像一套精美的时装，酒是体，杯是装，而杯边的装饰物就如同时装的饰物一样，具有画龙点睛之妙用。同时，一颗小小的樱桃或橄榄还可以增加鸡尾酒的感官享受，使整个鸡尾酒和谐、完美、统一。当然，很多鸡尾酒并不添加任何装饰物，但若是需要装饰物的鸡尾酒而不去装饰却会贻笑大方。

鸡尾酒的装饰物有些是约定俗成的，有些是可以依靠调酒师的想像力去创造的。制作鸡尾酒的装饰物是一门艺术，是调酒师艺术创造的结晶。固然，有些装饰物有调味作用，如“马丁尼”中的一小片柠檬皮，“金汤力”中的柠檬片等，但更多鸡尾酒装饰是鸡尾酒的艺术表现形式。因此，它可以用各种材料制作各种形状，制造出各种美丽的产品，给人以艺术的享受。特别是各个季节对时令水果的利用，更能显示调酒师的艺术和美的创造力功底。

可用于鸡尾酒装饰的材料有以下几种：

①樱桃。常用于装饰的樱桃为红色，此外，还有黄色樱桃、绿色樱桃和蓝色樱桃。除了使用去核无把的樱桃外，还使用粒大饱满且带把的樱桃来装饰鸡尾酒，樱桃是酒吧最常用的必备饰物。

②橄榄。橄榄主要用于“马丁尼”等鸡尾酒。一般使用“地中海”品种的小橄榄，通常是去核去蒂后用盐腌渍成罐，也有时用大品种橄榄，去核后塞进杏仁、洋葱、咸鱼等。除主要使用青色橄榄外，偶尔也使用黑色橄榄。

③洋葱。大小如小手指第一节，呈圆形，透明状，故有“珍珠洋葱”之称。

④其他水果。水果是酒吧最常用的装饰品之一，主要有水果片，如橙片、柠檬片等；水果楔，如苹果、梨子、菠萝、芒果、香蕉等。水果皮也是很好的装饰材料，如柠檬皮，皮中的柠檬油可以增加酒的香味。有些水果的硬壳本身就是很好的鸡尾酒盛器，如菠萝，掏空果肉后用来盛装鸡尾酒，别有一番风味。使用水果作饰物时必须使用新鲜的，变质的或瓶装、罐装的水果都会破坏酒的味道。

⑤糖。糖可以用来缓解柠檬汁的酸味，有些酒还需要用糖来“糖圈杯口”，增加其美感。用糖时必须使用精研细白糖，切不可以用糖精。此外，糖还可以制成糖浆来做调酒辅料。

⑥精盐。作配料调制“血红玛丽”等，也可以用盐来“盐圈杯口”。

⑦蔬菜。常用于装饰的蔬菜有薄荷叶、芹菜、红萝卜条、小黄瓜等。

⑧花草。各种应时鲜花也是极好的鸡尾酒装饰材料，它们不但可以衬托出鸡尾酒的完美形象，而且还可以用来装饰鸡尾酒，但使用时必须注意卫生。

⑨其他。用于鸡尾酒装饰的还有各种彩色的小花伞、动物酒签等。一些香料，如茴香、丁香、肉桂粉、豆蔻粉、苦精等既可以增加酒的味道，又可以起装饰作用。

4.鸡尾酒的调制方法

(1)调酒手法。

①摇动法。所谓摇动法就是用摇酒壶进行鸡尾酒的调配和制作。用这种方法调制的鸡尾酒，大多是含蛋、牛奶、奶油、果汁等材料。放料调制的先后顺序依次是：先放适量冰块于摇酒壶中，然后放入调酒辅料，最后放入主料即基酒。类似苏打水之类的含气体饮料是绝对不能在摇酒壶中摇的。使用摇动法时，一次调制的量不可太多、太满，壶中要留有一定的空间。摇酒的方法和姿势没有严格的要求，小号的摇酒壶可以单手摇，大号的摇酒壶用双手摇则更为妥当。摇动法的特点是快速、剧烈，使饮料能够达到最充分的混合，且不会使冰块过多地溶化而冲淡酒液。值得注意的是，在摇酒的时候，身体一定要保持稳定，剧烈摇动的是摇酒壶，而不是身体，要尽量保持体态的美观、大方。摇妥之后，马上将酒滤入事先备好的酒杯内。

②搅拌法。用调酒杯制作鸡尾酒的方法，我们都称之为搅拌法。首先在调酒杯中放入适量的冰块，然后依次放入所要调制的鸡尾酒的辅料，最后放入主料即基酒。制作过程是：左手握住调酒杯，右手用酒吧匙靠杯中内壁沿一个方向迅速搅动大约10秒钟，滤入事先备好的酒杯中即可。如果酒量比较大，冰块的数量也要相应增加。搅拌时应在调酒杯上盖一滤冰器，以防止酒液溅出。用此种方法调制的鸡尾酒，大部分都是由澄清的主、辅材料混合而成。必须注意的是，在制作过程中，时间不可过长，搅拌不可过于剧烈，以保证酒的个性不被破坏。

③直接在酒杯中混合制作。这种制作手法相对来说比较、简便。首先在相应的酒杯中放入2～3块冰块或适量碎冰(按配方要求)，然后按照所要调制的鸡尾酒的辅料和主料依次下料，最后用调酒棒轻轻搅动，使其混合均匀即可。

(2)调酒器具和酒杯。

①调酒器具。

a.摇酒器。摇酒器又称摇酒壶或摇桶，是由银或不锈钢制成的混合器，也有少数为玻璃制品，它是一种能将各种不同的调酒材料充分混合并且凉透的工具。现今我国市场上出售的全部为进口产品，多为酒店、歌厅等专业酒吧所使用。家庭调制鸡尾酒，只要能找到具有相同或相近功能的代用品就完全可以了。例如，将带螺丝口铁盖的玻璃酱菜瓶洗干净，保证其无异味，同样能调出令人满意的鸡尾酒。

b.调酒杯。调酒杯是一种阔口厚玻璃杯，容积有大有小，其作用是将各种不同的调酒材料充分混合、凉透。

c.酒吧匙。酒吧匙是容量约3.5毫升的长柄小匙，是一种将各种不同的调酒材料进行充分混合时的搅拌工具，经常和调酒杯一同使用。家庭普遍具备的长柄汤匙具有同样的作用。

d.调酒棒。调酒棒是一种由塑料或玻璃制成的细棒，也是一种搅拌工具，同时还具有一定的装饰作用。人们每天使用的筷子，是它非常理想的代用品。

e.开瓶器。开瓶器是用不锈钢制成的开瓶工具，以具有螺丝钻、开瓶、开罐等多功能的为佳。

f. 吸管。吸管为塑料空心细管，是分装调配某些酒品的必备之物。

g. 滤冰器。滤冰器是一种带网眼的滤冰工具，大多为不锈钢制品。在家庭里，这种工具的代用品不难找到。

h. 鸡尾酒签。鸡尾酒签是一种用竹子、塑料或不锈钢制作的长短各异的细签，大多是用来制作鸡尾酒装饰的。牙签是我们平常最普遍使用的代用品。

i. 量酒杯。量酒杯酒的量度工具，大多是不锈钢制品，容量在 30～60 毫升之间。

j. 水果刀、案板。水果刀、案板是进行鸡尾酒装饰等的制作工具。

除此之外，如果有条件，还应具备的用具包括：打蛋器、冰夹、冰勺、冰桶、柠檬挤汁器、电动搅拌器、榨汁机、漏斗、玻璃水罐、杯垫、调料罐、抹布。

②酒杯。酒杯即载酒用具。一种美酒，如果能配以相应的酒杯，会起到画龙点睛的作用，使美酒大放异彩，满堂生辉，给人以美的视觉享受。

世界上美酒各具特色，酒性各不相同，而且饮法各异，由此产生了若干个品种、数百种型号、各式各样的酒杯，其质地也从一般的普通玻璃酒杯到价格昂贵、做工精细的水晶玻璃酒杯，花色式样，应有尽有。由于它们的形状和制作材料的不同，决定了它们的风格、气质和用法的不同。

水晶玻璃酒杯可以说是酒杯中的极品。它高雅、清纯、质重稳定，花色多为古朴的手雕图形，是一种纯粹的工艺品，但更被视为富贵和豪华的象征，是王公贵族和富商巨贾经常使用的酒具。

普通玻璃酒杯品种多、款式全、用途广、价格合理，非常适合家庭和酒店等场所使用。

下面将酒杯的种类及其应用范围作一个简要介绍：

a. 吉格杯。多用于烈性酒的纯饮，故又称烈酒纯饮杯。

b. 古典杯。多用于盛载加冰块的烈性酒和古典鸡尾酒。

c. 海波杯。多用于盛载长饮酒或软饮料。

d. 高杯。以盛载软饮料为主。

e. 坦布勒杯。多用于盛载长饮酒或软饮料。

f. 果汁杯。主要供盛载果汁之用。

g. 高脚水杯。多见于豪华西餐厅，主要用于盛载矿泉水及冰水。

h. 比尔森式啤酒杯。用于盛载啤酒之用。

i. 啤酒杯。用于盛载啤酒之用。

j. 带柄啤酒杯。主要用于盛载生啤酒。

k. 白兰地杯。用于盛载白兰地酒。

l. 利口酒杯。用于盛载利口酒。

m. 甜酒杯。多用于盛载利口酒之用。

n. 鸡尾酒杯。鸡尾酒专用酒杯。

o. 雪利酒杯。主要用于盛载雪利酒。

p. 钵酒杯。主要用于盛载钵酒。

q. 白葡萄酒杯。主要用于盛载白葡萄酒和用其制作的鸡尾酒。

r. 红葡萄酒杯。主要用于盛载红葡萄酒和用其制作的鸡尾酒。

s. 郁金香形香槟杯。供盛载香槟酒和香槟鸡尾酒之用。

t. 笛形香槟杯。主要供盛载香槟酒和香槟鸡尾酒之用。

u. 香槟酒杯。主要供盛载香槟酒和香槟鸡尾酒之用。

v. 耳杯。用于盛载热饮酒和其他特定饮品。

w. 滤酒杯。主要用于酒的澄清，也作追水杯用。

x. 潘趣酒缸。供调制潘趣酒之用。

y. 果冻杯。多用于盛载冰激淋和果冻。

z. 白酒杯。容量大约为 20 毫升，多用于盛载如茅台酒等烈性白酒。

酒杯的种类繁多，用途各异。我们在酒杯的选择和使用上，首先要以酒为标准，配以相应的酒杯，使之和谐、完美，其中有一些小的变化也并非未尝不可，最主要的还是享受美酒所带来的乐趣。

5. 著名鸡尾酒介绍

(1)初恋。

材料：一个鸡蛋的蛋白，干红葡萄酒 1 茶匙，桂花陈酒 30 毫升，将一个橙子的皮切成小丁备用。

调法：摇动法。在摇酒器中加入 3～4 块冰块，然后将鸡蛋白、干红葡萄酒、桂花陈酒及橙皮丁一并倒入，摇动 10 秒钟，将酒液和冰块一起倒入古典酒杯中。

酒度：8 度。

特点：香甜、艳丽，使人回味无穷。

(2)安全地带。

材料：中国红葡萄酒 10 毫升，糖浆 10 毫升，绿色薄荷酒 10 毫升，白酒 10 毫升，鲜橙汁 50 毫升。

调法：在杯中制做。将鲜橙汁倒入果汁杯中，再将红葡萄酒和糖浆混合均匀后倒入果汁中，最后将绿色薄荷酒和白酒充分混合后轻轻倒入即可。

酒度：10 度。

特点：颜色搭配和谐自然，味道清香甜醇令人陶醉。

(3)黄金城。

材料：金酒 30 毫升，橙汁 80 毫升。

调法：在杯中制做。海波杯中放入 3 块冰块，将金酒和橙汁依次倒入，用调酒棒搅拌之后饮用。

酒度：10 度。

特点：橙香味美，饮后使人心旷神怡。

本章思考题

1. 简述中国酒文化的起源说。

2. 试述中国白酒的香型并各举例说明。

3. 结合所学酒文化的知识，试设制一个场景介绍自己家乡的名酒。

第六章 中国烹饪文化

学习要点

1. 了解中国烹饪文化的发展阶段
2. 理解中国烹饪文化发展阶段的特点
3. 掌握中国的八大菜系
4. 熟悉中国各地风味名吃

第一节 中国烹饪文化的形成及发展

我国素有"烹饪王国"的美誉，美味佳肴、点心小吃难以尽数，如孙中山先生惊叹道："中国近代文明进化，事事皆落人之后，唯饮食一道之进步，至今尚为文明各国所不及。"烹饪文化是人类追求饮食的美化、雅化所赋予的文化形式与内涵，是饮食摆脱对物欲的单纯追求，升华为一种精神享受所呈现出来的文化形态。总之，烹饪文化是人类社会食品生产与消费中所包含的物质与精神现象及其联系的总和。广义的烹饪文化是食品生产文化与食品消费文化之和：食品生产文化包含烹调文化；食品消费文化包括饮食文化，传统上概括为生产文化和消费文化。

烹饪产生的同时，烹饪文化也随之产生。在烹饪方面，我国的烹饪文化随着历史的发展而演化，大致经历了以下五个阶段：原始社会阶段、先秦阶段、秦汉至隋唐阶段、宋元明清阶段、现代阶段。

一、原始社会阶段

原始社会时期是中国烹饪文化的初始阶段，火的使用改变了人们生吞活剥、茹毛饮血的生活方式，成为烹饪文化的起源；盐的发现和利用，是调味的开端；陶器的出现，使烹饪有了雏形，烹饪文化初见端倪。

具体来讲，中国烹饪文化的产生和初期发展阶段，始于北京猿人时期，结束于传说中的尧舜禹时代，其主要特点是以物质文化生产为主要内容。

新石器时代是远古阶段烹饪物质文化大发展时期，如仰韶文化、河姆渡文化、大汶口文化、龙山文化等表明，陶器和灶的发明、原始农业和畜牧业的分工、弓箭的发明与改进等都说明了这一点。半坡氏族陶盆上的人面鱼纹图案，反映了半坡人与鱼的关系十分密切，有了象征性的意识形态上的作用和性质。

古代传说中燧人氏发明人工取火、神农氏发明农业、伏羲氏教民熟食、黄帝发明釜甑“蒸谷为饭”、仪狄发明酿酒等是对高度发展的烹饪实践做出一定总结，及进行一定程度的抽象，说明了烹饪精神文化在原始社会末期（远古阶段末期）随烹饪物质文化的大发展出现了较大的进步。

二、先秦阶段

先秦时期是中国饮食文化的真正形成时期，始于夏，终于秦统一中国。经过夏商周近2 000年的发展，中国传统烹饪文化的特点已基本形成。在食物原料方面，周代“五谷”皆备，呈现了芋头等杂粮；蔬菜、畜产品品种丰富，基本原料大为丰富，出现了大量的调味品。出现了南方的稻作文化和北方麦黍文化两种饮食文化类型。在食器方面，这一时期中国进入青铜器时代，饮具、餐具和刀具渐趋完备，经过烹调组合的饮食也开始出现，中华烹饪文化逐渐形成。在这一时期确立了五味调和、主副食搭配平衡膳食、四时与调味相合三种理论，初步建立以“色、香、味、形”为核心的美食标准。

该阶段所表现的特点是：烹饪物质文化和精神文化都出现蓬勃发展的局面，奠定了传统烹饪文化的基础。

1. 物质文化进步的表现

（1）青铜炊器等烹饪工具的使用。

（2）青铜农具的使用，耕作技术的进步，畜牧业和渔猎的长足发展，商业交换的繁荣，使烹饪原料的种类和数量空前增加。

（3）私有财产的出现和等级制度的不断完善，使一部分人有条件集中人力和物力，专门致力于提高烹饪水平，从而造就了大批高级烹饪人才，生产出大量高精饮食品。

2. 精神文化进步的表现

（1）在烹饪专业领域内，对很多方面的实践进行了概括。

（2）超出烹饪专业领域的范围，很多与烹饪相关的思想观念成为社会意识形态的组成部分。

三、秦汉至隋唐阶段

秦汉至隋唐时期，国内外各民族相互融合、交流，促进了中国饮食文化的稳步发展。

秦汉统一后，取得大片土地，粮食产量大幅度提高，物产大量增多；岭南、西域等地食品大量传入，如荔枝、香蕉、椰子等。张骞两次通西域，既带回一些新品又带回一些良种。与此同时，民间食品也迅速发展，豆腐的问世和糕点的发展为其代表。汉代的餐具也发生了变化，烹煮器出现了小型化的趋势，青瓷碗盘也逐渐普及，取代了民间的粗陶和竹木餐具。

魏晋南北朝时期，佛教盛行，烹饪文化向素食方面转化，最终佛教将素食宗教化、定型化，形成全素斋。

隋唐时期，中国作为世界文化中心，外国许多高档的食料传入中国。中外美食文化交流，使唐代菜肴在数量、品种、花色上都有所翻新。

四、宋元明清阶段

这一时期是中国封建社会发展的后期，中国烹饪文化出现了新的发展势头，走向成熟。

宋代开始城市化加强，城市人口集中，各民族杂居，所以城市饮食业也包括了各地、各民族烹饪文化的精华。各种烹饪文化在城市相互交流，使得城市饮食业不断向高层次发展。出现通宵饮食店，市坊沿街的食铺众多，还有一些摊担，各种食品应有尽有。

明清时代，烹饪文化更加昌盛，风味大增，品种繁多，有的与娱乐相结合，饮食店附近设书场、剧院，还有的饮食与旅游结合，如游船设馔(以无锡船菜为代表)。清代满族入关后，满族统治者将关外特有的饮食、原料带入关内，与内地汉族的传统饮食文化相融合，丰富了中国饮食文化的内容，最为突出的是满汉全席的形式。

这个阶段是中国烹饪文化繁荣发展的阶段，这个阶段的特点是：烹饪物质文化和精神文化都得到全面的、深入的、高度的发展，到达了鼎盛时期。烹饪物质文化的高度繁荣表现在以下三个方面：

(1)铁制烹饪工具使烹饪工艺又发生了一次巨大飞跃，“炒”成为中国烹调中最有特色的、最普遍使用的方法之一。铁制刀具为中国烹饪的刀工工艺达到炉火纯青提供了物质条件。

(2)烹饪原料由于社会生产力的空前发展，在种类数量上比前一个阶段更为丰富和加大，传统烹饪工艺水平在各方面都发展到最高阶段。

(3)烹饪原料传统体系、烹饪工具传统体系、烹饪工艺传统体系、烹饪流派传统体系至此完全确立。

烹饪精神文化的高度繁荣表现在以下两个方面：

(1)有关烹饪的专业性论著数量巨大，理论总结涉及的专业领域比较全面，形成了一些别有特色的理论体系。

(2)烹饪文化和其他文化形成全面联系渗透、水乳交融的格局，从深层次上体现出传统的思想观念。

五、现代阶段

烹饪的传统文化向现代文化开始转变的时代始于清灭亡以后，其主要特征是：在现代科学、生产力迅猛发展，世界文化交流大潮冲击下，传统烹饪文化存在的基础发生了变化，烹饪文化由传统型向现代型过渡。

人们饮食需求发生了改变，促使烹饪物质文化生产出现了不同于传统时代的因素，如烹饪工具的机械化、自动化，原料的人工合成和品种优化，生产的规范化和产品的规格化，人员培训的集团化和标准化等，自然经济条件下的烹饪方式越来越多地被现代经济条件下的烹饪方式所替代。

烹饪精神文化也出现了变化，旧制度下的“饮食之礼”进入了历史博物馆；“君子远庖厨”为人所不齿，传统的“重食”观念逐渐减退，“重味”习惯也逐渐被重营养取代。

第二节 中国地方菜系

我国的烹饪文化有着自己的特点，并且形成了地域区别的烹饪文化。随着历史的发展，形成了具有特色的地方各大菜系，主要包括：川菜、闽菜、鲁菜、粤菜、苏菜、浙菜、湘菜、徽菜等八大菜系，各菜系自成一体，各有各自的代表特色菜。

一、四川菜系

(一)四川菜系的形成基础

川菜历史悠久,源远流长,它发源于古代的巴国和蜀国,在古代巴蜀文化背景的影响下形成我国菜系中“独具一格”的体系。

春秋至秦是川菜的启蒙期,成都出土战国时期的九种宫宴器皿,就可证明早在2 000年以前川菜就已萌芽。

汉晋两代,川菜初显轮廓。西晋左思《蜀都赋》中,就记有四川筵席的盛况:“金垒中坐,肴隔四陈,觞以清醥,鲜以紫鳞。”东晋常璩《华阳国志》中,首次记述了巴蜀人“尚滋味”、“好辛香”的饮食习俗和烹调特色。

唐宋时期,川菜得到了迅猛发展。杜甫曾吟诗“飧子左右挥霜刀,脍飞金盘白雪高”,以及“日日江鱼入馔来”,对川菜评价甚高。川菜还沿江而下,许多酒楼挂出“川味”招牌,使川菜名气大振。两宋时,川菜更是进入了开封和杭州,为川外人所喜爱。

元明清三代,川菜形成了独具风格的体系。明末清初,川人种植辣椒用以调味,继承和发展了巴蜀“尚滋味”、“好辛香”的调味传统。明代杨慎《升庵外集·饮食部》,记录了巴蜀的食品、饮宴、茶、酒等资料76条。

清代傅崇矩的《成都通览》,列出了成都的燕窝、鱼翅、海参、鱼肚等名贵大菜,书中按四季分类的菜点有近千种。这一时期,川菜日益完善,麻辣、鱼香、怪味等味型已成熟定型,成为地方菜中独具风格、蜚声全国的主要菜系。

当今,川菜更是中外闻名,西方许多国家和东南亚各国以及港、澳、台地区,都开设有川菜馆。

(二)四川菜系的风味特点及代表菜

四川菜发展至今,已具有用料广博、味型多样、菜肴适应面广的特征。四川菜现有用于不同档次筵席和不同消费对象的菜肴5 000多种,主要由成都菜、重庆菜、自贡菜和传统素食佛斋组成。其中成都菜的代表菜有红烧熊掌、葱烧鹿筋、锅巴肉片、鸡豆花、樟茶鸭子、麻婆豆腐、干烧鱼翅、家常海参等;重庆菜的代表菜有鱼香肉丝、灯影牛肉、官燕孔雀、干烧岩鲤、毛肚火锅等;自贡菜的代表菜有水煮牛肉、小煎鸡等;四川的素食佛斋,即素菜、素筵,历史悠久,历代厨师创造的“似荤非荤,形荤实素”的川味素菜也是名目繁多。

1.川菜的风味特点

(1)取材广泛,物尽其用。四川自古就是天府之国、鱼米之乡。其沃野千里,江河纵横,六畜兴旺,菜圃常青,牛、羊、鸡、鸭、鹅、狗、兔等可谓六畜兴旺;笋、韭、芹、茄、瓜、藕、菠、菌堪称四季常青;冬虫夏草、川贝母、川杜仲、天麻等中药材可作养生食疗;既有江团、岩鲤、石斑鱼、鲶鱼、鲟鱼、圆口铜鱼等淡水鱼中的佳品,又有银耳、竹笋、魔芋、冬菇、冬笋等素食珍品,还有石耳、地耳、侧耳、马齿苋等野味。调味品更富有特色,如闽中保宁醋、德阳酱油、郫县豆瓣、永川豆豉、涪陵榨菜、叙府芽菜、南充冬菜、新繁泡辣椒、忠州腐乳、金条海椒、自贡井盐、简阳尖椒、清溪花椒、温江独蒜等调味品应有尽有。由于物产丰富,品种繁多,川菜在很早以前就已形成了自己的风格,而且十分讲究。

(2)注重调味,以善用麻辣见长。川菜长期以来形成了“好滋味”、“尚辛香”的饮食习俗,隋唐五代进一步发展,技艺更精,品种更多,明清引进辣椒,奠定“一菜一式”、“百菜百味”的川菜特色，至今川菜仍以“食在中国，味在四川”而扬名天下。川菜以清、鲜、醇、浓并重，善用麻辣而著称。调味品中独具特色的有“三椒”即花椒、胡椒、辣椒，“三香”即葱、蒜、姜或醋。川菜还有“七滋八味”之说，“七滋”即甜、酸、麻、辣、苦、香、咸；“八味”即鱼香、酸辣、椒麻、怪味、麻辣、红油、姜汁、家常。川菜以复合调味而得神韵，四川“怪味”最具特色，融“七滋”于一体，彼此共存，食用时感到味道反复多变，味中有味，和合协调，回味无穷，被誉为是川菜中和声重叠的“交响乐”。

(3)烹饪讲究火候，技法繁多。川菜的烹饪技法常用的就有炒、爆、熘、炸、煎、烧、烩、焖、烤、煮、拌、腌等38种之多。独创的小炒、干煸、干烧、家常烧更是别具一格。小炒之法，不过油，不换锅，对汁急火短炒，一锅此菜，芳香四溢；干煸之法，中火热油，不断翻拨煸炒，成品脱水，成熟、干香；干烧之法，醇浓厚味；家常烧法，味道浓厚。

(4)口味重，以味取胜。川菜享有“一菜一格”、“百菜百味”的美誉。川菜的味以麻、辣、酸、香为主，还有姜汁、酸辣、怪味、鱼香等多种地方口味。由于川菜调味变化多样，菜式繁多，可以做到一年365天，天天不吃重样，一日三餐，餐餐花样翻新。川菜之味，以善用麻辣见长。辣椒与其他辣味调料合用或分别使用的辣味就有干香辣、酥香辣、油香辣、酸香辣、清香辣、冲香辣(用芥末)、辛香辣、芳香辣、甜香辣、酱香辣等10余种。四川菜常用的味型众多，主要有麻辣味、鱼香味、怪味、家常味、豆瓣味以及陈皮味、椒麻味、椒盐味、芥末味、蒜泥味、姜汁味、糊辣味、红油味、酸辣味等30余种，这些辣味调料发挥各自的长处，使川菜辣出了风韵。川菜之所以能“以味取胜”，和其所用地方特色的调料是绝对分不开的，如烹制回锅肉、鱼香肉丝，如果不用四川郫县的豆瓣和泡辣椒，就没有“正宗四川”风味。

2.四川菜系代表菜介绍

四川菜有高级筵席菜、三蒸九扣菜、大众便餐菜、家常菜和民间风味小吃等多种菜式与风味。当今流行的川菜品种，既有对历代川菜菜肴的传承，也有烹饪工作者的开拓、创新，主要菜肴有4 000余种，筵席款式1 000余种。

(1)宫保鸡丁。宫保鸡丁是历史悠久的四川名菜，为清代光绪年间四川总督丁宝桢府中首创。据说丁宝桢是贵州平远人，清咸丰年间进士，讲究烹调，任山东巡抚时，曾雇佣名厨数十人为家厨，请客时常有“炒鸡丁”一菜。丁宝桢后调任四川总督，命家厨用辣子与鸡肉同炒，鲜香味美，备受欢迎。丁宝桢曾被清朝封为“宫保”，因而此菜被命名为“宫保鸡丁”。

宫保鸡丁的基本做法是：将鸡脯肉拍松，划上十字花纹，再切成细丁，加盐、酱油，用湿淀粉上浆后滑油；再将炒锅烧热，放入花椒油、干红辣椒稍炒，加入少许清汤，烹入绍酒、白糖、醋、酱油、味精后再勾芡，倒入鸡丁、去皮熟花生米，翻锅装盘即成。此菜的特点鲜香细嫩、辣而爽口、口味甜酸。

(2)樟茶鸭子。樟茶鸭子是川菜筵席上的一道名菜。此菜选用成都南路鸭，加以白糖、绍酒、葱、姜、桂皮、八角、茶叶等十几种调味料，用樟木屑及茶叶熏烤而成，故名樟茶鸭子。此菜的特点色泽金红、皮酥肉嫩、鲜美芳香。

(3)麻婆豆腐。麻婆豆腐是四川著名的特色菜。相传清代同治年间，四川成都万福桥有一陈姓饭铺，上厨掌灶的是店主之妻陈刘氏，她常爱用嫩豆腐、牛肉末加上辣椒面、花椒面、豆瓣酱等调料烧制豆腐菜，菜做好后麻、辣、鲜、香、酥、嫩、烫齐全，备受欢迎。因她脸上微有麻斑，故人称此菜为“麻婆豆腐”。100多年来，各地川菜馆及海外华侨开设的中餐馆都经营此菜；在日本还把其制成罐头食品，销往世界各地。

麻婆豆腐的基本做法是：将嫩豆腐切丁焯水，炒锅放入牛肉末、豆瓣酱、盐、酱油、豆豉茸炒香；再加鲜汤，下豆腐烧入味，放入蒜苗丁勾芡起锅装盘，撒上花椒面即成。此菜的特点色泽淡红、麻辣、鲜、香、酥、嫩、烫。

(4)夫妻肺片。夫妻肺片是四川成都的风味名菜。相传在20世纪30年代，有对夫妻以经营凉拌牛肺片为业，经常走街串巷，提篮叫卖。凉拌牛肺片制作精细，风味独特，深受人们欢迎，故被人们称为“夫妻肺片”。后来，人们用牛的肉、心、舌、肚、头皮等取代当初单一的牛肺，又保持了原有的风味，使夫妻肺片成为川菜的著名菜肴之一。

夫妻肺片的基本做法是：将牛肉、牛杂洗净，焯水后倒入老卤水、香料包(八角、桂皮、花椒、尖椒等用纱布包扎好)、绍酒和精盐，卤熟晾凉切片，浇上用味精、辣椒油、酱油、花椒面调成的汁，装盘后撒上花生面、芝麻面即成。此菜的特点是色泽美观、质嫩味鲜、麻辣浓香。

(5)棒棒鸡。棒棒鸡是四川著名的菜肴，始制于明清时期。当时四川青神县岷江边的汉阳镇往来船舶络绎不绝，非常繁华，酒楼的厨师为扪揽生意推出新菜，他们把汉阳仔鸡煮熟后用木棒轻轻敲酥，拉成鸡丝，再加入辣调味料拌食，极受人们欢迎。

棒棒鸡的基本做法是：将鸡脯肉入汤锅煮熟捞起晾凉，用小木棒捶敲，使肉松软后撕成丝状，再加入葱白丝、酱油、芝麻酱、红辣椒油、白糖、味精、花椒面、芝麻油淋在鸡丝上即可。此菜的特点是色泽酱红、鸡肉细嫩、麻辣鲜香。

(6)毛肚火锅。毛肚火锅是典型的四川风味名菜。火锅在我国已有1 400多年的历史，南方各地的火锅都是冬令佳肴，而独有四川“毛肚火锅”却与众不同，它四季皆宜，且很受欢迎。据说早在清末至民国初年，四川街边卖食物的摊主用大铜锅放在炉子上，加入汤料和新鲜的牛肚(又称牛百叶、毛肚)以及鸡鸭鱼肉、豆苗、冬菇、笋片等，边煮边吃，独具风味。因以牛肚为主料，故取名“毛肚火锅”。冬天吃火锅，去寒发热；夏天摇扇吃毛肚，挥汗如雨亦舒服。毛肚火锅所用调料考究，特别是卤汁麻辣鲜香、食物多而嫩脆，可煮可烫，边煮边吃，别有风味。

二、福建菜系

(一)福建菜系的形成基础

闽菜是福建菜的简称，它是中国烹饪主要菜系之一，在中国烹饪文化宝库中占有重要一席，以烹制山珍海味而著称。福建菜系在色、香、味、形兼顾的基础上，尤以香、味见长，其清新、和醇、荤香、不腻的风味特色，在中国饮食文化中独树一帜。

福建位于我国东南隅，依山傍海，终年气候温和，雨量充沛，四季如春。其山区地带林木参天，翠竹遍野，溪流江河纵横交错；沿海地区海岸线漫长，浅海海滩辽阔。地理条件优越，山珍海味富饶，为闽菜系提供了得天独厚的烹饪资源。这里四处盛产稻米、糖蔗蔬菜、瓜果，尤以龙眼、荔枝、柑橘等佳果誉满中外。山林溪涧有闻名全国的茶叶、香菇、竹笋、莲子、薏苡仁米，以及鹿、雉、鹧鸪、河鳗、石鳞等山珍美味；沿海地区则鱼、虾、螺、蚌等海产佳品丰富，常年不绝。据明代万历年间的统计资料，当时当地的海、水产品计270多种，而现代专家的统计则有750余种。清代编纂的《福建通志》中有“茶笋山木之饶遍天下”，“鱼盐蜃蛤匹富青齐”的记载。

闽菜由福州、闽南、闽西三路菜组成。福州菜流行于闽东、闽中、闽北地区，菜肴清鲜、清爽，偏于甜酸，讲究调汤，善用红糟作配料，如炝糟、拉糟、煎糟、醉糟、爆糟等10多种，尤以传统名菜淡糟炒香螺片、醉糟鸡、糟汁氽海蚌等最为著名。闽南菜则广传于厦门、泉州、漳州、闽南金三角，也具有清鲜、清爽的特色，并且以善用甜辣调料而著称。使用的甜辣调料有辣椒酱、沙茶酱、芥末酱等,如沙茶焖鸡块、芥末鸡丝、东壁龙珠等菜肴都属于闽南的特殊风味菜。闽南菜也有偏咸、辣味,多以山珍野味为原料,具有浓厚的山乡风味,如油焖石鳞、爆炒地猴等为其代表菜。闽西菜则盛行于闽西客家地区,极富乡土气息。

(二)福建菜系的风味特点及代表菜

1. 闽菜的风味特点

闽菜的风味特点是淡雅、鲜嫩、和醇、隽永,主要表现在四个方面:

(1)烹饪原料以海鲜和山珍为主。由于福建的地理形势倚山傍海,北部多山,南部面海。苍茫的山区,盛产菇、笋、银耳、莲子和石鳞、河鳗、甲鱼等山珍野味;漫长的浅海滩涂,鱼、虾、蚌等海鲜佳品,常年不绝。平原丘陵地带则稻米、蔗糖、蔬菜、水果誉满中外。山海赐给的神品,给闽菜提供了丰富的原料资源,也造就了几代名厨和广大从事烹饪的劳动者,他们以擅长制作海鲜原料,并在蒸、氽、炒、煨、爆、炸、炟等方面独具特色。全国最佳厨师强木根、强曲曲"双强"兄弟,使闽菜的烹饪技艺跃上了一个新台阶,使古老朴实的传统闽菜,发挥了新的活力。

(2)刀工巧妙,一切服从于味。闽菜注重刀工,有"片薄如纸、切丝如发、剞花加荔"之美称。而且一切刀工均围绕着"味"下功夫,使原料通过刀工的技法,更体现出原料的本味和质地。它反对华而不实,矫揉造作,提倡原料的自然美并达到滋味沁深融透、成型自然大方、火候表里如一的效果。雀巢香螺片就是典型的一菜,它通过刀工处理和恰当的火候使菜肴犹如盛开的牡丹花,让人赏心悦目又脆嫩可口。

(3)汤菜考究,变化无穷。闽菜重视汤菜,与多烹制海鲜和传统食俗有关。闽厨长期以来把烹饪和确保原料质鲜、味纯、滋补联系起来。从长期积累的经验认为,最能保持原料本质和原味的当属汤菜,故汤菜多而考究。闽菜汤菜有的白如奶汁,甜润爽口;有的汤清如水,色鲜味美;有的金黄澄透,馥郁芳香;有的汤稠色酽,味厚香浓。鸡汤氽海蚌就是具有代表性的一菜,它的"鸡汤"不是单纯的"鸡"汤,而是经过精心制作的"三茸汤",取料于母鸡、猪里脊、牛肉提炼而成,氽入闽产的海蚌后,让人心旷神怡,回味无穷。

(4)烹调细腻,特别注意调味。闽菜的烹调细腻表现在选料精细、泡发恰当、调味精确、制汤考究、火候适当等方面。闽菜特别注意调味则表现在力求保持原汁原味上:善用糖,甜去腥膻;巧用醋,酸能爽口,味清淡则可保持原味。因而闽菜有甜而不腻、酸而不峻、淡而不薄的盛名。

2. 福建菜系代表菜介绍

闽菜突出的特点是汤菜较多,烹法以炒、煨、焗技术而特殊,其代表菜有佛跳墙、七星鱼丸、沙茶鸡丁、生煎明虾、柴把鸭、荷包鲫鱼、菜干扣肉等。

(1)佛跳墙。清朝道光年间,一官员到同僚家里吃饭,发觉同僚夫人做的一道用鸡肉和鸭肉放在绍兴酒坛里煨制出来的菜很好吃,回家后就叫自己家里的厨师仿做,这个厨师很有创新意识,肉类少了,海鲜多了,起名"坛烧八宝",深受该官员喜欢。后来,这个厨师觉得与其打工,不如自立门户,于是开了个餐厅,把这个菜不断升华,久而久之,很多人慕名而来。于是就有秀才们赋诗:"坛放荤香飘四邻,佛闻弃禅跳墙来。"这样人们就称此菜为"佛跳墙"。

佛跳墙的基本做法是:将切好的新鲜海蚌肉在开水锅中焯水,摆在炖盆内,放入冬笋片、葱片、芥菜片,将鸡汤调好味浇到炖盆内即成。此菜色泽洁白、清鲜脆嫩、味美爽口。

(2)太极芋泥。林则徐和英国人谈判禁烟,谈得不融洽。英国人请林则徐吃西餐,并在饭后上了冰激淋。在福建的夏天,空气湿度很大,冰淇淋端上来,潮气凝结如烟。以前从未见过冰激淋的林则徐以为是烫得冒烟，吹了几下才送进一小口，直至吃进嘴里才知是凉的。看到英国人藐视的笑容，林则徐心中却早有打算。第二天又谈僵了，但礼尚往来，饭还是要回请的。林则徐叫厨师做了福州的芋泥。那是把当地又香又糯的芋头打成泥，加猪油白糖炒了，撒上花生仁和香芝麻，上桌前在淋上一勺热油。看去不冒烟的芋泥其实热得出奇。谈判对手猛吃一口，嘴里烫出大泡。这时，林则徐漫不经心地站起来介绍说："这是中国福建的名菜，叫做太极芋泥。"从此，该菜名噪远近。

太极芋泥的基本做法是：将槟榔芋头去皮，切成块，放在盆里，加入清水，上笼蒸一小时取出，放在案板上，用刀压成茸状，拣去粗筋；红枣去皮、核，切碎分成两份。冬瓜条切成米粒状一样，再在碗里将放红枣，加入白糖，上笼后用中火蒸五分钟取出。炒锅放于微火上，下猪油烧热，将蒸过的红枣下锅搅拌成糊状后，浇在芋泥上，再用瓜子仁、樱桃在芋泥上面装饰成太极图案状即成。

(3)七星鱼丸。古时候，闽江之畔有个渔民。一天，有位商人搭他的船南行经商，船出闽江口，进了大海，正遇台风袭击。船入港湾避风时，不幸触礁损坏。修船拖误了时间，粮断了，天天以鱼当饭。商人叹道："天天有鱼，食之生厌。能不能换换别的口味？"船妇说："船上粮已断，唯有薯粉一包。"心灵手巧的船妇便把刚钓到的一条大鳗鱼，去皮除刺，把鱼肉剁细，抹上薯粉，制成丸子，煮熟一尝别有风味。

事后，这位商人回到福州，便在城里开设一家"七星小食店"，特聘这位船妇为厨师，独家经营"鱼丸汤"。开头，生意并不兴隆。一天，一位上京应考的举子路过此店就餐。店主热情款待，捧出鱼丸。举子食后，颇觉味道极美，便题赠一诗：点点星斗布空稀，玉露甘香游客迷。南疆虽有千秋饮，难得七星沁诗脾。店主将诗挂在店堂上，宾客齐来观赏。从此生意兴隆，小店日日春风。七星鱼丸也从此得名。

(4)菊花鲈鱼。菊花鲈鱼是福州的风味菜肴，形似菊花，色泽微黄，甜酸适口，具有酥、嫩、香、鲜的特点。

菊花鲈鱼的基本做法是：取鲜鲈鱼一条，去鳞，去头尾，剖成两片，剔去背骨和肋骨，切成10块，剞上菊花形花刀，沾上干淀粉，用七成热的油炸熟呈菊花形，摆在盘内，用烫熟的芥蓝菜叶装饰成花叶，再浇上用香醋、番茄酱、白糖、精盐、味精、清汤、淀粉制成的芡汁。

(5)菜干扣肉。"菜干"系福建永定县的特产，即用鲜嫩的芥菜，经七蒸七晒精致加工而成，色泽黑褐油亮，味道咸香馥郁，质地柔嫩甘美。这种"菜干"与肉同烹，美味相成，风味独特。

菜干扣肉是将带皮的猪五花肉刮洗干净，煮至七成熟取出，皮面抹上糖色，用油炸呈虎皮色，取出切成长方片，再用目鱼肉片、酱油、白糖、绍酒、肉骨汤焖5分钟，将猪肉和目鱼片捞出，放入菜干丁煮焖片刻；把猪肉皮朝下码入大碗内，摆上目鱼片，再倒上菜干和汤，上笼蒸30分钟取出，将汤倒出；翻扣在盘内，原汁勾芡，浇淋在肉上即可。

三、山东菜系

(一)山东菜系的形成基础

鲁菜，又叫山东菜，历史悠久，影响广泛，是中国饮食文化的重要组成部分，为中国四大菜系之一，以其味鲜咸脆嫩、风味独特、制作精细享誉海内外。古书云："东方之域，天地之所始生也。鱼盐之地，海滨傍水，其民食鱼而嗜咸。皆安其处，美其食。"(《黄帝内经·素问·异法方宜论》)齐鲁大地这片依山傍海、物产丰富、经济发达的美好地域，为烹饪文化的发展、山东菜系的形成，提供了良好的条件。

早在春秋战国时期，齐桓公的宠臣易牙就曾是以“善和五味”而著称的名厨。南北朝时，高阳太守贾思勰在其著作《齐民要术》中，对黄河中下游地区的烹饪技术作了较系统的总结，记下了众多名菜做法，反映当时鲁菜发展的高超技艺。唐朝穆宗时的宰相，山东临淄人段文昌精于饮食，并自编《食经》50卷，该书成为研究鲁菜的历史掌故。到了宋代，北宋都城汴梁所称“北食”即鲁菜的别称，可见其具有相当规模。明清两代，鲁菜已经自成菜系，从齐鲁而京畿，从关内到关外，影响所及已达黄河流域、东北地带，有着广阔的饮食群众基础。

山东古为齐鲁之邦，地处半岛，三面环海，腹地有丘陵平原，气候适宜，四季分明。海鲜水族、粮油牲畜、蔬菜果品、昆虫野味一应俱全，为烹饪提供了丰盛的物质条件。庖厨烹技全面，巧于用料，注重调味，适应面广。鲁菜还精于制汤。汤有“清汤”、“奶汤”之别。《齐民要术》中就有制作清汤的记载。清汤是味精产生之前的提鲜佐料，俗称“厨师的汤，唱戏的腔”。经过长期实践，清汤现已演变为用肥鸡、肥鸭、猪肘子为主料，经沸煮、微煮而成，清澈见底、味道鲜美的佳肴。奶汤则呈乳白色。用“清汤”和“奶汤”制作的数十种菜，多被列为高级宴席的珍馔美味。鲁菜烹制海鲜有独到之处，尤其对海珍品和小海味的烹制堪称一绝。在山东，无论是参、翅、燕、贝，还是鳞、蚌、虾、蟹，经当地厨师妙手烹制，都可成为精彩鲜美的佳肴。鲁菜还善于以葱香调味，在菜肴烹制过程中，不论是爆炒、烧、熘，还是烹调汤汁，都以葱丝(或葱末)爆锅，就是蒸、扒、炸、烤等菜，也借助葱香提味，如锅烧肘子、炸脂盖等，均以葱段为佐料。

随着时代的发展，鲁菜的风味逐渐形成齐鲁、胶辽、孔府三种风味组成，是宫廷最大菜系。以孔府风味为龙头，山东菜系对其他菜系的产生有重要的影响，因此鲁菜为八大菜系之首。

(二)鲁菜的风味特点及代表菜

鲁菜是北方菜的代表，它对华北和东北地区烹调技术的发展产生了很大影响。

1. 鲁菜的风味特点

鲁菜是由济南和胶东两个地方菜发展而成，其特点是清香、鲜嫩、味纯，讲究清汤和奶汤。济南菜擅长爆炒、烧、炸、焖等烹调方法，尤以清汤和奶汤菜肴见长，口味以清、鲜、脆、嫩著称。近年来又对“孔府菜”的研究取得了成就，“孔府宴”已基本形成。胶东菜以烹制各种海鲜而驰名，讲究清鲜、脆嫩，原汁原味，烹调方法以炸、熘、爆、炒、煎、焖、扒为主，尤讲究汤菜、爆菜和扒菜。

2. 山东菜系代表菜介绍

鲁菜的代表菜有：清汤银耳、奶汤蒲菜、九转大肠、锅爆燎肉、糖醋黄河鲤鱼、锅塌蛎黄、汤爆双脆、赛螃蟹、大虾、油爆肚仁、清汤燕菜、锅烧肘子等。

(1)九转大肠。九转大肠是山东的传统名菜，于清朝光绪初年由济南的“九华楼酒店”首创，距今已有100多年的历史。“九转”即经过反复炼烧之意，用它来形容菜肴精烧细炼之程度。

九转大肠就是经过煮、炸、烧等操作过程，此菜红润透亮，口味甜、咸、酸、辣兼有，肥而不腻。九转大肠的基本做法是：将熟肥肠切成2～3厘米的段，用沸水焯过，再用热油炸呈火红色捞出；勺内放底油，用葱、姜、蒜末炸锅，加入醋、酱油、白糖、清汤、精盐、绍酒，将炸好的大肠放入，用慢火炖成浓汁，再加上胡椒粉、肉桂粉、砂仁粉，淋上香油即成。

(2)锅爆燎肉。锅爆燎肉又称火爆燎肉，是济南的一种传统名菜。由于在操作过程中利用爆火、“飞火”急速煸炒，因此此菜具有一种烟熏燎香的特殊风味。

锅爆燎肉的基本做法是：选用猪臀尖肉，切成大三角片，用葱丝、姜丝、蒜片、酱油、甜面酱、香油、绍酒拌匀腌渍10分钟；勺内放入底油，烧至十成热，使炉内的火苗引燃起勺内的油，将腌渍的肉片倒入，迅速颠翻炒勺，半炒半燎约1分钟，盛出，配葱白、甜面酱佐食。

(3)糖醋黄河鲤鱼。糖醋黄河鲤鱼源于黄河岸边的洛口镇，清末传到济南“汇泉楼饭庄”。饭庄以喂养的黄河鲤鱼示客，随意挑选，选中之鱼立即掷死烹烧，为鲁菜中之名肴。

糖醋黄河鲤鱼的基本做法是：将鱼去鳞，开膛取内脏，挖去两鳃，鱼身两面剞上牡丹花刀，用精盐、味精腌渍后，挂一层湿淀粉糊，放入七成热的油中炸熟，外皮焦酥呈金黄色时捞出，摆放在盘内，再浇上用葱、姜、蒜、酱油、醋、白糖、精盐、味精、清汤、淀粉制成的糖醋汁即可。此菜造型美观，皮酥肉嫩，甜酸鲜美。

(4)汤爆双脆。“汤爆”、“油爆”菜肴是山东菜系所擅长者，其中汤爆双脆、油爆肚、爆腰花、剥鱿鱼卷等皆为传统名菜，其共同的特点是清淡、脆爽、鲜醇。

汤爆双脆是用猪肚头、净鸡胗两种原料，将猪肚头剞上十字花刀，再切成方块，用淡碱水泡过以后，用清水投洗干净。将鸡胗剞上菊花花刀，用清水泡洗。猪肚头、鸡胗分别用90℃的热水焯片刻，捞在汤碗内；将清汤烧沸，加上酱油、精盐、味精、绍酒，浇在猪肚头、鸡胗上，再撒上香菜末、胡椒粉即可。

(5)赛螃蟹。这个菜是用黄鱼肉、鸭蛋黄炒成，因口味和色泽如同蟹肉而得名，属于胶东地区传统名菜之一。

赛螃蟹的基本做法是：将净黄鱼肉蒸熟、晾干、撕碎。勺内放入熟猪油烧热，用葱、姜、蒜末炸锅，放入鸭蛋黄翻炒，再加上黄鱼肉同炒，随即烹入用清汤、姜汁、绍酒、味精、精盐、湿淀粉和成的汁水翻炒几下即可。此菜形如豆腐脑，味极鲜美。

(6)锅烧肘子。山东的“锅烧”就是炸。锅烧肘子是将已经蒸好的肘子(其初步处理过程与红烧肘子相同)，挂上用淀粉、鸡蛋、酱油、精盐、绍酒和成的糊，放入七成热的油中炸熟后，切成长条码入盘内，撒上花椒粉，配葱段、甜面酱、荷叶饼上桌。肘子外焦里嫩，香醇不腻，别有风味。

四、广东菜系

(一)广东菜系的形成基础

广东菜，即粤菜，也是我国八大菜系之一，其形成和发展与广东的地理环境、经济条件和风俗习惯密切相关。

广东地处亚热带，濒临南海，雨量充沛，四季常青，物产富饶。故广东的饮食，一向得天独厚。早在西汉《淮南子·精神训》中载有粤菜选料的精细和广泛，而且可以想见千余年前的广东人已经对用不同烹调方法烹制不同的菜肴游刃有余。在此以前，唐代诗人韩愈被贬至潮州，在他的诗中描述潮州人食鳖、蛇、蒲鱼、青蛙、章鱼等数十种异物，感到很不是滋味。但到南宋时，章鱼等海味已是许多地方菜肴的上品佳肴。在配料和口味方面，古时粤菜多采用生食的方法。到后来生食猪牛羊鹿已不多，但生食鱼片，包括生鱼粥等的习惯保留至今。粤菜的刀工精巧，配料讲究相得益彰，口味具有清而不淡的特点。

粤菜还善于取各家之长，为我所用，常学常新。苏菜系中的名菜松鼠鳜鱼，饮誉大江南北，但不能上粤菜宴席。粤菜名厨运用娴熟的刀工将鱼改成小菊花型，名为菊花鱼。如此一改，能一口一块，用筷子及刀叉食用都方便、卫生。苏菜经过改造，便成了粤菜。

此外，粤菜烹调方法中的爆、扒、烤、氽是从北方菜的爆、扒、烤、氽移植而来，而煎、炸的新法是吸取西菜同类方法改进之后形成的。但粤菜的移植，并不生搬硬套，乃是结合广东原料广博、质地鲜嫩、人们口味喜欢清鲜常新的特点，加以发展，触类旁通。广东的饮食文化与中原各地一脉相通，其中一个很重要的原因是历史上广东曾有多个在此另立王朝的内地人。历代王朝派来治粤和被贬的官吏等，都带来北方的饮食文化，其间还有许多官厨高手或将他们的技艺传给当地的同行，或是在市肆上各自设店营生，将各地的饮食文化直接介绍给岭南人民，使之成为粤菜的重要组成部分。汉代以后，广州成为中西海路的交通枢纽；唐代外商大多聚集在羊城，商船结队而至。当时广州地区的经济与内陆各地相比，发展较快。

至今，广东菜形成由广州、潮州、东江等三地菜格局，除此之外，还有海南地方风味，其中以广州菜为代表。广东地处亚热带，濒临南海，雨量充沛、四季常青、物产富饶，烹调技术在秦汉时期就具有一定的特色，由于水陆交通方便，商业发达，有机会广泛地吸取了川、鲁、苏、浙等地方菜的烹调技术精华，自成一格，有“食在广州”的美誉。

(二)广东菜系的风味特点及代表菜

1.粤菜的风味特点

广东菜系由广州、潮州、东江三部分为主组成，取料广博奇杂而重“生猛”，烹调方法多而善于变化，长于炒泡、清蒸、煲，尤其独擅焖、炒等，技艺精良，善于变化，口味讲究鲜、嫩、滑爽、生脆，夏秋力求清淡，冬季偏重浓醇，调味喜用蚝油、虾酱、梅膏、沙茶、红醋和鱼露，颇具特色。广东人用蛇做菜由来已久，近一个世纪以来，发展到运用烩、炒、熘、蒸、炖等多种烹调方法，做出的蛇菜味道鲜美，营养丰富。

广州菜烹调技法上还吸取了西菜的操作特点，重视蒸、炸，色彩鲜艳，生动活泼。潮州菜接近闽粤，汇两家之长，自成一派，它刀工考究，善烹海鲜，口味偏重香、浓、鲜、甜，其中汤菜、素菜、甜菜最具特点。东江菜又称客家菜。客家原是中原人，汉代末年和北宋后期迁入居住广东东江山区一带，食俗保留中原固有风貌，主料多用肉类，讲究香浓，下油重，味偏咸，主料突出，朴实大方，以烹制鸡、鸭、鹅等沙锅菜著称。海南菜清淡鲜美，甘香可口，其代表文昌鸡驰名中外。

2.广东菜系代表菜介绍

广东地方代表菜有：文昌鸡、片皮乳猪、竹丝鸡烩五蛇、潮州冻肉、鼎湖上素、东江盐焗鸡、大良炒鲜奶等。

(1)片皮乳猪。此菜选用5千克重的净乳猪，沿胸骨劈开，去除内脏和猪脑，用豆腐、腐乳、芝麻酱、汾酒、蒜、白糖等涂匀猪腔腌20分钟，用沸水浇遍猪皮去除油污后，涂上糖醋，再用木炭火烤熟呈大红色。分两次片皮上席，均拼摆成猪形，油光明亮，皮松软，肉滑嫩，风味特异，为广东名菜之一。

(2)竹丝鸡烩五蛇。竹丝鸡烩五蛇是用广东特产的一种毛如丝状、脚黑、肉黑、营养价值较高的鸡，搭配以过树榕、眼镜蛇、金环蛇、三索线及白花蛇，再加上姜丝、陈皮丝、香菇丝、鳖肚丝、木耳丝、精盐、绍酒、味精、酱油、胡椒粉烩制而成。

此菜制作精细，肉质嫩滑，滋味鲜美，营养丰富，是广东的传统名菜之一。

(3)潮州冻肉。潮州冻肉是广东潮汕地方冬令风味凉菜，此菜晶莹透明，鲜嫩软滑，入口即化，肥而不腻，以鱼露、香菜佐食，风味独特。

潮州冻肉的基本做法是：将猪五花肉、猪爪肉、猪皮切成小块，放入清水、白糖、珠油(色如酱油，味偏甜）、鱼露的汤汁中熬 3 小时，然后将汤汁过滤，加上明矾烧沸，打净浮沫，再浇在肉和爪皮上，冷却凝结即成。

（4）东江盐焗鸡。东江盐焗鸡是东江别具风味的传统名菜，制法独特，清雅大方，皮爽肉香味醇浓，享誉省内外。

东江盐焗鸡的基本做法是：选用未下蛋的肥嫩母鸡，宰杀褪洗干净，先用精盐、葱、姜、八角擦匀鸡腔，然后用两层砂纸（一层刷油）裹好，放入炒热的大粒盐中埋焖 20 分钟至熟，去掉砂纸，撕成块，摆成鸡形，蘸精盐炒沙姜末和调味汁（猪油、麻油、精盐、味精调成）食用。

（5）大良炒鲜奶。大良炒鲜奶是广东传统风味名菜，因起源于顺德县大良故名。

此菜用鲜牛奶加上熟猪油、鸡蛋清、蟹肉、火腿、淀粉、精盐、味精和滑好的虾仁、鸡肝炒成糊状，再加上炸榄仁而成。此菜制法讲究，色泽乳白，光洁滑嫩，风味特异。

五、江苏菜系

（一）江苏菜系的形成基础

江苏菜系即江苏地方风味菜，江苏亦是名厨荟萃的地方。我国第一位典籍留名的职业厨师和第一座以厨师姓氏命名的城市均在这里。这位厨师制作野鸡羹供帝尧食用，其封地被封为大彭国，亦即今天的徐州，故名彭铿，又名彭祖。夏禹时代即有“淮夷贡鱼”，而淮白鱼直至明清均系贡品。“菜美之者，具区之菁”，商汤时期的太湖佳蔬韭菜花已登大雅之堂。春秋时齐国的易牙曾在徐州传艺，由他创制的“鱼腹藏羊肉”千古流传，是为“鲜”字之本。专诸为刺吴王，在太湖学“全鱼炙”，其中之一就是现在苏州松鹤楼的“松鼠鳜鱼”。汉代淮南王刘安在八公山上发明了豆腐，首先在苏、皖地区流传。汉武帝逐夷民至海边，发现渔民所嗜“鱼肠”滋味甚美。其实“鱼肠”就是乌贼鱼的卵巢精白。名医华佗在江苏行医时，与其江苏弟子吴晋均提倡“火化”熟食，即食物疗法。晋人葛洪有“五芝”之说，对江苏食用菌影响颇大。梁武帝萧衍信佛，提倡素食，以面筋为肴。南宋时吴僧赞宁作《笋谱》，总结食笋的经验。豆腐、面筋、笋、蕈号称素菜的“四大金刚”。这些美食的发源都与江苏有关。南北朝时南京“天厨”能用一个瓜做出几十种菜，一种菜又能做出几十种风味来。此外，腌制咸蛋、酱制黄瓜，在 1 500 年前就已载入典籍。

（二）江苏菜系的风味特点及代表菜

至今，江苏菜系主要由淮（安）扬（州）、苏（州）锡（无锡）、徐（州）海（启）三个地方风味所组成，是我国主要菜系之一，历史源远流长。

1. 苏菜的风味特点

江苏菜讲究选料，注重火工。江苏菜以烹制鱼虾蔬果见长，注重造型，色调浓重，口味偏咸，喜欢用葱、姜、蒜、辣椒调味，辣味尤重。

2. 江苏菜系的代表菜

江苏菜系代表菜有：三套鸭、荷包鱼、清炖甲鱼、大煮干丝、水晶肴蹄、清炖蟹粉狮子头、双皮刀鱼、清蒸鲥鱼、松子肉、蛋烧麦、松鼠鳜鱼、荷花铁雀、三虾豆腐等。

（1）大煮干丝。大煮干丝又称鸡汁干丝、鸡火干丝，是扬州独特风味菜肴。

大煮干丝原料用的是普通原料豆腐干，但制法非常精细，首先要将 2.7 厘米厚的豆腐干片成 23 张均匀的薄片，再切成如同火柴杆粗细的丝，用沸水烫两遍，以除去豆腥味，然后加鸡汤、熟鸡丝、熟鸡肫片、熟鸡肝片、冬笋片、虾子、熟猪油、酱油、精盐，用小火焖片刻，装入盘内，盖以炒虾仁、火腿丝、熟豌豆苗。

此菜色泽艳丽，干丝洁白绵软，配菜香嫩鲜美，深受广大食客的赞誉。

(2)水晶肴蹄。水晶肴蹄也称水晶肴肉，是江苏镇江的特殊风味，已有300多年的历史。

水晶肴蹄的基本做法是：将去爪的猪蹄刮洗干净，逐只平直剖开，剔去骨(后蹄要抽去筋)，搓上精盐和硝水，夏天腌渍8小时，冬季腌渍3天，取出后用冷水浸泡8小时，刮净污物，漂洗干净。锅内放入清水，加粗盐和少许明矾，烧开后，打净浮沫，将猪蹄放入，加上调料袋(内装花椒、八角、葱段、姜片)和绍酒，旺火烧沸，改用小火煮1.5小时，至九成烂时，将猪蹄捞出，分装在汤盘内。锅内汤卤烧沸，撇去浮油，放入少许明矾，再撇一次浮油，然后将汤卤舀入盛猪蹄的汤盘内，冷却凝冻即成。上桌时将肴蹄切成薄片装盘，配姜丝、香醋蘸食。

此菜肉色鲜红，卤冻光滑透明，肉质清香醇厚，油润不腻。

(3)清炖蟹粉狮子头。此菜是扬州的传统名菜之一，已有1 000多年的历史。此菜选料严谨，细切粗斩，拌馅均匀"上劲"，"团"肉精细，火候运用得当，这是扬州制作"狮子头"的突出特点。

清炖蟹粉狮子头的基本做法是：要先用猪肋条肉，肥瘦之比为3∶7，将肉切成石榴粒状，再混合起来粗略地斩一斩，加上葱姜汁、蟹肉、虾子、精盐、绍酒、干淀粉调拌均匀，直至"上劲"。用熟猪油擦抹沙锅底，将青菜叶排在底中，放入猪肉汤烧沸，然后将拌均匀的肉馅放入手掌中，双手来回滚动团成光滑的肉圆，逐个排在菜心上，每个再嵌上蟹黄，盖上青菜叶，烧沸后，移在微火上焖约40分钟，掀去青菜叶即可。此菜肥嫩异常，入口即化，蟹粉鲜美，菜心清香。

(4)清蒸鲥鱼。江苏镇江焦山盛产鲥鱼，每年六七月正是鲥鱼旺季，清蒸鲥鱼肥美鲜嫩，早已成为当地风味佳肴。

清蒸鲥鱼的基本做法是：将鲥鱼内脏去掉，平剖成两片，放沸水中烫一下，皮朝上装入盘内，将火腿片、香菇片、冬笋片相间地摆在鱼身上，加上熟猪油、白糖、精盐、虾子、绍酒、鸡汤，包上猪网油，撒上葱姜丝，上笼蒸20分钟，拣出葱、姜和网油，将汤倒在勺内烧开，打净浮沫，加上胡椒粉，浇在鱼身上，撒上香菜段即可。

(5)松鼠鳜鱼。松鼠鳜鱼是苏州名菜的代表，已有300多年的历史。这个菜造型逼真，酸甜可口，酥脆鲜香，在国内外久享盛誉。

松鼠鳜鱼的基本做法是：将收拾好的鳜鱼从胸鳍后切下鱼头，再将鱼身平片成两片，去掉脊骨和腹刺，剞上交叉花刀，呈菱形刀纹，用精盐、绍酒腌渍后，蘸上干淀粉，再将两片鱼肉翻卷，翘起鱼尾成松鼠形，连同鱼头放入八成热油中炸熟，拼摆在鱼池内，浇上用番茄酱、白糖、香醋、绍酒、精盐、清汤、湿淀粉调制的芡汁即可。

此菜色泽金黄，肉翻似毛"吱吱"作响，极似松鼠。

六、浙江菜系

(一)浙江菜系的形成基础

浙江东濒大海，有千里长的海岸线，盛产海味，如著名的舟山渔场的黄鱼、带鱼、石斑鱼、锦绣龙虾及蛎、蛤、虾、蟹，还有淡菜、象山青蟹、温州蛸蛑和近年发展的养殖虾等。浙北是"杭、嘉、湖"大平原，河道港汊遍布，著名的太湖南临湖州，淡水鱼名贵品种，如鳜鱼、鲫鱼、青虾、湖蟹等以及"四大家鱼"产量极盛。浙江还是大米与蚕桑的主要产地，素有"鱼米之乡"的称号。西南为崇山峻岭，山珍野味历来有名，像庆元的香菇、景宁的黑木耳；中部为浙江盆地，即金华大粮仓，闻名中外的金华火腿就是选用全国瘦肉型名猪之一的"金华两头乌"制成的。而举世闻名的杭州龙井茶叶、绍兴老酒，都是烹饪中不可缺少的上乘原料。

浙菜的历史，也就是浙江烹饪的历史，可上溯到吴越春秋。越王勾践为复国，加紧军备，并在今绍兴市的会稽山，过去称“鸡山”，办起了大型的养鸡场，为前线准备作战粮草。故浙菜中最古的菜要首推绍兴名菜清汤越鸡。其次是杭州的“宋嫂鱼羹”，出自“宋五嫂鱼羹”，至今也有880余年的历史。从杭州近郊的良渚和浙东的余姚河姆渡两处人类活动的古遗址中发现，从猪、牛、羊、鸡、鸭等骨骸中证明，浙菜的烹饪原料在距今四五千年前已相当丰富。东坡肉、咸件儿、蜜汁火方、叫花童鸡等传统名菜均离不开这些烹饪原料。南宋建都杭州，北方大批名厨云集杭城，使杭菜和浙江菜系从萌芽状态进入发展状态，浙菜从此立于全国菜系之列。至今800多年的南宋名菜蟹酿橙、鳖蒸羊、东坡肉、南炒鳝、群仙羹、两色腰子等，至今仍是高档筵席上的名菜。绍兴除了清汤越鸡外，还有鲞扣鸡、鲞冻肉、虾油鸡、蓑衣虾球；宁波的咸菜大汤黄鱼、苔菜小方烤、冰糖甲鱼、锅烧鳗，湖州的老法虾仁、五彩鳝丝，嘉兴的炒蟹粉、炒虾蟹等，都有几百年的历史。温州近闽，受闽菜影响，烹调上讲究清淡，以海产品为主，像三丝鱼卷、三片敲虾等菜也历史悠久。

(二)浙江菜系的风味特点及代表菜

1. 浙菜的风味特点

浙江菜系是由杭州、宁波、绍兴三个地方菜发展而成，其中以杭州菜最负盛名。杭州依傍于钱塘江，又有西湖风景胜地，气候宜人，盛产淡水鱼虾，不少名菜来自民间，烹调方法以爆炒、炸、烤、焖为主，制作精细，变化较多，以清鲜、爽脆而著称；宁波菜鲜咸合一，以蒸、烤、炖烹制海鲜；绍兴菜讲究原汁原味，突出嫩、软、滑的特点，擅长烹制河鲜、家禽，入口香酥绵糯，汤浓味重，富有乡土风味。

2. 浙江菜系的代表菜

浙江的代表菜有：西湖醋鱼、东坡肉、西湖莼菜汤、干炸响铃、毛蜂熏鲥鱼、符离集烧鸡、清蒸鹰龟等。

(1)西湖醋鱼。西湖醋鱼是杭州传统风味名菜。烹制前，先将草鱼放在水池中饿养两天，使其排除泥土味，鱼肉结实。宰杀后，去掉鳞、鳃和内脏，而后洗净，从头至尾片成两部分，再用朴刀剞上刀纹，放入沸水中煮3分钟，用筷子扎鱼的颌下部，能轻轻扎入时即捞出，鱼背相对装入盘内。用煮鱼的汤水250克，加入酱油、醋、绍酒、白糖，烧开后，淋入湿淀粉，推搅成米汤汁，浇在鱼身上。此菜的特点是不用油，只用白开水加调料，鱼肉以断生为度，讲究食其鲜嫩和本味。

(2)东坡肉。相传，苏东坡第二次到杭州任职，发动民众疏浚西湖当大功告成时，他命厨师将百姓馈赠的猪肉、绍兴酒等，按照他的烧肉经验：慢著火，少著水，火候要足，烹制成佳肴给民工们品尝，故有“东坡肉”之称。

东坡肉经过后人的不断发展，现已公推为杭州第一名菜。东坡肉的基本做法是：选用带皮猪五花肉，刮洗干净，切成75克重的正方块，放入水锅内焯透捞出；取一大沙锅，用竹箅子垫底，铺上葱、姜块，再放上猪肉，加入白糖、绍酒、酱油，加盖密封，烧开后，用微火焖2小时，焖至酥烂，撇去浮油，皮朝上装入陶罐内，盖上盖，上屉蒸30分钟至酥透即可。此菜的特点是油润柔糯，味美异常。

(3)西湖莼菜汤。西湖莼菜汤又名鸡火莼菜汤，是用杭州西湖特产的莼菜与熟鸡脯肉丝、熟火腿丝，加上高级清汤、精盐、味精、熟鸡油氽制而成。菜肴色彩谐和，汤味纯美，莼菜鲜嫩润滑，烩炙人口，突出了地方风味特点。

(4)干炸响铃。干炸响铃是用北泗乡特产的豆腐皮,切成正方形,卷上用猪里脊、精盐、味精、绍酒和成的馅,再切成3.5厘米的段,放入五成热的菜油中炸至松脆捞出,装入盘内,配葱段、甜面酱、花椒盐佐食。此菜,色泽黄亮,食时脆如响铃而故名。

(5)油焖春笋。浙江是著名的竹笋产区,因而,竹笋在浙江菜中占有重要地位,有"四时不乏笋味"之称。油焖春笋是选用清明前出土的嫩笋,顺长剖开,拍松,再切成5厘米长的段,用花椒油煸炒后,加入酱油、白糖、味精和鲜汤,烧开后改用小火焖至汤汁稠浓,淋上香油即成。此菜的特点是油重、糖重,色泽红亮,口味偏甜,属于浙江的传统风味菜。

(6)叫花童鸡。相传,古时有个叫花子,偷来一只母鸡,在缺锅少灶的情况下,他就用泥巴将鸡包起来,放在紫火中烧烤,烧熟后再剥去泥巴,食之滋味鲜美异常。后来这一泥烤技法传入饭店酒家,又经过不断研制改进,逐已成为杭州的传统名菜。

叫化童鸡的基本做法是:选用1.5千克左右重的嫩母鸡,宰杀褪洗干净后,开肋取出内脏,经用山奈、八角、酱油、绍酒、白糖、精盐、味精、葱段、姜丝和成的卤汁腌渍,再逐层包上猪网油、荷叶、玻璃纸,用细麻绳扎好,最外面再包上和好的酒坛泥(和泥加料酒、精盐),放入烤箱内烘烤3~4小时,剥去泥包,蘸花椒盐、辣酱油佐食。

(7)龙井虾仁。龙井虾仁是取用清明节前的西湖龙井新茶与时鲜的河虾烹制而成。菜肴色泽白绿相衬,口味鲜嫩清香,具有浓厚的地方特色。

其烹制过程是:将河虾洗净,挤出虾仁,用蛋清、精盐、湿淀粉浆好;取龙井新茶10克,用沸水50克沏泡10分钟;将好的虾仁用四成热的大油滑熟,再烹上茶叶、茶汁、绍酒翻炒即可。

(8)荷叶粉蒸肉。荷叶粉蒸肉是将带皮的猪肋条肉切成长6厘米、宽2厘米的长方形,每片中间顺长剞一刀口,用甜面酱、酱油、白糖、绍酒、葱丝、姜丝拌和腌渍后,滚上一层米粉,刀口中间也夹上米粉,再包上烫过的荷叶,上屉蒸2小时即可。此菜的特点是肉质酥糯,清香不腻,实为夏季佐酒下饭美肴。

七、湖南菜系

(一)湖南菜系的形成基础

湖南菜简称湘菜,从它自成体系以来,就以其丰富的内涵和浓郁的地方特色,声播海内外,并同其他地方菜系一起,共同构成中国烹饪这一充满勃勃生气的整体,凝成华夏饮食文化的精华。

湘菜源远流长,经过历代的演变与进化,逐步发展成为颇负盛名的地方菜系。早在战国时期,伟大的爱国诗人屈原在其著名诗篇《招魂》中,就记载了当地的多种菜肴。西汉时期,湖南的菜肴品种就达109个,烹调方法也有9大类,这从20世纪70年代初长沙马王堆汉墓出土的文物中可以得到印证。六朝以后,湖南的饮食文化更加丰富与活跃。南宋时期,湘菜自成体系已初见端倪,一些佳肴和烹艺在官府衙门盛行,并逐渐步入民间。明、清两代是湘菜发展的黄金时期,此时海禁解除,门户开放,商旅云集,市场繁荣,烹饪技艺得到广泛的拓展和交流,其显著特征是茶楼酒馆遍及全省各地,湘菜的独特风格基本定局。清朝末叶,湖南美食之风盛行,一大批显赫的官僚权贵,竞相雇佣名师主理湘菜供其独享,而豪商巨贾也群起仿效。这些都为湘菜的提高与发展,客观上起到了推波助澜的作用。当时的长沙,先后出现了轩帮和堂帮两种湘菜馆,前者经营的业务是将菜担至民家,承制酒宴,后者则以堂菜为主,于市场广招食客。到了民国初年,这些菜馆的烹饪技艺日渐提高,且各具特色,出现了著名的戴(杨明)派、盛(善斋)

派、肖(麓松)派和祖庵派等多种烹饪流派,奠定了湘菜的历史地位。新中国成立以后,特别是改革开放以来,由于党和政府的重视、支持与鼓励,湘菜伴随着国民经济的繁荣、旅游事业的发展和人民生活的改善而得到前所未有的发展,时至今日,大批湘菜厨师在继承传统的同时,博采众长,大胆创造,刻意求新,传统菜精益求精,创新菜异彩纷呈,从而迎来了湘菜繁花似锦、姹紫嫣红的春天。

湖南菜有着多元结构。由于受地区物产、民风习俗和自然条件等诸多因素的影响,湘菜逐步形成了以湘江流域、洞庭湖区和湘西山区为基调的三种地方风味。湘江流域菜以长沙、衡阳、湘潭为中心,其中以长沙为主,讲究菜肴内涵的精当和外形的美观,色、香、味、形、器、质和谐的统一,因而成为湘菜的主流。洞庭湖区菜以常德、岳阳两地为主,善长制作河鲜水禽。湘西山区菜则由湘西、湘北的民族风味菜组成,以烹制山珍野味见长。以上三种地方风味,虽各具特色,但相互依存,彼此交流,构成湘菜多姿多彩的格局。

(二)湖南菜系的风味特点及代表菜

1.湘菜的风味特点

湖南菜是由湘江流域、洞庭湖区和湘西山区地方菜发展而成。湘江流域的菜是湖南菜的主要代表,其制作精细,用料广泛,品种繁多,特点是油重色浓,讲究实惠;在风味上注重香鲜、酸辣、软嫩;在制法上以煨、炖、腊、蒸、炒等著称。洞庭湖区的菜以烹制河鲜和家禽见长,多用烧、炖、腊等烹调方法,特点是芡大油厚,咸辣香糯。湘西山区的菜烹制山珍野味、烟熏肉和各种腌肉见长,风味侧重于咸、香、酸、辣,常以柴炭作燃料,有浓厚的山乡风味。

由此可见,湖南菜的共同风味是口味偏重于咸、辣、酸、香;用料多是猪、牛、羊、鸡、鸭、河鲜和湖产品;烹法以煨、炖、腊、蒸、炒、熏、焖为主。

2.湖南菜系的代表菜

湖南地方名菜有:组庵鱼翅、湘西酸肉、荷包肚、宝塔香腰、东安子鸡、麻辣子鸡、冰糖湘莲、腊味合蒸、金钱鱼等。

(1)组庵鱼翅。组庵鱼翅是湖南组庵派(官府菜)传统名菜之一,系原督军谭延的家厨曹敬臣所创,后来传入饮食业,为高级宴会之必备佳肴。

组庵鱼翅的基本做法是:选用发好的玉结鱼翅 2 000 克,用细纱布包好。瓦钵内垫一个竹箅子,铺上猪肘肉、葱结、姜片,将包好的鱼翅放置其上,再放上鸡块、干贝汤、绍酒、精盐、清汤,盖上盖,用慢火煨约 4 小时,取出鱼翅,装入盘内,将原汤滗出,加上熟鸡油、味精,烧开后浇在鱼翅上即可。用这种方法煨制的鱼翅具有软糯、柔滑、醇香等特点。

(2)湘西酸肉。湘西酸肉是湘西苗族和土家族传统风味佳肴,味辣微酸,以湘西自治州所做最佳,故名。

湘西酸肉的基本做法是:将带皮的猪肥肉刮洗干净,切成100克重的长方块,选用精盐、花椒粉腌 5 小时,再加玉米粉拌匀,装在坛内,封严坛口,腌 15 天即成。最后将这种腌好的酸肉切成长条状,加红椒末、青蒜段煸炒,再加上炒玉米粉、清汤焖熟。

(3)荷包肚。荷包肚也是湖南组庵菜中传统名肴,以原料丰富、香鲜酥糯而著称。此菜因猪肚内灌入干贝、口蘑、冬笋、火腿、薏苡米、鸡肉、猪油、味精、绍酒和成的馅,盛在绿釉瓦钵内,上屉蒸熟,原钵上桌,形如一个大荷包而故名。此菜由多种原料融汇调和,别具风味。

(4)宝塔香腰。宝塔香腰又名玉麟香腰、七层楼,是将七种不同的菜肴逐层码在一个大碗内,构成一个整体菜肴,形如一个宝塔,是衡阳地区传统名菜。大碗的最底层是炸制的芋艿片,第二层是蒸制的猪五花肉，第三层是炸制的荸荠丸子，第四层是经过挂糊油炸的猪肥瘦肉，第五层是蒸制的猪肉馅鸡蛋卷，第六层的橄榄形鱼肉丸子，最上层的爆腰花。

(5)东安子鸡。东安子鸡原名醋鸡，因发源于湖南省东安县而故名。

东安子鸡的基本做法是：选择嫩母鸡一只，褪洗干净，煮至七成熟捞出，剁去头、颈、脚爪，剔去骨头，切成长5厘米、宽1厘米的条，用熟猪油煸炒后，加入黄醋、绍酒、精盐、花椒末、肉清汤，焖约2分钟，再加入葱段、味精，勾芡，淋香油，装盘即成。此菜的特点是口味酸、辣、鲜、嫩，色泽素雅。

(6)麻辣子鸡。麻辣子鸡色泽金黄，口味麻辣鲜香，体现了湖南地方特色。

麻辣子鸡的基本做法是：选用当年嫩母鸡，宰杀褪洗后，去掉全部鸡骨，穿上交叉花刀，再切成2厘米的方丁，加酱油、绍酒、湿淀粉浆好，用七成热的猪油滑熟倒出，再用油煸炒红辣椒、花椒子，将滑好的鸡丁放入，加上黄醋、酱油、精盐、味精、青蒜，勾芡，淋入香油即可。

(7)冰糖湘莲。冰糖湘莲是用湘莲中的白莲，泡发后加上温水，上屉蒸烂，将水滗出，装入大碗内，再加上用冰糖水焖制的青豆、樱桃、桂圆肉、菠萝丁。莲米全浮于汤上，汤清莲白，甜糯清香，不仅口味特佳，而且营养丰富。

(8)腊味合蒸。湖南的腊味闻名全国，主要有腊猪肉、腊牛肉、腊鸡、腊鱼、腊野鸭等。腊味合蒸就是将腊肉、腊鸡、腊鱼蒸熟，分别去皮、去骨、去鳞，切成长条，皮朝下码在一个大碗内，加上熟猪油、白糖、味精、肉清汤上屉蒸烂，取出翻扣在大汤盘内。成菜色泽深红，腊味浓重，咸甜适口，是湖南传统风味名菜之一。

八、安徽菜系

(一)安徽菜系的形成基础

安徽菜，简称徽菜，是我国八大菜系之一。徽菜的影响遍及大半个中国，近及江南各省，远至大西北，徽菜馆四处林立，是雅俗共赏、南北咸宜、独具一格、自成一体的著名菜系。

徽菜的形成与发展，是和安徽的地理环境、经济物产、风尚习俗密切相关联的。安徽位于中国东南，华东腹地，简称“皖”。举世闻名的黄山和九华山蜿蜒于江南大地，雄奇的大别山和秀丽的天柱山绵亘于皖西边沿，成为安徽境内的两大天然屏障。长江、淮河自西向东横贯境内，把全省分为江南、淮北和江淮之间三个自然区域。江南山区，奇峰叠翠，山峦连接，盛产茶叶、竹笋、香菇、木耳、板栗、枇杷、雪梨、香榧、琥珀枣，以及石鸡、甲鱼、鹰龟、桃花鳜、果子狸等山珍野味。淮北平原，沃土千里，良田万顷，盛产粮食、油料、蔬果、禽畜，是著名的鱼米之乡，这里鸡鸭成群，猪羊满圈，蔬菜时鲜，果香迷人。特别是砀山酥梨、萧县葡萄、太和春芽、涡阳苔干，早已蜚声国内外。江淮之间，丘陵起伏，湖光山色，令人陶醉。沿江、沿淮和巢湖一带，是我国淡水鱼重要产区之一，万顷碧波为徽菜提供了丰富的水产资源。其中名贵的长江鲥鱼、巢湖银鱼、淮河回王鱼、泾县琴鱼、三河螃蟹等，都是久负盛名的席上珍品。所有这些天赐神品，都成为徽菜取之不尽、用之不竭的物产资源。

(二)安徽菜系的风味特点及代表菜

安徽菜系是由皖南、沿江、沿淮三个地方风味构成，徽州菜为安徽菜的主要代表。

1.徽菜的风味特点

皖南风味以徽州地方菜肴为代表，它是徽菜的主流和渊源，其主要特点是：擅长烧、炖，讲究火功，并习以火腿佐味，冰糖提鲜，善于保持原汁原味。不少菜肴都是用木炭火单炖、单焖，原锅上桌，不仅体现了徽味古朴典雅的风格，而且香气四溢，诱人食欲。

沿江风味盛行于芜湖、安庆及巢湖地区，它以烹调河鲜、家禽见长，讲究刀工，注意形色，善于用糖调味，擅长红烧、清蒸和烟熏技艺，其菜肴具有酥嫩、鲜醇、清爽、浓香的特色。

沿淮风味主要盛行于蚌埠、宿县、阜阳等地，其风味特色质朴、酥脆、咸鲜、爽口。在烹调上长于烧、炸等技法，善用香菜、辣椒配色佐味。

此外，省会合肥是全省政治、经济、文化中心，是皖南、沿江、沿淮三种风味交流汇集的地方，自然融汇了徽菜的三种风味。

2.安徽菜系的代表菜

安徽菜系的十大代表菜：清炖马蹄鳖、凤阳瓤豆腐、方腊鱼、无为熏鸭、腌鲜鳜鱼、符离集烧鸡、徽州丸子、毛蜂熏鲥鱼、清蒸鹰鱼、奶油肥王鱼

(1)清炖马蹄鳖。清炖马蹄鳖又名火腿炖甲鱼，是徽菜中最古老的传统名菜，采用当地最著名的特产沙地马蹄鳖炖成。

相传南宋时，上至高宗，下至地方百官都品尝过此菜。明、清时一些著名诗人、居士都曾慕名前往徽州品尝马蹄鳖之美味，因而享誉全国成为安徽特有的传统名菜。

清炖马蹄鳖的基本做法是：将甲鱼宰杀，用开水烫泡后，剥去外层内膜，用刀沿甲壳四周剖开，掀起甲盖，去掉内脏（留下甲鱼盖），剁成约 3.5 厘米长、1.7 厘米宽的块（尾和脚爪不用），放入开水锅中煮至水再开，捞出沥水。将火腿切成4 大块。将甲鱼块整齐地码在沙锅中，把火腿、葱、姜和火腿骨围在甲鱼四周，加入鸡清汤和绍酒，盖好锅盖，旺火烧开后，去除浮沫，放冰糖，转用微火炖 1 小时左右，拣出姜和火腿骨，放盐，再将火腿捞出切成片放入锅里，淋上熟猪油，撒入白胡椒粉即成。此菜的特点是汤汁清醇，肉质酥烂，裙边滑润，肥鲜浓香。

(2)凤阳瓤豆腐。凤阳瓤豆腐是安徽凤阳的传统名菜，相传是凤阳一个姓黄的厨师所创制，代代相传，至今已有久远的历史。瓤豆腐物美价廉，之所以成为名菜，和明朝开国皇帝朱元璋很有关系。明太祖朱元璋幼年家贫，很小就为他人放牛，从未吃过好东西。有一年凤阳遭受大灾，朱元璋不幸成了孤儿，便到家乡附近的皇觉寺出家做了一名小和尚。灾年的寺庙也很艰难，朱元璋于是外出化缘乞讨，饱一顿饥一顿过着辛酸苦辣的日子。有一次朱元璋几天未讨到吃的东西，昏倒在黄厨师的饭店门口。黄厨师是个善良人，为朱元璋做了本店的看家菜瓤豆腐，救了他一命。后来朱元璋从军打天下，做了明朝的开国皇帝，常常怀念黄厨师的瓤豆腐，就把黄厨师接去做了御厨，每当朱元璋宴请宾客，都少不了这道菜。

(3)无为熏鸭。从前，安徽省无为县鼓楼街有个清真餐馆，主人叫马常有，专门销售牛肉食品。无为依山临水，是个圩区，很少有人家养牛，更不养羊，马常有一直为货源缺乏而苦恼。有一天马常有出外散心，忽见河边岸上有人架起一堆篝火，迎风还飘过阵阵香味，不由得好奇起来。走到近前一看，才发现几个顽童用烧过的草炭余火熏一只白生生的鸭子。马常有故意和小家伙闲聊：“这样熏鸭子能好吃吗？”小家伙们都说好吃。马常有又问他们怎么想起来用火熏鸭子的。小家伙都说是跟皇上爷爷学来的。原来明太祖朱元璋小的时候家穷，给人家放牛。但是东家不给他吃饱肚子，所以一群放牛童聚在一起，便干起捉野鸭子的活计来了。他们不敢带回家去吃，就在野外割些茅草，架起火来熏烤。有时烤不熟，便埋在火灰里，等第二天扒出来，鸭肉又香又烂，好吃极了。马常有回到家里，左思右想，决定做熏鸭的生意。他一次又一次地试验，请教别人，终于摸索出用锯末熏鸭的独特制作工艺。从此无为的马常有清真熏鸭生意做大了。后来“无为熏鸭”成了安徽省出名的地方风味食品。

中国烹饪文化深厚，除了以上介绍的八大菜系之外，在国际上我国出名的“四大菜系”是川、粤、苏、鲁；还有诸如“十大菜系”，即“八大菜系”加上湖北菜、北京菜等菜系。除以上地方菜系划分之外，还有仿膳菜、全素菜及清真菜等不同烹饪文化的菜系等等。

第三节　中国各地风味名点

中国烹饪文化博大精深，在菜肴等的制作上形成不同派别，各具特色，以下我们简单介绍一下各地风味名点。

一、四川风味

四川风味名点之所以深受人们喜爱，是因其自身特点所决定的。一是风味突出，它同川菜一样，不仅选用多种调味品和复合调味品，并且十分讲究调味的技巧，形成了多种风格。二是善于用汤，成都风味名点中用的汤，是用多种原料和调料精心熬制的，汤浓味美。三是注重质量，无论哪种名点，都特别讲究原材料和调味料的质量。四是随时令翻新花样，应时应景。

1. 四川肥肠粉

正宗的肥肠粉选用的是上等红薯粉、菜籽油及干红辣椒、花椒等原料，锅汤则是用肥肠、猪骨头等以及多种佐料熬制而成。肥肠粉红油飘香，干菜、榨菜末星星点点，炒黄豆焦黄浑圆，粉条糯软，满口留香，夹起颤巍巍的肥肠送入口中，只觉卤香细腻，滑爽耐嚼。

2. 叶儿粑

叶儿粑四川名小吃之一，共有两种。第一种叶儿粑又叫艾馍，原是川西农家清明节的传统食品。1940 年，新都天斋小食店将艾馍精心改制，更名为叶儿粑。叶儿粑是用糯米粉面包住麻茸甜馅心或鲜肉咸馅心，外裹鲜橘子叶，置旺火蒸，其特色是清香滋润，醇甜爽口，荷香味浓，菜分两味，咸鲜味美。第二种叶儿粑叫本种叶儿粑。此种叶儿粑是犍为城的特产，用糯米粉面包馅心，外裹新鲜绿色粑叶，置旺火蒸制。其色洁似乳，味道香醇可口，不沾盘、不沾筷、不沾牙，被称作三不沾叶儿粑。制作此种叶儿粑选料考究，工艺精细，工序达到了六步以上，原料配方达十多种。第二种叶儿粑也分甜的和咸的两种，甜的馅是豆沙加上核桃等果仁，大多在表面加了红糖，这样更好吃；咸的则是肉末加芽菜。叶儿粑携带方便，老少适宜，保存时间长，加热几分钟就可以吃，是不可多得的天然美味绿色食品。

3. 龙抄手

龙抄手的得名并非老板姓龙，而是创办人张武光与其好友等三个伙计在当时的“浓花茶园”商议开抄手店之事，在切磋店名时，借用“浓花茶园”的“浓”字，以谐音字“龙”为名号（四川方言“浓”与“龙”同音），也寓有“龙腾虎跃”、“吉祥”、“生意兴隆”之意。“抄手”是四川人对馄饨的特殊叫法，抄手的得名，大概是因为包制时要将面皮的两头抄拢，故而得名。龙抄手皮薄馅嫩，爽滑鲜香，汤浓色白，为蓉城小吃的佼佼者。

龙抄手的制作原料有：面粉、鸡蛋、豆粉、猪肉、胡椒粉、芝麻油、酱油、食盐、姜汁等。

龙抄手的基本做法是：首先，将面粉、鸡蛋加水反复揉和，边擀边撒适量豆粉制成皮料待用。其次，再将猪肉、鸡蛋、适量食盐、水、酱油、姜汁、胡椒粉、芝麻油剁细拌合成馅料。最后，在碗中放上食盐、胡椒粉、味精和一勺原汤汁，以皮料包上馅料做成漏斗形状，下抄手入沸水中，待浮出水面即熟，用漏勺舀入碗中即可食用。

4. 担担面

担担面为全国名面食之一，具有四川的独特风味。担担面系自贡市一位名叫陈包包的小贩挑着担子吆喝叫卖的一种面食，始创于1841年，因最初是挑着担子沿街叫卖而得名。

标准的面担，是用硬木制作的，担的一头是"操作台"兼"贮藏室"，放有面条、蔬菜及各式调料，另一头是"灶披间"、小风箱，可现场煮面。担担面用红油、花椒、咸酱油、芽菜末、葱花、味精、醋等作调料，加上碎肉，十分可口。其配料有红酱油、化猪油、麻油、芝麻酱、蒜泥、葱花、红油辣椒、花椒面、醋、芽菜、味精等十多种。担担面的特点是：面细无汤，麻辣味鲜。川味面食中有名的素面、素椒杂酱面、清汤杂酱面、红汤面、酸辣面、清红汤抄手都可以在这副面担上做出来。此面现做现吃，汤沸面滑，调料齐全，经济方便。

二、福建风味

1. 肉燕皮

肉燕皮（简称燕皮），俗称扁食皮，精选猪前后腿的瘦肉，配以淀粉、精盐等，通过手工打制，薄如白纸，色泽洁白。

肉燕皮的制作原料有：干肉燕皮、鲜净鱼肉、猪五花肋肉、虾干、芹菜、紫菜、味精、绍酒、湿淀粉、芝麻油、虾油、猪骨汤。

肉燕皮的基本做法是：首先将鲜鱼肉、五花肉剁成肉泥，虾干剁成末；芹菜取茎切成末，以上四物加入骨汤、虾油、湿淀粉拌成馅料，用冷开水将紫菜浸发，洗净。其次，把干肉燕皮切成方片，喷湿，放上馅料，然后合拢捏紧，制成长春花形状（亦名"小长春"）；把肉燕皮上笼，用旺火蒸5分钟取出。最后，再将蒸过的肉燕皮，放入沸水中氽一下，捞起，撒上芹菜末、紫菜；将骨汤煮沸，调入虾油、绍油、味精搅匀，舀在肉燕碗里，淋上芝麻油即成。

2. 武夷山糍粑

糍粑是用熟糯米搅拌成泥制作而成，是中国南方一些地区流行的美食，人们习惯于在春节前制作，象征丰收、喜庆和团圆，是过年必备之品。糍粑排骨是一道带有浓郁乡土风味的新菜色，柔软的糍粑包裹着酥烂入味的排骨，再油炸至金黄，入口松化内里软滑，带有排骨肉汁，口感非常丰富。

三、山东风味

1. 糁

糁是山东临沂地区的风味小吃，因其香辣可口、肥而不腻、祛风除寒、开食健胃实为众人所喜爱，早晨喝糁系临沂传统食俗。

"糁"在文字上讲是用肉作成的汤羹。糁当时叫"肉糊"，后来明朝时期定名为"糁"。据《临沂县志》记载，糁是明朝末年开始流行，几经演变改进逐步形成独具一格的沂州名吃。解放前临沂城有八家著名糁铺，今已发展至百家专营糁铺。

喝糁有四大讲究，即热、辣、香、肥。一碗热糁配以油条、烧饼、烤牌等食用是莫大的早餐享受。糁有牛肉糁、羊肉糁、鸡肉糁三种，以羊肉糁最为普遍，鸡肉糁最为上乘。

2. 煎饼

传说煎饼是诸葛亮发明的。诸葛亮辅佐刘备之初，兵微将寡，常被曹兵追杀，一次被围在沂河、涑河之间，锅灶尽失，而将士饥饿困乏，又不能造饭，诸葛亮便让伙夫以水和玉米面为浆，将金(铜锣)置火上,用木棍将米浆摊平,煎出香喷喷的薄饼,将士食后士气大振,杀出重围,当地人也习得此法做食,但铜锣昂贵,且易开裂,人们便以铁制成锣状的煎饼烙。从此煎饼在沂蒙乃至山东大地上流传至今……

山东煎饼是沂蒙老区传统食粮,用玉米、小米或者混合料制成,制作时底下烧火,在鏊子上摊,最薄的煎饼可以看到对面,有甜味、酸味和普通三种。

煎饼的制作原料有:小米 1 000 克,黄豆 100 克。煎饼的基本做法是:首先,将小米、黄豆淘洗干净。先把 500 克小米煮到七成熟时捞出,晾凉后与另 500 克生小米和黄豆一起上磨,加水磨成米糊,盛到盆里使其稍微发酸。然后,将煎饼鏊子烧热(火要缓而均匀),左手盛一勺米糊倒在鏊子中央,右手用煎饼扒子尽快把米糊向顺时针方向推开成画饼形,约用 1 分钟即熟。用刮刀顺边刮起煎饼的边缘,两手提边揭起,饼薄加纸,呈棕黄色,松软筋道,微酸甜香。

3. 周村烧饼

周村烧饼因产于山东淄博周村而得名,是山东省的著名特产之一。周村烧饼以传统工艺精工制作而成,为纯手工制品,有"酥、香、薄、脆"四大特点,营养丰富,老少皆宜。其外形圆而色黄,正面贴满芝麻仁,背面酥孔罗列,薄似杨叶,酥脆异常。入口一嚼即碎,香满口腹,若失手落地,则会皆成碎片,俗称"瓜拉叶子烧饼"。周村烧饼制作历史悠久,至今已有 1 800 多年的历史。几经工艺改造,如今已是驰名中外、家喻户晓了。

4. 德州扒鸡

德州市位于黄河下游,山东省的西北部,是山东省的北大门。德州扒鸡是 300 年来历代相传的老字号正宗产品,有"香溢州城"之美誉。

德州扒鸡以五香脱骨扒鸡最为著名。此菜因在最初制作时只添加五味调料而得名。五香脱骨扒鸡传承传统工艺精髓,选饲养 10 周左右的童子鸡作主料,加配十几种名贵调料,经蜜水浇灌,素油烹炸,精工扒制而成,色鲜味美、肉质鲜嫩、五香脱骨、咸淡适中、老少皆宜,是高蛋白低脂肪性营养食品,经常食用能收到开胃健脾、温中益气、通络提神之功效。

四、陕西风味

1. 米皮

米此是陕西户县秦镇的驰名小吃。米皮是用当地出产的一种籼米制成,制作工序包括泡米、磨浆和蒸制,然后用一把几十斤重的大刀将米皮切成细条,拌上特制的辣椒油(叫"油泼辣子")、醋和盐,加上黄瓜丝和豆芽,一碗碗看来红通通,吃起来"筋、薄、细、软",凉爽可口的米皮就可以上桌了。米皮通常凉食,所以也叫凉皮。

2. 肉夹馍

肉夹馍得名古汉语"肉夹于馍"。其肉叫腊汁肉,是一种普什肉,但比一般酱肉酥烂,滋味鲜长。由于选料精细,调料全面,火功到家,加上使用陈年老汤,因此所制的腊汁肉与众不同,有明显的特色,人们称赞它是:"肥肉吃了不腻口,瘦肉无法满嘴油。不用牙咬肉自烂,食后余香久不散。"铁炉子上打的馍叫白吉馍,也叫白吉饼。用刀把大锅里炖的肉剁碎,然后把馍从中间划开,把肉夹进去,再灌些肉汤,吃起来肥而不腻、瘦而不柴。

3. 牛羊肉泡馍

陕西风味美馔,尤以西安牛羊肉泡馍盛名。它烹制精细,料重味醇,肉烂汤浓,肥而不腻,营养丰富,香气四溢,诱人食欲,食后回味无穷。因它暖胃耐饥,素为西安和西北地区各族人民所喜爱，外宾来陕也争先品尝，以饱口福。新中国成立以来，特别是近年来用以招待国际友人，也深受好评。牛羊肉泡馍已成为陕西名食的“总代表”。

4. 陕西锅盔

锅盔是用麦面做成面坯，然后用铁锅烙成的一种饼，是外出随身携带的最好的干粮。锅盔在陕西已经有上千年的历史，人们尝试着让它更持久溢香。制作锅盔在和面、揉捏、时间、火候、烘烤等过程严格考究。用来作锅盔的面粉应是本年中上好的小麦，做烙饼的工具要用专用的铁锅，火候也很重要，否则在烙锅盔时就会出现糊或者没熟透的情况。

五、北京风味

1. 奶油炸糕

北京特色小吃中奶油炸糕是富有营养的小吃品种。它用上好面粉为原料，先烧适量开水，水开后，改用小火，将面粉倒入锅内，迅速搅拌直到面团由白色变成灰白色，待面不粘手时，取出稍晾成烫面。将白糖和香草粉用水化开，加适量鸡蛋在碗内搅匀，分几次加入烫面中，最后一次加入奶油、糖水、香草粉水，揉搓均匀。然后在锅内倒油，旺火烧至冒烟后，改用小火，此时将揉匀搅拌好的面团500克分成40个均匀小球，入油锅前用手摁成圆饼，逐个下入油中，待饼膨起如球状，并呈金黄色时捞出，滚上白糖即成。

2. 驴打滚儿

驴打滚儿是北京特色小吃中比较古老的品种之一，它的原料是用黄米面加水蒸熟。在和面时需稍多加水并和软些。另将黄豆炒熟后，轧成粉面。再将蒸熟发黄米面外沾上黄豆粉面并擀成片，然后抹上赤豆沙馅（也可用红糖）卷起来，切成100克左右的小块，撒上白糖即可。制作时要求卷馅均匀，层次分明，外表呈黄色。驴打滚儿香、甜、粘，有浓郁的黄豆粉香味。

3. 艾窝窝

艾窝窝是传统北京特色小吃，旧时每年农历春节前后，北京的小吃店都会出售艾窝窝，一直卖到夏末秋初。现在一年四季都有供应。艾窝窝是将糯米洗净浸泡，而后入笼蒸熟，晾凉后揉匀，揪成小段，摁成圆皮，包上桃仁、芝麻仁、瓜子仁、青梅、金糕、白糖，拌和成馅。

4. 焦圈儿

北京特色小吃中的焦圈儿，凭借其酥脆油香的味道，对于“老北京”来说，是一种巨大的诱惑。北京人喝豆汁必吃焦圈儿，豆汁儿就着焦圈儿，已经成了北京的一个标签。焦圈儿可贮存10～15天，质不变，脆如初，酥脆不皮，是千百年来人们喜爱的食品。

六、广东风味

1. 叉烧包

叉烧包是广东老牌名点。在广东大小茶楼、酒家四时均有供应，故有“镇山宝”之称。成品呈雀笼形，松软香甜。

叉烧包以切成小块的叉烧，加入蚝油等调味成为馅料，外面以面粉包裹，放在蒸笼内蒸熟而成。叉烧包一般大小约为直径5厘米左右，一笼通常为三、四个。好的叉烧包采用肥瘦适中的叉烧作馅，蒸熟后外皮软滑，微裂露出叉烧馅料，渗发出阵阵叉烧的香味。

2. 艇仔粥

艇仔粥是一种广东粥品。旧时广州西郊，每逢夏日黄昏，不乏文人雅士及各方游客来此游玩。游河小艇穿梭往来，其中有小艇专门供应“艇仔粥”，以鱼片、炸花生等多种配料加在粥中而成，原为一些水上人家用小船在荔枝湾河面经营。艇仔粥集多种原料之长，多而不杂，爽脆软滑，鲜甜香美，适合众人口味。艇仔粥是从鱼生发展而来的。《南越游记》记载：“岭南人喜取草鱼活者，剖割成屑，佐以瓜子、落花生、萝卜、木耳、芹菜、油煎面饵、粉丝、腐干，汇而食之，名曰鱼生。”“复有鱼生粥，其中所有诸品，因鱼生之名而名之。”现在珠江河面的船家已迁至岸上，艇仔粥也自小艇而进入大酒家、大饭店。

七、云南风味

1. 过桥米线

过桥米线已有100多年历史，相传起源于滇南蒙自。当地有位书生，为求取功名而奋发读书，终于高中。因书生的妻子每日为其送饭都要经过一座小桥，书生便称米线为“过桥米线”，从此流传开来。

云南米线可分两大类：一类是由大米经过发酵后磨粉制成的，俗称“酸浆米线”，其工艺复杂，生产周期长，特点是筋骨好，滑爽甘甜，有大米的清香味，属于传统的制作方法。另一类是大米磨粉后直接放入机器中挤压，靠摩擦的热度使大米糊化成型，称为“干浆米线”。干浆米线晒干后即为“干米线”，方便携带和贮藏，食用时，再蒸煮涨发。干浆米线筋骨硬，线长，但缺乏大米的清香味。

现在的过桥米线主要由四部份组成：一是汤料，覆盖有一层滚油。二是佐料，有油辣子、味精、胡椒、精盐。三是主料和辅料：主料有生的猪里脊肉片、鸡脯肉片、乌鱼片，以及用水煮过五成熟的猪腰片、肚头片、水发鱿鱼片；辅料有水过的豌豆尖、韭菜，以及香菜、葱丝、草芽丝、姜丝、玉兰片、氽过的豆腐皮。四是主食，即用水略烫过的米线。

2. 砂锅鱼

砂锅鱼是大理名菜之一。云南大理白族自治州风光秀丽，有东方夏威夷之称。大理砂锅鱼是白族地区特有的传统佳肴食品，味道鲜美，营养丰富，享有盛名。

砂锅鱼的基本做法是：选用祥云出产的好砂锅，以玉兰片、冬菇、火腿片、鲜肉片、嫩鸡片等10余种鲜、腊料垫底，将洱海出产的鲜鱼剖腹洗净，抹上少许精盐，腌十几分钟，然后加上汤，放在木炭上微火炖熟；再配以少许豆腐片、胡萝卜、白菜心等。上席后，以盘衬垫，飘红映绿，清香扑鼻。

八、新疆风味

1. 羊杂碎

羊杂碎是维吾尔族以及回族等信仰伊斯兰教的少数民族同胞的传统食品之一。他们对吃羊杂碎十分讲究，由于做工精细，烹饪有方，做出的羊杂碎味道十分可口。

2. 新疆风干肉抓饭

顾名思义，风干肉就是风干了的肉，牛羊肉均可风干。其实，风干肉并非纯粹的风干，据说还要用松木熏过。风干肉平时吃比较容易，加热就可以，但是要做成抓饭里的肉，就要经过近两个小时的加工，以获得很好的口感。

3. 新疆大盘鸡

新疆大盘鸡起源于20世纪90年代初期，原创地在新疆沙湾县，据说出自于当地的一家清真饭馆，那家清真饭馆以前专门经营纯新疆风味食品。改革开放以后，许多四川人来到新疆。他们中很多人都从事着体力劳动，饭量颇大，怎么样吃才能既经济又实惠呢？当地人经过研究、试验，终于，用一整只鸡和相关的蔬菜烹饪的美味诞生了，他们给这种美食取名为“大盘鸡”。大盘鸡既有鸡块，又有相关的蔬菜，还有主食；味道上，既有新疆人喜欢的辣味，又有四川人着迷的麻味。

九、浙江风味

1. 宁波汤圆

传说，1912 年袁世凯篡夺革命成果，做了大总统后，仍一心想当皇帝，又怕人民反对，因此整日提心吊胆。因为“元”和“袁”、“宵”与“消”是同音的，“袁消”有“袁世凯被消灭”之嫌，于是在 1913 年元宵节前，袁世凯就下令把元宵改为汤圆。这便是传说中汤圆名称的来历。

汤圆是宁波的著名小吃之一，也是我国的代表小吃之一，历史十分悠久。据传，汤圆起源于宋朝。当时各地兴起吃一种新奇食品，即用各种果饵做馅，外面用糯米粉搓成球，煮熟后，吃起来香甜可口，饶有风趣。因为这种糯米球煮在锅里又浮又沉，所以它最早叫“浮元子”，后来有的地区把“浮元子”改称元宵。与北方人不同，宁波人在春节早晨都有合家聚坐共进汤圆的传统习俗。

2. 猫耳朵

猫耳朵又称“麦疙瘩”，源于清宫的御膳，风味别致，是杭州有名的风味小吃。

据传，乾隆皇帝下江南，一次微服乘一叶小舟赏玩西湖。游得兴致勃勃时，天忽然下起了小雨，众人连忙避雨于小舟船舱内。可是雨越下越大，几个时辰过去了，乾隆皇帝又饥又饿，忍不住问老渔翁是否吃的。老渔翁告诉乾隆有面但没有擀面杖，做不成面条。正发愁之际，老渔翁的小孙女抱着一只小花猫走来说：“没有擀面杖，我来用手捻。”于是小姑娘动手将面捻成块，状似小花猫的耳朵，小巧可爱。她把这形状怪怪的面条下锅煮熟后再浇上鱼虾卤汁端给乾隆吃。乾隆见面条不同寻常的模样，玲珑别致，吃后更觉得回味无穷，赶忙问小姑娘这叫什么面，小姑娘回答说是“猫耳朵”。乾隆非常喜欢这道点心，回京后即召小姑娘为其做“猫耳朵”。自此“猫耳朵”成了一道名点。

3. 丁莲芳千张包子

丁莲芳千张包子是浙江湖州著名风味小吃，因其用千张皮包上馅料煮制而得名。据传清代光绪年间，湖州人丁莲芳首创在粉丝汤中配上千张包子，并以自己的名字作招牌。

我国幅员辽阔，地域差别明显，各地民众在长时间的生产生活中形成了各地饮食文化，创造了各地的风味特色小吃。除了以上介绍的以外，还有青海的抓羊肉、杂面片、羊肠面；天津的狗不理包子、天津大麻花；江苏的鸭血粉丝汤等等各地名小吃。

本章思考题

1. 我国烹饪文化发展分为几个阶段？
2. 我国八大菜系包括哪些菜系？
3. 八大菜系的特点包括哪些？
4. 举例说明我国各地主要的风味小吃。

第七章 中国聚落文化

学习要点

1. 了解聚落文化的概念及聚落的分类，掌握聚落文化与旅游的关系
2. 了解中国历史文化名城的概念及分类，掌握不同类型名城各自的文化特点
3. 了解中国特色城镇及其类型，掌握特色城镇各自的文化特点

第一节 聚落文化与旅游

一、聚落文化的概念

聚落是人类各种形式聚集地的总称。聚落一词起源很早，《史记·五帝本纪》有："一年而所居成聚，二年成邑，三年成都"。《汉书·沟洫志》有："或久无害，稍筑室宅，遂成聚落"。显然，聚落的本义指村落，后来泛指人群聚居的地方，包括都市、城镇和乡村等。它是在一定地域内发生的社会活动和社会关系，是由共同的成员组成的相对独立的地域社会。

聚落是人类活动的中心，它按人类居住的时间长短来分，可分为临时性聚落和永久性聚落。永久性聚落又可分为乡村聚落和城市聚落两大类。

乡村聚落是以农业活动和农业人口为主的聚落。按居住在村庄内人们的经营项目性质和村庄的不同生产性建筑，乡村聚落又可分为农耕业村落、牧业村落、渔业村落、林果业村落、副业村落、狩猎业村落等多种聚落。按村落建筑的年代和结构、装饰，又可分为传统聚落和现代聚落。无论是广义的乡村聚落，还是狭义的乡村聚落，是传统的聚落，还是现代的聚落，它们都是人们居住、生活、休息和进行各种社会活动的场所，也是人们进行劳动生产的场所，这些场所构成了乡村特有的聚落景观。

而城市聚落是以非农业人口为主的聚落，规模较大，是一定地域范围内的政治、经济和文化中心。

聚落文化是指聚落在形成的过程中，受到人们生产、生活方式的影响而出现的人们改造环境和适应环境的产物。这种产物既有物质的，也有精神的。其中物质的聚落文化包括聚落建筑和聚落环境，而精神的聚落文化是由聚落成员的生活、生产方式和聚落风俗组成的。

二、乡村聚落的起源

随着生产力的发展，人类进行了第一次社会大分工。人们开始饲养家畜、栽培作物，为定

图 7－1　乡村聚落

居生活提供了条件。此时人类的居住条件有很大进步，建立了永久性和半永久性的房屋，逐渐形成了乡村聚落。

乡村聚落不仅包括聚落建筑本身，还包含聚落的经济空间、社会空间和文化空间，它们共同组成了乡村聚落体系。在北方干旱地区出现了圆形或不规则的多边形的聚落形态，在南方水网地区则出现了带状的聚落形态，进而形成了丰富多彩的乡村民居。如北方的北京的四合院、陕北的窑洞、新疆的土坯房、西藏的碉楼和内蒙古的蒙古包，南方的江南水乡民居、皖南民居、湘西的吊脚楼、福建土楼和傣家竹楼等。

三、中国城市的发展

城市从根本上讲是生产力发展、社会进步的产物。城市的出现是人类走向成熟和文明的标志，也是人类群居生活的高级形式，是伴随人类文明与进步发展起来的。

中国古代城市的发展大体上分为四种情况：一是为维护王权而产生；二是因商业的发展而兴盛；三是因战争的需要而修筑；四是因工业的发展而形成。

我国古代城市出现始于夏朝。原始社会晚期，随着生产力的发展，产品有了剩余，随之产生了私有制；而私有制的出现，促进了社会贫富分化的加剧，于是产生了阶级，诱发了争权夺利的斗争。部落首领在竞争和冲突的过程中，凭借其有利地位，以暴力手段占有财富，掌握了政治、经济、宗教大权，形成了少数人统治多数人的集权局面，渐渐地部落首领演变成国王。夏朝建立后，形成了王权制度。夏王对内为维护其统治地位，对外为防御外敌的军事进攻，有必要建立一个力量的据点。在此动机下，国王通过强制手段，强迫人们用围墙封围城池，雇佣军队，形成以政治、军事或宗教为核心元素的城堡，统治着辖区内的成员并统一发号施令。久而久之，国王的城池也逐渐演变为城市，成了帝王之都和一个国家的政治、经济、文化中心。

我国古代第一次城市建设高潮发生在西周。周武王灭商后，定都镐京，政治上实行分封制。受封诸侯在其领地纷纷修筑都邑，安营扎寨，以维护地方统治秩序，拱卫周王室。许多城市就缘于此，这也是为维护王权的需要。

我国古代第二次城市建设高潮发生在春秋战国时期。春秋战国是我国由奴隶社会向封建社会过渡时期，在新旧社会更替的过程中，东周王权衰落，群雄并起。诸侯割据，相互攻伐，筑城防御显得十分重要。因此坚固的城墙、庞大的城池便因战争而生。属这种类城市的有如秦之咸阳、赵之邯郸、魏之大梁、楚之郢等。

也是在原始社会晚期，随着产品交换的不断发展和扩大，发生了第三次社会大分工，专门从事产品交换的商人应运而生。在古代许多交通便利的地方形成了一些人口相对集中、规模大小不等、以产品交换为中心的场所——集市。集市的发展促进了集镇的形成，并为城镇的产生奠定了基础，进而发展为最早的城市。战国年间，中国商业发展掀起一股高潮，“天下熙熙，皆为利来，天下攘攘，皆为利往。”在这势如卷席的商品洪流中，城市的兴盛实属必然。所以，中国古代许多交通便利的地方由商业中心逐渐发展为城市。如春秋战国齐国之临淄、西汉之长安、北宋之开封、南宋之杭州等，都是当时世界上著名的大都市，反映了当时中国综合国力的强大。

明清两代随着商品经济的发展，出现了一些专业化城市，如瓷都景德镇，丝织业尤长的南京、苏州，棉纺业中心松江、福州，制糖业兴盛的东莞等。总之，在封建社会时期，由于历代统治者实行“重农抑商”政策，中国古代城市发展较为缓慢。

1840 年的鸦片战争，外国资本大举入侵，“不仅对中国封建经济的基础起了解体作用，同时又给中国资本主义生产的发展造成了某些客观的条件和可能”(《毛泽东选集》)。随着资本主义世界工业革命的兴起，工业新技术和大机器生产的浪潮也涉及我国，使我国城市的发展速度超过以往任何时期。但由于我国处于半殖民地半封建社会，受到帝国主义者的侵略，城市化水平远远落后于世界平均水平。

新中国建立之初，我国城镇人口仅及世界平均水平的 1/3。20 世纪 50 年代，随着社会主义建设的发展，城市人口比例迅速提高。改革开放以来，社会主义建设进入了一个崭新的发展时期，城市化水平也随社会的发展使许多落后贫穷的地区变成了高度现代化的新城镇、大都会，大、中、小城市和广大富有活力的城镇，带动了各地区经济社会蒸蒸日上、不断发展，形成了良性循环。

四、聚落文化与旅游的关系

首先，聚落文化是重要的旅游资源，具有强大的吸引力。

聚落文化是中华文明的重要组成部分，在长期历史发展的过程中，积累和保存了大量的文物古迹，体现了特定时期社会经济发展状况和民族文化发展水平。随着居民生活水平的不断提高，聚落文化已成为重要的旅游资源，受到各地政府的重视，吸引了大量游客前来参观游览，尤以大中型城市为甚。一是因为城市大多选址在交通便利、生态环境较好的地方，具有丰富的生态旅游资源。二是因为经过千百年的发展和积累，历史文化积淀非常深厚。三是城市建筑随着历史的更替，也不断推陈出新，成为历史发展走向的具体表象。四是城市都是一定地域的商业中心。但由于城市所处地域的不同，地质地貌的不同，加之政治、经济、文化等方面发展的侧重点不同，形成风格迥异的不同类型，这是取之不竭的旅游资源，是人们观光探奇、商务活动和进行科学研究的目的地。

其次，旅游产业的深入发展也促进了传统聚落文化的保护与复兴。

传统的乡村聚落也同样是一种宝贵的旅游资源，它不同于城市生活的形式，容易成为城市居民心中休闲的场所。适度开发传统聚落文化资源，可以激发旅游者返璞归真的情怀，寻求传统文化的安闲与宁静。同时，旅游的深入开发也促进了传统聚落文化的保护和复兴。传统习俗和文化活动得以恢复和开发，传统的民间艺术得以重视和弘扬，濒临湮灭的历史文物得以修复和维护。北京故宫、丽江古城、安徽黟县古村落等已作为重要人类文化遗产被列入联合国教科文组织《世界自然与文化遗产名录》。这些凝聚着中华民族悠久历史文化的名胜古迹，不仅作为独特的旅游资源受到国内外游客的欢迎，而且大大激发了人们对中国传统文化的民族自豪感。

第二节 历史文化名城

根据《中华人民共和国文物保护法》中规定，历史文化名城是指“保存文物特别丰富，具有重大历史文化价值和革命意义的城市”。我国是一个历史悠久的文明古国，历史文化名城众多，遍布全国各个省份。迄今，我国政府已将110座城市列为国家级历史文化名城。这些城市有的曾被各朝帝王选作都城；有的曾是当时的政治、经济重镇；有的曾是重大历史事件的发生地；有的因拥有珍贵的文物遗迹而享有盛名；有的则因出产精美的工艺品而著称于世。

历史文化名城是重要的人文旅游资源，保存了大量历史文物与革命文物，体现了中华民族悠久的历史、光荣的革命传统与光辉灿烂的文化。历史文化名城不仅对研究历史、考察城市建筑艺术和城市聚落的民俗风情等具有重要价值，而且对旅游业的发展也具有重要意义。依据历史文化名城的性质和构成，它们大致可分为古都名城、风景名城、军事重镇名城、历史纪念名城、特色风貌名城五大类。

一、古都名城

古都名城是历代帝王的都城所在地，是各朝各代政治、经济、文化中心，都存留着一定数量的历史文物与遗址、遗迹，是我国历史发展的缩影，也是回顾我国历史的窗口。

古都主要以军事堡垒和政治中心雄视天下，城有城墙，城外有池，合称城池。古称“城以卫君”，就体现了都城的君本位思想。宫殿是历代帝王生活起居、处理政务的场所，是国家政权、军权、祭祀权等最高权力的集中地。它的建筑不仅反映了当时国家的政治、经济和军事状况，也体现了当时的思想文化和建筑艺术。在我国历史上曾做过都城的地方很多，但大多因年代久远，或毁于战火，或湮没地下，或被洪水冲垮。在众多的古都中，较为著名的有七大古都，即北京、西安、南京、洛阳、杭州、开封、安阳。

(一)北京

北京是我们伟大祖国的首都，全国政治和文化中心。北京是全球拥有世界遗产最多的城市。北京在历史上曾为六朝都城。

自元朝起，北京开始成为全中国的首都。自秦汉以来，北京地区一直是中国北方的军事和商业重镇，有3 000余年建城史和850余年建都史，先后称为蓟城、燕都、燕京、涿郡、幽州、南京、中都、大都、京师、顺天府、北平、北京等。从西周燕国起的2 000多年里，诸多宏伟壮丽的宫廷建筑，使北京成为我国拥有帝王宫殿、园林、庙坛和陵墓数量最多、内容最丰富的城市。其中北京故宫，明朝时叫大内宫城，清朝时叫紫禁城，原为明、清两代的皇宫，24位皇帝曾居住于此。故宫建筑宏伟壮观，完美地体现了中国传统的古典风格和东方格调，是我国乃至全世界现存最大的宫殿。颐和园是北京著名的旅游景点，圆明园是我国最有名的皇家园林，它们在中外园林史上享有盛誉，具有很高的艺术价值，其中圆明园被誉为“万园之园”。明十三陵是北京最大的皇家陵寝墓群，内有明代13位皇帝的陵墓，尤其是现代发掘的明定陵，规模浩大，极为壮观。

(二)西安

西安,古称"长安",意为"长治久安"。西安是举世闻名的世界四大文明古都之一,居中国古都之首,是中国历史上建都时间最长、建都朝代最多、影响力最大的都城,是中华民族的摇篮、中华文明的发祥地。公元前12世纪,周文王姬昌定都这里。从此,西安作为中国的政治、经济、文化中心长达1 200多年,先后有13个王朝和政权建都于此。其中,中国历史上的四个鼎盛时代周、秦、汉、唐均建都西安。"西罗马,东长安"是其在世界历史地位中的写照。位于西安临潼的秦始皇陵兵马俑被誉为"世界第八大奇迹"。

(三)南京

南京简称"宁",位于长江下游沿岸,是江苏省省会。历史上吴、东晋、宋、齐、梁、陈都曾定都南京,故南京有"六朝古都"之称。历史上南京既受益又罹祸于其得天独厚的地理位置和气度不凡的风水佳境,过去曾多次遭受战乱之灾,但亦屡屡从瓦砾荒烟中重整繁华。且在中原涂炭北方混战之时,汉民族政权通常都会选择南京为休养生息,以图来日恢复华夏。太平天国时期洪秀全也定都南京,以作为其农民起义动员基础。1912年,孙中山先生在南京就任中华民国临时大总统,以南京为中国首都,所以南京被视为中华民族的复兴之地,在中国历史上具有特殊地位和价值。故著名学者朱偰先生在比较了长安、洛阳、金陵、燕京四大古都后,言:"此四都之中,文学之昌盛,人物之俊彦,山川之灵秀,气象之宏伟,以及与民族患难相共,休戚相关之密切,尤以金陵为最。"

(四)洛阳

洛阳位于河南省西部、黄河南岸,是中国历史上唯一被命名为"神都"的城市。洛阳因地处古洛水之北岸而得名,以洛阳为中心的河洛地区是华夏文明的重要发祥地。

图7-2 龙门石窟

洛阳由周公营建,建于公元前12世纪,被称为"华夏第一王都",是中国历史上建都时间最早、朝代最多、时间最长的都城之一。其中"中国、中州、中土、中原、华夏"等称谓均来自于洛阳。"永怀河洛间,煌煌祖宗业。"中国古代帝喾、唐尧、虞舜、夏禹等神话,多传于此。

帝喾都亳邑,夏太康迁都斟鄩,商汤定都西亳;武王伐纣,八百诸侯会孟津;周公辅政,迁九鼎于洛邑。平王东迁,高祖都洛,光武中兴,魏晋相禅,孝文改制,隋唐盛世,后梁唐晋,相因沿袭，以上王朝建都洛阳。洛阳自古被华夏先民认为是"天下之中"。汉魏以后，洛阳逐渐成为国际大都市，在民族融合和中外交流上功勋卓著、光耀千秋。

"崤函帝宅，河洛王国"，历史上洛阳在相当长的时期内，曾经是我国政治、经济、文化中心。中华民族最早的历史文献"河图洛书"就出自洛阳。班固在这里写出了中国第一部断代史《汉书》，司马光在这里完成了历史巨著《资治通鉴》。著名的"建安七子"、"竹林七贤"，都曾云集此地，谱写华彩篇章。左思一篇《三都赋》，曾使"洛阳纸贵"。张衡发明地动仪，蔡伦造纸，马钧发明翻车……均构成了华夏文明的重要组成部分。

牡丹是我国传统名花，自古就有富贵吉祥、繁荣昌盛的寓意，代表着中华民族泱泱大国之风范。洛阳牡丹根植河洛大地始于隋、盛于唐、甲天下于宋。洛阳人培育牡丹、观赏牡丹日盛成俗。"洛阳牡丹甲天下"，正如唐代诗人刘禹锡所赞："唯有牡丹真国色，花开时节动京城"。1982 年，洛阳市人大常委会正式将牡丹定为市花。

(五)杭州

杭州是浙江省省会，长江三角洲南翼中心城市，有"东南第一州"之称。"上有天堂、下有苏杭"，杭州也是中国最著名的风景旅游城市之一。元朝时曾被意大利著名旅行家马可·波罗赞为"世界上最美丽华贵之城"。

有着 2 200 年的悠久历史的杭州还是我国七大古都之一。杭州在周朝以前，属"扬州之域"。春秋时，吴越两国争霸，杭州先属越，后属吴，越灭吴后，又属越。战国时，楚灭越国，杭州又归入楚。秦统一六国后，在灵隐山麓设县治，称钱唐，属会稽郡。这是史籍最早记载"钱唐"之名。

三国、两晋、南北朝时期，杭州为吴国的吴兴郡，属扬州。因外族相继入侵，晋室南迁，促进了江南和钱塘江两岸经济文化的发展。这时，西湖已有"明圣湖"、"金牛湖"之称。东晋咸和元年(326 年)，印度佛教徒慧理在飞来峰下建了灵隐寺，这不仅是西湖最古的丛林建筑，也是江南最古老的名刹。隋朝建立后，于开皇九年(589 年)废郡为州，"杭州"之名第一次出现。大业三年(607 年)，改置为余杭郡。大业六年(610 年)，杨素凿通江南运河，从现在的江苏镇江起，经苏州、嘉兴等地而达杭州，全长 400 多公里，自此，拱宸桥成为大运河的起点。这一重要的地理位置，促进了杭州经济文化的迅速发展。

杭州拥有两个国家级风景名胜区——西湖风景名胜区和"两江一湖"(富春江一新安江一千岛湖)风景名胜区。杭州名胜很多，最著名的当属三堤十景。三堤是西溪"三堤"：福堤、绿堤、寿堤；十景是西溪"十景"：秋芦飞雪、火柿映波、龙舟胜会、莲滩鹭影、洪园余韵、蒹葭泛月、渔村烟雨、曲水寻梅、高庄宸迹、河渚听曲。

(六)开封

开封古称汴梁、汴京、东京，简称汴，位于河南省东部，在中国版图上处于豫东大平原的中心位置，是七朝古都，迄今已有 2 700 余年的历史。开封是一座具有悠久历史的文化名城，是中华民族的主要发祥地之一。

开封之名源于春秋时期，因郑庄公选此地修筑储粮仓城，取"启拓封疆"之意，定名"启封"。汉代景帝时(公元前 156 年)，为避汉景帝刘启之讳，将启封更名为开封。自公元前 364 年至公元 1233 年，先后有战国时期的魏，五代的后梁、后晋、后汉、后周，北宋和金七个王朝在此建都，历经千年。北宋时期，开封(史称东京)为宋朝国都长达 168 年，历经九代帝王。"人口逾百万，货物集南北"，是当时全国的政治、经济、文化中心，也是国际性的大都会。北宋画家张择端绘制的巨幅画卷《清明上河图》和孟元老的《东京梦华录》，都生动地描绘了古都开封豪华盖世的繁荣景象。北宋也是继唐代以后科技、文化、艺术发展的又一鼎盛时期，创造了一代灿烂辉煌对后世影响深远的宋文化。清正廉明的包公、满门忠烈的杨家将、图强变法的王安石、民族英雄岳飞等历史名人，都曾在开封留下光辉的足迹，他们的丰功伟绩，作为民族文化，至今仍在海内外广为传颂。

开封拥有众多的文物古迹，其中国家级文物保护单位13处。著名的皇家名园“艮岳”，集中国名岳大山诸特色于一园，园内植奇花珍木，史家称其为中国园林史上承前启后的杰作。闻名遐迩的铁塔、相国寺、延庆观、禹王台等，都具有较高的历史文化价值。

(七)安阳

安阳位于河南省北部，是著名的世界文化遗产——殷墟——所在地。此外，安阳还是汉字之都、甲骨文之乡、民族英雄岳飞故里、红旗渠精神的发源地。安阳自古人杰地灵，历史文化积淀深厚，被誉为“文字之根、文化之根、人祖之根”。这里流传着大禹治水、文王演易、妇好请缨、苏秦拜相、西门豹治邺、岳母刺字、韩陵定国寺等历史故事。

约公元前1 300年，商王盘庚率领部族迁徙到安阳后，王朝疆域辽阔，国力空前强盛，开创了中国上古史的新纪元，也成为公元前14世纪至公元前11世纪世界青铜文明的重要代表。世界上最大的青铜器——司母戊大方鼎——就在安阳出土问世。此后，相继有三国时期的曹魏，十六国时期的后赵、冉魏、前燕，北朝时期的东魏、北齐等在此建都，殷都废而邺都起，邺都衰而相州继，相州改而彰德立，古都文明的薪火，在安阳这片土地上传承不断，使安阳成为“七朝古都”。悠久的历史，灿烂的文化，为安阳留下了宝贵的历史文化遗产。1956年9月郭沫若同志留下了“洹水安阳名不虚，三千年前是帝都”的著名诗句。

二、风景名城

风景名城是指地形地貌奇特，自然风光美丽，名胜古迹丰富，且能把自然风光与名胜古迹融为一体的城市。这类城市包括苏州、大理、昆明、桂林、扬州、镇江、承德等城市。

(一)苏州

苏州是吴文化的发祥地和集大成者，亦为中华文明的重要发源地。苏州是一座传统文化发达、历史底蕴深厚、风景秀丽如画的城市。苏州素以山水秀丽、园林典雅而闻名天下，有“苏州园林甲天下”的美称。苏州园林是建筑、山水、花木、雕刻、书画的综合艺术品，集自然美和艺术美于一体，构成了曲折迂回、步移景换的画面。明清时期，私家园林遍布古城内外，其中拙政园和留园被列入中国四大名园。“吴中第一名胜”虎丘深厚的文化积淀，使其成为游客来苏州的必游之地；而唐朝诗人张继的一首《枫桥夜泊》，令古今游客争相来访枫桥，闻听寒山寺的钟声。苏州又因其小桥流水人家的水乡古城特色，而有“东方威尼斯”的美誉。苏州既有园林之美，又有山水之胜，自然、人文景观交相辉映，加之文人墨客题咏吟唱，使苏州成为名副其实的“人间天堂”。

(二)大理

大理全称大理白族自治州，地处云南省中部，位于苍山洱海之间。苍山景色向来以雪、云、泉著称。经夏不消的苍山雪，是素负盛名的大理“风花雪月”四景之最。洱海是一个风光明媚的高原湖泊，在风平浪静的日子里泛舟洱海，那干净透明的湖面宛如碧澄的蓝天，给人以宁静而悠远的感受。在苍山脚下、洱海之滨，还有一处闻名遐迩的游览胜地——蝴蝶泉。历史上来此聚会的彩蝶多得难以数计，色泽绚丽，如霞如锦。

在漫长的历史岁月中，大理曾有着显赫的地位和作用。秦、汉之际，大理是“蜀到身毒的国道”(从四川成都,经云南大理、保山进入缅甸,再通往印度)的必经之地。西汉时期大理正式纳入了汉王朝版图。唐初,洱海地区“六诏”中的蒙舍诏势力渐强,在唐朝支持下,于738年统一“六诏”,建立南诏国。从公元8—13世纪的唐宋500多年间,大理一直是云南的政治、经济、文化中心,南诏、大理国的都城所在地。大理历史悠久,文物古迹众多,素有“文献名邦”之称。这里气候温和,土地肥沃,山水风光秀丽多姿,有“风花雪月”的美称,即下关风、上关花、苍山雪、洱海月。明代著名文人杨升庵描绘它“山则苍茏垒翠,海则半月掩蓝”,“一望点苍,不觉神爽飞越”。

崇圣寺三塔坐落在苍山应乐峰下,是南诏、大理文化和白族文化的结晶,是大理古城的象征,具有独特的历史文化价值和审美价值。三座塔呈“品”字形,鼎足而立,浑然一体。三塔中的主塔又名千寻塔,是唐代的典型塔式,建于唐代南诏国时期,形似西安小雁塔。历经千年沧桑和多次强烈地震,三塔依然完好地屹立于银苍玉洱之间。

图7-3 大理崇圣寺三塔

大理是一个以白族为主的多民族地区,境内居住有彝、回、傈僳、苗、汉等民族。白族人民从服饰、住居、婚嫁、信仰、习俗以及庆典节日,都充满着独特的民族情趣,这些浓郁的民族风情,增添了古城的历史文化气氛,也更增添了大理历史文化名城的迷人色彩。大理文化是中原文化、藏传文化、东南亚文化及当地民族文化融合的产物,是中华民族文化宝库中重要的组成部分。

(三)桂林

桂林地处广西壮族自治区东北部,自古享有“桂林山水甲天下”之美誉。因为有桂林山水,桂林成为世界著名的风景游览城市。以漓江风光和喀斯特地貌为代表的山水景观,千姿百态。“三山两洞一条江”是桂林山水精华的代表,具体包括:象鼻山、伏波山、叠彩山、芦笛岩、七星岩、漓江。漓江的水,蜿蜒曲折,明洁如镜;山多有洞,洞幽景奇;洞中怪石,鬼斧神工,于是形成了“山清、水秀、洞奇、石美”的桂林山水“四绝”。这里有浩瀚苍翠的原始森林,雄奇险峻的峰峦幽谷,激流奔腾的溪泉瀑布,天下奇绝的高山梯田……在这片神奇的土地上,生活着壮、瑶、苗、侗等十几个少数民族,他们至今仍保持着古朴、奇特、多彩的民俗风情。壮族以壮锦为标志,喜好唱歌,歌手云集,最著名的就是歌仙刘三姐。“赛歌择婿”的故事在这里广为流传,由此形成了定期的赛歌集会。苗族的刺绣蜡染,工艺独特。桂林山水的自然风光、民族风情、历史文化,深深地吸引着中外游客。

桂林除了桂林山水，还是座历史文化古城。2 000 多年的历史，使它具有丰厚的文化底蕴。秦始皇统一中国后，设置桂林郡，开凿灵渠，沟通湘江和漓江。桂林从此便成为南通海域、北达中原的重镇。宋代后，它一直是广西政治、经济、文化中心，号称“西南会府”，直到新中国成立。漫长的岁月里，桂林山水的奇山秀水吸引着无数的文人墨客，使他们写下了许多赞美桂林山水的脍炙人口的诗篇和文章。这些独特的人文景观，使桂林得到了“游山如读史，看山如观画”的赞美。抗日战争时期，桂林成为中国著名的文化城，众多的爱国作家、艺术家会集在这里，谱写出抗日文化的新篇章。

图 7-4　桂林山水

(四)承德

承德，旧称热河，位于河北省东北部。承德境内资源丰富，自然风景、名胜古迹闻名遐迩。早在原始社会末期的新石器时代，我们的祖先即劳动、生活在这块土地上。殷周时期，承德是山戎、东胡等少数民族活动的区域，也是燕侯的势力范围。秦汉以后，历代的中央政权都曾在此设置过行政管理机构。清代以后，热河的地理位置日益重要，是燕山腹地、渤海之滨重要的区域性城市。由于这里的气候、物产等自然条件得天独厚，既可消夏避暑，又可联络蒙古，巩固边防。于是清康熙帝时开始兴建避暑山庄，直至乾隆年间才告结束。山庄建立后，清朝曾有 7 位皇帝在此驻跸。帝王们在此消夏理政，使这里成为全国第二个政治中心。

承德作为历史文化名城，有 200 年的陪都史，是各民族王公大臣的朝王之所。清代康雍乾年间，是山庄和外八庙的兴盛时期。1994 年避暑山庄及其周围寺庙被联合国教科文组织批准为世界文化遗产，从而使承德步入了世界文化名城的行列。

三、军事重镇名城

军事重镇名城大多为古代交通枢纽和军事要塞，历来为兵家必争之地，通常具有“一夫当关，万夫莫开”的重要功用。它们有的横亘于古丝绸之路上，有的静躺在古河流港湾中，有的雄踞在狭道叉口。由于其特殊的地理位置，此类名城至今仍是交通和国防重镇，保留了大量古代交通的遗迹、驿道、古战场遗址和军事防御的残痕。如徐州、泉州、保定、宜宾、张掖等均属于此类名城。

(一)徐州

徐州，古称彭城，位于江苏省西北部，是苏北最大的城市。帝尧时彭祖建大彭氏国，彭城因而得名。徐州是彭祖文化、两汉文化的发源地，地处南北方过渡地带，为北国锁钥，南国门户，向来为兵家必争之地。现代战争中就有抗日战争时期以徐州为中心的徐州会战和解放战争时期的淮海战役。徐州“东襟淮海，西接中原，南屏江淮，北扼齐鲁”，素有“五省通衢”之称。京沪铁路、陇海铁路、京沪高铁、徐兰客运专线在此交汇。徐州公路四通八达，北通京津，南达沪宁，西接兰新，东抵海滨，为我国重要水陆交通枢纽和东西、南北经济联系的重要“十字路口”。

徐州历史文化悠久，是汉高祖刘邦的故乡。除刘邦外，南朝宋武帝刘裕、南朝齐高帝萧道成、南朝梁武帝萧衍、后梁太祖朱全忠、南唐烈祖李昪等都是徐州籍，故有“九朝帝王徐州籍”之说。

(二)泉州

泉州地处福建省东南部，是中国历史上对外通商的重要港口，有着上千年的海外交通史，是一座历史悠久、风光秀丽的开放港口城市。宋元时期，泉州对外贸易发达，是古代“海上丝绸之路”的起点，享有“东方第一大港”的盛誉。这里历史文化积淀深厚，名胜古迹星罗棋布，文物瑰宝举世瞩目，素有“海滨邹鲁”、“世界宗教博物馆”的美誉。其中极负盛名的有中国现存最早的伊斯兰教清真寺、世界唯一的摩尼光佛像石刻、中国最大的老君石刻造像、民族英雄郑成功陵墓以及惠东民俗、海滨风光、石雕艺术融为一体的崇武古城等。泉州还是全国著名侨乡。长期以来，旅外华侨心系泉州，或投资办厂、或兴学育人、或捐资慈善、或兴办公益，涌现出一大批贡献巨大、成就杰出的乡贤硕彦，成为推动泉州经济社会发展的重要力量，以及泉州与世界密切联系的桥梁和纽带。

四、历史纪念名城

此类名城是近现代许多革命事件的发生地，富有革命传统，有丰富的革命遗址、遗迹、遗物和建筑等。特别是中国共产党领导下的革命活动遗迹，极具有革命传统教育意义，是我们缅怀先烈，进行爱国主义教育的主要阵地。遵义、南昌、延安、上海、广州、重庆、武汉等，都是典型的革命纪念地类历史文化名城。

(一)延安

延安古称延州，是中国革命的圣地，在中国现代史上占有极为重要的地位。从 1935—1948 年，延安是中共中央的所在地，是中国人民解放战争的总后方。13 年间，中国共产党在此领导中国人民经历了抗日战争、解放战争，改变了中国历史发展的进程。特别是毛泽东等老一辈无产阶级革命家亲手培育的自力更生、艰苦奋斗、实事求是、全心全意为人民服务的延安精神，是中华民族精神宝库中的珍贵财富，已经成为全国人民团结一致进行社会主义现代化建设的重要精神支柱。举世闻名的枣园、杨家岭、王家坪等一大批革命旧址，吸引了国内外数以万计的游客。数千年的历史文化积淀，孕育了韵味淳厚的黄土风情。粗犷豪放的延安腰鼓，高亢激越的陕北民歌，古朴精美的民间剪纸，热烈欢快的陕北秧歌，无不寄托着延安人民对美好生活的向往。

(二)南昌

南昌，又名豫章、洪城，地处江西省中部，为江西省省会，全省政治、经济、文化、科技、交通中心，古谚就有“七门九州十八坡，三湖九津通赣鄱”之称。南昌既是国家历史文化名城，又是革命英雄城市。

南昌具有“西山东水”的自然地势，是一座名副其实的水城，市内水网密布，河流纵横，湖泊众多，有“中国水都”之称。“地因水灵、城因水美、人因水杰”，南昌有着酷似韩国首尔美丽汉江的赣江江景。南昌人民巧妙地利用其地理条件，充分展示江南水乡的优势。

南昌拥有 2 200 多年的历史，公元前 202 年，汉高祖刘邦命颍阴侯灌婴驻守南昌一带，史称“灌婴筑城”。公元前 201 年，汉高祖置豫章郡，并设南昌县为附郭县，属扬州，南昌之名始于此，五代时南昌曾为南唐国都。1926 年北伐后，蒋介石曾定中华民国首都为南昌，南昌一度成为当时全国的军政中心，并在此设立南昌国民政府和南昌行营。1927 年，第一次国共合作破裂，国民党反动派大肆屠杀共产党人和革命群众。为反抗国民党的反动统治，周恩来、朱德、贺龙、叶挺、刘伯承等人领导的八一南昌起义打响了武装反抗国民党的第一枪，揭开了中国共产党独立领导武装斗争和创建革命军队的序幕。第一面军旗也在这里升起，从此，8 月 1 日成为中国工农红军和后来的中国人民解放军的建军节。

五、特色风貌名城

特色风貌名城是指比较完整地保留了某一个朝代或某个时期的历史风貌的城市，或因出产精美的工艺品而负有盛名的城市，或是具有浓郁的民族特色的城市。这些城市大多分布在少数民族聚居地区，具有明显的民族特征和地区文化特色，如呼和浩特、拉萨、江孜、喀什等。

(一)拉萨

拉萨在藏语中意为“圣地”、“佛地”，是世界上海拔最高的城市之一。因年日照时数在3 000小时以上，故有“日光城”的美称。长期以来，拉萨一直是西藏政治、经济、文化、宗教中心。早在公元 7 世纪，松赞干布兼并邻近部落，统一西藏后，迁都逻些(今拉萨)，建立了吐蕃王朝。

为迎娶文成公主而建立的布达拉宫，金碧辉煌，雄伟壮丽。13 世纪，元朝把西藏纳入统一版图，西藏自此正式成为我国的行政区域。新中国成立后，拉萨进入了新的时代。

(二)平遥古城

平遥古城旧称“古陶”，位于山西省晋中市，始建于西周宣王时期(公元前 827 年—前 782 年)，是一座具有 2 700 多年历史的文化名城。平遥曾是清代晚期中国的金融中心，并有中国目前保存最完整的古代县城格局，也是目前中国唯一以整座古城申报世界文化遗产获得成功的古县城。自公元前 221 年，秦朝政府实行“郡县制”以来，平遥城一直是县治所在地。平遥古城历尽沧桑、几经变迁，成为国内现存最完整的一座明清时期中国古代县城的原型。明朝初年，为防御外族南侵，始建城墙。1730 年，因康熙帝西巡路经平遥，而筑构四面大城楼，使城池更加壮观。

图 7-5 平遥古城

平遥古城是一座完全按照中国汉民族传统城市规划思想和布局程式修建的县城。平遥城内，有大量的清朝末年民居、寺庙建筑、街道铺面等，与古城墙共同组成完整的平遥古城。城中南大街老字号与传统名店店铺林立，是最为繁盛的传统商业街。清朝时期南大街控制着全国50%以上的金融机构，被誉为中国的“华尔街”。西大街与东大街呈一条笔直贯通的主街，著名的“中国第一家票号”、“汇通天下”的日升昌，就诞生于此。“日升昌”的创立，在中国近代金融史上具有划时代意义，它标志着中国近代新型金融业在中国封建社会后期的商业和金融机体中生成。

平遥古城历史悠久，文物古迹众多。其中有始建于西周，扩建于明朝，规模宏大、气势雄伟的国内保存最完整的古城墙；有我国现存最珍贵的木结构建筑——镇国寺万佛殿；有被誉为“中国古代彩塑艺术宝库”的双林寺；有中国宋金时期文庙的罕见实物——文庙大成殿；有国内古建筑中罕见的“悬梁吊柱”奇特结构清虚观等。它完整地体现了17—19世纪的历史面貌，为明清建筑艺术的历史博物馆，对研究中国古代城市变迁、城市建筑、人类居住形式和传统文化的发展具有极为重要的历史、艺术、科学价值。

联合国教科文组织对平遥古城的评价是：“平遥古城是中国汉民族城市在明清时期的杰出范例，平遥古城保存了其所有特征，而且在中国历史的发展中为人们展示了一幅非同寻常的文化、社会、经济及宗教发展的完整画卷。”

第三节　特色城镇

历史文化名镇即保存文物特别丰富，且具有重大历史价值或纪念意义的，能较完整地反映一些历史时期传统风貌和地方民族特色的城镇，是我国文化遗产的重要组成部分。

国家建设部和文物局从2003年至今已评选并命名了两批共80个“历史文化名村名镇”。这些村镇分布在全国25个省份，包括太湖流域的水乡古镇群、皖南古村落群、川黔渝交界古村镇群、晋中南古村镇群、粤中古村镇群。根据这些村镇的特色，大致可以分为以下五种类型：乡土民俗型、传统文化型、革命历史型、民族特色型、商贸交通型。这些城镇基本上反映了中国不同地域历史文化村镇的传统风貌。

一、乡土民俗型

（一）西递村

西递是安徽省南部黟县的一个村庄，因古有递送邮件的驿站，故名“西递”。西递素有“桃花源里人家”、“中国明清民居博物馆”之称，是著名的旅游胜地。2000年被联合国教科文组织列入《世界自然与文化遗产名录》。

西递始建于公元1047年，有950余年历史。西递村四面环山，两条溪流从村北、村东经过村落在村南会源桥汇聚。村落以一条纵向的街道和两条沿溪的道路为主要骨架，构成东向为主、向南北延伸的村落街巷系统。所有街巷均以黟县青石铺地。村落空间变化韵味有致，建筑色调朴素淡雅，体现了皖南古村落人居环境营造方面的杰出才能和成就，具有很高的历史、艺术和科学价值。

西递村中至今尚保存完好明清民居近200幢。村中有座康熙年间建造的“履福堂”，陈设典雅，充满了书香气息。村中另一古宅为“大夫第”，建于清康熙三十年（1691年）。“大夫第”原用于观景，楼额悬有“桃花源里人家”的匾额，近人多将此楼当作古装戏中小姐择婿“抛绣球”的场所。此外，村中各家各户的富丽的宅院，精巧的花园，黑色大理石制作的门框、漏窗，石雕的奇花异卉、飞禽走兽，砖雕的楼台亭阁、人物戏文，及精美的木雕，绚丽的彩绘、壁画，都体现了中国古代艺术之精华。西递村以“布局之工，结构之巧，装饰之美，营造之精，文化内涵之

图 7-6　西递村

深”,为国内古民居建筑群所罕见,堪为徽派古民居建筑艺术之典范。

(二)宏村

宏村古称弘村,位于安徽省黄山西南麓,是黟县桃花源里一座奇特的牛形古村落。宏村始建于南宋绍兴年间,距今约有900年的历史。整个村落山明水秀,被誉为“中国画里的乡村”。

宏村古民居以正街为中心,马头墙层层跌落,斗拱上的木雕姿态各异,形象生动。街巷蜿蜒曲折,路面用一色青石板铺成。两旁民居大多为二进单元,前有庭院,辟有鱼池、花园。村中各户皆有水道相连,汩汩清泉从各户潺潺流过,层楼叠院与湖光山色交相辉映,处处是景,步步入画。坐落在南湖畔的南湖书院,建筑颇为壮观。村中数百幢古民居鳞次栉比,其间被誉为“民间故宫”的“承志堂”是黟县保护最完好的古民居。2000年,宏村被联合国教科文组织列入了《世界自然与文化遗产名录》。

二、传统文化型

(一)周庄

江苏古镇周庄,旧名贞丰里。北宋时一名叫周迪的人把自己的田产捐出来建寺(即全福寺),百姓感念周氏仁义,便把贞丰里改为周庄。周庄镇为泽国,四面环水,咫尺往来,皆须舟楫。全镇临河成街,桥街相连,深宅大院,重脊高檐,河埠廊坊,临河水阁,一派古朴幽静,是江南典型的小桥流水人家。

唐风孑遗,宋水依依,烟雨江南,碧玉周庄。经千年历史沧桑和浓郁吴地文化孕育的周庄,以其灵秀的水乡风貌,独特的人文景观,质朴的民俗风情,成为东方文化的瑰宝。作为中国优秀传统文化的杰出代表,周庄成为吴地文化的摇篮,江南水乡的典范。

元朝中叶,颇有传奇色彩的江南富豪沈万三之父沈佑,由湖州南浔迁徙至周庄,因经商而逐步发迹,使周庄出现了繁荣景象,形成了以富安桥为中心的旧集镇。到了明朝,镇廓扩大。清朝时,居民更加稠密,西栅一带渐成列肆。这时周庄已发展为江南大镇。

周庄镇环境幽雅,建筑古朴,虽历经沧桑,仍完整地保存着原来水乡集镇的建筑风貌。全镇60%以上的民居仍为明清建筑,古风犹存,最有代表性的当数沈厅、张厅。著名建筑学家罗哲文盛赞周庄“不但是江苏省的一个宝,而且是国家的一个宝”。周庄的魅力,还在于它的文化蕴涵。西晋文学家张翰、唐代诗人刘禹锡等曾寓居周庄；近代文人柳亚子、陈去病等南社发起人，曾聚会迷楼饮酒吟诗。当代名人到周庄采风者更是不胜枚举，其中有台湾作家三毛、旅美华人画家陈逸飞、著名古画家吴冠中等，可见周庄的魅力何其无穷！

（二）同里镇

同里镇位于江苏吴江市东北，是著名的江南水乡古镇，同里旧称“富土”。唐初改为“铜

图 7-7　同里镇

里”，宋时拆旧字为“同里”。同里还是文化古镇，这里的人世代勤奋苦读，知书达理，教育发达，人文荟萃。自南宋淳祐四年（公元 1247 年）至清末，同里先后出状元 1 人，进士 42 人，文武举人 93 人。正因如此，同里才会创造出厚重的历史文化。

同里镇“家家临水，户户通舟”，是江南典型的“小桥、流水、人家”。因水成街，因水成路，因水成市，因水成园，巧妙而自然地把水、路、桥、民居、园林等融为一体，构成了古同里特有的水乡风貌。同里以“醇正水乡，旧时江南”的特色闻名于海内外，著名景点“退思园”被联合国教科文组织列入《世界自然与文化遗产名录》。

（三）乌镇

乌镇曾名乌墩和青墩，1950 年，乌、青两镇合并，称乌镇。乌镇位于浙江省桐乡市，是江南四大名镇之一，素有“鱼米之乡，丝绸之府”之称。

乌镇钟灵毓秀，文人荟萃，人才辈出。自宋至清出过 64 名进士，161 名举人。正因为他们才有了乌镇浓厚的文化底蕴，才有了乌镇江南水乡古镇之首的地位。

乌镇具有典型江南水乡的特征，完整地保存着原有晚清和民国时期水乡古镇的风貌和格局。西栅老街是我国保存最完好的明清建筑群之一。乌镇与众不同的是沿河的民居有一部分延伸至河面，下面用木桩或石柱打在河床中，上架横梁，搁上木板，人称“水阁”，这是乌镇所特有的风貌。水阁、桥梁、石板巷、茅盾故居等独具江南韵味的建筑因素，体现了中国古典民居“以和为美”的人文思想。乌镇以其自然环境和人文环境和谐相处的整体美，呈现江南水乡古镇的独特魅力。

(四)西塘镇

西塘镇位于江浙沪交界处，是浙江省嘉善县北部的经济、文化和交通中心，是一个具有深厚文化底蕴的千年历史古镇。相传春秋时期吴国伍子胥兴水利，通盐运，开凿伍子塘，引胥山(现嘉善县西南12里)以北之水直抵境内，故西塘亦称胥塘。西塘因地势平坦，一马平川，又别称平川、斜塘。西塘镇在唐开元年间就已建有大量村落，人们沿河建屋、依水而居；南宋时村落渐成规模，形成了市集；元代开始依水而市渐渐形成集镇，商业开始繁盛起来；明清时期西塘镇已经发展成为江南手工业和商业重镇。“春秋的水，唐宋的镇，明清的建筑，现代的人”，是对西塘最恰当不过的形容。

西塘镇风景秀丽，人才辈出，文化底蕴深厚。据统计，历史上这里曾出过进士19人，举人31人。小镇上保存着完好的明清建筑群落，廊棚和古弄堪称“双绝”。西塘民风淳厚，橹声悠扬，到处洋溢着中国古代传统文化特有的人文积淀。古镇的主要景点有：西园、石皮弄、雨廊、烧香港、随粮王庙、永宁桥、送子来凤桥、种福堂、薛宅。由于西塘镇包含了几乎所有的江南水乡传统文化特色要素，而被誉为“江南水乡民俗文化博物馆”。

三、革命历史型

(一)古田镇

古田镇，位于福建省龙岩市上杭县东北部，地处龙岩市新罗、上杭、连城三县区结合部，是著名的“古田会议”会址所在地。该镇开发较早，宋代即有人家居住，民国期间辟为圩场。建国后，经历年开发建设，已成为繁荣的山区集市。2003年古田镇入选第一批“中国历史文化名镇”。

古田镇是第二次国内革命战争时期苏区的重要组成部分，毛泽东、朱德、陈毅等老一辈无产阶级革命家都在古田这片红土地上进行过伟大的革命实践。1929年12月，毛泽东同志主持的红四军第九次代表大会在此召开，通过了具有历史意义的古田会议决议案。古田会址和古田会议纪念馆是全国重点文物保护单位，也是对青少年进行爱国主义教育的基地。

(二)遵义

遵义位于贵州省北部，古为梁州之城，是由黔入川的咽喉，黔北重镇。清雍正年间，遵义划入贵州，是贵州省重要的粮食产地和财政来源之一。1935年召开的遵义会议，是中国工农革命运动的重要转折点。遵义会议会址位于遵义老城子尹路96号，原系国民党二十五军第二师师长柏辉章的私邸。会址大门临街，大门正中高悬巨匾，毛泽东同志于1964年手书“遵义会议会址”六个大字，苍劲有力，金碧辉煌。遵义会议否定了从第四次反围剿以来，以博古、李德为首的军事路线，成立了由毛泽东、周恩来、王稼祥组成的三人军事指挥小组，负责长征中的军事指挥工作，确立了以毛泽东为核心的新的党中央的正确领导和毛泽东在红军和党中央的领导地位。

四、民族特色型

丽江古城

丽江古城又名大研镇，座落在云南省丽江坝中部，始建于南宋末年，是元代丽江路宣抚司、明代丽江军民府和清代丽江府驻地。丽江发源于城北象山脚下的玉泉河水，分三股入城后，又分成无数支流，穿街绕巷，流布全城，形成了“家家门前绕水流，户户屋后垂杨柳”的美丽图画。丽江古城街道不拘于工整而自由分布，主街傍水，小巷临渠，300多座古石桥与河水、绿树、古巷、古屋相依相映，极具高原水乡古树、小桥、流水、人家的美学意韵，被誉为“高原姑苏”。1997

年，丽江古城被联合国教文组织批准列入《世界自然与文化遗产名录》，成为全国首批受人类共同保护的世界文化遗产。

图 7-8　丽江古城大水车

丽江古城既具有山城风貌，又富于水乡韵味。古城内的街道依山傍水修建，铺的大多都是红色角砾岩，雨季不泥泞、旱季不飞灰，石上花纹图案自然雅致，与整个古城环境相得益彰。古城心脏四方街明清时已是滇西北商贸枢纽，是茶马古道上的集散中心。位于古城与新城交界处的大水车是丽江古城的标志。位于城内的五凤楼则融合了汉、藏、纳西等民族的建筑艺术风格，是中国古代建筑中的稀世珍宝和典型范例。

丽江古镇与四川阆中、山西平遥、安徽歙县并称为“保存最为完好的四大古城”，它是中国历史文化名城中唯一没有城墙的古城。据说是因为古时丽江世袭统治者姓木，筑城势必如木字加框而成“困”字之故。古城中至今依然大片保持明清建筑特色，即“三坊一照壁，四合五天井，走马转角楼”。丽江古城的建筑既突出结构布局，又追求雕绘装饰，玲珑轻巧，被中外建筑专家誉为“民居博物馆”。丽江古城文物古迹众多，文化蕴含丰厚独特，是我国保存最完整、最具民族风格的古代城镇之一。

五、商贸交通型

江西景德镇（瓷器）、湖北汉口镇（商业中心）、广东佛山镇（手工业）、河南朱仙镇（版画）并称“中国四大名镇”。

（一）景德镇

景德镇坐落在黄山、怀玉山余脉与鄱阳湖平原过渡地带，雄踞长江之南，素有“江南雄镇”之称。景德镇由于制瓷历史悠久，瓷器质地精良，文化底蕴深厚，对外影响巨大，“瓷都”两字成了景德镇的代名词。史籍记载，“新平冶陶，始于汉世”，可见早在汉代景德镇就开始生产陶瓷。宋景德元年（1004 年），宫廷诏令此地烧制御瓷，底款皆署“景德年制”，景德镇因此而得名。自元代开始至明清历代皇帝都派官员到景德镇监制宫廷用瓷，设瓷局、置御窑，创造出无数陶瓷精品，尤以青花、粉彩、玲珑、颜色釉四大名瓷著称于世。随着御窑的设立，“工匠八方来，器成天下走”，景德镇迅速成为全国制瓷业中心。无数精美的瓷器“行于九域，施及外洋”，开创了中国海上陶瓷的“丝绸之路”。因为瓷业的发展，景德镇成为中国资本主义最早萌芽的城市之一，被西方国家称为中国最早的手工业城市。

图 7－9　景德镇瓷器

弥足珍贵的陶瓷遗迹、精湛奇妙的陶瓷技艺、流光溢彩的陶瓷精品、风格独特的陶瓷习俗，使景德镇成为中国独有的充满陶瓷文化艺术气息的城市。瓷窑、瓷片、窑砖、瓷匣、瓷器、瓷雕、瓷灯、瓷墙……浓郁的瓷文化符号随处可见。景德镇瓷器享有“白如玉、薄如纸、声如磬、明如镜”的美誉。景德镇陶瓷具有五代的古朴灵秀，宋代的温润清新，元代的充实茂美，明代的典雅精工，清代的繁缛华丽，现代的绚丽多彩。幽雅脱俗的青花，明净剔透的玲珑，色彩绚丽的粉彩，五彩缤纷的颜色釉，以其独特的魅力征服了不同文化、信仰、习俗的人们，风靡惊艳了全世界。郭沫若同志曾以“中华向号瓷之国，瓷业高峰是此都”的诗句盛赞景德镇灿烂的陶瓷历史和文化。陶瓷已把景德镇与世界紧密相连。

(二)汉口镇

湖北省武汉市的汉口，位列四大名镇之首，处于长江中游，古代以水运为主，有“九省通衢”之称。汉口是武汉市的一个重要组成部分，与武昌和汉阳分别隔长江和汉江相望。汉口得名于地处汉江之口，因古时称汉水为夏水，故当时有夏口之名。在武汉三镇中，汉口作为集镇，形成最晚，但是发展最快。明朝成化年间，汉江几经改道，最后使汉口成为同临两江的黄金地段。地理位置的优越，吸引了周边的地主、农民、手工业者和全国各地的商人逐渐在此聚集。至明朝末年，汉口已经相当繁华。清朝晚期，依清政府与外国政府缔结的不平等条约，汉口被辟为通商口岸。汉口的发展进入了新的时期。至 20 世纪初，汉口已经成为了一个具有相当规模的大城市，被称为“东方芝加哥”。1926 年 11 月，北伐军攻克武汉之后，国民党将国民政府从广州迁至汉口，并将武昌、汉阳、汉口三镇作为“京兆区”，统称武汉市。

(三)朱仙镇

朱仙镇位于河南省开封市南 20 公里处。朱仙镇历史悠久，相传秦朝，这里出了一个名人，姓朱名亥，因刺杀秦王而成名，遂将此地命名为朱仙镇。自唐宋以来，朱仙镇一直是水陆交通要道和商埠之地；明朝时是开封唯一的水转运码头，朱仙镇因此而迅速繁荣；明末清初是朱仙镇发展的全盛时期。

朱仙镇是历史文化名镇，人文景观众多，文物古迹星罗棋布，有中国三大岳庙之一——朱仙镇岳飞庙，有中国木版年画鼻祖——朱仙镇木版年画，有建筑风格堪称东亚第一大清真寺的朱仙镇清真寺，有古开封城遗址等名胜古迹。朱仙镇木版年画起源于唐，兴于宋，鼎盛于明清，历史悠久，源远流长，是我国四大木版年画之一。岳飞曾在这里大败金兵，取得朱仙镇大捷。岳飞曾有以五百精骑大破十万金兵的壮举，金统帅金兀术也不得不感叹"撼山易，撼岳家军难"。朱仙镇内街道纵横、百货云集。贾鲁河将全镇分为东镇和西镇。明清两代东镇是重要市街。乾隆以后，因黄河决溢，镇中屡遭水患，东镇地势较低，商贾多由东镇移至西镇。

图 7－10　朱仙镇木版年画

(四)佛山镇

佛山镇即今广东省的佛山市，位于珠江三角洲北部，是我国南方著名的手工业城镇，今为我国四大丝织业中心之一。古籍记载："诸宝货南北互输，以佛山为枢纽，商务益盛。"繁荣的商贸带动了以手工业为主的制造业迅速发展。到明清时期，佛山镇逐步发展成为岭南地区商品集散地和冶铸、陶瓷、纺织、中成药等制造业的中心，以至与京城、汉口、苏州合称为"天下四聚"。

本章思考题

1. 什么是聚落文化？简述聚落文化与旅游的关系。
2. 我国历史文化名城大致分为几种类型？试举三个以上历史文化名城及其特点。
3. 以丽江古城和平遥古城为例，简述它们各自的特色。
4. 列举中国四大名镇及其特点。
5. 除我们学习过的特色城镇外，你还知道哪些特色城镇？试举例说明。

文化专题四　文学艺术景观

第八章　中国旅游文学艺术

学习要点

1. 掌握旅游文学艺术的内涵
2. 掌握中国旅游诗词的发展轨迹及审美特征
3. 掌握楹联的起源、发展及特点
4. 了解旅游游记的发展过程及审美特征
5. 了解中国戏曲发展简史及审美特征
6. 了解中国书法发展轨迹及审美特征
7. 了解中国画发展过程、种类及审美特征
8. 了解中国雕塑发展过程及审美特征
9. 了解中国主要的民间工艺文化

第一节　中国旅游文学

有着悠久历史的中国传统文化在文学、书法、绘画、戏曲、雕塑、民间工艺等各个领域都有着举世瞩目的成就，它承载着历史的厚重，传递着千古信息，形成了独具特色的东方神韵与气质，为世界各地的旅游者所惊叹和神往。在长期的历史发展过程中，诸多文化表现形式与旅游相结合，成为重要的旅游文化资源，并形成了具有中国特色的旅游文学艺术。

旅游文学艺术是指与旅游诸组成要素相结合，反映旅游活动，激发人们的旅游动机，构成旅游资源的文学艺术。旅游文学艺术主要由两部分组成：一是直接构成旅游吸引物或吸引因素的文学艺术作品，如楹联、书法、雕塑、曲艺等；二是以旅游为审美对象的文学艺术作品，如山水诗词、旅游游记等。

旅游文学是反映旅游活动的文学。它主要是以诗歌、词曲、散文及楹联等形式为载体，抒写旅游者的思想、情感和审美情趣，并从不同角度和方面揭示和歌颂我国自然风光和人文风情。旅游文学在中国旅游文化中占有极其重要的地位，是光辉灿烂的中国文学宝库的一个重要组成部分。

一、旅游诗词

旅游诗词是在我国旅游文学中产生较早、作品最为丰富的一个品种，它是旅游文化最醇厚

的底蕴，是文化历史长河中厚积千年的精美琥珀。它以优美的语言、丰富的想象、深刻的寓意，描绘出了杏花春雨的江南风景、雄浑古朴的北国风光，诠释了晨钟暮鼓的清心无为，复原了遗迹故址的千年风貌，激发了大漠古道的盛世豪情。总之，它以自己的语言魅力尽情展示了我国自然风光的秀丽和人文景观的绚丽，是宝贵的旅游文化资源。

（一）中国旅游诗词的发展轨迹

1.旅游诗词的萌芽——先秦至两汉

在我国第一部诗歌总集《诗经》中，就有不少描述山岳河流等自然景观的诗句。如“山有扶苏，隰有荷华”、“泰山岩岩，鲁邦所瞻”、“嵩高维岳，骏极于天”类似的诗句在很多地方可见，并开始加入了作者的主观评判，如形容泰山，用“岩岩”，形容嵩山，谓“骏极于天”，这种比喻和夸张的描写手法，使得这些诗句具有了相当浓厚的文学审美意味。

《楚辞》中也有许多诗篇反映了先秦时期多种多样的旅游生活，如《涉江》、《哀郢》、《悲回风》、《远游》等，以大量笔墨摹写自然景观，并表达作者高尚情操。

汉代旅游诗的数量渐多，这主要是与当时的社会环境有关。一方面，随着汉朝国力强盛，统治阶层的游宴风气渐盛；另一方面，汉朝文化非常繁荣，文人士大夫的创作热情高涨，如汉武帝巡游帝京的时候欣然而作《秋风辞》。另外随着文化的发展，乐府民歌和五言诗开始出现。乐府民歌来自社会底层，形式以五言为主，内容涉及旅游的作品有《江南》、《燕歌行》等；五言诗中的《涉江采芙蓉》、《回车驾言迈》等描写旅人心态，真挚动人，朴素自然。此外，四言诗数量仍相当众多，其中曹操的《观沧海》是中国文学史上第一首规范、标准的山水诗。

2.旅游诗词的发展——魏晋南北朝

魏晋南北朝时期，由于社会和政治原因，文人士大夫寄情山水田园成为一种普遍现象，这在很大程度上推动了中国旅游诗词的发展，使得中国山水田园诗开始以完整的形式和独立的意义出现在文学史上，涌现出一批脍炙人口的名家名篇。其中成就最高者当属东晋的陶渊明和南朝的谢灵运与谢朓。

陶渊明是我国第一位田园诗人，他的旅游诗状写游历、山水风光，抒发游娱之乐，文辞澹泊，风格自然，将丰富的人生情感寄托于叙事、写景、议论之中。如在其名作《归去来兮辞》中，陶渊明以诗心慧眼来透视生活，用生花妙笔来点化景物，通过无拘无束的乡间生活的再现和云淡风轻、明净如洗的自然景物的描写，展示了诗人崇尚自然、追求自由的浪漫情怀。

谢灵运是文学史上第一个大量创作山水诗的著名诗人。其山水诗以“富丽精工”的语言，生动细致地描绘了永嘉、会稽、彭蠡湖等地的自然景色，有很多脍炙人口的名句流传至今，如“池塘生春草，园柳变鸣禽”、“野旷沙岸静，天高秋月明”、“春晚绿野秀，岩高白云屯”等等。谢灵运的山水诗往往先叙述游览过程或游览缘起，接以景色描写，最后感慨或议论。大处落笔，写法流动，记行程、时间、空间变换，局部景物描写细腻生动，穷形极貌，形成初期山水诗的基本结构模式。

谢朓是南朝山水诗的另一位重要代表人物，世人将谢灵运与谢朓合称为“大小谢”，他的诗意境优美，情景结合，风格清新流丽，语言注意声律对称，代表作有《游东田》、《游敬亭山》、《晚登三山还望京邑》等。

3.旅游诗词的繁荣——唐宋

唐宋时期是中国古代文化发展的巅峰时期，也是中国旅游文学尤其是旅游诗词创作的繁荣时期。

在唐朝时期，经济繁荣、社会安定，文人士大夫隐逸、漫游成为时代风气，从而形成了山水旅游诗名人佳作迭出，群星璀璨的繁荣局面。

初唐的山水诗主要以五言、七言律诗为主，代表人物有杜审言(《登襄阳城》)、王绩(《野望》)、张若虚(《春江花月夜》)以及初唐四杰(王勃《送杜少府之任蜀州》)等。初唐四杰把山水诗的表现范围从宫廷市井移至江山塞漠，杜审言则将岭南风光带进了山水诗的描写领域。

盛唐是中国诗歌的巅峰期，形成了以孟浩然、王维为代表的山水田园诗派和以高适、岑参为代表的边塞诗派，另外还有诸如李白、杜甫等伟大的诗人，旅游山水诗佳作不断。

王维被后世誉为盛唐山水诗派最杰出的代表，他直接继承了陶渊明澹泊而深远的艺术风格。他创作的大量山水诗，基本上是一种雅致的情韵，既富于音乐美，又富于画意。他把大自然当作纯洁的理想王国，多是描绘幽静的山石、清澈的溪流和农村的田园风致，表现出流连光景的愉悦和高蹈出尘的满足，用生花妙笔把我们带入一个清新优美的山水胜境。苏轼高度称赞他的诗是"诗中有画，画中有诗"。

李白在山水诗方面也很有造诣，他一生漫游无数名山大川，写下了许多描绘祖国壮丽山河的诗篇。他的山水诗着重描写山河的扩大雄伟、奇险壮丽，意境壮阔，气势雄浑。如"连天向天横"的天姥山，"峥嵘何壮哉"的华山，"修缮南斗傍"的庐山，"连峰去天不盈尺"的蜀山，"咆哮万里触龙门"的黄河，"白波九道流雪山"的长江，"飞流直下三千尺"的庐山瀑布等景象雄壮神奇，气势非凡。

中、晚唐诗坛名家辈出，韦应物、白居易、韩愈、柳宗元、刘禹锡、贾岛、杜牧等人也创作了大量优秀的旅游佳作，许多名篇秀句为人们所传诵，总之旅游诗在唐代达到了高度成熟的阶段。

宋代也留下了大量的优秀旅游诗篇。王安石的《泊船瓜洲》、《出郊》等，他用七言绝句的形式写山水景物，精工清丽，修辞巧妙，新颖别致。苏轼的诗自由潇洒，生动形象，留下了诸如《饮湖上初晴后雨》、《惠崇春江晚景》、《游金山寺》、《题西林壁》等旅游佳作。南宋的杨万里、范成大等诗人也留下了如《晓出净慈寺送林子方》、《四时田园杂兴》等优秀诗作。

宋词是中国文学的一大特色，在众多的优秀词篇中，很多都和旅游有关，构成了旅游文学的重要组成部分。这些词或描绘自然景物，或凭吊历史古迹，或抒发作者审美情趣。如柳永的《望海潮》、张孝祥的《念奴娇·过洞庭》、欧阳修的《采桑子》、辛弃疾的《西江月·夜行黄沙道中》等。

4. 旅游诗词的延续——元明清

元代旅游词也不乏佳作，如元好问的《游黄华山》，写黄华山瀑布气势磅礴、意境壮阔，使人如同身临其境。萨都剌的《百字令·登石头城》，借景怀古，风格豪迈，气势宏大。

明代旅游诗尤其是山水诗内容相当丰富。在明初的时候，其山水诗按地域就被划分为了吴派、越派、闽派、岭南派、江右派五个创作群体。越派与吴派成就较高，其代表人物为高启和刘基，主要作品有刘基的《晚泊海宁州舟中作》、《过苏州九首》等和高启的《登竹竿岭》、《游太平山记》等。明兴盛时期又形成了山水诗创作的"台阁体"，其山水诗以冲澹闲雅为宗。杨士奇的《三十六湾》、《同蔡尚远等游东山》，杨荣的《蓟门烟树》，陈敬宗的《南溪草堂》，王直的《游万岁山》等皆为有代表性的作品。明中叶复古风气渐盛，李东阳、李梦阳、何景明等都有优秀之作。李梦阳的《秋望》描写边塞景象，风格雄浑苍凉；何景明的《秋江词》描写江左秋江，意境杳渺。明晚期的袁宏道代表作有《游惠山记》、《千尺幢至百人峡》等。

清代也创作了大量的旅游诗词佳作。王士祯的《江上》，意境澹远，语言典丽流畅；纳兰性德的《浣溪沙》写梅雨江南，山水如画，自然清婉；袁枚的《同金十一沛恩游栖霞寺望桂林诸山》，想象丰富、美丽，具有神异的浪漫色彩；魏源的《天台石梁雨后观瀑歌》，极力表现大自然的雄伟、气概豪迈；康有为的《将至桂林望诸石峰》，想象丰富奇特，用语瑰丽雄奇。另外写大型组诗，是清代诗人的新尝试。如钱谦益的黄山游诗，姚燮的四明、普陀游诗，刘光第的峨眉游诗，都是数十首为一组描绘祖国美好河山的杰作。

(二)中国旅游诗词的审美特征

1. 穿越时空界限

诗词是时间艺术，体现的是时间上的流动感；旅行则是一种空间逾越形式，体现的是空间上的直观感。作者在跋山涉水时，把亲身经历而获得的美感经验，用诗词的形式表现出来，使其思绪不仅能超越狭小的"现时"领域，上下无碍，古今无阻，又能超越"现地"的有限视野，用心洞察八方，将所见与所想用诗笔在一刻间全部融会贯通地描绘下来，实现了时空的有机结合。

2. 抒胸怀创意境

突破时空界限的诗词能更无拘无束地寄托作者的情怀，写出人生境界。中国人的终极关怀始终是现实的或者说是人生哲学，其中抒胸怀和创意境是关键。这样的思维特质决定了中国诗词作者的体物方式和艺术表现方式。突破现时现地的时空限制，穿越时空隧道，上下往复，吐纳万物，是中国旅游诗词艺术表现的出发点，并以此达到更高的人生境界。抒胸怀创意境，就是旅游诗词在突破时空界限基础上体现出来的中国艺术精髓。

(三)旅游诗词名篇赏析

1. 谢朓《游东田》

戚戚苦无悰，携手共行乐。
寻云陟累榭，随山望菌阁。
远树暖阡阡，生烟纷漠漠。
鱼戏新荷动，鸟散余花落。
不对芳春酒，还望青山郭。

谢朓(464—499)，这首诗以清新流媚的笔触描绘了东田山水的自然之美。表现了诗人对大自然的深切热爱和美好的向往。同时也给读者留下驰骋想象的艺术空间，具有一种意境深邃的含蓄美。

2. 王维《山居秋暝》

空山新雨后，天气晚来秋。
明月松间照，清泉石上流。
竹喧归浣女，莲动下渔舟。
随意春芳歇，王孙自可留。

王维(701 年—761)，这首诗写山居所见秋山雨后黄昏的迷人景色和融怡陶醉的心境，大约是诗人隐居终南或辋川别墅时所作。诗中不仅极富画意，而且画面中还带有声响的动态，给人以音乐的美感，并兼诗情画意之美，得情景交融之妙。总之，诗的境界清澄透明，玲珑剔透，恰似一泓秋水，其中洋溢着浓郁的生活气息，也寄托着诗人的高洁情怀和对理想生活的执着追求。

3. 韦应物《滁州西涧》

独怜幽草涧边生，上有黄鹂深树鸣。

春潮带雨晚来急，野渡无人舟自横。

韦应物(737—约789年)，这首诗在结构安排上对比鲜明，别具匠心，在感情表达方面也不乏独到之处。从写景来看，诗人选取的只不过是诸如野草、黄鹂、春潮、渡口、小舟这些常见之物，但通过巧妙点染，这些景象又组成了一幅意蕴悠远的美妙图画——下有青翠碧草，上有黄鹂啼鸣，春潮急来是动，野渡舟横是静，独怜是情，自横是意，有色有声，动中有静，清幽雅致的景致与诗人清高恬淡的胸怀相衬，荒凉寂静的氛围和诗人寂寞忧伤的情感相融，情景交融，意境深远。

4. 柳永《望海潮》

东南形胜，三吴都会，钱塘自古繁华。烟柳画桥，风帘翠幕，参差十万人家。云树绕堤沙，怒涛卷霜雪，天堑无涯。市列珠玑，户盈罗绮、竞豪奢。重湖叠山献(音 yǎn)清佳。有三秋桂子，十里荷花。羌管弄晴，菱歌泛夜，嘻嘻钓叟莲娃。千骑拥高牙，乘醉听箫鼓，吟赏烟霞。异日图将好景，归去凤池夸。

柳永(约987—约1053年)，本词是诗人年轻时的作品，上片开头三句先写杭州的地理位置及全貌，接着具体写杭州的繁华："烟柳"三句综合写自然景色和都市风貌；"云树"三句写自然景观；"市列"三句写都市的繁华。下片"重湖"三句先写自然景观；"羌管"三句及"重湖"三句写人的活动以呈现都市风貌；最后两句表明诗人他日若荣升仍将不忘今日好景之意，全词工于铺叙。

二、旅游楹联

楹联又叫对联、对子、楹帖、联语等，是我国独有的一种体制短小、文字精练、历史悠久、雅俗共赏的传统文学艺术形式，是我国异彩纷呈的艺术百花园中一支别具风姿的奇葩。其内容生动鲜明，格调优美，深刻展现了中华民族深厚的文化底蕴和东方文化神韵。我国许多名胜古迹都点缀有楹联，它们的存在既体现了书写制作的形式美，又揭示着旅游资源的内在美，丰富了旅游吸引物的内涵，使旅游者获得更高境界的审美愉悦。

(一)楹联的起源与发展

楹联的产生约有1 000多年历史，它在社会上被广泛应用也有数百年历史，可谓源远流长。而探其溯源，从民俗的角度可追溯到古时的桃符习俗。

悬挂桃符是我国古代一种带有迷信色彩或神话色彩的风俗习惯。据《山海经》记载，东海度朔山上有大桃木，树上有神荼、郁垒两个神人，能治服和统领各种鬼怪，并且能用苇索把鬼怪捆绑起来喂虎。相传这两个神人就是最早的"门神"。为了驱鬼辟邪，灭祸求福，人们就在辞旧岁迎新春之际，用桃树枝条仿照神荼、郁垒的形象，扎饰桃人，使之手执苇索，站立门旁。后来春节悬挂桃符便逐渐成为一种风俗。随着社会的进步和文化的发展，悬挂桃符的习俗也逐渐发展变化，先是在桃木板上书写祈福祛祸的吉祥话，后来改在上面题写对偶的诗句。于是，便出现了所谓"桃符诗句"，也叫楹帖。现在一般认为，我国最早的一副楹帖即春联是五代后蜀主孟昶在946年除夕所写"新年纳余庆，嘉节号长春"一联。后来在宋朝人们以纸代桃符，写作和欣赏对联开始成为一种风气，并一直延续至今。

从文学的角度来看，楹联作为一种文学艺术形式，它的前身是对偶句，其发展又是同整个汉语语言文字艺术的发展密切相连，是从中国汉字对偶修辞手法中脱胎而出的。其渊源可以上溯到《诗经》、《楚辞》等古代经典中的对偶句，如"昔我往矣，杨柳依依；今我来思，雨雪霏霏"

(《诗经·采薇》),“悲莫悲兮生别离,乐莫乐兮新相如”(《楚辞·少司命》)等。后来在汉魏六朝诗赋对偶句式和骈体格式的基础上形成了严密工整的唐代格律诗,其中的颔联(第三、四句)和颈联(第五、六句)实际上就是对联的形式,如“晴川历历汉阳树,芳草萋萋鹦鹉洲”(崔颢《黄鹤楼》)等等。对偶这种修辞技巧的日臻成熟和完善,无疑促进了汉语语言文字艺术的丰富和发展,同时,也孕育了楹联这种艺术形式,为楹联的产生创造了充分的条件。可见作为楹联的形式,整齐对仗的上下联句在唐朝或以前就已形成,但题写在门口的桃符上,成为新春佳节时的一种装饰艺术,或许是唐朝以后的事。

楹联在宋代开始兴盛,在宋代已为文人学士们所广泛接受和喜爱,并且形成一种题联的风气。一些文人通过题联来表达自己的志向和感情;有的则装饰于自己的厅堂,以显示自己的高雅和风范。元代楹联已悬于殿堂酒楼,如赵孟頫曾为扬州明月楼题写“春风阆苑三千客,明月扬州第一楼。”到了明代,由于明太祖朱元璋非常喜欢楹联,并在除夕下旨,命城中各家均挂春联一副,由此民间楹联开始普及。清代是楹联创作的全盛时期,甚至有人将“清楹联”与唐诗、宋词、元曲相提并论,更有学者认为,“清代的主流文体是楹联”。孙髯翁的昆明大观楼长联和梁章钜的《楹联丛话》是清代楹联发展的重要里程碑,标志着楹联已经成为可以与诗词曲赋骈文媲美争妍的独立文体。

(二)楹联的审美特征

1. 文体节奏美

作为一种独立的文体,楹联的上下联应字数相等、内容相关、词性相同、句式相同、平仄相谐、强弱相当、文字相别,这些要求使得楹联的文体具有了形式上的整齐一律、文词意义表达上的统一递进以及声调语气上的抑扬顿挫的审美特征,无论是看、读、听,都舒畅流利、协调有秩,极富节奏感。

2. 文学意蕴美

楹联是语境与环境的高度统一。许多名胜古迹、园林寺庙中的楹联,是写意、抒情的最好表现方式,是自然人文美景与作者心境情绪的一拍即合和绝妙点化,寥寥数字或抒志畅怀,或哲理深刻、内涵丰富、意蕴深远。楹联的这种审美特征得益于各种修辞手法的灵活运用,比喻、比拟、借代、夸张、衬托、反语、设问、反问、排比、反复、接应、顶真(又称顶针或联珠)、回文、析字、迭字等等,都是其常用的修辞手法。它们的使用使得联文形象生动、内容深刻,令人叹为观止。

3. 外在形式美

楹联的外在形式美源于它的约定性,主要表现在两方面:一是上下相合,左右对称;二是与匾额、横批构成一横二纵的形式美。

4. 书法艺术美

楹联与书法有着天然的联系,它从诞生之日起就是由书法家书写的,因此有人将其称为是“用书法艺术形式表现的书法作品”。由于楹联独特的对称形式和联文要求,使其在书法艺术表现方面呈现以下特点:字体与环境氛围的和谐美、字迹与观赏距离的尺度美、独立与呼应的统一美、守格与破格的变化美。

(三)旅游地楹联选读

1. 江西滕王阁

我辈复登临,目极湖山千里而外;

奇文共欣赏，人在水天一色之中。

本联系一幅集句联。集句，是楹联的写作手法之一。上句用韩愈《新修滕王阁记》语，切写当时选胜登临，上联第二句“目极湖山千里而外”，气势磅礴，蕴含丰富，是写登临九丈危阁，高瞻远瞩，视野广阔，将千里而外的山山水水尽收眼底，一览无余，何其壮哉！下联提王勃绝世之文，可谓熔古今为一体，绘人景于一轴。人们边玩赏无边风光，边玩味王勃那篇气贯长虹、情景交融的千古杰作，岂不妙哉！自然人们会想到《滕王阁序》不朽的名句“秋水共长天一色”。为对仗需要，作者将此佳句脱变为“人在水天一色中”。

2. 杭州西湖湖心亭

台榭漫芳塘，柳浪莲房，曲曲层层皆入画；

烟霞笼别墅，莺歌蛙鼓，晴晴雨雨总宜人。

湖心亭在杭州西湖中，初名“振鹭亭”，又称“清喜阁”。始建于明嘉靖三十一年（1552年），明万历后才改名“湖心亭”。亭为楼式建筑，四面环水，登楼四望，不仅湖光荡漾，而且四面群山如屏风林立。亭的西面为西湖的南高峰和北高峰，景色十分壮观。游人登此楼观景，称为“湖心平眺”，是清代西湖十八景之一。

3. 泰山南天门

门辟九霄，仰步三天胜迹；

阶崇万级，俯临千嶂奇观。

这款楹联大意是：南天门高峻挺拔，就像开辟九重天一样，在这里可以欣赏三天（即道家所说的上清、太清、玉清）之上优美的景色；十八盘陡峭险峻，石阶重重，在这里可以俯视远处山峦叠嶂的奇特景象。

4. 昆明大观楼

五百里滇池奔来眼底，披襟岸帻，喜茫茫空阔无边。看东骧神骏，西翥灵仪，北走蜿蜒，南翔縞素。高人韵士，何妨选胜登临。趁蟹屿螺洲，梳裹就风鬟雾鬓；更苹天苇地，点缀些翠羽丹霞。莫辜负四围香稻，万顷晴沙，九夏芙蓉，三春杨柳。

数千年往事注到心头，把酒凌虚，叹滚滚英雄谁在？想汉习楼船，唐标铁柱，宋挥玉斧，元跨革囊。伟烈丰功，费尽移山心力。尽珠帘画栋，卷不及暮雨朝云；便断碣残碑，都付与苍烟落照。只赢得几杵疏钟，半江渔火，两行秋雁，一枕清霜。

此联是清朝乾隆年间昆明名士孙髯翁登大观楼有感而作。此联气势磅礴，上联突出一个“喜”字，喜溢四方，绘出了一幅颇富滇池风物特色的风景画；下联勾勒云南的历史，重在一个“叹”字。作者追根溯源，道出了历史发展变化的必然规律，展示出了一幅颇耐人玩味的历史画卷。全联180字，如一篇有声、有色、有情的骈文，妙语如珠，诵之琅琅上口。该联想像丰富，感情充沛，一气呵成，被誉为海内外第一长联。

三、旅游游记

游记是以散文形式记叙、抒写作者亲身旅行游览见闻感受的独立成篇的文献，它是我国旅游文学的一个重要组成部分，也是我国旅游文学的滥觞。

（一）中国游记的发展过程

我国古代的游记肇始于先秦，形成于汉魏，发展于唐宋，鼎盛于明清，历2 000年长盛不衰，蔚为大观。追溯它的发展历程，从先秦至明清，大致可以划分为四个时期，即呈现时期、形成时期、发展时期和兴盛时期。

1.游记的呈现时期——先秦至两汉时期

先秦时期包括秦朝时期，当时以审美观赏为目的的旅游活动还未产生，人们出行或周游，都是为了实现一定的政治目的或社会目的，未带有旅游的性质，所以游记并未成形。如周穆王长达两年之久的周游，目的是为了显示国威，安抚部属；孔子周游列国，是为了宣传自己的政治主张；秦始皇巡视天下，是为了表明其已征服天下，统一帝国。

到了汉代，随着国力的强盛和社会经济的繁荣，人们的出游活动有所增加，开始对山水和宫殿建筑有了新认识，并展现在当时的五言诗、赋等文学形式中。如西汉枚乘《七发》中关于潮水的描写："其始起也，洪淋淋焉，若白鹭之下翔。其少进也，浩浩皑皑，如素车白马帷盖之张。其波涌而云乱，扰扰庸如三军之腾装"，就写得生动且气势磅礴。虽然创作的主要目的依然是夸耀帝国的强大，但也开始具备了游记文学的一些倾向。东汉马第伯的《封禅仪记》，虽然主旨是渲染光武帝登泰山举行封禅仪典的氛围，但开始自觉地关注登临泰山的情景。虽然它们还不具备游记的特点，但可以被视作最早的游记文字。可见在两汉之前真正的游记虽未出现，但已处在积累和萌芽之中。

2.游记的形成时期——魏晋南北朝时期

魏晋南北朝时期因社会动荡不安，文人士大夫逃避官场，寄情于山水田园，在大自然中追求乐趣成为一种风气。这种追求使得他们的社会审美心理得到一定程度的觉醒，自然山水景物开始走入他们内心的世界，与水为伴、与山为邻，成为他们生活的一种常态。随着旅游意识的加强，在某程度上就促进了相对完整独立的骈体游记、散文游记的产生。如东晋袁崧的《宜都记》，描写三峡的奇峰秀出、江水如带的美景，形象生动；还有僧人惠远的《庐山诸道人游石门诗序》，细致地描写了出游时艰难行进的经过，并在主观感受中生动地描述了石门神奇瑰丽的景观，可以称得上是一篇独立的、具备了旅游文学特点的旅游游记。此外，王羲之的《兰亭集序》，陶渊明的《游斜川序》以及南北朝时期鲍照的《登大雷岸与妹书》，陶弘景的《答谢中书书》，吴均的《与宋元思书》、《与顾章书》，萧纲的《与萧临川书》、《行与山铭》，祖鸿勋的《与阳休之书》等作品，从内容上看，都已完全具备了游记文学的特点。尤其是郦道元的《水经注》和杨炫之的《洛阳伽蓝记》，其中许多篇目历来被人们推崇为旅游游记散文的佳品。

可见魏晋南北朝时期，由于人们旅游意识的形成以及对旅游生活的重视，使得记游类作品大量出现，其内容更丰富，体裁也开始多样化，标志着古代游记散文的正式产生和形成。

3.游记的发展时期——隋唐宋元时期

到了隋唐时期，国力强盛、社会安定，文化高度繁荣，使得人们的旅游审美观赏意识更加成熟，更看重旅游者在游览观赏中的主体审美作用。伴随着山水诗、山水画的盛行，旅游游记文学也走向成熟，并且蔚为大观。在这一时期游记的内容更加丰富，不仅重视旅游主体的身心愉悦，而且还积极探索旅游的价值观，注重景物的文化内涵；游记的体裁也在骈体小品短札的基础上产生了铭文、诗序、书信等形式。唐代元结、韩愈、白居易、柳宗元等人都留下了大量优秀的游记作品。如元结的《右溪记》，将写景、抒情、议论很好地结合在一起，他这种以景寄情的游记对唐代以后的游记写作产生了很大影响。清末吴汝纶高度评价他说："次山（元结）放恣山水，实开子厚（柳宗元）先声，文字幽妙芳洁，亦能自成境趣"。大散文家柳宗元，是唐代游记集大成者，他的游记不但文笔清新秀美，富有诗情画意，而且在对景物的描写中，寄托了自己抑郁的情怀，表现出较为深刻的思想意义，如他在谪居永州期间创作的组记《永州八记》，是古代游记散文中的一块丰碑，标志着古代游记散文的最高成就。另外，韩愈的《燕喜亭记》以及白居易的《三游洞序》等作品，都是传诵至今的游记佳作。

宋代的游记文学在内容和形式上更臻完美。其主要特点一是游记作者和优秀游记作品数量增多，如欧阳修、王安石、苏轼、晁补之、陆游、范成大、王质、周密等都有很多佳篇传世，如王安石的《游褒禅山记》和苏轼的《石钟山记》等。二是体裁形式更加多样化，出现了诸如题记体、随笔小品、散文赋体、书信体、纪事体、考辨体、日记体等多种体裁，如陆游的《入蜀记》则是日记体游记的开山之作。

元代游记散文从总体上看远不及唐、宋，但在题材和内容上也有一些新的开拓，思想性和艺术性结合得较好。

总之隋唐宋元时期的游记散文，群星灿烂、百花争妍、各展其姿，不但标志着游记文学的完全成熟，而且为明清游记散文的繁荣发展奠定了坚实基础。

4.游记的兴盛时期——明清时期

明清两代是古代游记文学创作的黄金时代，也是游记文学的昌盛时期。这一时期，人才辈出、风格多样、流派各异，为游记的发展增添了更多的美丽色彩。

明代突出的游记奇峰有两座：一座是以公安派、竟陵派为代表的山水游记和小品，另一座是徐霞客的巨著《徐霞客游记》。

公安派、竟陵派一大批作家在"独抒性灵"的文学旗帜下，突破传统的束缚，追求本真、张扬个性，刻意在作品中表现个人的山水审美情趣和文化诉求。其中最著名的代表人物是公安派的"三袁"即袁宏道、袁宗道、袁中道。尤其是袁宏道，其文笔清新鲜丽，洋溢野逸之趣，颇有造诣，代表作有《满井游记》、《游苏门山百泉记》、《虎丘记》等。《徐霞客游记》是徐霞客历经数十年，游遍大半个中国而写下的数十万言的日记体巨著。这部作品描绘了祖国山川的雄奇秀美，又详细记录了各地水文地貌，既是优秀的山水游记，又是我国重要的地理学巨著。《徐霞客游记》被清代学者钱谦益评价为"世间真文字，大文字，奇文字"和"古今游记第一"。

清代是古代游记继续兴盛的时期，具体表现为著者迭起，佳作层出，体裁皆备，风格多样，其中最具代表性的是以袁枚为代表的性灵派和以姚鼐为代表的桐城派。袁枚善诗工文，一生喜爱山水，文学上有自己的独特见解。他的游记散文《游桂林诸山记》、《峡江寺飞泉亭记》、《游黄山记》等都是写自己的旅游感受，兴致所到，尽情描写，直抒性情，表现出一定的反叛精神和追求个性自由的倾向。姚鼐的代表作《登泰山记》，记游叙事，语句不多而线条清晰；考证述古，文笔平实而恰到好处；描景绘形，简洁准确而生动传神，是古代游记散文中不可多得的名篇。

从以上古代游记的萌芽、产生、发展和鼎盛的轨迹可以看出，我国古代游记源远流长，作品浩如烟海，它开启了我国后代的旅游文学，是我国文学宝库中的一颗璀璨明珠。

(二)中国游记的审美特征

1.强调人与自然的和谐

中国古人追求的"天人合一"、"儒道禅互补"的思想观念，常常以自觉不自觉的形式通过关照山水、描摹自然的审美追求表达出来。审美主体与审美客体之间的形与神的交流孕育出中国古代文人特有的山水审美意识。人与自然和谐共荣，你中有我，我中有你，构成了中国古代游记文学独具特色的一道道美丽的景观。

2.写景与写心的交融

虽然中国古代文人雅士沉浸在"天人合一"、"物我相融"的和谐氛围中，但他们并没有把自身的使命感、责任感随着岚气水波而消解，而是利用游记借景抒情言志、寄托感慨。在美丽的游记文学作品中，作者既可以借景表达自己内心的幽怨，也可以借景抒发自己的傲世豪情、纯洁人格。他们用心去品味自然，然后再让自然来荡涤心灵，使得自然界的山水之美与作者的人格之美有机地融合起来。

3. 多样的风格和丰富的语言

古代游记虽然每篇都不外乎是描写山水景物，但是由于作者们的生活经历、气质素养不同，游记所呈现的风格也千姿百态：有的清丽，有的雄浑，有的翔实，有的简朴，有的空灵，有的凝练，有的如行云流水，有的如奇峰邃洞，充分表现出风格的多样性。古代游记的语言也是因人而异，各具特色，丰富多彩。不过就大体而言，都显得精练准确、生动优美、流畅自然、明净简洁，达到了瞻言而见貌、即字而知时的境界。

(二)旅游游记名篇选读

袁宏道《满井游记》

燕地寒，花朝节后，余寒犹厉。冻风时作，作则飞砂走砾。局促一室之内，欲出不得。每冒风驰行，未百步辄返。

廿二日天稍和，偕数友出东直，至满井。高柳夹堤，土膏微润，一望空阔，若脱笼之鹄。于时冰皮始解，波色乍明，鳞浪层层，清澈见底，晶晶然如镜之新开而冷光之乍出于匣也。山峦为晴雪所洗，娟然如拭，鲜妍明媚，如倩女之靧面而髻鬟之始掠也。柳条将舒未舒，柔梢披风。麦田浅鬣寸许。游人虽未盛，泉而茗者，罍而歌者，红装而蹇者，亦时时有。风力虽尚劲，然徒步则汗出浃背。凡曝沙之鸟，呷浪之鳞，悠然自得，毛羽鳞鬣之间皆有喜气。始知郊田之外未始无春，而城居者未之知也。

夫不能以游堕事，潇然于山石草木之间者，惟此官也。而此地适与余近，余之游将自始，恶能无纪？己亥之二月也。

袁宏道(1568—1610)，是明代公安派的代表人物。他的一生创作了大量的山水游记。他在写作上倡行公安派“独抒性灵，不拘格套”的主张，所以他的山水游记直抒胸臆，不择笔墨，写景慧眼独具，物我交融，语言清新流畅。代表作《满井游记》写与友游满井，面对美好的春光，流露出无比喜悦之情。本文寓情于景，巧绘春色，妙造自然，借景抒情，表现出作者高超的技巧和深厚的功力，堪称游记小品中的典范之作。

第二节 中国旅游艺术

戏曲、歌舞、书法、绘画、雕塑等是我国的传统艺术，它们历史悠久、风格独特，以自身的特殊方式，传达着民族文化，表露着民族审美心态，特色鲜明，自成体系，独树一帜，是悠久而辉煌的中国文化的重要组成部分和宝贵遗产，也是极具魅力的旅游文化资源。

一、戏曲

戏曲是一种将文学、音乐、舞蹈、美术、武术、杂技熔于一炉、高度综合的艺术，也是一种载歌载舞、写意传神的表演艺术，还是传统文化的重要载体之一，体现着源远流长的民族文化心理。中国戏曲作为传统文化的组成部分，其高绝千古的丰神美韵，富于艺术魅力的表现形式，千百年来令人沉醉。中国戏曲在世界剧坛上也占有独特的位置，它与古希腊悲喜剧、印度梵剧并称为世界三大古剧。

(一)中国戏曲发展概况

1.戏曲的起源与形成——先秦至唐

中国戏曲起源于原始歌舞。戏曲形式的出现,最早可以追溯到秦汉时代。在汉朝时期,民间出现了具有表演成分的“角抵戏”,尤以《东海黄公》为著。到了南北朝时期,民间出现了歌舞与表演相结合的“歌舞戏”,具有了更为浓郁的表演成份,如《拔头》、《代面》、《踏摇娘》等。到唐朝时,出现了以滑稽表演为特点的“参军戏”,并且民间的歌舞戏进入宫廷,得到了更大的发展;民间又出现了“俗讲”和“变文”等通俗说唱形式。

2.戏曲的发展——宋金

宋金之际戏曲得以成型。宋朝时,随着城市商品经济得到长足发展,出现了诸如“瓦舍”和“勾栏”等民间娱乐场所,民间歌舞、说唱、滑稽戏有了综合的趋势,形成了“宋杂剧”。金朝时,在宋杂剧基础上,北方出现了“金院本”,南方出现了“南戏”。南戏是中国戏曲最早的成熟形式,它形成于南北宋之交的浙江温州(古称永嘉)一带的民间,时称捻兰卧泳鐢。它是在宋杂剧的基础上,融和南方民间小曲、说唱等艺术因素形成的。南戏的特点是体制庞大、曲词通俗质朴,已粗具戏曲的基本艺术特征,其剧目多表现民间故事。

3.戏曲的成熟——元

元朝是中国戏曲史的一种重要时期。在北方形成“北杂剧”,使成熟的戏曲最终形成。元杂剧也称北曲杂剧,最早产生于金朝末年河北真定、山西平阳一带。元杂剧是中国戏曲的第一个黄金时代,它达到了很高的文学水准,以至单从诗体而言,古人早就将其与唐诗、宋词并称。

4.戏曲的繁荣——明清

明清的戏曲形式主要是传奇。明清传奇是由宋元南戏发展而成,它产生于元末,在明初流传,到了明嘉靖年间兴盛,至万历而极盛,并延至明末清初,其剧本文学曲词典雅,体制庞大,名篇佳作不胜枚举,作品之多号称“词山曲海”。

自清朝前期起,戏曲舞台发生了极大的变化,主要表现为戏曲的民间化和通俗化,先是昆曲、高腔折子戏的盛行,后是地方戏的兴起。清康熙末叶,各地的地方戏蓬勃兴起,被称为“花部”,进入乾隆年代开始与称为“雅部”的昆剧争胜。从此,戏曲舞台不再是传奇戏的天下,昆曲与高腔有了来自民间的竞争者。至乾隆末叶,花部压倒雅部,占据了舞台统治地位,直至道光末叶。从此戏曲的表演场所也由厅堂氍毹变为了茶肆歌台。

(二)中国戏曲的审美特征

1.戏曲艺术的综合美

和西方戏曲相比,中国戏曲具有高度综合性,它融合了文学、音乐、舞蹈、美术、武术、杂技以及各种表演艺术因素,同时它也是时间艺术和空间艺术的有机结合体,是一种视听兼备的综合性艺术。它有音乐和诗歌的时间性、听觉性,有绘画、雕塑的空间性、视觉性,又有与舞蹈、武术相同的以人的形体动作表演为载体的审美特征。

2.戏曲表演的程式美

程式是直接或间接源于生活,经过音乐化、舞蹈化、装饰化提炼、概括的规范化、定格化的中国戏曲特有的艺术语言。它具有美感的视觉形象,具有相对独立的形式美,带有明显的假定性和规范性。中国戏曲表演的程式性包括:文学剧本的程式,如上场引子、下场诗,自报家门等;戏曲音乐方面的程式,如成套的声腔版式,以及打击乐的整套锣鼓等;表演方面的程式,如在生活基础上概括起来，具有规范性的各种舞蹈化身段；舞台美术方面的程式，如“一桌二椅”等抽象的舞台装置和各种舞台装饰，以及服装的式样、色彩，头饰化妆，脸谱的分类等。程式使戏曲艺术能经济、准确、简洁地表现生活，使形象生动鲜明，具有强烈的舞台审美效果。程式虽有形式上的规范性，却可由演员根据剧情和人物塑造的需要灵活自由地加以运用，进行富有生机的美的自由创造。程式是随着戏曲的发展而不断发展的。程式使戏曲艺术既反映生活，又与生活保持一定距离，使典型形象比生活更精炼、更集中、更夸张、更美丽。

3.戏曲表演的虚拟美

中国戏曲的演出形式，采用了绘画艺术“散点透视”的原理，在有限的舞台上，为了突破时间、空间的限制，展现出深远而广阔的生活内容，戏曲创造了对舞台时间、空间的一种特殊处理方法，即是把有限的舞台，当做一个不固定的、自由的、虚拟的环境和虚拟的时空，环境、地点、景物、时间，全靠演员用自身的动作表演调动观众的想象，创造出剧情需要的舞台环境和氛围。虚拟表演超越有限的“实境”，营构无限的“虚境”，使戏曲表演更加自由，拓宽了表现生活的领域，带给观众丰富的联想和想象，在观众的想象中共同完成审美意象的创造，因而具有涵泳回味的艺术魅力。

4.戏曲艺术的写意美

中国戏曲是写意的，这首先表现在内容上，中国古代戏曲作家与理论家们历来都强调戏曲必须表现剧作家自已在现实生活中的感受，即“意”，而不是简单地模仿生活。明代戏曲理论家王骥德曾提出：“戏剧之道，出之贵实，而用之贵虚。”中国戏曲的写意性还体现在表演形式上，即表演形式的虚拟性以及以虚拟的手法来塑造舞台形象。从整体追求上看，中国戏曲轻环境重感受，轻故事重体验，轻时空重心境，含蓄蕴藉，追求神似，注重当众展现人物的灵魂，注重整体效果的传神写意。

(三)中国著名剧种

1.昆曲

昆曲，又称昆剧、昆山腔，是我国传统戏曲中最古老的剧种之一，也是我国传统文化艺术，特别是戏曲艺术中的珍品，被称为百花园中的一朵“兰花”，2001 年被联合国教科文组织命名为“人类口头遗产和非物质遗产代表作”。昆曲的伴奏乐器，以曲笛为主，辅以笙、箫、唢呐、三弦、琵琶等。昆曲的表演，也有它独特的体系、风格，其最大的特点是抒情性强、动作细腻、唱腔优美，歌唱与舞蹈的身段结合得巧妙而和谐。在语言上，该剧种原先分南昆曲和北昆曲。南昆以苏州白话为主，北昆曲以大都韵白和京白为主。昆曲著名的剧目有《邯郸梦》、《鸣凤记》、《牡丹亭》、《紫钗记》、《南柯记》、《玉簪记》、《风筝误》、《十五贯》、《桃花扇》、《长生殿》等。

2.秦腔

秦腔也称“乱弹”，它“形成于秦，精进于汉，昌明于唐，完整于元，成熟于明，广播于清，几经衍变，蔚为大观”，是相当古老的剧种，堪称中国戏曲的鼻祖，被誉为百戏之源。秦腔主要流行于中国西北地区的陕西、甘肃、青海、宁夏、西藏一带。2006 年 5 月 20 日，经国务院批准列入第一批国家级非物质文化遗产名录。秦腔音乐属板腔体结构，其板类共有六种：慢板、二六板、带板、垫板、二倒板、滚板。秦腔角色分老生、须生、小生、幼生、老旦、正旦、小旦、花旦、武旦、媒旦、大净、毛净、丑等十三门。秦腔的表演朴实、粗犷、细腻、深刻，以情动人，富有夸张性。秦腔所演的剧目，据现在统计约 3 000 个，多是取材于“列国”、“三国”、“杨家将”、“说岳”等说部中的英雄传奇或悲剧故事，也有神话、民间故事和各种公案戏。

3. 京剧

京剧是中国的国粹，至今已有200多年的历史，它是在在徽戏和汉戏的基础上，吸收昆曲、秦腔等一些戏曲剧种的优点和特长逐渐演变、发展而成的。京剧音乐基本属于板腔体，唱腔主要有二黄、西皮两个系统。二黄唱腔深沉、浑厚、凝重，易于表现回忆、沉思、感叹、悲愤等情绪；西皮调明朗、流畅、欢快，适于表现活泼、喜悦、激动、高昂之情。京剧伴奏乐器以京胡为主，二胡、月琴、三弦为为辅。京剧表演讲究唱、念、做、打并重，常用虚拟动作，重视情景交融，声情并茂。京剧角色主要分为生、旦、净、丑四大行当。京剧脸谱是具有民族特色的、以人的面部表情为表现手段的图案艺术。

京剧长于演历史故事，传统剧目约1 300多个，常演的有400个以上，著名的剧目有《霸王别姬》、《贵妃醉酒》、《将相和》、《群英会》、《空城计》、《野猪林》、《穆桂英挂帅》、《打渔杀家》等。

4. 黄梅戏

黄梅戏旧称黄梅调或采茶戏，与京剧、越剧、评剧、豫剧并称中国五大剧种，它是在皖、鄂、赣三省毗邻地区以黄梅采茶调为主的民间歌舞基础上发展而成。黄梅戏的唱腔属板式变化体，有花腔、彩腔、主调三大腔系。花腔以演小戏为主，曲调健康朴实，优美欢快，具有浓厚的生活气息和民歌小调色彩；彩腔曲调欢畅，曾在花腔小戏中广泛使用；主调是黄梅戏传统正本大戏常用的唱腔，有平词、火攻、二行、三行之分，其中平词是正本戏中最主要的唱腔，曲调严肃庄重，优美大方。黄梅戏的表演载歌载舞，质朴细致，真实活泼，富有生活气息，以崇尚情感体验著称，具有清新自然、优美流畅的艺术风格。代表剧目主要有《天仙配》、《女驸马》、《牛郎织女》、《夫妻观灯》、《打猪草》、《纺棉纱》等。

5. 评剧

评剧又名"平腔梆子戏"，俗称"唐山落子"、"蹦蹦戏"，是清末在河北东部滦县一带的小曲"对口莲花落"基础上，吸收京剧、河北梆子等音乐和表演艺术而形成的。评剧音乐曲调流畅自然，属板腔体，语言通俗，富有表现力，人物有青衣、花旦、老旦、小生、老生、小丑之分，具有活泼自由、生活气息浓郁等特点。代表剧目有《兰花媒》、《牧羊圈》、《打金枝》、《杜十娘》、《人面桃花》、《玉堂春》、《马寡妇开店》等，现代戏《小女婿》、《刘巧儿》、《江姐》、《洪湖赤卫队》等。

6. 豫剧

豫剧是河南省地方戏曲剧种之一，主要流行于河南全省以及陕西、甘肃、山西、河北、山东、江苏、安徽、湖北等省的部分地区。因其早期演员用本嗓演唱，起腔与收腔时用假声翻高尾音带"讴"，所以又叫"河南讴"，又曾名"河南梆子"、"河南高调"、"靠山吼"等，新中国成立后才统一改为今称。豫剧唱腔吐字清晰、行腔酣畅、节奏鲜明，唱词口语化。常演不衰的剧目有《对花枪》、《三上桥》、《提寇》、《铡美案》、《十二寡妇征西》、《朝阳沟》等。

7. 越剧

越剧，中国五大戏曲剧种之一，其前身是浙江嵊县一带盛行的说唱艺术——落地唱书。在发展过程中，越剧借鉴了昆曲、京剧中的舞蹈身段和程式动作，同时也吸收话剧、电影刻画人物性格、心理活动的表演方法，形成自我独特的写意与写实结合的风格。越剧有许多经典的剧目，如《梁山伯与祝英台》、《王老虎抢亲》、《五女拜寿》、《红楼梦》、《西厢记》、《何文秀》、《玉堂春》、《打金枝》、《玉蜻蜓》、《碧玉簪》、《白蛇传》、《孟丽君》、《李娃传》、《沙漠王子》、《陆游与唐琬》、《孔雀东南飞》等一批优秀剧目。

8. 粤剧

粤剧唱念均用广州方言，因此又称“广东梆簧”、“广东大戏”、“广府戏”，是广东省地方代表戏曲之一，也是我国南方影响非常大的一个剧种。它结合广东本地民间曲调，又吸取弋阳腔、昆山腔、秦腔、徽班等地方戏曲的优点，逐渐发展形成流行于广东、广西、香港和澳门等地。粤剧的优秀剧目有《西河会》、《双结缘》、《雪重冤》、《士林祭塔》、《黛玉葬花》、《宝莲灯》、《平贵别窑》、《赵子龙催归》等。

9. 川剧

川剧主要流行于四川东中部、重庆及贵州、云南部分地区。川剧脸谱是川剧表演艺术中重要的组成部分，也是历代川剧艺人共同创造并传承下来的艺术瑰宝。川剧由昆曲、高腔、胡琴、弹戏、灯调五种声腔组成。川剧的表演特点是真实细腻，幽默风趣，乡土气息浓厚。川剧的剧目众多，有 2 000 余种。代表剧目有《五袍》、《四柱》和《四大本头》。

10. 汉剧

汉剧是中国戏曲剧种、湖北省地方戏曲剧种之一，俗称“二黄”，又有“楚剧”、“汉调”两种叫法。它为湖北主要戏曲剧种，主要流行于湖北省境内长江、汉水流域以及河南、湖南、陕西、四川部分地区。2006 年 5 月 20 日，汉剧被列入第一批国家级非物质文化遗产名录。现存汉剧剧目数 660 多个，多是历史演义故事和民间传说等。

二、书法

中国书法是中国汉字特有的一种传统艺术，是世界上独一无二的瑰宝，也是中华文化的灿烂之花，至今已有 3 000 多年的历史。中国书法以汉字为载体，以线条造型为表现形式，最典型地体现了东方艺术之美和东方文化的优秀，被誉为“无言的诗，无行的舞，无图的画，无声的乐”。

(一)中国书法书体的演变

1. 甲骨文

甲骨文主要指殷墟甲骨文，是中国商代后期王室用于占卜记事而刻(或写)在龟甲和兽骨上的文字。它是中国已发现的古代文字中时代最早、体系较为完整的文字。从甲骨文已识别的约 1 500 个单字来看，它已具备了“象形、会意、形声、指事、转注、假借”的造字方法，展现了中国文字的独特魅力，并符合中国书法用笔、结字、章法的三个基本要素，奠定了书法艺术的基本形式，是书法艺术迈出的第一步。甲骨文与后世的金文、篆、隶等一脉相承。

2. 金文

金文是铸刻在青铜器的钟或鼎上的一种文字，又称钟鼎文。金文起于商代，盛行于周代，是由甲骨文的基础上发展起来的文字，现已识金文有 1 800 多字。金文上承甲骨文，下启秦代小篆，具有古朴的风格。商周金文的主要特点是：①笔画圆匀，起笔、收笔、转笔多为圆笔。这为以后篆书用笔打下了基础。②字的结构紧密、平稳，字形也比较有规律性。③章法上也比较讲究字距行列。有的显得严整规矩，有的显得疏朗开阔。总之，金文在笔法、结字、章法上都为书法的进一步发展做出了重要的贡献。

3. 小篆

小篆又称秦篆，是秦统一后经过丞相李斯整理的一种通行书体。小篆字体更趋简化，线条匀称，字形修长，是我国汉字的一大进步，也是汉字发展史上一个重要的里程碑。小篆作为我国书法演变历程中的第一个正体,除了在形态的规整匀称上确立了审美意义外,还以纯净简约的线条美感和纵势的字形笔画,对以后楷、隶、行、草诸书的变革产生了深刻的影响,并开辟了广阔的发展道路。小篆有的铸造在铁器上,有的刻在石碣、石碑上。小篆传世代表作有《秦山刻石》残部,仅存10字。另有《泰山》、《琅琊台》二石真迹拓片存世,《会稽》、《峄山》后人摹刻本传世,据传上述刻石皆为李斯所书。

4.隶书

隶书又名佐书、分书、八分,因盛行于汉代,所以又叫汉隶,它是由篆书圆转婉通的笔画演变成为方折的笔画,字形由修长变为扁方,上下收紧,左右舒展,运笔由缓慢变为短促,从而显示出生动活泼、风格多样的气息,是汉字中常见的一种庄重的字体。隶书起源于秦朝,由程邈整理而成,在东汉时期达到顶峰,书法界有“汉隶唐楷”之称。隶书的历史演变,一般按时间性分为秦隶、汉隶两种。另一种是按隶体的典型化程度来分,把波挑不鲜明的秦隶和西汉时期的一部分隶书称为古隶;把波挑鲜明的两汉隶书,特别是东汉隶书,称为汉隶或八分。汉隶是中国书法艺术的第一个高峰期。

5.草书

草书源于篆隶,包孕行楷,形成于汉代,《说文解字》中说:“汉兴有草书。”草书是为书写简便在隶书基础上演变出来的,其特点是:存字之梗概,损隶之规矩,纵任奔逸,赴速急就,因草创之意,谓之草书。草书自身的发展可分为章草、今草、狂草三个阶段。章草笔划省变有章法可循,代表作如三国时期吴国书法家皇象的《急就章》的松江本。章草是经过艺术加工后的草书,其波挑鲜明,笔画钩连呈“波”形,字字独立,字形扁方,笔带横势。今草亦称“小草”,始于汉末。是对章草的革新。今草不拘章法,笔势流畅,笔画连绵回绕,文字之间有联缀,书写简约方便,代表作如晋代王羲之《初月》、《得示》等帖。狂草出现于唐代,以张旭、怀素为代表,属于草书最放纵的一种,笔势相连而圆转,字形狂放不羁,在今草的基础上将点画连绵书写,形成“一笔书”,在章法上与今草一脉相承,成为完全脱离实用的艺术创作。狂草代表作如唐代张旭《肚痛》等帖和怀素的《自叙帖》,都是现存的珍品。

6.行书

行书是草书向楷书演化过程中的一种中介书体,是为了弥补楷书的书写速度太慢和草书的难于辨认而产生。“行”是“行走”的意思,因此它不像草书那样潦草,也不像楷书那样端正。实质上它是楷书的草化或草书的楷化。楷法多于草法的叫“行楷”,草法多于楷法的叫“行草”。代表作中最著名的是王羲之的《兰亭序》,前人以“龙跳天门,虎卧凤阁”形容其字雄强俊秀,赞誉为“天下第一行书”。唐朝颜真卿所书《祭侄稿》,劲挺奔放,古人评之为“天下第二行书”。而苏轼的《黄州寒食帖》则被称为“天下第三行书”。

7.楷书

楷书又称正楷、楷体、正书或真书,是对隶书略加改造的一种字体。楷书大约在东汉末年形成,逐渐成熟于魏晋时代。楷书保存了隶书的结构,去掉了隶书的波挑,把隶书的扁形改为基本上呈正方形,即我们常说的“方块字”。到了唐代,楷书得到迅速发展,大概是由于它可作人们学习摹仿的楷模的缘故,被称为楷书。楷书的特点是字画横平竖直,结构紧凑,气势流畅,形体优美。历史上的书法家有不少楷书精品传世。欧阳询、柳公权、颜真卿、赵孟頫以独特的风格把楷书发展到登峰造极的地步,被世人称为“楷书四大家”。由于楷书比隶书好写,比草书好认,因此魏晋以后楷书逐渐取代隶书,成为通用字体。到了宋代,由于印刷术的发展,在楷书的基础上又逐渐形成了一种专供印刷用的字体，后来称为宋体。

(二)中国书法的审美特征

中国书法以安定平和、澹泊隽永的审美趣味，传统文化积淀的深厚美内涵，线条美、造型美、整体美和风格美的审美标准，引人心旷神怡。

王羲之在《笔势论》中用自然物象来引喻书法笔势："划如列阵排云，挠如劲弩折节，点如高峰坠石，直如万岁枯藤，撇如足行趋骤，捺如崩浪雷奔，侧钩如百钧弩发。"

1.线条美

书法艺术的表现形式主要是由线条来完成的。线条的起伏流动和粗细、曲直、干湿的变化，以及轻重疾徐、光润滞涩、枯硬软柔的墨痕是中国书法魅力呈现的支点。中国书法线条具有简约之美、自由之美、虚实之美的特点，折射出书法家的丰富情感和中国文化的独特风貌。

2.节奏美

运笔的节奏美是书法艺术的一个显著特点，即所谓的"无声的音乐"。书法的节奏美主要体现在力度与速度的轻重缓急、线条与墨色的粗细浓淡的变化。大与小、紧与松、正与欹、纵与剑等矛盾因素的存在，是书法家创造节奏美的必须因素。书法家匠心独运地把矛盾的因素和谐组合到一起，并体现出一种个性的、自然的、又符合大众审美习惯的形象。

3.组合美

书法的形体，由笔画、结构、章法三者组成。笔画上，视其提按、顿挫、疾徐、粗细、浓淡、方圆等用笔自然，变化流畅；结构上视其疏密、错落、承转、争让、欹正等照应周到、匀称生动；章法上，视其大小、高低、宽窄、黑白、虚实等协调统一、行气贯通。中国特有的方块汉字，为书法艺术创作提供了广阔的空间，写出来的字，既要符合规范法度，又要富于变化。字体要有长有扁、有疏有密、有古朴有奇宕等等。字写得过于平正，则显得板滞拘谨；字体过于险绝，又易涉怪迁俗。所以应努力做到"平中寓险，险中求平、中宫收紧、左右挥洒、倚侧有正、曲中求直"，才能别有情趣，这样方可称为艺术。

4.章法美

章法美，美在构图巧妙、布白得体、空灵透气，使人感觉自然舒适、天然成趣。章法美，美在节奏强烈，一幅作品中，字的大小，笔画的轻重，墨色的枯润等，都呈现一种节奏感，欣赏它犹如聆听一曲旋律美妙节奏强烈的抒情曲。章法美，美在布局合理，字与字，行与行，承上启下，体势奔放，通篇一气呵成，整然有序。

5.意境美

意境美是中国书法艺术所追求和实现的最高目标。意境是以"意"写"物"、写"境"、写"内容"、写"内涵"。"意境"是书法艺术的核心，它主要给欣赏者呈现出了六种美感。一是人格美。书为心画，书法作品体现作者自身的人格魅力和审美情趣。不同性格特征的人，在作品中反映的精神气质是各不相同的。不同的书体，也反映出不同人格气质特征。书法艺术是以艺术方式表达出的人格之美，具有活生生的人格化灵气。二是诗意美。所谓"在心为志，发言为诗。"作诗如此，写字亦不例外。书法虽不似诗歌通过语言直抒胸臆，但它那艺术化的线条组合和笔情墨韵，同样寄寓着作者的艺术情趣。优秀的书法作品往往蕴含着醇厚浓郁的诗意，使书法的意境呈现出一种别具一格的书卷气和诗意美。三是韵律美。韵律在书法中具有举足轻重的地位，它最完美地体现了书法家的创造能力。书法是静止的音乐，书法家饱含着自己的思想感情，通过线条的律动产生强烈的节奏与旋律，组成一曲灵动的交响乐，再加上章法的疏密虚实，从而展现出书法意境的音乐美。四是自然美。书法家与大自然的交融，自然成为书法精神对象并陶冶着书法家的灵性，使其领悟到生命和艺术真谛。五是力量美。书法作品是否给人以力量的美感，关键在于笔力的遒劲与否。六是哲学美。书法中的黑与白、疏与密、违与和、向与背、虚与实、粗与细、方与圆、枯与润、浓与淡、动与静、巧与拙、生与熟都反映出哲学规律的美。

(三)中国著名书法作品鉴赏

1. 王羲之《兰亭序》

王羲之，东晋书法家，琅琊临沂人，官至右军将军，世称“王右军”。其草书浓纤折衷，楷书势巧形密，行书遒媚劲健，千变万化而体式自然，对我国书法艺术的发展具有继往开来的巨大贡献，有“书圣”之美誉，传世作品有《兰亭序》、《快雪时晴帖》等。

图 8-1 《兰亭序》(神龙本)东晋 王羲之 现存北京故宫博物院

晋穆帝永和九年三月三日，王羲之宦游山阴，与孙统承、谢安等 41 人在会稽山阴的兰亭聚会，修祓禊之礼。饮酒赋诗时，王羲之以其特选的鼠须笔和蚕茧纸，乘兴而书写了一篇序，记叙盛会，共 324 字，其中 20 个“之”字字有不同的体态及美感。此帖下笔有如神助，有“遒媚劲健，绝代所无”之誉。

2. 颜真卿《多宝塔碑》

颜真卿(709—785 年)，琅琊临沂人。其楷书端庄雄伟，气势开张；行书遒劲舒和，神采飞动。他的书法，既有以往书法中的气韵法度，又不为古法所束缚，突破了唐初的墨守成规，自成一体，称为“颜体”。北宋书法理论家朱长文《续书断》中列其书法为神品，并评说：“点如坠石，画如夏云，钩如屈金，戈如发弩，纵横有象，低昂有态，自羲、献以来，未有如公者也。”

《多宝塔碑》全称《大唐西京千福寺多宝塔感应碑文》，唐天宝十一年(752 年)立。原在唐长安安定坊千福寺，宋代移西安碑林，现藏于西安碑林博物馆。《多宝塔碑》以楷书书写，高 285 厘米，宽 102 厘米，文 34 行，行 66 字，岑勋撰文，徐浩以隶书题额，颜真卿书碑，史华刊石。

图 8-2 《多宝塔碑》片段唐 颜真卿
现存西安碑林博物馆

3. 米芾《参政帖》

米芾，字元章，号鹿门居士、襄阳漫士、海岳外史，北宋著名书画家、鉴藏家，祖籍太原，后迁居襄阳，人称“米襄阳”。米芾能诗善文，书画尤具功力。篆、隶、行、草、楷各体皆能，其中行、草造诣尤高。米芾书法淋漓痛快，隽雅奇变，晚年书艺更达至炉火纯青之境，与苏轼、黄庭坚、蔡襄合称“宋四家”。

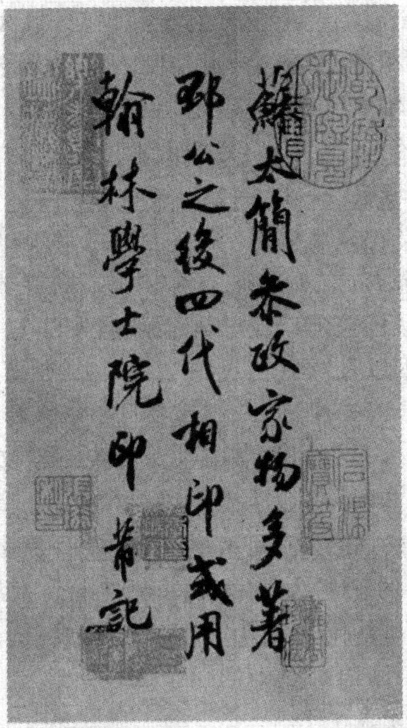

图 8－3 《参政帖》宋 米芾 现存上海博物馆

《参政帖》为米芾所书，纵 30 厘米，横 12.2 厘米，行书三行，27 字，款署“芾记”。本帖属米芾中晚期作品，写来特别认真，用笔较为迟重，跌宕磊落，个别笔画显得有些涩劲生硬。

三、绘画

绘画是通过线条、色彩、光线、构图等艺术手段，塑造出人们直接感受到的视觉形象，并以此来反映现实生活、表达人们的思想情感的艺术。中国画是中华民族文化艺术宝库中最具民族特色的艺术形式之一，其表现手法独特、精神内涵丰富，具有极高的文化价值和美学观赏价值，是举世瞩目、极为珍贵的文化遗产。

(一)中国画的发展历程

1. 先秦两汉——中国画的初步形成

中国绘画艺术历史悠久，源远流长，其历史最早可追溯到原始社会新石器彩陶纹饰和岩画。后来在战国时期出现了画在丝织品上的绘画——帛画，虽然这些绘画技巧简单，但它们奠定了后世中国画以线为主要造型手段的基础。秦汉王朝尤其是两汉时期，疆域辽阔，国势强盛，丝绸之路沟通着中外艺术交流，绘画艺术空前发展与繁荣。汉代墓室壁画及画像砖、画像石以及随葬帛画，生动塑造了现实、历史、神话人物形象，具有动态性、情节性，在反映现实生活方面取得了重大成就，其画风气魄宏大，笔势流动，既有粗犷豪放，又有细密瑰丽，内容丰富博杂，形式多姿多彩。

2.魏晋南北朝——中国画的发展

魏晋南北朝虽然是中国由统一到分裂的历史时期，但这一期的文化艺术却得到蓬勃发展，绘画亦不例外。由于域外文化的输入与本土文化所产生的撞击及融合以及佛学的兴起，使得这时的绘画形成以宗教绘画为主的局面，如甘肃天水麦积山石窟、敦煌莫高窟都保存了大量的这一时期的壁画，造诣极高。士族的产生以及玄学的兴起，极大地推动了文化艺术的发展。这一时期人们挣脱了正统儒学的精神羁绊，个性得到张扬，绘画艺术得以蓬勃发展。壁画、漆画从技法到形式都趋于高超。卷轴画开始兴起，卫协、曹不兴、顾恺之、陆探徽、张僧繇等一批优秀画家脱颖而出，成为划时代的艺术大师。另外山水画、花鸟画亦在此时萌芽。

3.隋唐五代——中国画的繁荣

隋唐五代时期社会经济、文化高度繁荣，绘画也随之呈现出全面繁荣的局面。当时画家群星璀璨，见于史册者就达200余人，前所未有。画家在不断吸收近域与外来影响的基础上，艺术表现技巧更加丰富，创建题材也空前广泛。人物画愈发注意反映现实生活和刻画人物的精神气质，主要代表人物有阎立本以及“画圣”吴道子等。山水画此时趋于成熟。唐代形成风格不同的两大主要流派：一是以武臣李思训、李昭道父子（俗称大小李将军）为代表的青绿山水；二是以文臣王维（俗称王右丞）为代表的水墨山水。五代时期又产生了具有南北不同的地域性风格的两大流派：在北方，以荆浩、关仝师徒为代表，俗称“荆关”；在江南，以董源、巨然师徒为代表，俗称“董巨”。花鸟画创立工笔设色和水墨淡彩、没骨等多种表现方法，而且在五代时期也产生了以西蜀的黄筌和南唐的徐熙为代表的两大流派。宗教画在此时亦显得更为绚丽多彩，并出现了世俗化倾向。可以说，隋唐五代时期的绘画成就，超过了以前各代，气势豪迈，影响波及当时的东方各国，成为中国绘画史上的一个高峰。

4.两宋——中国画的全面发展

两宋时期中国画又进一步成熟和繁荣。这一时期的绘画作品，名目繁多，丰富至极，令人目不暇接。由于画风多样，题材众多，绘画得以进一步分科，按题材分为山水、花鸟、人物、宗教画及杂画等，按社会阶层分为宫廷绘画、士人绘画和民间绘画。这一时期的山水画，在山石皴法、构图章法、透视比例、色彩铺陈上，皆得到进一步的发展，技法丰富，质感强烈，气势宏伟；及至南宋，马远、夏圭等人又创对角式构图，以写江南湖光山色，简率豪放，遐思不绝。花鸟画则更趋严谨精致，饶有装饰趣味。人物画已转入描绘世俗生活，宗教画渐趋衰退。文人画在在苏轼、米芾、李公麟等文士的推动下，迅速崛起，注重抒发主观情致的文人墨戏画逐渐形成新的艺术潮流，极大地丰富了中国画的创作观念和表现方法。张择端创作的《清明上河图》是宋代民俗画的瑰宝。

5.元代——中国画以笔墨情趣为主流

元初以赵孟頫、高克恭等为代表的士大夫画家，提倡复古，回归唐和北宋的传统，主张以书法笔意入画，因此开出重气韵、轻格律，注重主观抒情的元画风气。元代中晚期的黄公望、王蒙、倪瓒、吴镇四家及朱德润等画家，弘扬文人画风气，以寄兴托志的写意画为旨，推动画坛的发展，反映消极避世思想的隐逸山水和象征清高坚贞人格精神的梅、兰、竹、菊、松、石等题材，广为流行。文人山水画的典范风格至此形成。

6.明清——中国画绘画流派涌现

明清时期中国画得到进一步发展。在题材上，山水画、花鸟画占据了绝对的地位。文人画成为主流，强调抒发主观情绪，“不求形似”、“无求于世”，不趋附大众审美要求，借绘画以示高雅，表现闲情逸趣，倡导“师造化”、“法心源”，强调人品画品的统一，并且注重将笔墨情趣与诗、书、印有机融为一体，形成了独特的绘画样式，涌现了众多的杰出画家、画派，以及难以数计的优秀作品。明代主要绘画流派和画家主要有“华山派”的王履、“浙派”的戴进、“吴门画派”的沈周、文徵明、唐寅、仇英等，此外还有擅长写意花鸟画的陈淳、徐渭以及擅长山水画的董其昌等。清代主要的绘画流派和画家主要有“正统派”的四王，即王时敏、王鉴、王翚、王原祁，人称“扬州八怪”的郑燮、金农、黄慎、李方膺、汪士慎、高翔、罗聘等。

（二）中国画的分类

中国画自产生至发展，历史悠久，各种画科齐全，种类繁多，较常见的有以下几种分类方法。

1.按创作题材分类

中国画从题材的角度可以分为人物画、山水画、花鸟画三大类。

（1）人物画是中国画中的一大画科，大体分为道释画、仕女画、肖像画、风俗画、历史故事画等。人物画力求人物个性刻画逼真传神，气韵生动、形神兼备。其传神之法，常把对人物性格的表现，寓于环境、气氛、身段和动态的渲染之中。历代著名人物画有东晋顾恺之的《洛神赋图》卷、五代南唐顾闳中的《韩熙载夜宴图》、北宋李公麟的《维摩诘像》、南宋李唐的《采薇图》等。

（2）山水画，简称“山水”，是以山川自然景色为主要描写对象，形成于魏晋南北朝时期，隋唐时始独立，五代、北宋时趋于成熟，成为中国画的重要画科，是中国画特有的画种之一。山水画按画法风格分为青绿山水、金碧山水、水墨山水、浅绛山水、小青绿山水、没骨山水等。中国山水画的主旨在于创造形神一致、情景交融的深远意境。

（3）花鸟画以花卉、花鸟、鱼虫等为描绘对象。花鸟画中的画法中有“工笔”、“写意”、“兼工带写”三种。工笔花鸟画即用浓、淡墨勾勒动象，再深浅分层次着色；写意花鸟画即用简练概括的手法绘写对象；介于工笔和写意之间的就称为兼工带写。花鸟画体现了中国人对自然生物的热爱和审美情趣，抒发了画家的个人情感。花鸟画并非照抄自然，而是主张通过创作与欣赏，影响人们的志趣、情操与精神生活，表现作者的内在思想和追求。

2.按创作群体分类

中国画从创作群体的角度可分为文人画、宫廷画、民间画三大类，文人画是主流。

（1）文人画，又称“士大夫画”，以唐代王维为创始人。文人画的作者是封建社会的文人、士大夫。他们大多数人在官场不得意，一般回避社会现实，创作多借山水、花鸟、竹木，以抒发个人的情感，委婉地表达情怀，其间常寓有反抗民族压迫和对腐朽政治的愤懑情绪。文人画标举“士气”、“逸品”，讲究笔墨情趣，追求“神韵”，注重文化修养。创作上强调个性的表现和诗、书、画、印等多种艺术形式的有机结合。在色彩和水墨方面，文人画更注重水墨的运用，主要代表人物有王维、赵孟頫。

（2）宫廷画又称“院体画”，一般指宋代翰林图画院和后来宫廷画家的绘画，或泛指非宫廷画家效法南宋画院风格之作。宫廷画多为宫廷专业画师所作，为迎合帝王宫廷之需，多以花鸟、山水、宫廷生活及宗教内容为题材，作画讲究法度，重视形神兼备，风格华丽细腻。从存世作品来看，较为著名的有刘俊的《雪夜访普图》、郎世宁的《百骏图》等。

（3）民间画在中国画中指除专业画家、文人画家等之外的专以绘画为生存手段，迎合一般市井习俗而从事绘画的民间艺人所作的种种画作。与宫廷画和文人画相比，民间画的社会基础十分广泛，其表现方式多种多样，门类、题材也更加丰富，例如，年画、版画、连环画、漫画等等，都属于民间画范畴，其中年画和版画最具有代表性。民间画又称匠人画，比起宫廷画缺乏严格的技巧训练；比起文人画，缺乏文学和理论修养。但是，它趋于朴实、热烈的某些优点也是文人画与宫廷画所不及的。

（三）中国绘画艺术的审美特征

1. 诗情画意美

中国画与诗密不可分。自宋代开始，创作者便提出绘画应抒写作者的情意。以苏轼为代表的诗画家，强调诗画统一，诗画一律，即所谓的“诗中有画，画中有诗”，这种观点对后代产生了深远影响，成为许多画家追求的目标，以致题画诗大量涌现，使中国诗画达到相映成趣、互为一体的崇高境界。

2. 传神美

形与神是中国绘画的核心问题。对于“形”，不是如实地描摹客观物体，追求形象上的酷似，而是经过概括、锤炼，由“形”提取它的“神”，即“以形写神，形神兼备”。在具体表现上，人物画家要刻画出人物的精神气质，山水画家要描绘山川的神采气韵，花鸟画家要写出花木禽兽的蓬勃生机。

3. 写意美

中国画的画家常借对象的精神气质表现自身的人格思想、理想追求，山水、花鸟在他们的笔下变得极富感情色彩。例如，画竹多表现出其劲节姿态，画菊表现其傲霜精神，画梅表现其凌寒斗雪的品格，画兰表现其不随世俗的高洁。这“四君子”常出现在花鸟画中，被文人用来象征自身清高脱俗的情趣、正直的气节、虚心的品质和纯洁的感情。

（四）中国绘画艺术赏析

1. 顾恺之《洛神赋图》

顾恺之(348—409)，字长康，晋陵无锡(今江苏无锡)人。其博学有才气，工诗赋、书法，尤善绘画，精于人像、佛像、禽兽、山水等，时人称之为三绝：画绝、文绝和痴绝。

图 8-4 《洛神赋图》局部，东晋 顾恺之 北京故宫博物院藏

《洛神赋图》根据曹植著名的《洛神赋》而作，为顾恺之传世精品。现存版本为宋人摹本，绢本设色，纵 27.1 厘米，横 572.8 厘米，现藏北京博物馆。这卷宋摹本在一定程度上保留了顾恺之艺术的若干特点，千载之下，亦可遥窥其笔墨神情。全卷分为三个部分，曲折细致而又层次分明地描绘着曹植与洛神真挚纯洁的爱情故事。人物安排疏密得宜，在不同的时空中自然地

交替、重叠、交换，而在山川景物描绘上，无不展现一种空间美。

2.王希孟《千里江山图》

王希孟，1096 年生，北宋画家，徽宗时画院学生，擅画山水。宋徽宗政和三年(1113 年)18 岁的王希孟画成《千里江山图》后，不久死去，可以称得上中国绘画史上仅有的以一张画而名垂千古的天才少年。

《千里江山图》画卷表现了绵亘山势，幽岩深谷，高峰平坡，流溪飞泉，水村野市，渔船游艇，桥梁水车，茅棚楼阁，以及捕鱼、游赏、行旅、呼渡等人物的活动，全面继承了隋唐以来青绿山水的表现手法，突出石青石绿的厚重、苍翠效果，使画面爽朗富丽。水、天、树、石间，用掺粉加赭的色泽渲染。王希孟用勾勒画轮廓，也间以没骨法画树干，用皴点画山坡，丰富了青绿山水的表现力，人物活动也是栩栩如生，充满了作者对美好生活境界的向往。

图 8-5　《千里江山图》局部，北宋 王希孟 现存北京故宫博物院

3.赵佶《腊梅山禽图》

宋徽宗赵佶，在位时广搜历代文物、书画，扩充并亲自掌管翰林图画院，擅长书画，其画重视写生，以精工逼真著称，笔墨精妙，设色匀净，富丽典雅，造型生动，形神兼备。赵佶亦擅书法，其字体称“瘦金体”。

《腊梅山禽图》，绢本设色，纵 82.8 厘米，横 52.8 厘米，现藏于台湾故宫博物院。此图写一株腊梅枝干略弯而劲挺直往上伸，极富弹性，互相交错而有变化。枝头几点黄梅开放，似乎有

图 8-6　《腊梅山禽图》宋 赵佶 现存中国台湾

阵阵清香袭来。腊梅枝头上的一对山雀相互依偎均向着左侧画面，将观者视线引向画外。刻画工整细致，富有生活情趣。腊梅枝干以劲细墨笔勾勒，再用水墨渲染；山雀、萱草均用水墨画出。笔墨的细粗、干湿配合协调和谐。左下有画家以瘦金体的题诗一首："山禽矜逸态，梅粉弄轻柔。已有丹青约，千秋指白头。"

四、雕塑

雕塑是指以立体视觉艺术为载体的造型艺术，又称雕刻，是雕、刻、塑三种创制方法的总称，指用各种可塑材料(如石膏、树脂、粘土等)或可雕、可刻的硬质材料(如木材、石头、金属、玉块、玛瑙、铝、玻璃钢、砂岩、铜等)，通过雕凿或捏塑等方式创造出的具有一定空间可视、可触的艺术形象，借以反映社会生活，表达艺术家的审美感受、审美情感、审美理想的艺术。中国雕塑是中国传统文化艺术的精华，它在题材内容、形式风格、雕塑技法，以及所使用的材质上都具有鲜明浓郁的民族特色、时代特色。中国雕塑承传 5 000 多年的文化，在发展进程中，既继承传统又有每个时代的性格，汇聚成一种独特的、深邃的艺术语言，独步于世界艺坛。

(一)中国雕塑艺术发展简史

1. 原始雕塑

原始社会是中国雕塑的萌发期。在旧石器时代末期的遗址中出土了我国最早的、尚不完全成形的石雕，而在新石器时代早期的裴李岗等遗址中出土了新石器时代最早的陶塑。中国原始雕塑主要以人和各种动物形象的陶塑为主，根据现有的考古资料，可以将原始雕塑分为三个种类：一是独立雕塑，如浙江河姆渡文化遗址出土的陶塑猪可能是我国江南地区最古老的雕塑作品，距今有约 7 000 年的历史。其形象非常生动，可见雕塑者对生活观察之细腻。二是拟形器，主要表现为类似动物外形器皿，如仰韶文化遗址出土的陶质鹰鼎，高 36 厘米，以鹰身为鼎体、以二足为支点，器形饱满，为此类雕塑与器皿完美结合的代表作品之一。三是器物附饰，它们有的以配件的形式出现，如盖钮、把手等；有的以表面浮雕等形式出现，题材有动物、植物、人物等等。甘肃大地湾出土的陶瓶人头像，可谓中国早期人物雕塑的开端，作者巧妙地将陶瓶的口部塑成一个人头像，制作细腻，形象生动。原始雕塑在早期不仅是精神性的实体，而且自身具有物质性实用功能。

2. 商周雕塑

商周时期的雕塑主要以青铜雕塑为主，主要分为三类：一是以纹饰造型为主的青铜雕塑。商周的青铜器无论大小，都有一种细部的精致之美和整体的雄奇之美。例如，湖南宁乡出土的四羊方尊，体态巨大，四角各铸一卷角羊头，造型端庄。二是以是以动物形象为主题造型的青铜器。例如，安阳妇好墓出土的鸮尊，站立的鸮鸟圆目大睁，坚实有力，外表有其他动物纹样的装饰。三是相对独立的青铜造像。例如，四川广汉三星堆出土的站立人物像是最有代表性的一个，高 172 厘米，加上基座高达 262 厘米，面部形象简洁，整体感较强，整个外形上有比较精致的装饰。

3. 秦代雕塑

公元前 221 年，秦始皇统一中国，建立了历史上第一个中央集权的封建制国家后，即利用雕塑艺术为宣扬统一功业、显示王权威严的政治目的服务，在建筑装饰雕塑、青铜纪念雕塑、墓葬明器雕塑等方面，都取得了划时代的辉煌成就。

秦代雕塑中最为壮观的当属被称为"世界第八大奇迹"的秦始皇陵兵马俑。兵马俑的发掘，给世人展示了秦代雕塑艺术的辉煌成就。其兵俑形态各异、栩栩如生；其马俑身材矫健、活灵活现。人物雕塑更注重面部的形象刻画，神态万千、精细逼真。作为一种特殊的文化遗产，秦代兵马俑的出土，有着不可估量的价值。它显示出我国在2 000多年以前就有了很高的雕塑艺术水平，它是古代劳动人民智慧的结晶，比以往任何一个时代都前进了一大步。另外，与秦俑同时发现的另外一个雕塑艺术史上的奇迹就是铜车马。这些铜车马比秦俑要小些，为铸铜而成，做工更为精细，非常考究，是空前罕见的艺术作品。

总之，秦代的雕塑题材更加贴近生活，从功能上看，也逐步走向独立。秦代作品追求写实逼真，总体风格比较恢宏，强调力度和气势。

4. 汉代雕塑

汉代雕塑在继承秦代恢弘庄重的基础上，更突出了雄浑刚健的艺术个性。这一时期的墓葬雕塑特别发达，已从秦陵地下墓葬的雕塑的形式发展到地上的陵墓表饰。在形式上突出了石雕作品的雄浑之势和整体之美。

汉代雕塑展现了中华雕塑艺术史长河中最壮观的图景，它以其众多标志着这一时代风貌的高品质的雕塑踞于中华雕塑史的高峰，其中最具代表性的当属霍去病墓石刻群雕。

霍去病墓石刻群雕在中国雕塑史上有着十分重要的地位。它打破了汉代以前旧的雕刻模式，建立了更加成熟的中国式纪念碑雕刻风格，具有划时代的意义。这些作品以其简洁的造型、粗犷的风格、宏大的气势，不仅寄托了对英雄的歌颂和哀思，也反映了正处于上升时期的汉朝统治阶级那生机勃勃的精神面貌。霍去病墓的石刻群雕，是中国古代雕塑艺术发展史上的一座里程碑，对后世陵墓雕刻的艺术风格产生了极其深远的影响，是汉代以后中国古代大型纪念碑雕刻的典范之作。而"马踏匈奴"是整个群雕作品的主体，同时也是这些雕塑所讴歌的主题。整个作品风格庄重雄劲，深沉浑厚，寓意深刻，耐人寻味，既是古代战场的缩影，也是霍去病赫赫战功的象征。雕塑的外轮廓准确有力，形象生动传神，刀法朴实明快，具有丰富的表现力和高度的艺术概括力，是我国陵墓雕刻作品的典范之作。

5. 魏晋南北朝雕塑

魏晋南北朝时期，我国的雕塑艺术全面发展。佛教的盛行促使佛像艺术蓬勃发展，改变了中国雕塑史的面貌，人物雕塑更加成熟；以墓葬为目的的雕塑也从另一条道路走向繁荣。

佛像艺术的主要形式为石窟雕塑。这一时期代表性的石窟有甘肃敦煌石窟、炳灵寺石窟、麦积山石窟，新疆拜城克孜尔石窟，山西大同云冈石窟，河南洛阳龙门石窟，河北邯郸南北响堂山石窟，江苏南京栖霞山石窟等等。

石窟艺术在中国雕塑中很有代表性，如东晋时期的戴逵，擅长雕刻和铸造佛像，他在建康瓦棺寺所作的玉躯佛像，与顾恺之的壁画《维摩诘图》和狮子园的玉像被称为"瓦棺寺三绝"。这个时期的雕塑特点为较注重细部的刻画，技术更圆转纯熟，雕像形象和题材大都为宗教题材，因而雕塑形象具有神化倾向和夸张的特征。宗教虽然使雕塑的题材单一化，但宗教精神的内在动力却也促进了大量精品的诞生。

6. 隋唐雕塑

隋唐时期是中国古代雕塑的鼎盛时代。它在继承秦汉优秀雕塑传统的基础上，吸收外来艺术，显示出极为纯熟的艺术技巧、丰富多彩的艺术风格和雄健奔放的时代精神，表现了中国封建社会极盛时期的宏伟气派。隋唐时期雕塑艺术的成就体现在石窟佛教雕塑、陵墓雕塑和陶俑方面。

佛教石窟造像的艺术水平从隋代到盛唐这一阶段，已达到了历史的最高点，如敦煌莫高窟中隋至盛唐的彩塑及龙门、天龙山等石雕模式。莫高窟现存的隋代塑像近百窟，其造型特征由北齐、北周时期的削瘦清瞿、秀骨清像转向雄壮健实，更加重视塑像的真实感，形成了圆熟洗练、饱满瑰丽的造型风格。佛教造像艺术盛于唐，唐代佛像雕刻手法流畅而娴熟，创造了完全民族化的造型风格，不仅体现着唐帝国博大、雄强的时代精神，同时也显示出唐人丰富的想象力和高超的雕刻技艺。

唐代的陵墓雕刻应属纪念碑雕刻，具有自己鲜明的特色，如昭陵六骏及顺陵、崇陵的石雕群都堪称陵墓雕塑的杰出代表。唐代陵墓雕塑直接从秦汉的写实主义传统中吸取营养，表现方法洗练简洁，栩栩如生，如昭陵六骏石刻浮雕概括地刻画了六匹战马的匀称健美的体态和站、卧、奔、引的动态，达到了极高的艺术水平。

隋唐陶俑雕塑制作技术更趋熟练精湛，对人物的外表形象和内在精神的刻画更加细腻。盛唐时期的女俑一度出现容貌丰满、体态肥胖的特色。此外，制作材料与表现形式亦丰富多样，除了素烧和一般釉陶、彩绘外，还在俑的表面施以橙、黄、绿三彩釉，创造了空前绝后的唐代陶俑的代表品种——“唐三彩”。

7. 宋辽金雕塑

这一时期商品经济空前繁荣以及理学的兴盛，使得反映市民世俗化趣味倾向的审美观念随之兴起。雕塑风格已开始朝细腻工巧的阴柔之美倾斜。这一趋向在雕塑中的具体表现是：佛教雕塑的世俗化，连带而来的是雕塑中庄严、神圣的气度大大减弱；在陵墓雕塑方面，巩县的北宋帝陵石雕虽形制完备，保存也较完整，但比起唐陵则文弱了许多，人物较拘谨，动物较温驯；在明器雕塑方面，由于纸扎明器盛行，以俑殉葬的风气大不如过去，在数量与质量上远远无法与前代相比；在纪念性雕塑方面，当以太原晋祠宫女塑像为代表，其特点是十分重视人物内心的刻画，以细微的表情和动作为人们所津津乐道。

8. 元明清雕塑

在这一时期，宗教观念进一步淡薄，宗教雕塑在缺少内在信仰的状态下，显现出缺乏创造性和生命力的程式化倾向，已明显走向没落，除在寺院中少数造像颇具特色外，一般的水平都不高。另一方面，世俗雕塑艺术多趋于装饰化和工艺化，这些雕塑雕饰精丽追求形式，大多更强调实用性与玩赏性功能，体现出工艺品的特色，它们往往不受陈规限制，面貌各异，这也可以算是明清时期雕塑艺术的一个亮点。其作品造型一般小巧玲珑、精致剔透、精雕细凿，缺乏大气之作和大型之作，艺术上逐渐转向个人化、内聚性的风格。总体而言，中国雕塑艺术到明清时代，已处于衰落时期，已经无法再现雄伟博大的汉唐风格。

(二)中国雕塑的审美特征

与西方古典雕塑相比较，中国雕塑具有独特的艺术面貌和形态，主要表现在以下几个方面。

1. 雕塑的装饰性

中国古代雕塑的装饰性相当突出，这是孕育于工艺美术所带来的必然胎记，无论是人物还是动物，无论是明器艺术、宗教造像还是建筑装饰雕刻，都普遍反映出传承悠久的装饰趣味。在古代雕塑的发展中，商周青铜器立体造型的装饰有浅浮雕、高浮雕和圆雕等不同的手法，与先秦的石雕、骨雕表现手法一致，生动地刻画了各种物象。在北魏时期的云冈石窟造像中已显示出鲜明的中国特色，佛像的对称坐式，双领下垂式袈裟图案化的衣纹处理，使之显出浓厚的装饰性。南北朝时期的佛像有许多极具装饰元素的伎乐飞天和夸张性的金刚力士。隋唐以来，装饰性的雕刻艺术可以说达到空前的高峰，如大足石刻中“如意珠观音”披袈裟、挂璎珞，花簇满身，花冠精巧异常，衣褶贴体，加之佛像的对称式坐姿和团花的袈裟花纹，使之显示出最佳的形式，装饰感极强，富有浓郁的中国风情。

2. 雕塑的绘画性

中国雕塑具有明显的绘画性。雕塑与绘画之间有着较多的联结与共通，“塑绘不分”、“塑容绘质”是中国雕塑的一个重要特点。中国雕塑常常表现出许多与绘画在表现形式上的相同或相似的因素。首先在色彩上，中国古代雕塑讲究“装銮”一般都是上色的。雕塑上加彩可以提高雕塑的表现能力，泥塑、石刻和木雕都有“装銮”的传统，尤其是民间雕塑。其次在线条上，线条在中国绘画中是最主要的表现手段之一，但同时它也是雕塑艺术重要的表现手段之一。中国雕塑不重体积和团块，而注意轮廓线和身体衣纹线条的节奏和韵律，并利用绘画的线条或线刻来补充圆雕的不足，以加强对象的动感与变化。中国古代优秀的雕塑作品几乎都体现了这一特点。

中国雕塑与绘画的密切关系除表现手段方面以外，还表现在其他一些方面，如用雕塑形式表现自然山水的特点，显然是受到了山水画的影响。另外中国人物雕塑和绘画都注重表现人物的内在精神，即传神，这些也都可看作是雕塑与绘画具有互通性的表现。

3. 雕塑的意象性

中国雕塑不管是表现人物还是动物，都不刻意追求表现对象在外形上的酷肖，不刻意追求比例和解剖的精确，不求对表现对象的方方面面做全面、细致的刻画，而是突出重点，力求把握对象的内在精神。例如，汉代的《李冰像》、《说唱俑》，如果拿严格的比例和外形的酷肖是远不够准确的，然而就表现人物的神采和意蕴而言则是相当成功的。

另外，中国雕塑常常采用“因势象形”的办法，使作品能保留有许多自然意趣，如在石块的天然造型的基础上，略加雕琢，便能十分生动、传神地表现对象的神韵，收到较好的写意效果。汉代霍去病墓前石雕就是典型的例子。

(三)中国雕塑艺术赏析

1. 马踏飞燕

“马踏飞燕”又名“奔马”、“马踏龙雀”，东汉青铜雕塑。1969 年出土，现藏甘肃省博物馆。

“马踏飞燕”中，马作飞驰状，四蹄翻腾，首高昂，尾上扬，口张作嘶鸣状，头上的璎珞飘拂，马尾梢绾作结。它三足腾空，而右后足却踏在一只疾飞的燕子背上。那只飞行速度疾如闪电的燕子正展翅翱翔，突遭马蹄踏中脊背，本能地并起双翅，吃惊地回首反顾。与之相呼应，奔马头微左顾，四蹄翻飞，正驰骋于蓝天。作者以无比高超的技法，把奔马与飞燕在这惊心动魄的一刹那的动作，神情定格，而且表现得淋漓尽致。古代艺术家用这种奇特大胆而又精彩绝伦的艺术构想和表现手法，创造出如此引人入胜的意境，真是令人叹为观止。

图 8-7　东汉　马踏飞燕

2. 卢舍那佛像

卢舍那佛像位于龙门石窟奉先寺唐窟。卢舍那佛是释迦牟尼的报身佛，卢舍那意为智慧广大、光明普照。主佛像 17.14 米，头高达 4 米，耳长 1.9 米，头上有波状发髻。头部微向前倾，两目俯视，形成居高临下的势态，加强了礼拜者的崇敬感。整体姿态安详庄重，面部丰满圆润；双眉修长，弯如新月；目广长，目光慈祥，鼻直宽厚；口唇纤美，嘴角微露笑意，表达出一种宁静的心境，给人亲切、崇高、庄严、睿智的感觉。这尊佛像，把高尚的情操、丰富的感情、开阔的胸怀和典雅的外貌完美地结合在一起，体现了神性与人性在艺术上的完美结合。

图 8-8　卢舍那佛象

第三节　旅游民间工艺艺术

种类繁多而千姿百态的中国民间工艺，是中国传统文化中一簇绚丽而醇美的东方艺术之花。民间工艺是劳动人民以民俗传统的、喜闻乐见的形式就地取材用手工制作的工艺，极具民间个性和浓郁的地方特色，是大众的、生活的、民俗的艺术。它的特点是自生自发，土生土长，为劳动人民所创造，为劳动人民所享用，具有浓厚的泥土气息。民间工艺不追求雍容华贵，而以表现劳动人民真实的生活、直接抒发劳动人民质朴纯美的感情见长，因而受到劳动人民的珍视和喜爱，也是强烈刺激游客探秘民间文化、仰慕民间文化的重要因素。我国的民间工艺主要有雕塑、陶瓷、刺绣、编织、扇艺、剪纸等。

一、民间雕塑艺术

前文中已对中国的雕塑文化的整体发展历程和艺术特征做了简单概括，在此主要介绍具有浓重乡土气息的民间雕塑文化。民间雕塑艺术是中国传统文化中的瑰宝，它主要分为雕刻和塑造两大部分。

(一)民间雕刻艺术

我国民间雕刻艺术分为玉雕、石雕、牙雕、木雕、竹雕、微雕等。

1. 玉雕

玉雕是以玉为材料的雕刻艺术，在我国已有数千年的历史，是中国最古老的雕刻品种之一。它是在新石器晚期从玉制工具基础上发展起来的。商周时期，制玉成为一种专业，玉器成为礼仪用具和装饰佩件。汉代以后，玉雕工艺水平不断提高，品种也愈来愈丰富，并逐渐形成具有独特艺术风格的玉雕产地，其中以苏州、扬州、北京、酒泉最为著名。玉雕的品种很多，主要有人物、器具、鸟兽、花卉等大件作品，也有别针、戒指、印章、饰物等小件作品。我国是世界上三个著名的玉雕产地(中国、墨西哥、新西兰)之一,玉雕被誉为“东方艺术的瑰宝”。

2.石雕

石雕是以石为材料的雕刻。在我国古代雕刻中,这种艺术形式最为普遍。陵墓雕刻和石窟造像艺术大多都属于石雕。我国的名石雕刻有寿山石雕、青田石雕、浙江昌化的鸡血石雕、湖南浏阳的菊花石雕等。寿山石雕产于福州市北郊寿山,以“田黄石”最为名贵,一向有“一两田黄一两金”之说,因此被称为“石帝”。青田石雕为叶蜡石,产于浙江青田古城,这里的青田石嫩绿细润,宛如翠玉,便于多层次的镂雕,被广泛用于雕刻艺术和镌刻图章。

3.牙雕

牙雕是在象牙上雕刻形象、花纹的艺术,也指用象牙雕刻成的工艺品。我国历史上很早就有牙雕制品,可追溯到大汶口文化的新石器时代。商代中原地区产象较多,为牙雕提供了原材料。春秋至秦汉时期,象牙镶嵌装饰品已随处可见。我国牙雕的主要产地有北京、广州、上海、天津和南京等地。北京牙雕以人物圆雕见长,以各种仕女和艺术欣赏品为主;广州牙雕擅长牙丝编织,尤以象牙球最富特色;上海牙雕以小件人物著称,雕工亦精湛秀美。

4.木雕

木雕是以黄杨木、樟木、龙眼木、紫檀木为主要用材,按一定的艺术设计而精雕细刻而成的工艺用品。我国木雕艺术源于图腾、祭祀、宗教活动的需要,逐渐发展为建筑装饰、家具陈设以及文具、摆设、神像等雕刻,至今已有2 000多年的历史。著名的木雕有:浙江的东阳木雕、乐清黄杨木雕,福建的龙眼木雕,江苏苏州的红木雕,广东潮州的金漆木雕,湖北的木雕船以及山东曲阜的楷木雕等。

5.竹雕

竹雕又称竹刻,也称竹簧工艺、翻簧工艺,是在竹制的器物上雕刻多种装饰图案和文字,或用竹根雕刻成各种陈设摆件。竹雕成为一种工艺艺术,自六朝开始出现,到唐代时逐渐为人们所认识,并受到喜爱。竹雕发展到明清时期大盛,雕刻技艺的精湛超越了前代,在中国工艺美术史上独树一帜。竹雕生产地区分布于江、浙、湘、川、粤等地,而以湖南邵阳、浙江黄岩所产最为精致。

6.微雕

微雕又称米雕、细刻,有牙刻、竹刻、发刻之分。这种雕刻,是在米粒大小的象牙片、竹片或在数毫米的头发丝上,镂刻书画诗词等内容,方寸之间蕴含万千世界,历来被称为“绝技”,是中国传统工艺美术中最为精细微小的一门艺术。微雕历史悠久,在西周时代的甲骨文上,就发现了仅有0.6丝米的微型刻字。战国时的玺印小如累黍,印文却有朱白之分,这都是古代微雕艺术的经典之作。微雕工艺以苏州微雕为代表。苏州张毓基所刻的《枫桥夜泊》诗和《兰亭序》象牙米刻,字迹清晰,笔法苍劲,令人叹为观止。

除以上六种主要雕刻艺术之外,中国的雕刻艺术还有根雕、砖雕、柳雕、核雕、煤精雕、冰雕等,它们都是民间工艺的优秀代表,也中国传统民间工艺文化的重要组成部分。

(二)民间塑造艺术

我国民间塑造艺术分为泥塑、面塑、瓯塑等。

1.泥塑

泥塑,即用泥土为原料,以手工捏制等方式塑制成各种形象的一种民间手工艺。在民间俗称“彩塑”、“泥玩”。它是我国一种古老常见的民间艺术,生动形象地反映了艺术与生活的完美结合。我国泥塑艺术可上溯到距今 4 000～10 000 年前的新石器时期。史前文化地下考古有多处发现,如浙江河姆渡文化遗址出土的陶猪、陶羊,河南新郑裴李岗文化遗址出土的古陶井及泥猪、泥羊头等,可以确认是人类早期手工捏制的艺术品。泥塑由于取材方便、塑形随意,在中国历代兴盛不衰。著名的泥塑有陕西彩泥偶、无锡惠山泥塑、河北白河沟泥塑、苏州泥塑,其中影响最大的是天津泥塑即“泥人张”。

2. 面塑

面塑,俗称江米人,也叫面人,是一种用面粉为原料捏塑动物、人物形象的手工工艺,它是民间泥塑的流变。面塑所表现的内容十分广泛,包括人物、山水、花鸟以及历史传说和民间故事等,其主要技法有捏、搓、揉、掀等。在面塑发展史上,北京面塑艺术家汤子博,占有重要地位,人称“面人汤”。上海著名面塑艺人赵阔明的作品多为戏曲人物、佛像和胖娃娃,也生动别致,另有一番情趣。

3. 瓯塑

瓯塑,俗称彩色油坭塑,又称“彩色浮雕”,是浙江温州独有的民间艺术。它是将桐油和泥碾细合成为原料,运用堆塑技艺的手法,用于装饰寺院、庙宇门壁和民间嫁妆品,如梳妆盒以及家具漆器等。瓯塑源于汉代,由中国漆器艺术中的堆漆工艺发展演化而成,色彩丰富,技法繁多,题材广泛,规格不限,广泛应用于建筑浮雕、壁画、装饰图案及艺术挂件等。瓯塑与黄杨木雕、东阳木雕、青田石雕并称“浙江三雕一塑”。

二、陶瓷艺术

陶瓷是陶器和瓷器的总称。凡是用陶土和瓷土(高岭土)的无机混合物作原料,经过成型、干燥、焙烧等工艺方法制成的器物统称为陶瓷。中国人发明了陶瓷,陶瓷的发明不仅解决了人们生活问题,如生活用具、建筑材料等,还给人们提供了艺术的享受。

(一)陶瓷简介

1. 陶器

陶器是用黏土成型,经 700℃～800℃的炉温烧制而成的日用品和陈列品。陶器至少有八九千年的历史,早在新石器时代,我国就已经有了最早的陶器。陶器一般无釉或施低温铅釉,主要品种有红陶、彩陶、黑陶、灰陶、白陶等。

2. 瓷器

瓷器是一种由瓷石、高岭土等组成,外表施有釉或彩绘的物器。瓷器的成形要通过在窑内经过高温(约 1 280℃～1 400℃)烧制,瓷器表面的釉色会因为温度的不同从而发生各种化学变化。中国是瓷器的故乡,瓷器的发明是中华民族对世界文明的伟大贡献,在英文中瓷器(china)与中国(China)同为一词,由此可见中国瓷器的世界影响力。中国瓷器是从陶器发展演变而成的,原始瓷器起源于 3 000 多年前。大约在公元前 16 世纪的商代中期,中国就出现了早期的瓷器。因为其无论在胎体上,还是在釉层的烧制工艺上都尚显粗糙,烧制温度也较低,表现出原始性和过渡性,所以一般称其为“原始瓷”。

至宋代时,涌现出了一大批名瓷名窑,是瓷业最为繁荣的时期。当时的汝窑、官窑、哥窑、钧窑和定窑并称为宋代五大名窑。被称为瓷都的江西景德镇在元代出产的青花瓷已成为瓷器的代表。青花瓷釉质透明如水,胎体质薄轻巧,洁白的瓷体上敷以蓝色纹饰,素雅清新,充满生机,是景德镇的传统名瓷之冠。明代精致白釉烧制成功,瓷器加釉方法呈现多样化。成化年间创烧的“斗彩”，嘉靖、万历年间烧制成的不用青花勾边而直接用多种彩色描绘的“五彩”，都是著名的珍品。清代的制瓷技术达到了辉煌的境界，康熙时的“素三彩”、“五彩”，雍正、乾隆时的“粉彩”、“珐琅彩”都是闻名中外的精品。

(二)中国著名陶瓷

1.宜兴紫砂陶

紫砂陶原产地在江苏宜兴，又名宜兴紫砂壶。紫砂陶制作原料为紫砂泥，其起源可上溯到春秋时代的越国大夫范蠡，已有2 400多年的历史。从明武宗正德年间以来紫砂开始制成壶，名家辈出，500年间不断有精品传世。宜兴紫砂壶胎壁无釉，呈多孔状，耐热性能好，传热慢，不烫手，即使寒冬用沸水泡茶也不会炸裂；而且不夺茶香气又无熟汤气，壶壁吸附茶气，日久在空壶里注入沸水也会有茶香溢出。宜兴紫砂壶有着较大的收藏价值，收藏者常谓：“人间珠宝何足取，宜兴紫砂最要得。”

2.淄博陶瓷

淄博陶瓷历史悠久，早在新石器末期，在此地就出现了蛋壳陶。淄博瓷器质地细腻，造型新颖，工艺精湛，釉色鲜艳。最为著名的是宋代问世的雨点釉和茶叶末釉。雨点釉，又名油滴釉，在黑色的釉面上均匀地布满了银白色的小圆点。圆点小如米粒，盛茶时金光闪闪，盛酒则银光熠熠，映日视之，晶莹夺目，曾有“尺瓶寸盂视为无上之品，茗瓯酒盏叹为不世之珍”之说。雨点釉，在日本称“天目釉”，这种茶具，是日本茶道中无与伦比的上品。茶叶末釉，是一种含有结晶矿物的无光釉。古人称赞说：“茶叶末，黄杂绿色，娇嫩而不俗，艳于花，美如玉，最养目。”用这种釉制作的各种文具、瓶、罐，釉色纯正，古朴典雅。

3.唐三彩与仿唐三彩

唐三彩制作工艺起源于隋，盛行于唐、宋，距今已有1 000多年的历史。它是一种低温釉陶，釉色呈深绿、浅绿、蓝、黄、白、褐等多种色彩，其中以黄、绿、白三色或黄、绿、蓝三色为主，所以人们称为唐三彩。仿唐三彩以洛阳和西安最为著名。

4.景德镇瓷器

景德镇从汉朝开始烧制陶器，距今1 800多年；从东晋开始烧制瓷器，距今1 600多年。景德镇素有“瓷都”之称。景德镇瓷器造型优美、品种繁多、装饰丰富、风格独特，尤其以“骨瓷”最为有名。骨瓷的瓷质享有“白如玉、薄如纸、明如镜、声如磬”的美誉，其造型优美，色彩绚丽，装饰精美。青花、玲珑、粉彩、颜色釉，合称景德镇四大传统名瓷。

5.醴陵釉下彩瓷

釉下彩瓷是我国一种传统的陶瓷装饰艺术。它的历史悠久，早在公元8世纪的中唐时期，湖南长沙铜官窑已作出了重要的贡献，首创了高温釉下彩绘的新技术。釉下装饰艺术是我国瓷器艺术百花苑中一枝异花奇葩，它集胎质美、釉色美、工艺美、形体美、彩饰美于一体，具有高度的美学价值和文化意义。釉下彩日用瓷是醴陵日用瓷中具有独特艺术风格的传统产品，其瓷面洁白如玉、晶莹润泽，长期存放花纹仍保持原来的色泽。

6.德化白瓷

福建德化是我国白瓷著名产地，与江西景德镇、湖南醴陵并列为中国三大瓷都。德化白瓷因其产品制作精细，质地坚密，晶莹如玉，釉面滋润似脂，故有“象牙白”、“猪油白”、“鹅绒白”等美称，在我国白瓷系统中具有独特的风格，在陶瓷发展史上占有重要地位，在国际上有“东方艺术”之声誉。

(三)陶瓷文化——陶瓷艺术装饰

陶瓷不仅是一种工艺美术,也是一种民俗艺术、民俗文化。它广泛地反映了我国人民的社会生活、世态人情和审美观念、审美价值、审美情趣、审美追求。陶瓷文化主要是通过陶瓷上的纹饰图案表现出来的。中国陶瓷大多有许多装饰图案的构思,有着耐人寻味的深刻寓意和表达人们内心对幸福的向往和对生活的祝福。下面重点介绍一些我国古代传统装饰图案。

1.龙凤呈祥图案

龙凤呈祥图案为一龙一凤。传说龙是鳞虫之长,凤为羽虫之尊。哪里有龙出现,哪里就有凤来仪,哪里就会天下太平、五谷丰登。龙凤是人们心目中的祥兽瑞鸟,为一种祥瑞和吉祥的象征。此外也有人将此图案称之为"龙祥凤瑞"。

2.龟鹤齐龄图案

龟鹤齐龄图案为一龟一鹤。传说中的龟是四灵之一,为甲虫之长,是长寿的象征,可兆吉凶。故古时以龟甲刻文。《尔雅·释虫》中记载"十龟:一神龟、二灵龟、三摄龟、四宝龟、五文龟、六篮龟、七山龟、八译龟、九水龟、十火龟。"传说中的鹤是一种仙禽,据《雀豹古今注》中载,"鹤千年则变成苍,又两千岁则变黑,所谓玄鹤也"。可见古人认为鹤是多么长寿了,因而鹤常被认为鸟中长寿的代表。龟鹤齐龄则寓有同享高寿之意。

3.岁寒三友图案

岁寒三友图案为松、竹、梅或竹、梅、石松。竹,清高而有节,宁折不屈,开怀大度,人们常以竹之节寓气节之节。周灭商后,伯夷、叔齐入首阳山,不食周粟而死,为有气节之人物。梅,不惧风雪严寒,明代杨维真曾有诗赞梅云"万花敢向雪中出,一树独览天下青"。梅花之品格为历代人们所称颂。松、竹、梅被人们称为"岁寒三友",以颂扬品德、志节高尚之意。

4.寿比南山图案

寿比南山图案为山水松树或海水青山。《诗经》中有"如南山之寿"。在以前常见的对联中"福如东海长流水,寿比南山不老松"或为"福如东海,寿比南山"寓有福长寿永之意。也有人称为"寿山福海"。

5.三星高照图案

三星高照图案为三个老神仙。"三星"传说是福星、禄星、寿星,或称福、禄、寿三星。传说"三星"掌管人间:福星管祸福,禄星管富贵、寿星管生死。"三星高照"象征着幸福、富有和长寿。

6.年年有余图案

年年有余图案为两条鲸鱼。以"鲶"、"年","余"、"鱼"同音,而表示一种对年年都有结余的富裕生活的向往。两条鲶鱼首尾相连者,称为"连年(鲶)有余(鱼)"。一妇人提鱼者称"富富(妇)有余(鱼)"。一童子击磬、一童子持鱼,称为吉(击)庆(磬)有余(鱼)。

7.马上封侯图案

马上封侯图案为一马上一蜂一猴。"侯"为古时高官。中国人以马上封(蜂)侯(猴)的寓意来表达一种立即就要升腾的愿望。图案为一大猴背一小猴者,称辈辈(背)封猴(侯)。图案为一枫树一印一猴者或为一蜂一猴抱印者,称封侯挂印、封侯抱印。

8.长命百岁图案

长命百岁图案为一雄鸡长鸣状及旁有禾穗若干。中国人用雄鸡长鸣(长命),以及无数禾穗(百岁)来表示"长命百岁"的希望。古时的儿童常于脖子上挂一锁片,上面写"长命百岁",作为其健康长命免于灾病的一种护身符。

9.麒麟送子图案

麒麟送子图案为麒麟背上骑一娃娃。麒麟为毛虫之长，为四灵之一，《玉篇》说之为“仁兽也”。麒麟是祥瑞的象征，是吉祥如意的征兆。中国人以麒麟背上有一娃娃，来表达心中盼望得子的愿望。

10.玉堂富贵图案

玉堂富贵图案为玉兰花、海棠花、牡丹花。以玉兰花（玉）、海棠花（堂）、牡丹花（富贵），寓意为“玉堂富贵”。若图案为五个柿子和海棠花者称“五世（柿）同堂（棠）”。

三、织绣工艺

织绣是用棉、麻、丝、毛等纺织材料进行织造、编结或绣制的工艺。中国织绣工艺品种繁多，绚丽多彩，主要有刺绣、织锦、缂丝、抽纱、花边、绒绣、机绣、绣衣、绣鞋、珠绣、地毯、手工编结等。在此主要介绍刺绣和织锦这两大民间工艺。

（一）刺绣

刺绣是中国优秀的民族传统工艺之一，它是针线在织物上绣制的各种装饰图案的总称。刺绣是用针将丝线或其他纤维、纱线以一定图案和色彩在绣料上穿刺，以缝迹构成花纹的装饰织物。刺绣在我国已有3 000年以上的历史，品种繁多，最为著名的有：苏绣、湘绣、粤绣、蜀绣，合称为“四大名绣”。另外，还有顾绣、京绣、瓯绣以及用各种专门材料和手法织成的容绣、机绣。中国少数民族的刺绣品也以其独特的民族风格和地方特色引人注目。刺绣的技法有：错针绣、乱针绣、网绣、满地绣、锁丝、纳丝、纳锦、平金、影金、盘金、铺绒、刮绒、戳纱、洒线、挑花等等。

1.苏绣

苏绣即苏州刺绣，其发源地在苏州吴县一带，现已遍及江苏省的无锡、常州、扬州、宿迁、东台等地。苏绣具有图案秀丽、绣工细致、针法活泼、色彩清雅的独特风格。无论是人物还是山水，无不体现江南水乡那清雅而细腻绵长的文化内涵。

苏绣绣技具有“平、齐、细、密、和、光、顺、匀”的特点。“平”指绣面平展；“齐”指图案边缘齐整；“细”指用针细巧，绣线精细；“密”指线条排列紧凑，不露针迹；“和”指设色适宜；“光”指光彩夺目；“顺”指丝理圆转自如；“匀”指线条精细均匀。

苏绣品种繁多，可分为两大类：一类是实用品，有被面、枕套、绣衣、戏衣、台毯、靠垫等；另一类是欣赏品，有台屏、挂轴、屏风等。苏绣取材广泛，有花卉、动物、人物、山水、书法等。欣赏品中最著名的代表作是双面绣“小猫”和“金鱼”。苏绣“小猫”以纯朴天真的形象、精湛卓越的刺绣技艺，引致观众在赞叹技艺精湛之余，更激起情思与陶醉。特别是“小猫”的眼睛，改进了以往运用的集套针法而采用多层加色的施针绣，使圆溜溜的眼睛炯炯有神，并随着丝光的转动，更具有立体感。

2.湘绣

湘绣是以湖南长沙为中心的带有鲜明湘楚文化特色的湖南刺绣产品的总称，是一种具有浓郁的湘楚文化特色的民间工艺。湘绣主要以中国画为蓝本，以纯丝、硬缎、软缎、透明纱和各种颜色的丝线、绒线绣制而成。其特点是：构图严谨，色彩鲜明，各种针法富于表现力，通过丰富的色线和千变万化的针法，使绣出的人物、动物、山水、花鸟等具有特殊的艺术效果，曾有“绣花能生香，绣鸟能听声，绣虎能奔跑，绣人能传神”的美誉。湘绣以特殊的鬅毛针绣出的狮、虎等动物，毛丝有力、威武雄健。

3. 粤绣

粤绣又称广绣，是产于广东地区的刺绣品。据传粤绣创始于少数民族，明中后期形成特色。其特色有五：一是用线多样，除丝线、绒线外，也用孔雀毛绩作线，或用马尾缠绒作线。二是用色富丽、对比强烈、讲求华丽效果，常以大红大绿而著称。三是多用金线作刺绣花纹的轮廓线。四是装饰花纹繁缛丰满，热闹欢快，常用百鸟朝凤、海产鱼虾、佛手瓜果一类有地方特色的题材。五是绣工多为男工所任，在绣制大件时，绣工常手拿长针站着施绣。

粤绣最主要的针法，有洒插针（即擞和针）、套针、施毛针。常用织金锻或钉金绣法衬地。粤绣自清中期以来，分为绒绣、线绣、钉金绣、金绒绣等四种类型，其中尤以加衬浮垫的钉金绣最著名。起初钉金绣只加衬薄浮垫，后来变成衬厚浮垫，使花纹呈浮雕效果，多用于绣制戏衣、舞台铺陈用品及寺院铺陈用品。金绒绣以潮州最有名，绒绣以广州最有名。20 世纪 50 年代以来，粤绣的优秀代表作品有“百鸟朝凤”、“丹凤朝阳”、“百花篮”、“我爱小鸡”、“鹦鹉”、“晨曦”等。

4. 蜀绣

蜀绣又称川绣，是以四川成都为中心的刺绣品的总称，产于四川成都、绵阳等地，同蜀锦齐名，都被誉为蜀中之宝。蜀绣以软缎、彩丝为主要原料，其绣刺技法甚为独特，至少有 100 种以上精巧的针法绣技，如五彩缤纷的衣锦纹满绣、绣画合一的线条绣、精巧细腻的双面绣。晕针、纱针、点针、覆盖针等也都是十分独特而精湛的技法。蜀绣题材内容有山水、人物、花鸟、虫鱼等，其特点是：形象生动，色彩鲜艳，富有立体感，短针细密，针脚平齐，片线光亮，变化丰富，具有浓厚的地方特色。“芙蓉鲤鱼”是其代表作之一。

（二）织锦

织锦是我国古代传统的用彩色经纬丝，经提花织成的各种图案花纹的熟丝织品。中国丝织提花技术起源久远。早在殷商时代中国已有丝织物。周代丝织物中出现织锦，花纹五色灿烂，技艺臻于成熟。汉代设有织室、锦署，专门织造织锦，供宫廷享用。唐代贞观年间丝绸纹样设计家窦师纶的“对雉”、“斗羊”、“翔凤”等蜀锦图案，称为“绫阳公样”。此时，在织造工艺上已由经锦改进为纬锦，并出现彩色经纬线由浅入深或由深入浅的退晕手法。北宋宫廷在汴京等地建立规模庞大的织造工场，生产各种织锦。云锦、蜀锦、宋锦，被誉为中国“古代三大名锦”，并和壮锦一起被誉为“当代四大名锦”。

1. 云锦

“色彩瑰丽、灿若云霞”，形容的是传统工艺精品——南京云锦。它由宋代彩锦演变而来，以其“织金夹银”、雍容华贵而著称，因“色彩斑斓如云霞”而得名。云锦至今已有 1 580 年历史。云锦为历代皇帝御用品，宫廷里的龙袍朝褂、宫妃丽裳和殿堂装饰多用云锦来制作，云锦还经常作为朝廷贵重的国礼，赠予外国君王使臣。

云锦，用料考究，以真金线、纯银线、五彩蚕丝线为主要用料，使用大型传统花镂木机手工织造，由两名以上技术娴熟的艺人上下配合操作，每日产量仅 5 厘米，故有“寸锦寸金”古喻。

南京云锦集历代织锦工艺艺术之大成，它以巧夺天工的妆花技艺，超凡脱俗的纹样风格，金碧辉煌的视觉效果，宛若天成的艺术境界，尽显皇家御用品非凡气概和中华民族文化深厚底蕴。云锦以其深刻文化底蕴和科技内涵，被专家称作是中国古代织锦工艺史上最后一座里程碑，公认为“东方瑰宝”，“中华绝艺”，是国家首批非物质文化遗产，极具欣赏和收藏价值。

云锦主要品种有“织金”（用黄金打成箔，切成丝，捻成线织就）、“织锦”、“库缎”、“妆花”四大品种。可以说，织物中最高档的是丝绸，丝绸中最高级的是织锦，织锦中最高贵的是云锦，而南京云锦中最杰出的代表就是妆花，它达到了丝织工艺登峰造极的地步。

2.蜀锦

蜀锦是我国重要的文化遗产和著名的传统工艺，至今已有2 000多年历史。它因工艺精湛，图案华美，被推为“四大名锦”之首。

蜀锦品种繁多，主要有雨丝锦（锦面用白色和其他色彩的经丝组成，色络由粗渐细，白经由细渐粗，交替过渡，形成色白相间，呈现明亮对比的丝丝雨条状，雨条上再饰以各种花纹图案，具有烘云托月的艺术效果）、方方锦（在织物单一的底色上，以彩色经纬线配成若干个不同色彩的等边形方方，以水波纹、万字文作暗地花纹）、月华锦（有数组彩色经纬线排列成由浅入深、逐步过渡的色彩，然后加上装饰花纹，充分体现了蜀锦牵经技艺的高超工艺）、浣花锦（又叫落花流水锦，以梅花、桃花或其他单朵花等为素材，组合成漩涡宛转、落花漂浮的锦样，古朴、典雅、大方）、铺地锦（又称锦上添花，主要艺术手法是用几何形或其他细小花方作地纹组成，再饰以大朵花卉，显得色彩富丽，层次分明）。蜀锦式样中还有以满地排列的散花锦，作对称式排列的对花锦，以及供部分少数民族作衣料的“民族缎”，可谓花样织法繁多。

3.宋锦

宋锦是宋代以后发展起来的一种著名织锦，产地主要在苏州，故又称“苏州宋锦”。明清以后织出的宋锦称为“仿古宋锦”或“宋式锦”，统称“宋锦”。

苏州宋锦是在唐代织锦的基础上发展起来的。织锦到了宋代，主要是宋高宗南渡以后，为了满足当时宫廷服饰和书画装帧的需要，得到了极大的发展，并形成了独特的风格，以至于后世谈到“锦”，必称“宋”。宋锦色泽华丽，图案精致，被赋予中国“锦绣之冠”。

宋锦的品种有40多种，分为大锦、匣锦和小锦三类，它们各具风格和用途。其中大锦又分为重锦和细锦。大锦是宋锦中最有代表性的一种，图案规整，富丽堂皇，质地厚重精致，花色层次丰富，常用于装裱名贵字画。其中重锦最为贵重，特点是在纬线上大量使用捻金线或纯金线，并采用多股丝线合股的长抛梭、短抛梭和局部特抛梭的织造工艺技术，图案更为丰富。现故宫博物院收藏有一幅清代重锦“极乐世界”织成图轴，堪称宋锦的极品。细锦在原料选用、纬线重数等方面比重锦简单一些，厚薄适中，易于生产，广泛用于服饰、高档书画及贵重礼品的装饰装帧。匣锦是由真丝与少量纱线混合织成，图案连续对称，多用于书画的立轴、屏条的装裱。小锦则为花纹细碎的装裱材料，适用于小件工艺品的制作和包装。

宋锦的制作工艺较为复杂，一般采用“三枚斜纹组织”，两经三纬。经线用底经和面经：底经为有色熟丝，作地纹；面经用本色生丝，作纬线的结接经。

4.壮锦

壮锦产生于宋代。在宋代，壮族称为僮族，故壮锦又称僮锦。它是以棉纱股线或麻纱股线为经、桑蚕丝为纬的色织提花织物，也有采用染色桑蚕丝为经、染色有光人造丝或金（银）皮作纬织造。壮锦采用两组经线和四组纬线在缎纹组织地纹上提织各色纬花，形成对称花纹，或用多种彩纬线挑出花纹。

壮锦图案精巧，色彩绚丽，既是精美的工艺品，又具有很高的实用价值。传统图案有数十种之多，大都选取生活中的可见之物和象征吉祥幸福的花纹，尤以几何纹为多。常见的有方格纹、水波纹、云纹、回字纹、编织纹、同心圆纹以及各种花草和动物图像，如蝶恋花、凤穿牡丹、双龙戏珠、狮子滚球、鲤鱼跳龙门等。

四、扇艺

我国历来有“制扇王国”之称，在源远流长的岁月中，小小的扇子除日用外，还孕育着中华文化艺术的智慧，凝聚了古今工艺美术之精华，构成独具中国扇风格的奇观，是民族传统文化中的艺术瑰宝。

(一)扇子的源流与发展

扇子在我国有着悠久的历史。早在3 000多年前的商代，就出现插在马车上遮日避雨、挡风防沙的“翟扇”和“雉扇”。它们类似今天的雨伞，后来演变成“华盖”，后来又演变为长柄的大扇，称为“障扇”，这种扇主要用作帝王仪仗队的装饰。

西周时期，扇子开始作为纳凉工具，多为禽羽雕翎制成，故称“羽扇”，仅在贵族阶层中使用。扇子流行开来始于汉代，民间已使用纤巧玲珑的竹扇、蒲扇。由于丝织手工发达，一种以绢制成的纨扇也在此时出现，称为“绢扇”。因为这一时期的纨扇多“团如明月”，而且皇宫中较多使用，所以又称作“团扇”、“宫扇”。团扇扇柄用骨、木、竹等材料精致雕刻，扇骨下饰以玉器、扇坠、流苏，扇面绣有山水花卉，精美艳丽，在我国流行了上千年，一直是闺阁仕女的宠物。至魏晋，文人常在扇上题诗作画，使扇艺更趋精美。

隋唐时期，以竹木为骨架，用薄质丝绸糊成的纨扇趋于流行，形状除了圆形外，还向海棠形、梅花形、葵花形、六角形、八角形等多种样式发展。

北宋出现了当今常见的折扇，因其方便实用，在民间广为流传。折扇开合自如，携带方便，名家在扇上挥毫泼墨，形成了名贵的鉴赏艺术品。明清以后，文人题扇画扇成为一种时尚，扇子也因蕴含着深刻的文化内涵而升华成为一种更加珍贵的民间艺术。如唐寅的扇画，幅幅精湛；仇英的扇画，工笔细绘；董其昌行书扇面，疏宕秀逸；清代吴宏的山水画扇，技法娴熟；清代的石涛、郑板桥、金农，近现代的任伯年、吴昌硕、齐白石、徐悲鸿、朱屺瞻等，都是著名扇画艺术大师。齐白石《青蛙蝌蚪图》扇面，笔墨之精，满足了欣赏者所追求的“以少胜多”的艺术情趣；潘天寿在一把扇上画西湖荷花，题为“映日荷花别样红”，人们摇动扇子，如荷风吹拂，凉意顿生。

(二)中国名扇

杭州的黑纸扇、苏州的檀香扇、四川自贡的竹丝扇、广东新会的葵扇、广东肇庆的牛骨扇，享有中国“五大名扇”之美誉。

1.杭州的黑纸扇

黑纸扇是百年老字号“王星记扇庄”的传统产品。它因选料考究、制作精细，堪称扇中精品，素有“苏白杭黑”之美誉。当年王星记扇厂的创始人王星斋，即为制作高档黑纸扇的磨砂高手，其妻陈英擅长在黑纸扇上贴花、洒金，夫妇俩制作的黑纸扇多次作为杭州特产进贡朝廷，深得宫廷贵族的青睐，故黑纸扇又有“贡扇”之称。黑纸扇外观古朴典雅，内在坚韧耐用，具有雨淋不透、日晒不翘的特点，故有“一把扇子半把伞”之誉。

2.苏州的檀香扇

檀香扇有扇存香在的特点，保存十年八载，依然幽香阵阵，沁人心脾。夏令既去，藏入衣箱，还有防虫、防蛀的妙用。苏州檀香扇为江苏著名传统工艺品，由折扇演化而来，约创始于清末民初，20 世纪 20 年代有“张多记”等七家知名作坊，早期主要生产男扇，后来主要生产女扇。苏州檀香扇，工艺精良，玲珑纤巧，芬芳馥郁，富有地方特色。扇面用绢面，扇骨拉制图案，式样有全面、格景、中空和西泠等。苏州檀香扇花式品种主要以“四花”（拉花、烫花、雕花、画花）见长。

3.四川自贡的竹丝扇

自贡竹丝扇，最初始于清代末年的龚爵五，故又名“龚扇”。龚扇扇面是桃形，形似纨扇，是用细如绢丝的竹丝精心编织而成的。它颜色嫩黄，薄而透光，绵软而细腻，可谓“灿若云锦、薄如蝉翼”。龚扇图案或是山水人物，或是花鸟虫鱼，无不惟妙惟肖，再加上象牙或牛骨做的扇柄和丝质扇坠，玲珑剔透，精美绝伦，被誉为巧夺天工的国宝。

4.广东新会的葵扇

葵扇是广东江门新会最著名的特产，古称“椶扇”，约始于晋代，距今已有 1 600 多年。葵扇由蒲葵叶子加工而成，周边用篾条环绕，经晒场、撑扇、晒白、剪扇、焙扇等 20 多道工序加工制成。葵扇的扇柄就是叶柄，是民间最普及的一种扇子。选用上等葵叶，可制成名贵的玻璃扇。玻璃扇质地柔软轻韧，色泽晶莹洁白，具有透明感，俗称“玻璃白”，制成葵扇，俗称“玻璃扇”。玻璃扇中以火画玻璃扇最著名。

火画玻璃扇制作精美，清秀典丽，永不褪色，具有浓郁的地方特色。因用一种特制的“火笔”（现用“电笔”）在玻璃扇上作画，故名“火画玻璃扇”。新会火画玻璃扇，创始于清代同治年间，以“双雕”和“满景”最精致。双雕火画扇是把两柄形状大小相同的晶莹玻璃扇，缝合为一柄，在正反两面各饰以同样的火画。满景火画扇是在扇面左右两边都绘画，扇边以彩丝线相绕，手工细缝；扇柄缠以米黄色藤皮，或套上彩色小竹管，柄顶端镶以象牙、玳瑁、彩色小绒球等。

5.广东肇庆的牛骨扇

肇庆牛骨扇驰名中外。它多为牛肋骨切片制成，首先将牛肋骨切成薄片，长时间曝晒以去除异味，然后再经过刮、锯、刨、漂白、造型、拉花、砂磨等许多工序制成。制作极为精细，外观细腻洁白，富有特殊装饰效果。

另外，就产地而言，杭州、苏州和岳州（今湖南岳阳）三地，皆因品种丰富、工艺精湛、特色突出，且历史悠久，被称为“中国三大著名扇地”。

五、编织工艺

编织工艺是指利用韧性较好的植物纤维（如细枝、柳条、竹、灯心草）以手工方法编织成的一种工艺品的艺术。中国编织工艺品具有浓厚的民间特色和地方风格等特点。它巧妙地将实用性与艺术性结为一体，能够量物之材、尽物之美、得物之趣，是中国工艺美术品中的奇葩。

按照材料的不同，中国的编织工艺可以分为竹编、草编、藤编、柳编、棕编等。

(一)竹编

竹编是将竹子剖削成竹蔑而编织成的工艺品。竹编的主要工序是选竹、切丝、刮纹、打光、劈细、编织及着色、涂油等。竹编的编制方法主要有十字编、人字编、圆面编、六眼编、穿丝编、龟背编、翻转弹插、穿插等。竹编的主要品种有竹篮、果盒、屏风、门帘、扇子等。竹编的主要产地有浙江东阳和嵊州、安徽舒城、福建泉州和古田、湖南益阳、四川成都等，其中以东阳竹编、舒城贡席最为有名。

1. 东阳竹编

东阳竹编有 21 大类，3 000 多种花色，其作品造型美观，色彩艳丽，做工精细，风情浓郁。集中代表东阳竹编最高工艺水平的当称大型竹编“香炉阁”。它共运用 30 多种图案和工艺，并辅以竹雕、镂雕、漂白、烫金、印花技法，庄重典雅，精巧无比。东阳竹编工艺品已远销 60 多个国家和地区，在国际市场上很有影响。

2. 舒城贡席

舒城贡席也称舒席，因明英宗曾亲笔御批：“顶山奇竹，龙舒贡席”，故又叫龙舒贡席。它具有“细如棉纺，薄如纸张”的特点，不仅光滑平整，且图案精美，制作非常考究，使用后有提神健体之功效，是极佳的夏令用品。龙舒贡席作为中国名产，曾在 1906 年巴拿马国际商品赛会上获一等奖，在 1917 年芝加哥国际商品赛会上再获一等奖。

（二）草编

草编是利用各种柔韧草本植物为原料，经手工编制的工艺品。草编在我国历史悠久，目前可见的中国最早的草编遗物，是河姆渡人制作的，距今已有 7 000 年之久。草编在我国分布很广，品种众多。著名的草编有浙江金丝草编、山东麦草编、广东黄草编、湖南龙须草编、台湾草席等，其中以浙江金丝草编和山东麦草编质量最高。

1. 浙江金丝草编

浙江是中国草编工艺的传统重点产区之一。浙江草编有帽子、提袋、地毯、草杂件四大类，其中草杂件类又细分为糖果盒、首饰盒、面包盒、茶垫、靠垫、餐垫、门帘、壁挂、信插、花盆套、拖鞋、草扇、草席、草墙纸等，具有结、辫、捻、搓、拧、串、盘等多种编织技法。浙江草编上乘制品有鄞县草席、金丝草帽、马兰草篮，其中马兰草篮在美国曾被誉为“草编明星”。

2. 山东麦草编

山东草编以麦秸编织的草帽辫最为著名。草帽辫为山东传统工艺品，可以编出 100 多个花色品种，山东草帽辫与浙江金丝草帽是中国草帽两大驰名工艺。山东草编有 200 余个花色品种，其中以掖县的产品工艺水平为最高。

（三）藤编

藤编是将藤料清洗、去结、剥皮、打磨后制成洁净的藤芯和藤皮，然后运用各种编制方法编制成手工艺品，有藤编动物、提篮等，主要产地是广东、广西、云南。用藤编织的家具，凉爽舒适、朴实美观。

1. 广东藤编

广东省藤编始于清代，最早产地在南海县的沙贝（现广州市郊），以后逐渐发展，成为驰名中外的“藤乡”。广东藤编产品大致分为家具、藤席、藤笪、藤织件四大类。家具以粗大藤条为主体，后用藤芯或藤皮编成，有龙凤椅、孔雀椅和梅花椅等。藤席和藤笪，以藤皮编成。藤席全为手工编制，能编成彩色花纹，平滑细密。藤笪结构呈镂空八角形，用来制作家具、屏风、天花板或室内间隔。藤织件花色品种很多，有藤编动物、香水架、花盆座、面包篮、餐碟和玩具等，主要用粗藤圆芯或藤条作骨架，后用细藤圆芯编织而成。广东藤编工艺上充分发挥藤条柔韧、不易折断的特点，造型生动。色泽上多采用白或象牙色，显得纯净柔和。

2. 云南腾冲藤编

腾冲也是闻名遐迩的“藤编之乡”，此地盛产藤条，其质地坚韧，色泽光润，手感平滑，弹性极佳，是一种上好的天然编织材料。腾冲人用此编制的藤椅、藤箱、书架乃至全套客厅、书房家具等,做工精巧、玲珑剔透、古雅而不乏时代新意,具有很强的实用性和艺术性,适应于不同的环境等——置于寒室不觉其奢,布于华堂不觉其陋,古往今来销路旺畅。

(四)柳编

柳编是我国民间广泛流传的手工工艺。现在柳编在我国的生产地主要分布在黄淮海地区,包括:山东的临沭县、郯城县,安徽的阜南县,河南的固始县,湖北的襄阳市等。柳编主要原料有柳枝、柽柳枝、桑条、荆条、紫穗槐条等多种,在盐碱地和沼泽地都有出产。

柳编制品的种类繁多,在内销方面有席、筐、篓、簸箕、笆斗、柳条箱、笸箩、花篮、笊篱、食盘等多种类型。外销方面,经过开拓和设计已形成洗衣筐、花盆套、野餐食具筐、吊篮、灯罩、狗窝、猫窝、鸟巢等多种。

(五)棕编

棕编是用棕丝制成的工艺品,是中国编织工艺的主要品类之一,也是著名的民间地方工艺之一。棕编主要产地是四川新都县新繁镇,因而也称"新繁棕编"。

新繁棕编起于清代嘉庆年间,至今已有200年的历史。新繁棕编采用当地出产的棕树的嫩叶,破成细丝,经过硫黄熏制、浸泡、染色后编织而成,有鞋、帽、提包、果盒、玩具、扇、椅垫等七大类,近千个花色品种。新繁棕编尤以鞋、帽最为有名。著名的新繁棕编拖鞋,细密如绸缎,轻巧耐用,鞋面上装饰有金鱼、花卉、鸟雀等图案,造型逼真,美观大方。各种棕编凉帽洁白纯净,饰以花卉图案,更加楚楚动人,可与浙江金丝草帽媲美,极受欢迎。

六、民间剪纸工艺

剪纸,又叫刻纸、窗花或剪画,是我国一种富有传统并以装饰性和实用性见长的民间艺术。它以娴熟的技艺、朴素的技法,利用古今人物、吉祥动物、名贵花草等为素材创作出大量造型奇巧、剪工精湛、生活气息浓重的艺术精品,具有鲜明的民族艺术特色和浓郁的东方艺术情调。剪纸是一种镂空艺术,其在视觉上给人以透空的感觉和艺术享受。剪纸的载体可以是纸张、金银箔、树皮、树叶、布、皮、革等片状材料。

(一)剪纸溯源

剪纸在我国历史悠久。据考证,从商代开始就有人用金银箔、皮革或丝织品进行接空刻花制作装饰品,这可以看作是剪纸的雏形。

西汉时,传说汉武帝的宠妃李氏去世后,帝思念不已,于是请术士用麻纸剪了李妃的影像为其招魂,这大概是最早的剪纸。

自东汉蔡伦发明造纸术以后,这种镂花的艺术形式因为找到了更易普及的材料而诞生了剪纸艺术。可见,剪纸艺术距今已有2 000多年的历史了。

至唐宋时,又开始流行一种用双丝绢帛剪成的小幡,叫做春幡,或称幡胜、春胜,在立春那天,作为节日礼物,或簪于头上,或挂在柳枝上,抑或贴于屏风上。

清代陈云伯《画林新咏》说:"剪画,南宋时有人能于袖中剪字,与古人名迹无异。近年扬州包钧最工此,尤之山水、人物、花鸟、草虫,无不入妙。"并有诗曰:"剪画聪明胜剪书,飞翔花鸟泳濒鱼。任他二月春风好,剪出垂杨恐不如。"可见其时剪纸风气的盛行和技术的高超。

在过去,人们经常用纸做成形态各异的物像和人像,与死者一起下葬或在葬礼上燃烧,这一习俗在中国境内外有时仍可见到。剪纸艺术一般都有象征意义,同时剪纸还常被用作祭祀祖先和神仙所用供品的装饰物。现在,剪纸更多地是用于装饰(可用于点缀墙壁、门窗、房柱和灯笼等),也可为礼品作点缀之用,甚至剪纸本身也可作为礼物赠送他人。人们以前还常把剪纸当作绣花和喷漆艺术的模型。

(二)剪纸流派

我国的民间剪纸艺术主要分为三大流派:岭南派、江浙派和北方派。

1. 岭南派:代表为广东佛山民间剪纸和福建民间剪纸

(1)广东佛山民间剪纸。广东佛山民间剪纸历史悠久,源于宋代,盛于明清两代,其风格金碧辉煌、苍劲古拙,结构雄伟奔放,用色夸张富丽,以剪、刻、凿、印、写、衬等技艺并用,材料和表现手法巧妙结合,具有鲜明的地方特色。由于制作方法的差异,大致可分为纯色剪纸、铜衬料、例写料、纸写料、金花、银写料等几种。其作品是用剪刀或小刀在纸上或在特制的铜箔、银箔上剪、刻而成,其中以铜写料最为突出。佛山剪纸的题材,绝大多数是劳动群众所喜爱的,寄寓如意吉祥的花鸟鱼兽,以及群众喜闻乐见的戏曲人物和民间故事,如龙、凤、鲤鱼、孔雀、四时瓜果、福禄寿全、和合二仙、嫦娥奔月、八仙闹东海、赛龙舟等等。

(2)福建民间剪纸。福建民间剪纸历史悠久。宋代时,泉州已有刻纸自制"红笺"、"福符"。明代时,闽南一带剪纸穷极精巧,制作者甚为普遍。清代时,泉州已有专业刻纸,为节庆日作吉祥装饰。到清末,生产"门笺"的作坊达数十家,工匠众多。福建各地民间都有剪纸,盛行于沿海的泉州、晋江、莆田、龙溪等地区,也流行于山区的宁德、建阳等地。沿海和山区的剪纸艺术风格截然不同:沿海一带是纤巧秀丽、玲珑剔透;山区一带则粗犷深厚、淳朴自然。两者表现的形式和内容也不相同:沿海的作品幅面较大,题材广泛,形式多样,欣赏性作品较多,现代和传统题材并举;山区作品,幅面小,形式内容较为单一,但生活气息浓厚。"刻"(使用刻刀)在城市,"剪"(使用剪刀)在农村,这是福建剪纸的一大特点。"剪",淳朴自然,有乡土气息,符合农村使用和欣赏习惯;"刻",淡雅脱俗,适应复杂题材的创作。

2. 江浙派:代表为江苏扬州剪纸和浙江民间剪纸

(1)江苏扬州剪纸。扬州是我国剪纸流行最早的地区之一,扬州剪纸历史悠久、源远流长。唐宋时期就有"剪纸报春"的习俗。至清代,扬州商业兴盛,剪纸艺人亦数量大增,嘉庆、道光年间的著名剪纸艺人包钧,技艺超群,有"神剪"之誉。扬州剪纸线条清秀流畅,构图精巧雅致,形象夸张简洁,技法变中求新,形成了特有的"剪味纸感"和艺术魅力,为中国南方民间剪纸艺术的代表之一。扬州剪纸用纸以安徽手抄宣为主,厚薄适中,无色染,质地平整。扬州剪纸题材广泛,有人物花卉、鸟兽虫鱼、奇山异景、名胜古迹等,尤以四时花卉见长,其特点是以画为稿,构图简练、线条圆滑,显得清秀而挺拔,给人以厚实完整之感,具有优美、清秀、细致、玲珑的艺术风格和地方特色。

(2)浙江民间剪纸。浙江民间剪纸以浦江、缙云、乐清、永康、桐庐等地最富特色。浙江剪纸题材丰富,层次分明、挺秀、细致。其中,乐清细纹刻纸最为出名,其刀法精妙入微,挺拔有力,几十种图案交织在一起,层次丰富、主宾分明、细如发丝、工而不腻、纤而不繁、疏可走马、密不容针,表现力十分丰富,显现出江南海滨特有的风神气韵,与北方剪纸的粗犷风格形成鲜明的对比。

3. 北方派:代表为河北蔚县剪纸、陕西民间剪纸和山东民间剪纸

(1)河北蔚县剪纸。蔚县剪纸又称"窗花",是当地民间一种传统的装饰艺术,至今已有200多年的历史。蔚县剪纸初始图案多为花卉一类的吉祥纹样,后融入天津杨柳青年画和武强年画的艺术特色,形成了自己特有的风格。它题材广泛,花样繁多,有戏曲人物、戏曲脸谱、

神话传说、花鸟鱼虫、家禽家畜、吉禽瑞兽等多方面的内容。蔚县剪纸的刀工既有北方民间剪纸粗犷、质朴的特性，又有南方剪纸细腻、秀丽的风格。它色彩浓艳，对比强烈，装饰感强，民间味浓，富有韵味节律，呈现出妩媚娇艳、淳朴华美的艺术魅力，为世人所青睐。

(2)陕西剪纸。陕西剪纸被称为"活化石"，因为它较完整地传承了中华民族古老的造型纹样，如鱼身人面、狮身人首，以及与周文化相似的"抓髻娃娃"，与汉画像所相似的"牛耕图"等。陕西剪纸传承了中华民族阴阳哲学思想与生殖繁衍崇拜的观念，如陕北剪纸中的"鹰踏兔"、"蛇盘兔"、"鹭鸶衔鱼"、"鱼戏莲"等。陕西剪纸以题材丰富、用途广泛、风格独特、形式多样而著称。在内容和题材方面，陕西剪纸主要以民间传说、戏剧故事、英雄人物、名胜风光、风俗习惯、几何图案、现实生活为主要内容。剪纸主要形式有窗窑顶花、炕围花、门画、挂帘、枕花、桌裙花、鞋花、结婚双喜花、衣物佩饰花、神龛贴花等，其中以窗花最为普遍。

(3)山东民间剪纸。剪纸在山东各地称谓不一，如窗花、窗染花、花儿等，其制作过程称为铰花、抠花。按民俗功用，山东民间剪纸可分为三类：节日剪纸、礼俗仪式剪纸、日用剪纸。山东民间剪纸的题材很广泛，主要有文字图案、鸟兽鱼虫、花卉蔬果、山水风景、民间传说、戏曲人物、历史典故、宗教民情等等。山东剪纸从造型风格上大致可分两类：一类是渤海湾地区粗犷豪放的风格，与黄河流域其他省份的剪纸一脉相承；另一类则是更有特点的山东胶东沿海地区以线为主、线面结合的精巧型剪纸，它似乎与山东汉代画像石刻细密繁缛的风格一脉相承，以其花样密集的装饰手段，使单纯爽快的外型更饱满丰富。

本章思考题

1. 何为旅游文学艺术？
2. 中国的旅游诗词大致经历了那几个发展阶段？
3. 简述中国旅游诗词的审美特征。
4. 简述楹联的起源、发展与审美特征。
5. 简述游记的发展过程及审美特征。
6. 试述中国书法书体的主要形式及审美特征。
7. 简述中国画的发展历程以及主要分类。
8. 简述中国画的审美和艺术特征。
9. 简述中国雕塑的发展历程及审美特征。
10. 简述中国民间工艺文化的主要分类。

文化专题五　非物质文化遗产

第九章　非物质文化遗产

学习要点

1. 掌握非物质文化遗产的概念与分类
2. 掌握非物质文化遗产的基本特点
3. 掌握非物质文化遗产的审美价值
4. 掌握中国的世界非物质文化遗产代表作入选项目
5. 掌握中国国家级非物质文化遗产的分类及代表项目

第一节　中国的世界非物质文化遗产

非物质文化遗产是各族人民世代相承、与群众生活密切相关的各种传统文化表现形式和文化空间，是地方民间文化的精髓。各民族创造的民间歌舞、地方戏曲、民俗节庆、传统工艺品等都承载着一个民族的文化基因，体现着一个民族的审美情趣，它们既是历史发展的见证，又是珍贵的、具有重要价值的文化资源，既是文化多样性的鲜明体现，也是确立民族个性的重要标志，被誉为历史文化的“活化石”和“民族记忆的背影”。通过对非物质文化遗产的欣赏和理解，可以领略地方民间文化的魅力，把握地方文脉，体验地方文化，可以满足旅游者追寻异质文化的心理需求，所以非物质文化遗产是一种重要的旅游文化资源。

一、非物质文化遗产概述

（一）非物质文化遗产的概念

2001 年 5 月 18 日，联合国教育、科学与文化组织（United Nations Educational, Scientific and Cultural Organization，UNESCO，以下简称教科文组织）宣布了世界上第一批 19 项“人类口头和非物质遗产代表作”，第一次把这些代表作定性为全人类的共同遗产，从而拉开了大规模保护非物质文化遗产的序幕。

2003 年 10 月 17 日，教科文组织第 32 届大会通过了《保护非物质文化遗产公约》。民间文化正式以“非物质文化遗产”的名称进入了人类文化保护的视野。《保护非物质文化遗产公约》对非物质文化遗产的定义为：非物质文化遗产指被各群体、团体、有时为个人所视为其文化遗产的各种实践、表演、表现形式、知识体系和技能及其有关的工具、实物、工艺品和文化场所。各个群体和团体随着其所处环境、与自然界的相互关系和历史条件的变化不断使这种代代相传的非物质文化遗产得到创新，同时使他们自己具有一种认同感和历史感，从而促进了文化多样性和激发人类的创造力。非物质文化遗产所涵盖的内容包括：①口头传统和表述；②表演艺术；③社会风俗、礼仪、节庆；④有关自然界和宇宙的知识和实践；⑤传统的手工艺技能。

我国政府在解读联合国教科文组织关于“非物质文化遗产”定义的基础上，也针对我国实际对非物质文化遗产的概念加以界定。由国务院办公厅颁布的《关于加强我国非物质文化遗产保护工作的意见》的附件《国家级非物质文化遗产代表作申报评定暂行办法》如此界定了非物质文化遗产：非物质文化遗产是指“各民族人民世代相承的、与群众生活密切相关的各种传统文化表现形式（如民俗活动、表演艺术、传统知识技能，以及与之相关的器具、实物、手工制品等）和文化空间”。这里的文化空间，即定期举行传统文化活动或集中展现传统文化表现形式的场所，兼具空间性和时间性。非物质文化遗产的范围包括：①口头传统，包括作为文化载体的语言；②传统表演艺术；③民俗活动、礼仪、节庆；④有关自然界和宇宙的民间传统知识和实践；⑤传统手工艺技能；⑥与上述表现形式相关的文化空间。

(二)非物质文化遗产的基本特点

非物质文化遗产是人类创造的一种特殊遗产，是民族个性、民族审美习惯的“活”的显现，与人类物质文化遗产相比有自己的特殊性。这种特殊性不仅表现在外部形态上，还表现在内在规定性上，具体而言，那就是独特性、活态性、传承性、整体性、民族性、地域性等特点。

1.独特性

非物质文化遗产一般是作为艺术或文化的表达形式而存在的，体现了特定民族、国家或地域内的人民独特的创造力和独特的智慧，或表现为物质的成果，或表现为具体的行为方式、礼仪、习俗，这些都具有各自的独特性、唯一性和不可再生性。而且，它们间接体现出来的思想、情感、意识、价值观也都有独特性，是难以被模仿和再生的。

2.活态性

非物质文化遗产是一种活态的文化，这种“活态”性，在非物质文化遗产之口头传说和表述及其语言、表演艺术、社会风俗、礼仪、节庆以及传统工艺技能等遗产中，表现得尤为突出。它们的文化内涵是通过人的活动表现的，并通过人的活动传达给受众（或物体）。非物质文化遗产的活态性，还体现在非物质文化遗产在传承、传播过程中的变异、创新。非物质文化遗产不管经历多少年或多少代人，它都不会脱离各族群众的生产和生活方式。随着时代的发展，它们以口头或动作方式相传并创造出新的文化内容，一代代下来，具有一定的可塑性。也就是说，它们是通过人的智慧创造出来的，对于上一代的技艺、方式可以凭着个人及集体的力量和智慧加以创新改造，进行再发展，可以说，它们是一个民族、一个区域历史文化的“活化石”，是活态的。

3.传承性

所谓传承性，就是指非物质文化遗产具有被人类以集体、群体或个体方式一代接一代享用、继承或发展的性质，一旦停止了传承活动，也就意味着死亡。非物质文化遗产的传承性是由遗产的本质所决定的，换言之，就是我们的祖辈在长期的劳动过程中，经过一代代劳动人民的积累和改进并以师徒或团体的形式流传下来，逐渐形成今天的技能或习俗。它是我国劳动人民智慧的象征，是我们祖先汗水的结晶。因此说，非物质文化遗产大多没有具体的创造者，即使有，也是后人对前辈已有技艺或习俗的加工和创新。

4.整体性

非物质文化遗产作为一种文化遗产形态，包含了历史环境、传承载体和精神内质三个相互联系的内涵层次，形成一个有机的文化结构整体。任何一种非物质文化遗产都具有这种结构整体性，其内存的三层内涵构成一个文化遗产形态，缺少任何一个层次，都不可能形成特定的非物质文化遗产。这三层内涵相互储存、相互作用共同统一于人的活动，形成有机的文化整体——一种非物质文化遗产形态，这是物质文化遗产得以存续的内在规定性，也是我们在认识非物质文化遗产时必须认真注意的特点。

5.民族性

民族性是指为某一民族所特有，深深地打上了该民族的烙印，体现了该民族的独特思维方式、智慧、价值观、审美意识、情感表达等最本质的东西。不同的民族在创造自己的非物质文化遗产或者接受其他民族的非物质文化遗产的时候，都不是被动地照搬和模仿，而是努力地吸收和消化，并赋予自己民族文化的特色，打上自己民族的印记。非物质文化遗产的民族性表现在从形式到内容的各个方面。一方面，各民族先天具有的人种（包括肤色、形体等）、服饰（尤其是该民族创建期的有显著特色的服饰）、饮食、生产方式、语言、风俗等，会使得非物质文化遗产形态有着深厚的民族底蕴；另一方面，各民族在自身发展过程中所形成的世界观、信仰、思维方式、宗教观、价值观、民族的文化、心理结构、审美趣味、生活方式、民族认同等，也在很大程度上决定了他们的文化特性，当然也包括非物质文化遗产的特性。总之，民族特性的表现形式和内容都会在非物质文化遗产形态上有很鲜明的表现。

6.地域性

非物质文化遗产具有强烈的地域性特点，俗话说"一方水土养活一方人"，同时一方水土也会孕育一方文化。各民族创造的非物质文化遗产都是在一定的地域上产生的，该地域独特的自然生态环境、文化传统、宗教信仰、生产生活水平，以及日常生活习惯、习俗都从各个方面决定了该非物质文化遗产的内涵与特征。它既典型地代表了该地域的特色，是该地域的产物，也与该地域息息相关；离开了该地域，便失去了其赖以存在的土壤和条件，也就谈不上保护、传承和发展。地域性既体现又进一步强化了非物质文化遗产的民族性。就一个民族来说，每一个民族大都有自己特定的生活和活动的地域，该地域的自然环境对该民族有很大的影响，进而会在此基础上形成该民族的文化特征。

（三）非物质文化遗产的审美艺术价值

非物质文化遗产中的工艺品、表演艺术、民间文学等，大部分都具有极高的审美艺术价值，它们不仅很好地展示了一个民族的生活风貌、审美情趣和艺术创造力，同时本身也是极强的旅游吸引物，满足了旅游者寻求文化差异、体验文化的心理需求。

(1)在非物质文化遗产中不仅有许多艺术作品或具有艺术因素的作品，而且有许多天才的艺术创造，有许多人类艺术上的伟大艺术丰碑，它们具有无与伦比的艺术技巧、独一无二的艺术形式，能深深打动人类心灵、触动人类情感，是当之无愧的人类艺术代表作。

通过这些非物质文化遗产中的艺术作品，我们可以形象地看到当时的历史事件、人的生存状态和生活方式、不同人群的生活习俗，以及他们的思想与感情、艺术创作方式、艺术特点和艺术成就。

(2)在非物质文化遗产中，不仅口头文学、民间文学、表演艺术有审美价值，就连其中的民族民间文化、社会习俗、服饰织染、红白礼仪等也普遍涉及美的内容，具有重要的审美艺术价值。

二、中国的世界非物质文化遗产

截止到2010年11月16日，我国共有昆曲、古琴艺术等28个项目入选联合国非物质文化遗产代表作名录，羌年、中国活字印刷术等6个项目入选“急需保护的非物质文化遗产名录”，我国成为世界上入选项目最多的国家。

我国的世界“非物质文化遗产”代表作入选项目主要有2001年选的昆曲，2003年入选的古琴艺术，2005年入选的新疆维吾尔木卡姆艺术和蒙古族长调民歌，2009年入选的中国篆刻、中国雕版印刷技艺、中国书法、中国剪纸、中国传统木结构营造技术、端午节、中国朝鲜族农乐舞、《格萨(斯)尔》、侗族大歌、花儿、《玛纳斯》、妈祖信仰、蒙古族呼麦、南音、热贡艺术、中国传统蚕桑丝织技艺、藏戏、龙泉青瓷传统烧制技艺、宣纸传统制作技艺、西安鼓乐、粤剧，2010年入选的中医针灸和京剧。我国的世界“急需保护的非物质文化遗产名录”项目主要有2009年入选的中国木拱桥传统营造纺染织绣技艺，2010年入选的中国水密隔舱福船制造技艺、中国活字印刷术、麦西热甫。

第二节　国家级非物质文化遗产

一、中国非物质文化遗产标识

“中国非物质文化遗产”标识的外部图形为圆形，象征着循环，永不消失；内部图形为方形，与外圆对应，天圆地方，表达非物质文化遗产存在空间有极大的广阔性；图形中心造型为古陶最早出现的纹样之一鱼纹，鱼纹隐含一“文”字，“文”指非物质文化遗产，而鱼生于水，寓意中国非物质文化遗产源远流长，世代相传；图形中心，抽象的双手上下共护“文”字，意取团结、和谐、细心呵护和保护非物质文化遗产、守护精神家园。

图9-1　“中国非物质文化遗产”标识

二、中国国家级非物质文化遗产分类及主要代表项目

至今，国务院已发布了两批国家级非物质文化遗产名录，分别为2006年5月20日，批准文化部确定并公布第一批国家级非物质文化遗产名录，其中包括：白蛇传传说、阿诗玛、苏州评弹、凤阳花鼓、杨柳青木版年画等共518项(参见附录一)；2008年6月14日，发布了第二批国家级非物质文化遗产名录(共计510项)和第一批国家级非物质文化遗产扩展项目名录(共计147项)(参见附录二)，其中包括：孟姜女传说、董永传说、陕北民歌、梁山竹帘等。在已发布的非物质文化遗产项目中，主要分为以下十大类。

(一)民间文学

民间文学又称口头文学，是非物质文化遗产中的重要类别，主要是通过口耳相传的方式产生并流传于民间的口头文学创作。民间文学形式丰富多样，有神话、传说、民间故事、史诗、歌谣、民间笑话、民间谚语、谜语等等。能够进入国家级非物质文化遗产名录的民间文学，一般要能够符合这样的几项标准：第一，具有重要的历史、文化、语言、学术价值；第二，主要是通过族群、个人口传心授的方式传承；第三，当代还在一定群体中有较大数量的传播和流传；第四，具有鲜明的传统性特点，且影响较为深远；第五，在较广泛的地区或某个族群中有着突出的文化代表性和标志性。

进入第一批国家级非物质文化遗产名录中的“民间文学”项目共31项。其中有中国少数民族具有世界影响的三大史诗——藏族的《格萨（斯）尔》史诗、蒙古族的《江格尔》和柯尔克孜族的《玛纳斯》；有壮族的刘三姐歌谣、彝族的《阿诗玛》长篇叙事诗等少数民族著名的口头文学经典；有汉族流传久远的著名传说如梁祝传说、白蛇传传说、孟姜女传说、董永传说、西施传说、济公传说等；也有耿村民间故事、青林寺谜语等至今仍在民间鲜活流传、散发着乡土气息的民间文学形态。进入第二批国家级非物质文化遗产名录中的“民间文学”项目共53项，包括牛郎织女传说、徐福东渡传说、杨家将传说及童谣、笑话等。

案例：孟姜女传说

孟姜女传说第一批国家级非物质文化遗产名录代表作之一。它和白蛇传传说、梁祝传说、牛郎织女传说并称为我国四大民间传说。孟姜女传说因其浓厚的群众性，流传2 500多年而不衰，流传地区遍及全中国，内容上也多有演变，本来是春秋时齐国的杞梁妻（孟姜女），最终其悲剧命运却与秦始皇和长城联系了起来。但追根溯源，杞梁妻哭崩的齐国都城、投身自尽的淄水都在山东淄博一带。孟姜女的形象使人们认识到古代妇女的善良和战争带给人们的悲惨苦痛，表达了古代人民对战争的厌恶之情。

（二）传统音乐（民间音乐）

民间音乐是中国非物质文化遗产中的重要组成部分。民间音乐一般是指产生并流传于民间的各种音乐样式，包括民间歌曲、民间器乐曲、舞蹈音乐、戏曲音乐、曲艺音乐和民间祭祀音乐等形式，它主要是通过口头创作方式产生和传播，在音乐表现手法、创作风格和艺术特征等方面，均有不同于专业音乐创作的显著特点。地域性、流变性、通俗性、程式性等是民间音乐的主要标志。入选国家非物质文化遗产名录的民间音乐，必须符合如下各项标准：第一，有深厚悠久的历史传统和清晰的传承脉络；第二，有特定的传播区域和稳定的表现形式；第三，具有独特的技艺风格；第四，存活于民族民间，是代表当地民众音乐审美趣味的重要载体。在第一批国家级非物质文化遗产名录中，共有72项中国民族音乐入选，其中包括已经进入联合国教科文组织公布的“人类非物质遗产代表作名录”的中国古琴艺术、新疆维吾尔族木卡姆艺术和蒙古族长调民歌，以及江南丝竹、西安鼓乐、南音、侗族大歌、花儿等著名的民族民间音乐。第二批国家级非物质文化遗产名录将第一批国家级非物质文化遗产名录中的第二类“民间音乐”修正为“传统音乐”，共有67个中国传统音乐项目入选，如陕北民歌、江河号子、蒙古族民歌等少数民族民歌、佛教音乐、道教音乐等等。

案例：陕北民歌

陕北民歌是第二批国家级非物质文化遗产名录代表作之一。陕北民歌是陕北劳动人民精神、思想、感情的结晶。陕北民歌分为劳动号子、信天游、小调三类。劳动号子包括打夯歌、打硪歌、采石歌、吆牛歌、打场歌。信天游分为高腔和平腔。这些自成体裁又各具特点的民歌，都从各方面反映了社会生活，唱出了陕北人民的苦乐和爱憎，并且当社会制度根本改变的时候，民歌的内容和形式也随着发生变化。这种变化，反映在内容上表现了新的社会生活和新的人物形象，同时也使各种体裁具有了新的意义。

（三）传统舞蹈（民间舞蹈）

民间舞蹈是广大劳动人民创造的、世代相传的。在日常生活场所表演的各种传统舞蹈，是民族民间文化的重要组成部分，也是非物质文化遗产的一个重要类别。国家级非物质文化遗产名录对于入选的民间舞蹈项目的评审标准是：第一，与民众生活息息相关，在一定民族或地区(族群、村落)人民中相沿积久而形成;第二,形式完整,个性鲜明,未经改编加工,具有传统审美特征和鲜明的文化属性;第三,对本地区、本民族的文化传统具有传承作用;第四,由于生存环境的改变而濒临消亡。在第一批国家级非物质文化遗产名录中,共有41种流传于各地域、各民族的优秀民间舞蹈项目入选,其中包括在汉族聚居地区广为流传的秧歌舞、狮子舞、龙舞,各种技术难度很高的高跷,充满神秘气息、源远流长的傩舞,安徽的花鼓灯,藏族的锅庄舞和热巴舞,傣族的孔雀舞,彝族的葫芦笙舞,蒙古族的安代舞等等。民间舞蹈寄托着底层民众的感情与趣味、理想与愿望,内容广泛,主题丰富,有对日常劳动生活的摹写,有对民间历史和传说的演绎,有对爱情的讴歌,有对丰收、婚礼的欢庆等等,散发着生活的气息和泥土的芳香。其表演形式灵活多样,常用于礼仪活动和节庆活动之中。民间舞蹈的动作往往经过了历代的传播与加工完善,形成极具民族和地域特色的表演风格,成为特定民族、特定地域民众性格气质的典型反映。第二批国家级非物质文化遗产名录将第一批国家级非物质文化遗产名录中的第三类“民间舞蹈”修正为“传统舞蹈”,共有包括鼓舞、灯舞、朝鲜族长鼓舞和其他少数民族传统舞蹈等在内的55种优秀传统舞蹈项目入选。

案例:苗族芦笙舞

苗族芦笙舞是第一批国家级非物质文化遗产扩展项目名录代表作之一。芦笙舞,又名“踩芦笙”、“踩歌堂”等,是一种以男子边吹芦笙同时以下肢(包括胯、膝、踝)的灵活舞动为主要特征的传统民间舞蹈,因用芦笙为舞蹈伴奏和自吹自舞而得名。它流布于贵州、广西、湖南、云南等地的苗、侗、布依、水、壮、瑶等民族聚居区,在各苗族地区尤其普及,其中以贵州东南部、西北部和广西西部山区最为活跃。在那里,人们从儿童时代起就开始学吹芦笙和跳芦笙舞。凡是在演奏和舞技上出众的芦笙手和芦笙队,都深受群众的尊敬和爱戴。

(四)传统戏剧

传统戏剧是指中国各地域各民族人民创造的传统戏剧艺术。戏剧艺术综合了文学、音乐、舞蹈、绘画、雕塑、杂技、武术等元素,舞台表演讲究唱、念(念白)、做(身段、表情)、打(武打、舞蹈),具有很强的程式性与技术性。其“角色行当”主要分为“生、旦、净、末、丑”几种类型。传统戏曲表演,在舞台上不设置固定的场景,剧中人物的情境,一般要靠演员的语言和动作来体现,从而形成了戏曲语言的叙述性和表演动作的虚拟性,在舞台上的时间与空间的处理上也体现出高度的灵活性。中国戏曲的起源可追溯到上古的歌舞、角牴和俳优表演。12世纪中国南方的戏曲与13世纪中国北方的杂剧是中国最早的戏曲剧种。经过元明清三代,由于方言、音乐的差别,在各地演变为形形色色的声腔和剧种,形成了昆腔、高腔、梆子、皮黄、弦索五种声腔系统。也有一些剧种系由民间歌舞、说唱、少数民族歌舞说唱基础上发展起而来。中国戏曲剧种极其丰富,按20世纪80年代初的统计,中国存在着300多种戏曲剧种。能够进入国家级名录的戏曲一般应符合以下各项标准:第一,在一定地区中长期流传,具有独特的文化和历史价值;第二,在唱腔、表演、剧目等方面具有鲜明的特点;第三,影响较大,生存发展面临困境而濒临消亡。进入第一批国家级非物质文化遗产名录的戏曲剧种共92项,进入第二批国家级非物质文化遗产名录的戏曲剧种共46项,均是具有较大影响和特殊审美并具有艺术、历史及文化价值的重要戏曲种类。

案例:皮影戏

皮影戏是第一批国家级非物质文化遗产扩展项目名录代表作之一。皮影戏是一种用兽皮或纸板剪制形象并借灯光照射所剪形象而表演故事的戏曲形式。其流行范围极为广泛,几乎遍及全国各省区，并因各地所演的声腔不同而形成多种多样的皮影戏，如陕西的华县皮影戏、华阴老腔皮影戏、阿宫腔皮影戏、弦板腔皮影戏，甘肃的环县道情皮影戏，山西的孝义碗碗腔皮影戏，河北的唐山皮影戏、冀南皮影戏，浙江的海宁皮影戏，湖北的江汉平原皮影戏，广东的陆丰皮影戏，辽宁的复州皮影戏、凌源皮影戏等。

(五)曲艺

曲艺是中国民族民间各种说唱艺术的总称，由民间口头文学和歌唱艺术经过长期的演化发展而形成为一种独特的民间表演艺术形式。曲艺艺术的本质特征是以口头语言进行说唱表演。曲艺艺术按其艺术构成方式，大体上可以分为四类：第一类是“说”的曲种，如相声、评书、评话等；第二类是“唱”的曲种，如鼓曲类中的大部分作品，像京韵大鼓、单弦牌子曲、扬州清曲、东北大鼓、温州大鼓、胶东大鼓、湖北大鼓等；第三类是“又说又唱”的或叫“半说半唱”的曲种，如各种鼓书、琴书、弹词、东北二人转等；第四类是“似说似唱”的曲种，亦即各种“韵诵体”曲种，如各类快书、快板等。中国曲艺艺术源远流长，先秦时期即已萌芽；到了唐代，说唱艺术作为一种独立的艺术样式开始产生；到了宋代，有了说唱表演的专门场所和职业艺人，曲艺艺术得到发展；明清及民国初，说唱艺术得到了更大的发展，涌现出不少新的曲种和新的曲目，有的曲目呈现出名家辈出流派纷呈的繁盛景观。现存的许多曲种，都是形成于清代和民国初。曲艺艺术具有民间性、通俗性、一人多角、化入化出、说唱为主、简便易演等特点，大部分曲种还具有使用方言、在特定地域特定民族流传的鲜明的地域性。这些特点使曲艺艺术成为一种深受广大普通民众所喜爱的雅俗共赏的艺术门类。我国曲艺品种十分丰富，根据调查统计，我国至今仍在民间保持生命力的曲艺品种有 400 个左右，流布于我国的各个地区各个民族。能够进入国家级名录的曲艺的评选标准是：第一，基本形态是用口头语言说唱叙事，具有一定的技艺性；第二，以口传心授的方式世代传承；第三，具有丰富的民族民间文化内涵和特有的审美价值；第四，影响较大，具有活态传承特点。入选第一批国家级非物质文化遗产名录的曲艺项目有 46 项。入选第二批国家级非物质文化遗产名录的曲艺有 50 项。

案例：京韵大鼓

京韵大鼓是入选第二批国家级非物质文化遗产名录代表作之一。它由河北省沧州、河间一带流行的木板大鼓发展而来，形成于京津两地。河南木板大鼓传入天津、北京后，刘宝全改以北京的语音声调来吐字发音，吸收石韵书、马头调和京剧的一些唱法，创制新腔，专唱短篇曲目，称京韵大鼓，属于鼓词类曲艺音乐。京韵大鼓唱词的基本句式是七字句，有的加入了嵌字、衬字及垛句。每篇唱词约一百四五十句左右，用韵以北京十三辙为准，一个唱段大都一韵到底。其基本唱腔包括慢板和紧慢板。京韵大鼓是唱说相互兼顾，韵白讲究语气韵味。表演形式是一人站唱(解放后推出双唱形式)，自击鼓板；主要伴奏一般为三人，所操乐器为大三弦、四胡、琵琶，有时佐以低胡。传统曲目有《长坂坡》、《赵云截江》、《草船借箭》、《闹江州》、《大西厢》、《祭晴雯》、《黛玉悲秋》及抒情的写景小段《丑末寅初》、《风雨归舟》等。

(六)传统体育、游艺与杂技(杂技与竞技)

民间传统杂技是非物质文化遗产的一个独特种类，它具有深厚的传统、悠久的历史和广泛的民众基础。在历史上，中国杂技具有广场杂技、高空杂技、魔术、滑稽、马戏、驯兽等丰富的民间杂技门类。目前在民族民间文化普查中，把杂技分为五大类：第一是狭义的杂技，包括形体杂技、力技、翻腾杂技、平衡杂技、耍弄杂技、高空杂技等；第二是魔术，包括古彩戏法、手法魔术、器械魔术、心灵术、逃遁术、幻景魔术等；第三是马戏，包括马术、驯兽、训小动物等；第四是乔装戏，包括乔装动物戏、乔人戏（含偶戏）、影戏、口技等；第五是滑稽，包括哑剧、专场滑稽、串场滑稽、帮场滑稽、语言滑稽等。进入第一批国家级非物质文化遗产名录的吴桥杂技、聊城杂技、北京的天桥中幡、抖空竹、新疆维吾尔族的达瓦孜（高空走绳）等，都是中国传统杂技中的优秀代表。进入国家级第一批非物质文化遗产名录中的“竞技”指的是各种民间传统的武术、体育竞技项目，包括了少林功夫、武当功夫、各种太极拳、邢台梅花拳、回族重刀武术、蒙古族博克（摔跤）、达斡尔族传统曲棍球竞技、朝鲜族的跳板和荡秋千等，这些项目是民族民间文化的重要类别，是中国非物质文化遗产中的瑰宝，它们有的具有一定的竞技性，有的并不具有突出的竞技性，而更多地带有健身、修心养性、表演或自娱自乐等作用，对于提高人们的精神境界和文化生活品味与质量，起到重要的作用。进入国家级第一批非物质文化遗产名录的杂技与竞技共有 17 项。第二批国家级非物质文化遗产名录将第一批名录中的“杂技与竞技”修正为“传统体育、游艺与杂技”，共 38 项，包括围棋、象棋、天桥摔跤、八卦掌、埇桥马戏等。

案例：吴桥杂技

吴桥杂技是入选第一批国家级非物质文化遗产名录代表作之一。吴桥杂技文化伴随着中国杂技的发展而形成，现在主要流布于河北省吴桥县城、山东省宁津县和陵县的部分地区，距今已有 2 000 多年的历史。在历史的变迁过程中，吴桥杂技文化不断丰富发展着。它供奉“吕祖”为自己的行业神，创造了行业“春典”（即行话），衍生了表演中的“说口”、“锣歌”等口头文艺形式，形成了独特的表演、道具、管理以及传承等方面的规则，构成了完整的行业文化体系，受到全国杂技界的推崇，其影响远播五洲，素有“十方杂技九籍吴桥”、“没有吴桥人不成杂技班”之说。

（七）传统美术（民间美术）

民间美术是广大民众创造的各种视觉造型艺术，包括广泛流传于各民族、各地域的剪纸、年画、泥人、泥塑、刺绣、编织、风筝、玩具、居民建筑等等，它们大体上可以分为四类，即民间绘画、民间雕塑、民间工艺、民间建筑。中国的民间美术品种极其丰富，具有深厚的文化内涵，饱含深刻寓意，它在广大劳动群众社会生活中发生、发展、传播，存在于劳动人民衣、食、住、行等社会生活的各个方面，运用最乡俗的艺术语言和最大众化的色彩、造型、图案、形象，表达普通民众的理想、愿望与信仰，具有醇厚、质朴、积极乐观的感情色彩，散发着浓郁的乡土气息。民间美术是中国传统美术的丰厚土壤，是我国传统文化中的精华。能够入选国家级非物质文化遗产名录的民间美术项目应满足如下标准：第一，具有长期民间传承历史；第二，至今仍在民间活态传承，对民众生活起到重要作用；第三，具有鲜明的风格和独特的技法；第四，体现丰富的文化内涵和群众审美价值。入选第一批国家级非物质文化遗产名录的民间美术共 51 项，其中包括杨柳青木版年画等各地年画、各民族各地域的剪纸、顾绣、苏绣、湘绣等多种刺绣艺术、衡水内画、各地泥塑、各地的灯彩（花灯）、竹刻、嵊州竹编、岫岩玉雕、阜新玛瑙雕、乐清黄杨木雕、青田石雕、金石篆刻、藏族唐卡、热贡艺术、塔尔寺酥油花、纳西族东巴画等名扬中外的中国传统民间美术代表作。第二批国家级非物质文化遗产名录将第一批国家级非物质文化遗产名录的“民间美术”修正为“传统美术”，共有 45 项传统美术入选。

案例：天津杨柳青木版年画

天津杨柳青木版年画是第一批国家级非物质文化遗产名录代表作之一。天津杨柳青木版年画与苏州桃花坞年画并称“南桃北柳”，约产生于明代崇祯年间，清雍正、乾隆至光绪初期为其鼎盛期。杨柳青年画继承了宋、元绘画的传统，吸收了明代木刻版画、工艺美术、戏剧舞台的形式，采用木版套印和手工彩绘相结合的方法，创立了鲜明活泼、喜气吉祥、富有感人题材的独特风格。制作时，先用木版雕出画面线纹，然后用墨印在上面，套过两三次单色版后，再以彩笔填绘。杨柳青年画既有版味、木味，又有手绘的色彩斑斓与工艺性，其民间艺术韵味浓郁，富于中国气派。

(八)传统技艺(传统手工技艺)

传统手工技艺是指历史上传承下来的手工技术与工艺。手工技艺与人们的衣食住行用等日常生活和社会生产劳动密切相关，既具有现实的日用价值、经济价值，又具有很高的审美艺术价值和科学人文价值及历史价值。我国是传统手工技艺大国，传统手工技艺是普通民众勤劳智慧和无限创造能力的结晶，是中国传统文化中的宝贵财富。我国的传统手工技艺源远流长，种类丰富，大体上可以分为：①工具和机械制作；②农畜产品加工；③烧造；④织染缝纫；⑤金属工艺；⑥编织扎制；⑦髹漆；⑧造纸、印刷和装帧；⑨制盐、制笔、制墨、颜料制备、火药制备、烟花爆竹制作等其他工艺。有些传统手工技艺同时也是精美的民间美术的创造。入选第一批国家级非物质文化遗产名录的传统手工技艺共89项。第二批国家级非物质文化遗产名录将第一批国家级非物质文化遗产名录的"传统手工技艺"修正为"传统技艺"，共有97个项目入选。它们得以进入国家级名录，是根据以下各种标准评选出来的：第一，具有长期民间传承历史；第二，具有鲜明的民族、地域特色或显著的传统审美意趣；第三，以天然原材料为主，采用传统的手工艺和技术，体现精湛的技艺，有完整的工艺流程；第四，具有丰富的历史、科技、人文内涵和独特的价值。

案例：风筝制作技艺

风筝制作技艺是第一批国家级非物质文化遗产名录代表作之一。风筝起源于中国，至今已有2 000余年的历史，被称为人类最早的飞行器。风筝用细竹扎成骨架，再糊以纸或绢，系以长线，利用风力升入空中。传统的中国风筝技艺包括"扎、糊、绘、放"四种技艺。"扎"即要达到对称，左右吃风面积相当，包括：选、劈、弯、削、接；"糊"即要保证全体平整，干净利落，包括：选、裁、糊、边、校；"绘"即要做到远眺清楚，近看真实的效果，包括：色、底、描、染、修；"放"即要依据风力调整提线角度，包括：风、线、放、调、收。风筝的种类主要分为"硬膀"和"软翅"两类："硬膀"风筝翅膀坚硬，吃风大，飞的高；"软翅"风筝柔软，飞不高，但飞的远。在式样上，除传统的禽、兽、虫、鱼外，近代还发展出人物风筝等新样式。山东潍坊风筝是这一传统技艺的主要代表之一。

(九)传统医药

传统医药属于传统民间知识体系中的一个重要组成部分，是宝贵的非物质文化遗产。中国的传统医药，主要是指中医中药以及一些少数民族的传统医学药学，如藏族的藏医藏药、蒙古族的蒙医蒙药、苗族的苗医苗药、瑶族的瑶医瑶药等。民族传统的医学医药具有很高的科学认识价值和实践价值，如中医中药被看成中国最重要的非物质文化遗产之一。传统的中医学在长期的发展中，形成了自己独特的医学体系，包括阴阳五行、经络、病因病理等学说及治法治则，其基本特点为治疗的整体观念和辨证施治原则。中药学作为中医学的重要组成部分，对中药的采集、炮制，对药性、药量、配方、服用等的分析，都建立在对植物学的深入认识上，具有很高的科学价值。藏医藏药、蒙医蒙药等少数民族医学药学体系，也都具有诊疗疾病、养生保健的独特方法和特殊功效。在第一批国家级非物质文化遗产名录中的"传统医药"项目中，包括了中医生命与疾病的认知方法、中医诊法、中药炮制技术、中医传统制剂方法、针灸、中医正骨疗法、同仁堂中医药文化、胡庆余堂中药文化和藏医药共九个项目，第二批国家级非物质文化遗产名录中的"传统医药"的项目中，包括了中医养生、传统中医药文化、蒙医药等八个项目，它们都是中国传统医学药学中的杰出代表。

案例:同仁堂中医药文化

同仁堂中医药文化是入选第一批国家级非物质文化遗产名录代表作之一。同仁堂中医药文化传承至今已有340多年历史。同仁堂中医药文化集中体现在“同修仁德,济世养生”的价值观,“炮制虽繁必不敢省人工,品味虽贵必不敢减物力”的质量观和“讲信义,重人和”的经营理念,“童叟无欺,一视同仁”的职业道德,以及同仁堂的品牌和特有标记——《乐氏世代祖传丸散膏丹下料配方》和《同仁堂虔修诸门应症丸散膏丹总目》。同仁堂的制药特色即传统中医药与宫廷制药的融合,可概括为“处方独特、选料上乘、工艺精湛、疗效显著”。

(十)民俗

民俗是指流行于民间的风俗习惯,它蕴藏于民众生活之中,是民间传统文化的主要内容。民俗所包括的范围十分广泛,诸如生产商贸习俗、消费习俗、人生习俗、岁时节令、民间知识、民间信仰等等。民俗一般具有这样一些特点:一是民族性;二是地域性;三是历史传承性;四是变异性;五是群体性;六是约束特定群体中的人们言行的规范性。俗话有“十里不同风,百里不同俗”之说。由于我国历史悠久、地域广大、民族众多,因此,中国的民俗资源极其丰厚,可以说是民俗的海洋、民俗的富矿。在民俗中,凝聚着民族民间的智慧、信仰、情感、愿望,也渗透着民族民间的伦理规范与审美趣味,是民族民间物质文化、制度文化与精神文化的生动体现。国家级非物质文化遗产名录中“民俗”类入选项目的评选标准是:第一,体现中华民族优秀传统,具有促进中华民族认同的作用;第二,在一定群体或族群中相沿承传的民俗活动表现形式;第三,具有悠久历史,且在当代是以活态形式存在的;第四,具有代表性、典型性,或具有独特性、特殊性的学术价值。入选第一批国家级非物质文化遗产名录的民俗项目共有70项,如春节、清明节、端午节、七夕节、中秋节、重阳节及各少数民族一些重要的传统节日、黄帝陵祭典、炎帝陵祭典、民间社火等;入选第二批国家级非物质文化遗产名录的民俗项目共有51项,如元宵节、灯会、庙会、珠算以及蒙古族、藏族等少数民族服饰。其中,有些项目,也可以归入“文化空间”的范畴。所谓“文化空间”,是指定期举办的传统文化活动或集中展现传统文化表现形式的场所,它兼具空间性和时间性,并具有自然、历史和文化价值,如蒙古族的那达慕、白族的绕三灵、傣族的泼水节、彝族的火把节、瑶族的盘王节等,都是具有独特的自然、历史和文化价值的“文化空间”。

案例:七夕节

每年农历七月初七这一天是我国汉族的传统节日七夕节。在历史上,此日活的主要参与者是少女,而节日活动又以乞巧为主,故而人们又称这天为“乞巧节”或“少女节”。七夕节是我国传统节日中最具浪漫色彩的节日。在这一天晚上,少女们穿针乞巧,祈祷福禄寿活动,礼拜七姐,礼仪虔诚而隆重,陈列花果、女红。七夕节被认为是“中国的情人节”。

本章思考题

1. 简述非物质文化遗产的概念及包含的内容。
2. 试述非物质文化遗产的基本特点与审美价值。
3. 中国的世界非物质遗产有哪些?
4. 中国的国家级非物质文化遗产分为哪几大类?

附录一 第一批国家级非物质文化遗产名录

第一批国家级非物质文化遗产名录

（共计 518 项）

一、民间文学（共计 31 项）

序号	编号	项目名称	申报地区或单位
1	Ⅰ-1	苗族古歌	贵州省台江县、黄平县
2	Ⅰ-2	布洛陀	广西壮族自治区田阳县
3	Ⅰ-3	遮帕麻和遮咪麻	云南省梁河县
4	Ⅰ-4	牡帕密帕	云南省思茅市
5	Ⅰ-5	刻道	贵州省施秉县
6	Ⅰ-6	白蛇传传说	江苏省镇江市 浙江省杭州市
7	Ⅰ-7	梁祝传说	浙江省宁波市、杭州市、上虞市 江苏省宜兴市 山东省济宁市 河南省汝南县
8	Ⅰ-8	孟姜女传说	山东省淄博市
9	Ⅰ-9	董永传说	山西省万荣县 江苏省东台市 河南省武陟县 湖北省孝感市
10	Ⅰ-10	西施传说	浙江省诸暨市
11	Ⅰ-11	济公传说	浙江省天台县
12	Ⅰ-12	满族说部	吉林省
13	Ⅰ-13	河西宝卷	甘肃省武威市凉州区、酒泉市肃州区
14	Ⅰ-14	耿村民间故事	河北省藁城市
15	Ⅰ-15	伍家沟民间故事	湖北省丹江口市
16	Ⅰ-16	下堡坪民间故事	湖北省宜昌市夷陵区
17	Ⅰ-17	走马镇民间故事	重庆市九龙坡区
18	Ⅰ-18	古渔雁民间故事	辽宁省大洼县
19	Ⅰ-19	喀左东蒙民间故事	辽宁省喀喇沁左翼蒙古族自治县
20	Ⅰ-20	谭振山民间故事	辽宁省新民市
21	Ⅰ-21	河间歌诗	河北省河间市

22	Ⅰ-22	吴歌	江苏省苏州市
23	Ⅰ-23	刘三姐歌谣	广西壮族自治区宜州市
24	Ⅰ-24	四季生产调	云南省红河哈尼族彝族自治州
25	Ⅰ-25	玛纳斯	新疆维吾尔自治区克孜勒苏柯尔克孜自治州、新疆维吾尔自治区文联民间文艺家协会
26	Ⅰ-26	江格尔	新疆维吾尔自治区和布克赛尔蒙古自治县、博尔塔拉蒙古自治州、巴音郭楞蒙古自治州、新疆维吾尔自治区文联民间文艺家协会
27	Ⅰ-27	格萨(斯)尔	西藏自治区 青海省 甘肃省 四川省 云南省 内蒙古自治区 新疆维吾尔自治区 中国社会科学院《格萨(斯)尔》办公室
28	Ⅰ-28	阿诗玛	云南省石林彝族自治县
29	Ⅰ-29	拉仁布与吉门索	青海省互助土族自治县
30	Ⅰ-30	畲族小说歌	福建省霞浦县
31	Ⅰ-31	青林寺谜语	湖北省宜都市

二、民间音乐(共计72项)

序号	编号	项目名称	申报地区或单位
32	Ⅱ-1	左权开花调	山西省左权县
33	Ⅱ-2	河曲民歌	山西省河曲县
34	Ⅱ-3	蒙古族长调民歌	内蒙古自治区
35	Ⅱ-4	蒙古族呼麦	内蒙古自治区
36	Ⅱ-5	当涂民歌	安徽省马鞍山市
37	Ⅱ-6	巢湖民歌	安徽省巢湖市
38	Ⅱ-7	畲族民歌	福建省宁德市
39	Ⅱ-8	兴国山歌	江西省兴国县
40	Ⅱ-9	兴山民歌	湖北省兴山县
41	Ⅱ-10	桑植民歌	湖南省桑植县
42	Ⅱ-11	梅州客家山歌	广东省梅州市
43	Ⅱ-12	中山咸水歌	广东省中山市
44	Ⅱ-13	崖州民歌	海南省三亚市
45	Ⅱ-14	儋州调声	海南省儋州市
46	Ⅱ-15	石柱土家啰儿调	重庆市石柱土家族自治县
47	Ⅱ-16	巴山背二歌	四川省巴中市
48	Ⅱ-17	傈僳族民歌	云南省怒江傈僳族自治州、泸水县
49	Ⅱ-18	紫阳民歌	陕西省紫阳县
50	Ⅱ-19	裕固族民歌	甘肃省肃南裕固族自治县

51	Ⅱ-20	花儿 (莲花山花儿会、松鸣岩花儿会、二郎山花儿会、老爷山 花儿会、丹麻土族花儿会、七 里寺花儿会、瞿昙寺花儿会、 宁夏回族山花儿)	甘肃省康乐县、和政县、岷县 青海省大通回族土族自治县、互助土族自治县、民和回族土族自治县、乐都县 宁夏回族自治区
52	Ⅱ-21	藏族拉伊	青海省海南藏族自治州
53	Ⅱ-22	聊斋俚曲	山东省淄博市
54	Ⅱ-23	靖州苗族歌鼟	湖南省靖州苗族侗族自治县
55	Ⅱ-24	川江号子	重庆市 四川省
56	Ⅱ-25	南溪号子	重庆市黔江区
57	Ⅱ-26	木洞山歌	重庆市巴南区
58	Ⅱ-27	川北薅草锣鼓	四川省青川县
59	Ⅱ-28	侗族大歌	贵州省黎平县 广西壮族自治区柳州市、三江侗族自治县
60	Ⅱ-29	侗族琵琶歌	贵州省榕江县、黎平县
61	Ⅱ-30	哈尼族多声部民歌	云南省红河哈尼族彝族自治州
62	Ⅱ-31	彝族海菜腔	云南省红河哈尼族彝族自治州
63	Ⅱ-32	那坡壮族民歌	广西壮族自治区那坡县
64	Ⅱ-33	澧水船工号子	湖南省澧县
65	Ⅱ-34	古琴艺术	中国艺术研究院
66	Ⅱ-35	蒙古族马头琴音乐	内蒙古自治区
67	Ⅱ-36	蒙古族四胡音乐	内蒙古自治区通辽市
68	Ⅱ-37	唢呐艺术	河南省沁阳市 甘肃省庆阳市
69	Ⅱ-38	羌笛演奏及制作技艺	四川省茂县
70	Ⅱ-39	辽宁鼓乐	辽宁省辽阳市
71	Ⅱ-40	江南丝竹	江苏省太仓市 上海市
72	Ⅱ-41	海州五大宫调	江苏省连云港市
73	Ⅱ-42	嵊州吹打	浙江省嵊州市
74	Ⅱ-43	舟山锣鼓	浙江省舟山市
75	Ⅱ-44	十番音乐 (闽西客家十番音乐、茶亭十番音乐)	福建省龙岩市、福州市
76	Ⅱ-45	鲁西南鼓吹乐	山东省嘉祥县
77	Ⅱ-46	板头曲	河南省南阳市
78	Ⅱ-47	宜昌丝竹	湖北省宜昌市夷陵区
79	Ⅱ-48	枝江民间吹打乐	湖北省枝江市
80	Ⅱ-49	广东音乐	广东省广州市、台山市
81	Ⅱ-50	潮州音乐	广东省潮州市、汕头市

82	Ⅱ-51	广东汉乐	广东省大埔县
83	Ⅱ-52	吹打 (接龙吹打、金桥吹打)	重庆市巴南区、万盛区
84	Ⅱ-53	梁平癞子锣鼓	重庆市梁平县
85	Ⅱ-54	土家族打溜子	湖南省湘西土家族苗族自治州
86	Ⅱ-55	河北鼓吹乐	河北省永年县、抚宁县
87	Ⅱ-56	晋南威风锣鼓	山西省临汾市
88	Ⅱ-57	绛州鼓乐	山西省新绛县
89	Ⅱ-58	上党八音会	山西省晋城市
90	Ⅱ-59	冀中笙管乐 (屈家营音乐会、高洛音乐会、高桥音乐会、胜芳音乐会)	河北省固安县、涞水县、霸州市
91	Ⅱ-60	铜鼓十二调	贵州省镇宁布依族苗族自治县、贞丰县
92	Ⅱ-61	西安鼓乐	陕西省
93	Ⅱ-62	蓝田普化水会音乐	陕西省蓝田县
94	Ⅱ-63	回族民间器乐	宁夏回族自治区
95	Ⅱ-64	文水鈲子	山西省文水县
96	Ⅱ-65	智化寺京音乐	北京市
97	Ⅱ-66	五台山佛乐	山西省五台县
98	Ⅱ-67	千山寺庙音乐	辽宁省鞍山市
99	Ⅱ-68	苏州玄妙观道教音乐	江苏省苏州市
100	Ⅱ-69	武当山宫观道乐	湖北省十堰市
101	Ⅱ-70	新疆维吾尔木卡姆艺术 (十二木卡姆、吐鲁番木卡姆、哈密木卡姆、刀郎木卡姆)	新疆维吾尔自治区、鄯善县、哈密地区、麦盖提县
102	Ⅱ-71	南音	福建省泉州市、厦门市
103	Ⅱ-72	泉州北管	福建省泉州市

三、民间舞蹈(共计 41 项)

序号	编号	项目名称	申报地区或单位
104	Ⅲ-1	京西太平鼓	北京市门头沟区
105	Ⅲ-2	秧歌 (昌黎地秧歌、鼓子秧歌、胶州秧歌、海阳大秧歌、陕北秧歌、抚顺地秧歌)	河北省昌黎县 山东省商河县、胶州市、海阳市 陕西省绥德县 辽宁省抚顺市
106	Ⅲ-3	井陉拉花	河北省井陉县
107	Ⅲ-4	龙舞 (铜梁龙舞、湛江人龙舞、汕尾滚地金龙、浦江板凳龙、长兴百叶龙、奉化布龙、泸州雨坛彩龙)	重庆市 广东省湛江市、汕尾市 浙江省浦江县、长兴县、奉化市 四川省泸县

108	Ⅲ-5	狮舞 （徐水舞狮、天塔狮舞、黄沙狮子、广东醒狮）	河北省徐水县 山西省襄汾县 浙江省临海市 广东省佛山市、遂溪县、广州市
109	Ⅲ-6	花鼓灯（蚌埠花鼓灯、凤台花鼓灯、颍上花鼓灯）	安徽省蚌埠市、凤台县、颍上县
110	Ⅲ-7	傩舞 （南丰跳傩、婺源傩舞、乐安傩舞）	江西省南丰县、婺源县、乐安县
111	Ⅲ-8	英歌（普宁英歌、潮阳英歌）	广东省揭阳市、汕头市
112	Ⅲ-9	高跷 （高跷走兽、海城高跷、辽西高跷、苦水高高跷）	山西省稷山县 辽宁省海城市、锦州市 甘肃省永登县
113	Ⅲ-10	永新盾牌舞	江西省永新县
114	Ⅲ-11	翼城花鼓	山西省翼城县
115	Ⅲ-12	泉州拍胸舞	福建省泉州市
116	Ⅲ-13	安塞腰鼓	陕西省安塞县
117	Ⅲ-14	洛川蹩鼓	陕西省洛川县
118	Ⅲ-15	兰州太平鼓	甘肃省兰州市
119	Ⅲ-16	余杭滚灯	浙江省杭州市余杭区
120	Ⅲ-17	土家族摆手舞	湖南省湘西土家族苗族自治州
121	Ⅲ-18	土家族撒叶儿嗬	湖北省长阳土家族自治县
122	Ⅲ-19	弦子舞 （芒康弦子舞、巴塘弦子舞）	西藏自治区 四川省巴塘县
123	Ⅲ-20	锅庄舞 （迪庆锅庄舞、昌都锅庄舞、玉树卓舞）	云南省迪庆藏族自治州 西藏自治区 青海省玉树藏族自治州
124	Ⅲ-21	热巴舞 （丁青热巴、那曲比如丁嘎热巴）	西藏自治区
125	Ⅲ-22	日喀则扎什伦布寺羌姆	西藏自治区
126	Ⅲ-23	苗族芦笙舞 （锦鸡舞、鼓龙鼓虎一长衫龙、滚山珠）	贵州省丹寨县、贵定县、纳雍县
127	Ⅲ-24	朝鲜族农乐舞 （象帽舞、乞粒舞）	吉林省延边朝鲜族自治州 辽宁省本溪市
128	Ⅲ-25	木鼓舞 （反排苗族木鼓舞、沧源佤族木鼓舞）	贵州省台江县 云南省沧源佤族自治县
129	Ⅲ-26	铜鼓舞 （文山壮族、彝族铜鼓舞）	云南省文山壮族苗族自治州

130	Ⅲ-27	傣族孔雀舞	云南省瑞丽市
131	Ⅲ-28	达斡尔族鲁日格勒舞	内蒙古自治区莫力达瓦达斡尔族自治旗 黑龙江省哈尔滨市
132	Ⅲ-29	蒙古族安代舞	内蒙古自治区库伦旗
133	Ⅲ-30	湘西苗族鼓舞	湖南省湘西土家族苗族自治州
134	Ⅲ-31	湘西土家族毛古斯舞	湖南省湘西土家族苗族自治州
135	Ⅲ-32	黎族打柴舞	海南省三亚市
136	Ⅲ-33	卡斯达温舞	四川省黑水县
137	Ⅲ-34	㑇舞	四川省九寨沟县
138	Ⅲ-35	傈僳族阿尺木刮	云南省维西傈僳族自治县
139	Ⅲ-36	彝族葫芦笙舞	云南省文山壮族苗族自治州
140	Ⅲ-37	彝族烟盒舞	云南省红河哈尼族彝族自治州
141	Ⅲ-38	基诺大鼓舞	云南省景洪市
142	Ⅲ-39	山南昌果卓舞	西藏自治区
143	Ⅲ-40	土族於菟	青海省同仁县
144	Ⅲ-41	塔吉克族鹰舞	新疆维吾尔自治区塔什库尔干塔吉克自治县

四、传统戏剧(共计92项)

序号	编号	项目名称	申报地区或单位
145	Ⅳ-1	昆曲	中国艺术研究院 江苏省 浙江省 上海市 北京市 湖南省
146	Ⅳ-2	梨园戏	福建省泉州市
147	Ⅳ-3	莆仙戏	福建省莆田市
148	Ⅳ-4	潮剧	广东省汕头市、潮州市
149	Ⅳ-5	弋阳腔	江西省弋阳县
150	Ⅳ-6	青阳腔	安徽省青阳县 江西省湖口县
151	Ⅳ-7	高腔 (西安高腔、松阳高腔、岳西高腔、辰河高腔、常德高腔)	浙江省衢州市、松阳县 安徽省岳西县 湖南省辰溪县、泸溪县、常德市
152	Ⅳ-8	新昌调腔	浙江省新昌县
153	Ⅳ-9	宁海平调	浙江省宁海县
154	Ⅳ-10	永安大腔戏	福建省永安市
155	Ⅳ-11	四平戏	福建省屏南县、政和县
156	Ⅳ-12	川剧	四川省 重庆市

157	Ⅳ-13	湘剧	湖南省衡阳市
158	Ⅳ-14	广昌孟戏	江西省广昌县
159	Ⅳ-15	正字戏	广东省陆丰市
160	Ⅳ-16	秦腔	陕西省
161	Ⅳ-17	汉调桄桄	陕西省汉中市
162	Ⅳ-18	晋剧	山西省
163	Ⅳ-19	蒲州梆子	山西省临汾市、运城市
164	Ⅳ-20	北路梆子	山西省忻州市
165	Ⅳ-21	上党梆子	山西省晋城市
166	Ⅳ-22	河北梆子	河北省
167	Ⅳ-23	豫剧	河南省
168	Ⅳ-24	宛梆	河南省内乡县
169	Ⅳ-25	怀梆	河南省沁阳市
170	Ⅳ-26	大平调	河南省濮阳县、滑县、延津县
171	Ⅳ-27	越调	河南省周口市
172	Ⅳ-28	京剧	中国京剧院 北京市 天津市 辽宁省 山东省 上海市
173	Ⅳ-29	徽剧	安徽省黄山市 江西省婺源县
174	Ⅳ-30	汉剧	湖北省武汉市
175	Ⅳ-31	汉调二簧	陕西省安康市
176	Ⅳ-32	泰宁梅林戏	福建省泰宁县
177	Ⅳ-33	闽西汉剧	福建省龙岩市
178	Ⅳ-34	巴陵戏	湖南省岳阳市
179	Ⅳ-35	荆河戏	湖南省澧县
180	Ⅳ-36	粤剧	广东省文化厅 香港特别行政区民政事务局 澳门特别行政区文化局 广东省广州市、佛山市
181	Ⅳ-37	桂剧	广西壮族自治区
182	Ⅳ-38	宜黄戏	江西省宜黄县
183	Ⅳ-39	乱弹	浙江省台州市、浦江县
184	Ⅳ-40	石家庄丝弦	河北省石家庄市
185	Ⅳ-41	雁北耍孩儿	山西省大同市
186	Ⅳ-42	灵丘罗罗腔	山西省灵丘县
187	Ⅳ-43	柳子戏	山东省
188	Ⅳ-44	大弦戏	河南省滑县、濮阳县
189	Ⅳ-45	闽剧	福建省福州市
190	Ⅳ-46	寿宁北路戏	福建省寿宁县

191	Ⅳ-47	西秦戏	广东省海丰县
192	Ⅳ-48	高甲戏	福建省泉州市、厦门市
193	Ⅳ-49	碗碗腔(孝义碗碗腔)	山西省孝义市
194	Ⅳ-50	四平调	河南省商丘市、濮阳市
195	Ⅳ-51	评剧	天津市宝坻区 河北省滦南县 辽宁省沈阳市
196	Ⅳ-52	武安平调落子	河北省武安市
197	Ⅳ-53	越剧	浙江省 上海市
198	Ⅳ-54	沪剧	上海市
199	Ⅳ-55	苏剧	江苏省苏州市
200	Ⅳ-56	扬剧	江苏省扬州市
201	Ⅳ-57	庐剧	安徽省合肥市、六安市
202	Ⅳ-58	楚剧	湖北省
203	Ⅳ-59	荆州花鼓戏	湖北省潜江市
204	Ⅳ-60	黄梅戏	安徽省安庆市 湖北省黄梅县
205	Ⅳ-61	商洛花鼓	陕西省商洛市
206	Ⅳ-62	泗州戏	安徽省宿州市、蚌埠市
207	Ⅳ-63	柳琴戏	山东省枣庄市
208	Ⅳ-64	歌仔戏	福建省漳州市、厦门市
209	Ⅳ-65	采茶戏 (赣南采茶戏、桂南采茶戏)	江西省赣州市 广西壮族自治区博白县
210	Ⅳ-66	五音戏	山东省淄博市
211	Ⅳ-67	茂腔	山东省高密市、胶州市
212	Ⅳ-68	曲剧	河南省
213	Ⅳ-69	曲子戏 (敦煌曲子戏、华亭曲子戏)	甘肃省敦煌市、华亭县
214	Ⅳ-70	秧歌戏 (隆尧秧歌戏、定州秧歌戏、朔州秧歌戏、繁峙秧歌戏)	河北省隆尧县、定州市 山西省朔州市、繁峙县
215	Ⅳ-71	道情戏 (晋北道情戏、临县道情戏、太康道情戏、蓝关戏、陇剧)	山西省右玉县、临县 河南省太康县 山东省莱州市 甘肃省
216	Ⅳ-72	哈哈腔	河北省清苑县、青县
217	Ⅳ-73	二人台	内蒙古自治区呼和浩特市 山西省河曲县 河北省康保县

218	Ⅳ-74	白字戏	广东省海丰县
219	Ⅳ-75	花朝戏	广东省紫金县
220	Ⅳ-76	彩调	广西壮族自治区
221	Ⅳ-77	灯戏 （梁山灯戏、川北灯戏）	重庆市梁平县 四川省南充市
222	Ⅳ-78	花灯戏 （思南花灯戏、玉溪花灯戏）	贵州省思南县 云南省玉溪市
223	Ⅳ-79	一勾勾	山东省临邑县
224	Ⅳ-80	藏戏 （拉萨觉木隆、日喀则迥巴、日喀则南木林湘巴、日喀则仁布江嘎尔、山南雅隆扎西雪巴、山南琼结卡卓扎西宾顿、黄南藏戏）	西藏自治区 青海省黄南藏族自治州
225	Ⅳ-81	山南门巴戏	西藏自治区
226	Ⅳ-82	壮剧	广西壮族自治区
227	Ⅳ-83	侗戏	贵州省黎平县
228	Ⅳ-84	布依戏	贵州省册亨县
229	Ⅳ-85	彝族撮泰吉	贵州省威宁彝族回族苗族自治县
230	Ⅳ-86	傣剧	云南省德宏傣族景颇族自治州
231	Ⅳ-87	目连戏 （徽州目连戏、辰河目连戏、南乐目 连戏）	安徽省祁门县 湖南省溆浦县 河南省南乐县
232	Ⅳ-88	锣鼓杂戏	山西省临猗县
233	Ⅳ-89	傩戏 （武安傩戏、池州傩戏、侗族傩戏、沅陵辰州傩戏、德江傩堂戏）	河北省武安市 安徽省池州市 湖南省新晃侗族自治县、沅陵县 贵州省德江县
234	Ⅳ-90	安顺地戏	贵州省安顺市
235	Ⅳ-91	皮影戏 （唐山皮影戏、冀南皮影戏、孝义皮影戏、复州皮影戏、海宁皮影戏、江汉平原皮影戏、陆丰皮影戏、华县皮影戏、华阴老腔、阿宫腔、弦板腔、湖北省潜江市环县道情皮影戏、凌源皮影戏）	河北省唐山市、邯郸市 山西省孝义市 辽宁省瓦房店市 浙江省海宁市 广东省汕尾市 陕西省渭南市、华阴市、富平县、乾县 甘肃省环县 辽宁省凌源市

236	Ⅳ-92	木偶戏 (泉州提线木偶戏、晋江布袋木偶戏、辽宁省锦州市漳州布袋木偶戏、辽西木偶戏、邵阳布袋戏、高州木偶戏、潮州铁枝木偶戏、临高人偶戏、川北大木偶戏、石阡木偶戏、邰阳提线木偶戏、泰顺药发木偶戏)	福建省泉州市、晋江市、漳州市 湖南省邵阳县 广东省高州市、潮州市 海南省临高县 四川省 贵州省石阡县 陕西省 浙江省泰顺县

五、曲艺(共计46项)

序号	编号	项目名称	申报地区或单位
237	Ⅴ-1	苏州评弹 (苏州评话、苏州弹词)	江苏省苏州市
238	Ⅴ-2	扬州评话	江苏省扬州市
239	Ⅴ-3	福州评话	福建省福州市
240	Ⅴ-4	山东大鼓	山东省
241	Ⅴ-5	西河大鼓	河北省河间市
242	Ⅴ-6	东北大鼓	辽宁省沈阳市 黑龙江省
243	Ⅴ-7	木板大鼓	河北省沧县
244	Ⅴ-8	乐亭大鼓	河北省乐亭县
245	Ⅴ-9	潞安大鼓	山西省长治市
246	Ⅴ-10	京东大鼓	天津市宝坻区
247	Ⅴ-11	胶东大鼓	山东省烟台市
248	Ⅴ-12	河洛大鼓	河南省洛阳市
249	Ⅴ-13	温州鼓词	浙江省瑞安市
250	Ⅴ-14	陕北说书	陕西省延安市
251	Ⅴ-15	福州伬艺	福建省福州市
252	Ⅴ-16	南平南词	福建省南平市
253	Ⅴ-17	绍兴平湖调	浙江省绍兴市
254	Ⅴ-18	兰溪摊簧	浙江省兰溪市
255	Ⅴ-19	贤孝 (凉州贤孝、河州贤孝)	甘肃省武威市、临夏市
256	Ⅴ-20	河南坠子	河南省
257	Ⅴ-21	山东琴书	山东省
258	Ⅴ-22	锣鼓书	上海市南汇区
259	Ⅴ-23	绍兴莲花落	浙江省绍兴县
260	Ⅴ-24	兰州鼓子	甘肃省兰州市
261	Ⅴ-25	扬州清曲	江苏省扬州市
262	Ⅴ-26	锦歌	福建省漳州市
263	Ⅴ-27	常德丝弦	湖南省常德市
264	Ⅴ-28	榆林小曲	陕西省榆林市

265	Ⅴ-29	天津时调	天津市
266	Ⅴ-30	新疆曲子	新疆维吾尔自治区昌吉回族自治州
267	Ⅴ-31	龙舟说唱	广东省佛山市顺德区
268	Ⅴ-32	鼓盆歌	湖北省荆州市
269	Ⅴ-33	汉川善书	湖北省汉川市
270	Ⅴ-34	歌册(东山歌册)	福建省东山县
271	Ⅴ-35	东北二人转	辽宁省黑山县、铁岭市 吉林省 黑龙江省海伦市
272	Ⅴ-36	凤阳花鼓	安徽省凤阳县
273	Ⅴ-37	答嘴鼓	福建省厦门市
274	Ⅴ-38	小热昏	浙江省杭州市
275	Ⅴ-39	山东快书	山东省
276	Ⅴ-40	乌力格尔	内蒙古自治区扎鲁特旗、科尔沁右翼中旗 辽宁省阜新蒙古族自治县 吉林省前郭尔罗斯蒙古族自治县
277	Ⅴ-41	达斡尔族乌钦	黑龙江省
278	Ⅴ-42	赫哲族伊玛堪	黑龙江省
279	Ⅴ-43	鄂伦春族摩苏昆	黑龙江省
280	Ⅴ-44	傣族章哈	云南省西双版纳傣族自治州
281	Ⅴ-45	哈萨克族阿依特斯	新疆维吾尔自治区伊犁哈萨克自治州
282	Ⅴ-46	布依族八音坐唱	贵州省兴义市

六、杂技与竞技(共计 17 项)

序号	编号	项目名称	申报地区或单位
283	Ⅵ-1	吴桥杂技	河北省吴桥县
284	Ⅵ-2	聊城杂技	山东省聊城市
285	Ⅵ-3	天桥中幡	北京市
286	Ⅵ-4	抖空竹	北京市宣武区
287	Ⅵ-5	维吾尔族达瓦孜	新疆维吾尔自治区
288	Ⅵ-6	宁德霍童线狮	福建省宁德市
289	Ⅵ-7	少林功夫	河南省登封市
290	Ⅵ-8	武当武术	湖北省十堰市
291	Ⅵ-9	回族重刀武术	天津市
292	Ⅵ-10	沧州武术	河北省沧州市
293	Ⅵ-11	太极拳 (杨氏太极拳、陈氏太极拳)	河北省永年县 河南省焦作市
294	Ⅵ-12	邢台梅花拳	河北省邢台市
295	Ⅵ-13	沙河藤牌阵	河北省沙河市
296	Ⅵ-14	朝鲜族跳板、秋千	吉林省延边朝鲜族自治州
297	Ⅵ-15	达斡尔族传统曲棍球竞技	内蒙古自治区莫力达瓦达斡尔族自治旗

298	Ⅵ-16	蒙古族搏克	内蒙古自治区
299	Ⅵ-17	蹴鞠	山东省淄博市

七、民间美术(共计51项)

序号	编号	项目名称	申报地区或单位
300	Ⅶ-1	杨柳青木版年画	天津市
301	Ⅶ-2	武强木版年画	河北省武强县
302	Ⅶ-3	桃花坞木版年画	江苏省苏州市
303	Ⅶ-4	漳州木版年画	福建省漳州市
304	Ⅶ-5	杨家埠木版年画	山东省潍坊市
305	Ⅶ-6	高密扑灰年画	山东省高密市
306	Ⅶ-7	朱仙镇木版年画	河南省开封市
307	Ⅶ-8	滩头木版年画	湖南省隆回县
308	Ⅶ-9	佛山木版年画	广东省佛山市
309	Ⅶ-10	梁平木版年画	重庆市梁平县
310	Ⅶ-11	绵竹木版年画	四川省德阳市
311	Ⅶ-12	凤翔木版年画	陕西省凤翔县
312	Ⅶ-13	纳西族东巴画	云南省丽江市
313	Ⅶ-14	藏族唐卡 (勉唐画派、钦泽画派、噶玛嘎孜 画派)	西藏自治区 四川省甘孜藏族自治州
314	Ⅶ-15	衡水内画	河北省衡水市
315	Ⅶ-16	剪纸 (蔚县剪纸、丰宁满族剪纸、中阳剪纸、医巫闾山满族剪纸、扬州剪纸、乐清细纹刻纸、广东剪纸、傣族剪纸、安塞剪纸)	河北省蔚县、丰宁满族自治县 山西省中阳县 辽宁省锦州市 江苏省扬州市 浙江省乐清市 广东省佛山市、汕头市、潮州市 云南省潞西市 陕西省安塞县
316	Ⅶ-17	顾绣	上海市松江区
317	Ⅶ-18	苏绣	江苏省苏州市
318	Ⅶ-19	湘绣	湖南省长沙市
319	Ⅶ-20	粤绣(广绣、潮绣)	广东省广州市、潮州市
320	Ⅶ-21	蜀绣	四川省成都市
321	Ⅶ-22	苗绣 (雷山苗绣、花溪苗绣、剑河苗绣)	贵州省雷山县、贵阳市、剑河县
322	Ⅶ-23	水族马尾绣	贵州省三都水族自治县
323	Ⅶ-24	土族盘绣	青海省互助土族自治县
324	Ⅶ-25	挑花 (黄梅挑花、花瑶挑花)	湖北省黄梅县 湖南省隆回县
325	Ⅶ-26	庆阳香包绣制	甘肃省庆阳市

326	Ⅶ-27	象牙雕刻	北京市崇文区 广东省广州市
327	Ⅶ-28	扬州玉雕	江苏省扬州市
328	Ⅶ-29	岫岩玉雕	辽宁省岫岩满族自治县
329	Ⅶ-30	阜新玛瑙雕	辽宁省阜新市
330	Ⅶ-31	夜光杯雕	甘肃省酒泉市
331	Ⅶ-32	金石篆刻	浙江省杭州市西泠印社 (西泠印社)
332	Ⅶ-33	青田石雕	浙江省青田县
333	Ⅶ-34	曲阳石雕	河北省曲阳县
334	Ⅶ-35	寿山石雕	福建省福州市
335	Ⅶ-36	惠安石雕	福建省惠安县
336	Ⅶ-37	徽州三雕 婺源三雕	安徽省黄山市 江西省婺源县
337	Ⅶ-38	临夏砖雕	甘肃省临夏县
338	Ⅶ-39	藏族格萨尔彩绘石刻	四川省色达县
339	Ⅶ-40	潮州木雕	广东省潮州市
340	Ⅶ-41	宁波朱金漆木雕	浙江省宁波市
341	Ⅶ-42	乐清黄杨木雕	浙江省乐清市
342	Ⅶ-43	东阳木雕	浙江省东阳市
343	Ⅶ-44	漳州木偶头雕刻	福建省漳州市
344	Ⅶ-45	萍乡湘东傩面具	江西省萍乡市
345	Ⅶ-46	竹刻 (嘉定竹刻、宝庆竹刻)	上海市嘉定区 湖南省邵阳市
346	Ⅶ-47	泥塑 (天津泥人张、惠山泥人、凤翔泥塑、浚县泥咕咕)	天津市 江苏省无锡市 陕西省凤翔县 河南省浚县
347	Ⅶ-48	塔尔寺酥油花	青海省湟中县
348	Ⅶ-49	热贡艺术	青海省同仁县
349	Ⅶ-50	灯彩 (仙居花灯、硖石灯彩、泉州花灯、东莞千角灯、湟源排灯)	浙江省仙居县、海宁市 福建省泉州市 广东省东莞市 青海省湟源县
350	Ⅶ-51	嵊州竹编	浙江省嵊州市

八、传统手工技艺(共计 89 项)

序号	编号	项目名称	申报地区或单位
351	Ⅷ-1	宜兴紫砂陶制作技艺	江苏省宜兴市
352	Ⅷ-2	界首彩陶烧制技艺	安徽省界首市
353	Ⅷ-3	石湾陶塑技艺	广东省佛山市
354	Ⅷ-4	黎族原始制陶技艺	海南省昌江黎族自治县
355	Ⅷ-5	傣族慢轮制陶技艺	云南省西双版纳傣族自治州

356	Ⅷ-6	维吾尔族模制法土陶烧制技艺	新疆维吾尔自治区英吉沙县、喀什市、吐鲁番地区
357	Ⅷ-7	景德镇手工制瓷技艺	江西省景德镇市
358	Ⅷ-8	耀州窑陶瓷烧制技艺	陕西省铜川市
359	Ⅷ-9	龙泉青瓷烧制技艺	浙江省龙泉市
360	Ⅷ-10	磁州窑烧制技艺	河北省峰峰矿区
361	Ⅷ-11	德化瓷烧制技艺	福建省德化县
362	Ⅷ-12	澄城尧头陶瓷烧制技艺	陕西省澄城县
363	Ⅷ-13	南京云锦木机妆花手工织造技艺	江苏省南京市
364	Ⅷ-14	宋锦织造技艺	江苏省苏州市
365	Ⅷ-15	苏州缂丝织造技艺	江苏省苏州市
366	Ⅷ-16	蜀锦织造技艺	四川省成都市
367	Ⅷ-17	乌泥泾手工棉纺织技艺	上海市徐汇区
368	Ⅷ-18	土家族织锦技艺	湖南省湘西土家族苗族自治州
369	Ⅷ-19	黎族传统纺染织绣技艺	海南省五指山市、白沙黎族自治县、保亭黎族苗族自治县、乐东黎族自治县、东方市
370	Ⅷ-20	壮族织锦技艺	广西壮族自治区靖西县
371	Ⅷ-21	藏族邦典、卡垫织造技艺	西藏自治区山南地区、日喀则地区
372	Ⅷ-22	加牙藏族织毯技艺	青海省湟中县
373	Ⅷ-23	维吾尔族花毡、印花布织染技艺	新疆维吾尔自治区吐鲁番地区
374	Ⅷ-24	南通蓝印花布印染技艺	江苏省南通市
375	Ⅷ-25	苗族蜡染技艺	贵州省丹寨县
376	Ⅷ-26	白族扎染技艺	云南省大理市
377	Ⅷ-27	香山帮传统建筑营造技艺	江苏省苏州市
378	Ⅷ-28	客家土楼营造技艺	福建省龙岩市
379	Ⅷ-29	景德镇传统瓷窑作坊营造技艺	江西省
380	Ⅷ-30	侗族木构建筑营造技艺	广西壮族自治区柳州市、三江侗族自治县
381	Ⅷ-31	苗寨吊脚楼营造技艺	贵州省雷山县
382	Ⅷ-32	苏州御窑金砖制作技艺	江苏省苏州市
383	Ⅷ-33	苗族芦笙制作技艺	贵州省雷山县 云南省大关县
384	Ⅷ-34	玉屏箫笛制作技艺	贵州省玉屏侗族自治县
385	Ⅷ-35	阳城生铁冶铸技艺	山西省阳城县
386	Ⅷ-36	南京金箔锻制技艺	江苏省南京市
387	Ⅷ-37	龙泉宝剑锻制技艺	浙江省龙泉市
388	Ⅷ-38	张小泉剪刀锻制技艺	浙江省杭州市
389	Ⅷ-39	芜湖铁画锻制技艺	安徽省芜湖市
390	Ⅷ-40	苗族银饰锻制技艺	贵州省雷山县 湖南省凤凰县
391	Ⅷ-41	阿昌族户撒刀锻制技艺	云南省陇川县

392	Ⅷ-42	保安族腰刀锻制技艺	甘肃省积石山保安族东乡族撒拉族自治县
393	Ⅷ-43	景泰蓝制作技艺	北京市崇文区
394	Ⅷ-44	聚元号弓箭制作技艺	北京市朝阳区
395	Ⅷ-45	明式家具制作技艺	江苏省苏州市
396	Ⅷ-46	蒙古族勒勒车制作技艺	内蒙古自治区东乌珠穆沁旗
397	Ⅷ-47	拉萨甲米水磨坊制作技艺	西藏自治区
398	Ⅷ-48	兰州黄河大水车制作技艺	甘肃省兰州市
399	Ⅷ-49	万安罗盘制作技艺	安徽省休宁县
400	Ⅷ-50	雕漆技艺	北京市崇文区
401	Ⅷ-51	平遥推光漆器髹饰技艺	山西省平遥县
402	Ⅷ-52	扬州漆器髹饰技艺	江苏省扬州市
403	Ⅷ-53	天台山干漆夹苎技艺	浙江省天台县
404	Ⅷ-54	福州脱胎漆器髹饰技艺	福建省福州市
405	Ⅷ-55	厦门漆线雕技艺	福建省厦门市
406	Ⅷ-56	成都漆艺	四川省成都市
407	Ⅷ-57	茅台酒酿制技艺	贵州省
408	Ⅷ-58	泸州老窖酒酿制技艺	四川省泸州市
409	Ⅷ-59	杏花村汾酒酿制技艺	山西省汾阳市
410	Ⅷ-60	绍兴黄酒酿制技艺	浙江省绍兴市
411	Ⅷ-61	清徐老陈醋酿制技艺	山西省清徐县
412	Ⅷ-62	镇江恒顺香醋酿制技艺	江苏省镇江市
413	Ⅷ-63	武夷岩茶(大红袍)制作技艺	福建省武夷山市
414	Ⅷ-64	自贡井盐深钻汲制技艺	四川省自贡市、大英县
415	Ⅷ-65	宣纸制作技艺	安徽省泾县
416	Ⅷ-66	铅山连四纸制作技艺	江西省铅山县
417	Ⅷ-67	皮纸制作技艺	贵州省贵阳市、贞丰县、丹寨县
418	Ⅷ-68	傣族、纳西族手工造纸技艺	云南省临沧市、香格里拉县
419	Ⅷ-69	藏族造纸技艺	西藏自治区
420	Ⅷ-70	维吾尔族桑皮纸制作技艺	新疆维吾尔自治区吐鲁番地区
421	Ⅷ-71	竹纸制作技艺	四川省夹江县 浙江省富阳市
422	Ⅷ-72	湖笔制作技艺	浙江省湖州市
423	Ⅷ-73	徽墨制作技艺	安徽省绩溪县、歙县、黄山市屯溪区
424	Ⅷ-74	歙砚制作技艺	安徽省歙县 江西省婺源县
425	Ⅷ-75	端砚制作技艺	广东省肇庆市
426	Ⅷ-76	金星砚制作技艺	江西省星子县
427	Ⅷ-77	木版水印技艺	北京市荣宝斋
428	Ⅷ-78	雕版印刷技艺	江苏省扬州市
429	Ⅷ-79	金陵刻经印刷技艺	江苏省南京市

430	Ⅷ-80	德格印经院藏族雕版印刷技艺	四川省德格县
431	Ⅷ-81	制扇技艺	江苏省苏州市
432	Ⅷ-82	剧装戏具制作技艺	江苏省苏州市
433	Ⅷ-83	桦树皮制作技艺	内蒙古自治区鄂伦春自治旗 黑龙江省
434	Ⅷ-84	黎族树皮布制作技艺	海南省保亭黎族苗族自治县
435	Ⅷ-85	赫哲族鱼皮制作技艺	黑龙江省
436	Ⅷ-86	浏阳花炮制作技艺	湖南省浏阳市
437	Ⅷ-87	黎族钻木取火技艺	海南省保亭黎族苗族自治县
438	Ⅷ-88	风筝制作技艺 (潍坊风筝、南通板鹞风筝、拉萨风筝)	山东省潍坊市 江苏省南通市 西藏自治区拉萨市
439	Ⅷ-89	凉茶	广东省文化厅 香港特别行政区民政事务局 澳门特别行政区文化局

九、传统医药(共计9项)

序号	编号	项目名称	申报地区或单位
440	Ⅸ-1	中医生命与疾病认知方法	中国中医科学院
441	Ⅸ-2	中医诊法	中国中医科学院
442	Ⅸ-3	中药炮制技术	中国中医科学院 中国中药协会
443	Ⅸ-4	中医传统制剂方法	中国中医科学院 中国中药协会
444	Ⅸ-5	针灸	中国中医科学院 中国针灸学会
445	Ⅸ-6	中医正骨疗法	中国中医科学院
446	Ⅸ-7	同仁堂中医药文化	中国北京同仁堂(集团)有限责任公司
447	Ⅸ-8	胡庆余堂中药文化	浙江省杭州市
448	Ⅸ-9	藏医药 (拉萨北派藏医水银洗炼法和藏药仁青常觉配伍技艺、甘孜州南派藏医药)	西藏自治区 四川省甘孜藏族自治州

十、民俗(共计70项)

序号	编号	项目名称	申报地区或单位
449	Ⅹ-1	春节	文化部
450	Ⅹ-2	清明节	文化部
451	Ⅹ-3	端午节 (屈原故里端午习俗、西塞神舟会、汨罗江畔端午习俗、苏州端午习俗)	文化部 湖北省宜昌市、秭归县、黄石市 湖南省汨罗市 江苏省苏州市

452	Ⅹ-4	七夕节	文化部
453	Ⅹ-5	中秋节	文化部
454	Ⅹ-6	重阳节	文化部
455	Ⅹ-7	京族哈节	广西壮族自治区东兴市
456	Ⅹ-8	傣族泼水节	云南省西双版纳傣族自治州
457	Ⅹ-9	锡伯族西迁节	新疆维吾尔自治区察布查尔锡伯自治县
458	Ⅹ-10	火把节（彝族火把节）	四川省凉山彝族自治州 云南省楚雄彝族自治州
459	Ⅹ-11	景颇族目瑙纵歌	云南省陇川县
460	Ⅹ-12	黎族三月三节	海南省五指山市
461	Ⅹ-13	鄂伦春族古伦木沓节	黑龙江省
462	Ⅹ-14	瑶族盘王节	广西壮族自治区贺州市 广东省韶关市
463	Ⅹ-15	壮族蚂虫另（虫字旁加另）节	广西壮族自治区河池市
464	Ⅹ-16	仫佬族依饭节	广西壮族自治区罗城仫佬族自治县
465	Ⅹ-17	毛南族肥套	广西壮族自治区环江毛南族自治县
466	Ⅹ-18	羌族瓦尔俄足节	四川省阿坝藏族羌族自治州
467	Ⅹ-19	苗族鼓藏节	贵州省雷山县
468	Ⅹ-20	水族端节	贵州省三都水族自治县
469	Ⅹ-21	布依族查白歌节	贵州省
470	Ⅹ-22	苗族姊妹节	贵州省台江县
471	Ⅹ-23	独龙族卡雀哇节	云南省贡山独龙族怒族自治县
472	Ⅹ-24	怒族仙女节	云南省贡山独龙族怒族自治县
473	Ⅹ-25	侗族萨玛节	贵州省榕江县
474	Ⅹ-26	仡佬毛龙节	贵州省石阡县
475	Ⅹ-27	傈僳族刀杆节	云南省泸水县
476	Ⅹ-28	塔吉克族引水节和播种节	新疆维吾尔自治区塔什库尔干塔吉克自治县
477	Ⅹ-29	土族纳顿节	青海省民和回族土族自治县
478	Ⅹ-30	都江堰放水节	四川省都江堰市
479	Ⅹ-31	雪顿节	西藏自治区
480	Ⅹ-32	黄帝陵祭典	陕西省黄陵县
481	Ⅹ-33	炎帝陵祭典	湖南省炎陵县
482	Ⅹ-34	成吉思汗祭典	内蒙古自治区鄂尔多斯市
483	Ⅹ-35	祭孔大典	山东省曲阜市
484	Ⅹ-36	妈祖祭典	福建省莆田市 中华妈祖文化交流协会
485	Ⅹ-37	太昊伏羲祭典	甘肃省天水市 河南省淮阳县

486	Ⅹ-38	女娲祭典	河北省涉县
487	Ⅹ-39	大禹祭典	浙江省绍兴市
488	Ⅹ-40	祭敖包	内蒙古自治区锡林郭勒盟
489	Ⅹ-41	白族绕三灵	云南省大理白族自治州
490	Ⅹ-42	厂甸庙会	北京市宣武区
491	Ⅹ-43	热贡六月会	青海省同仁县
492	Ⅹ-44	小榄菊花会	广东省中山市
493	Ⅹ-45	瑶族耍歌堂	广东省清远市
494	Ⅹ-46	壮族歌圩	广西壮族自治区南宁市
495	Ⅹ-47	苗族系列坡会群	广西壮族自治区融水苗族自治县
496	Ⅹ-48	那达慕	内蒙古自治区锡林郭勒盟
497	Ⅹ-49	维吾尔刀郎麦西热甫	新疆维吾尔自治区麦盖提县
498	Ⅹ-50	秦淮灯会	江苏省南京市
499	Ⅹ-51	秀山花灯	重庆市秀山土家族苗族自治县
500	Ⅹ-52	全丰花灯	江西省修水县
501	Ⅹ-53	泰山石敢当习俗	山东省泰安市
502	Ⅹ-54	民间社火	陕西省宝鸡市 山西省潞城县
503	Ⅹ-55	鄂尔多斯婚礼	内蒙古自治区鄂尔多斯市
504	Ⅹ-56	土族婚礼	青海省互助土族自治县
505	Ⅹ-57	撒拉族婚礼	青海省循化撒拉族自治县
506	Ⅹ-58	马街书会	河南省宝丰县
507	Ⅹ-59	胡集书会	山东省惠民县
508	Ⅹ-60	安国药市	河北省安国市
509	Ⅹ-61	壮族铜鼓习俗	广西壮族自治区河池市
510	Ⅹ-62	楹联习俗	中国楹联学会
511	Ⅹ-63	苏州甪直水乡妇女服饰	江苏省苏州市
512	Ⅹ-64	惠安女服饰	福建省惠安县
513	Ⅹ-65	苗族服饰(昌宁苗族服饰)	云南省保山市
514	Ⅹ-66	回族服饰	宁夏回族自治区
515	Ⅹ-67	瑶族服饰	广西壮族自治区南丹县、贺州市
516	Ⅹ-68	农历二十四节气	中国农业博物馆
517	Ⅹ-69	女书习俗	湖南省江永县
518	Ⅹ-70	水书习俗	贵州省黔南苗族布依族自治州

附录二 第二批国家级非物质文化遗产名录和第一批国家级非物质文化遗产扩展项目名录

第二批国家级非物质文化遗产名录

（共计510项）

一、民间文学（共计53项）

序号	编号	项目名称	申报地区或单位
519	Ⅰ-32	八达岭长城传说	北京市延庆县
520	Ⅰ-33	永定河传说	北京市石景山区
521	Ⅰ-34	杨家将传说 （穆桂英传说、杨家将说唱）	北京市房山区 山西省
522	Ⅰ-35	尧的传说	山西省绛县
523	Ⅰ-36	牛郎织女传说	山西省和顺县 山东省沂源县
524	Ⅰ-37	西湖传说	浙江省杭州市
525	Ⅰ-38	刘伯温传说	浙江省文成县、青田县
526	Ⅰ-39	黄初平（黄大仙）传说	浙江省金华市
527	Ⅰ-40	观音传说	浙江省舟山市
528	Ⅰ-41	徐福东渡传说	浙江省象山县、慈溪市
529	Ⅰ-42	陶朱公传说	山东省定陶县
530	Ⅰ-43	麒麟传说	山东省巨野县、嘉祥县
531	Ⅰ-44	鲁班传说	山东省曲阜市、滕州市
532	Ⅰ-45	八仙传说	山东省蓬莱市
533	Ⅰ-46	秃尾巴老李的传说	山东省即墨市、莒县、文登市、诸城市
534	Ⅰ-47	屈原传说	湖北省秭归县
535	Ⅰ-48	王昭君传说	湖北省兴山县
536	Ⅰ-49	炎帝神农传说	湖北省随州市、神农架林区
537	Ⅰ-50	木兰传说	湖北省武汉市黄陂区 河南省虞城县
538	Ⅰ-51	巴拉根仓的故事	内蒙古自治区通辽市
539	Ⅰ-52	北票民间故事	辽宁省北票市
540	Ⅰ-53	满族民间故事	辽宁省文学艺术界联合会民间文艺家协会
541	Ⅰ-54	徐文长故事	浙江省绍兴市
542	Ⅰ-55	崂山民间故事	山东省青岛市崂山区
543	Ⅰ-56	都镇湾故事	湖北省长阳土家族自治县

544	Ⅰ-57	盘古神话	河南省桐柏县、泌阳县
545	Ⅰ-58	邵原神话群	河南省济源市
546	Ⅰ-59	嘎达梅林	内蒙古自治区科尔沁左翼中旗
547	Ⅰ-60	科尔沁潮尔史诗	内蒙古自治区
548	Ⅰ-61	仰阿莎	贵州省黔东南苗族侗族自治州
549	Ⅰ-62	布依族盘歌	贵州省盘县
550	Ⅰ-63	梅葛	云南省楚雄彝族自治州
551	Ⅰ-64	查姆	云南省双柏县
552	Ⅰ-65	达古达楞格莱标	云南省德宏傣族景颇族自治州
553	Ⅰ-66	哈尼哈吧	云南省元阳县
554	Ⅰ-67	召树屯与喃木诺娜	云南省西双版纳傣族自治州
555	Ⅰ-68	米拉尕黑	甘肃省东乡族自治县
556	Ⅰ-69	康巴拉伊	青海省治多县
557	Ⅰ-70	汗青格勒	青海省海西蒙古族藏族自治州
558	Ⅰ-71	维吾尔族达斯坦	新疆维吾尔自治区
559	Ⅰ-72	哈萨克族达斯坦	新疆维吾尔自治区文学艺术界联合会民间文艺家协会、沙湾县、福海县
560	Ⅰ-73	珠郎娘美	贵州省榕江县、从江县
561	Ⅰ-74	司岗里	云南省沧源佤族自治县
562	Ⅰ-75	彝族克智	四川省美姑县
563	Ⅰ-76	苗族贾理	贵州省黔东南苗族侗族自治州
564	Ⅰ-77	藏族婚宴十八说	青海省
565	Ⅰ-78	童谣（北京童谣、闽南童谣）	北京市宣武区 福建省厦门市
566	Ⅰ-79	桐城歌	安徽省桐城市
567	Ⅰ-80	土家族梯玛歌	湖南省龙山县
568	Ⅰ-81	雷州歌	广东省雷州市
569	Ⅰ-82	壮族嘹歌	广西壮族自治区平果县
570	Ⅰ-83	柯尔克孜约隆	新疆维吾尔自治区阿克陶县、新疆师范大学
571	Ⅰ-84	笑话（万荣笑话）	山西省万荣县

二、传统音乐（民间音乐，共计67项）

序号	编号	项目名称	申报地区或单位
572	Ⅱ-73	陕北民歌	陕西省榆林市、延安市
573	Ⅱ-74	昌黎民歌	河北省昌黎县
574	Ⅱ-75	高邮民歌	江苏省高邮市
575	Ⅱ-76	五河民歌	安徽省五河县
576	Ⅱ-77	大别山民歌	安徽省六安市
577	Ⅱ-78	徽州民歌	安徽省黄山市
578	Ⅱ-79	信阳民歌	河南省信阳市
579	Ⅱ-80	西坪民歌	河南省西峡县
580	Ⅱ-81	马山民歌	湖北省荆州市荆州区

581	Ⅱ-82	潜江民歌	湖北省潜江市
582	Ⅱ-83	吕家河民歌	湖北省丹江口市
583	Ⅱ-84	秀山民歌	重庆市秀山土家族苗族自治县
584	Ⅱ-85	酉阳民歌	重庆市酉阳土家族苗族自治县
585	Ⅱ-86	镇巴民歌	陕西省镇巴县
586	Ⅱ-87	嘉善田歌	浙江省嘉善县
587	Ⅱ-88	南坪曲子	四川省九寨沟县
588	Ⅱ-89	茶山号子	湖南省辰溪县
589	Ⅱ-90	啰啰咚	湖北省监利县
590	Ⅱ-91	爬山调	内蒙古自治区呼和浩特市、乌拉特前旗
591	Ⅱ-92	漫瀚调	内蒙古自治区准格尔旗
592	Ⅱ-93	惠东渔歌	广东省惠州市
593	Ⅱ-94	海门山歌	江苏省海门市
594	Ⅱ-95	新化山歌	湖南省娄底市
595	Ⅱ-96	姚安坝子腔	云南省姚安县
596	Ⅱ-97	海洋号子 （舟山渔民号子、长岛渔号）	浙江省岱山县 山东省长岛县
597	Ⅱ-98	江河号子 （黄河号子、长江峡江号子、西水船工号子）	黄河水利委员会河南黄河河务局 湖北省宜昌市夷陵区、伍家岗区、巴东县、秭归县 湖南省保靖县
598	Ⅱ-99	码头号子 （上海港码头号子）	上海市浦东新区、杨浦区
599	Ⅱ-100	森林号子 （长白山森林号子、兴安岭森林号子）	吉林省文学艺术界联合会民间文艺家协会 黑龙江省伊春市
600	Ⅱ-101	搬运号子 （梁平抬儿调、龙骨坡抬工号子）	重庆市梁平县、巫山县
601	Ⅱ-102	制作号子（竹麻号子）	四川省邛崃市
602	Ⅱ-103	鲁南五大调	山东省郯城县、日照市
603	Ⅱ-104	老河口丝弦	湖北省老河口市
604	Ⅱ-105	蒙古族民歌 （科尔沁叙事民歌、鄂尔多斯短调民歌、鄂尔多斯古如歌、阜新东蒙短调民歌、郭尔罗斯蒙古族民歌）	内蒙古自治区通辽市、鄂尔多斯市、杭锦旗 辽宁省阜新蒙古族自治县 吉林省前郭尔罗斯蒙古族自治县
605	Ⅱ-106	鄂温克族民歌 （鄂温克叙事民歌）	内蒙古自治区鄂温克族自治旗
606	Ⅱ-107	鄂伦春族民歌 （鄂伦春族赞达仁）	内蒙古自治区鄂伦春自治旗 黑龙江省大兴安岭地区
607	Ⅱ-108	达斡尔族民歌 （达斡尔扎恩达勒、罕伯岱达斡尔族民歌）	内蒙古自治区莫力达瓦达斡尔族自治旗 黑龙江省齐齐哈尔市

608	Ⅱ-109	苗族民歌（湘西苗族民歌、苗族飞歌）	湖南省吉首市 贵州省雷山县
609	Ⅱ-110	瑶族民歌（花瑶呜哇山歌）	湖南省隆回县
610	Ⅱ-111	黎族民歌（琼中黎族民歌）	海南省琼中黎族苗族自治县
611	Ⅱ-112	布依族民歌（好花红调）	贵州省惠水县
612	Ⅱ-113	彝族民歌（彝族酒歌）	云南省武定县
613	Ⅱ-114	布朗族民歌（布朗族弹唱）	云南省勐海县
614	Ⅱ-115	藏族民歌（川西藏族山歌、玛达咪山歌、华锐藏族民歌、甘南藏族民歌、玉树民歌）	四川省甘孜藏族自治州、阿坝藏族羌族自治州、炉霍县、九龙县 甘肃省天祝藏族自治县、甘南藏族自治州 青海省玉树藏族自治州
615	Ⅱ-116	维吾尔族民歌（罗布淖尔维吾尔族民歌）	新疆维吾尔自治区尉犁县
616	Ⅱ-117	乌孜别克族埃希来、叶来	新疆维吾尔自治区艺术研究所、伊犁哈萨克自治州、喀什地区
617	Ⅱ-118	回族宴席曲	青海省门源回族自治县
618	Ⅱ-119	琵琶艺术（瀛洲古调派、浦东派、平湖派）	上海市崇明县、南汇区 浙江省平湖市
619	Ⅱ-120	古筝艺术（山东古筝乐）	山东省菏泽市
620	Ⅱ-121	笙管乐（复州双管乐、建平十王会、超化吹歌）	辽宁省瓦房店市、建平县 河南省新密市
621	Ⅱ-122	津门法鼓（挂甲寺庆音法鼓、杨家庄永音法鼓、刘园祥音法鼓）	天津市河西区、北辰区
622	Ⅱ-123	锣鼓艺术（汉沽飞镲、常山战鼓、太原锣鼓、泗泾十锦细锣鼓、大铜器、开封盘鼓、宜昌堂调、韩城行鼓）	天津市汉沽区 河北省正定县 山西省太原市 上海市松江区 河南省西平县、郏县、开封市 湖北省宜昌市 陕西省韩城市
623	Ⅱ-124	朝鲜族洞箫音乐	吉林省延吉市、珲春市
624	Ⅱ-125	土家族咚咚喹	湖南省龙山县
625	Ⅱ-126	哈萨克六十二阔恩尔	新疆维吾尔自治区伊犁哈萨克自治州
626	Ⅱ-127	维吾尔族鼓吹乐	新疆维吾尔自治区
627	Ⅱ-128	洞经音乐（文昌洞经古乐、妙善学女子洞经音乐）	四川省梓潼县 云南省通海县
628	Ⅱ-129	芦笙音乐（侗族芦笙、苗族芒筒芦笙）	湖南省通道侗族自治县 贵州省丹寨县
629	Ⅱ-130	布依族勒尤	贵州省贞丰县、兴义市、镇宁布依族苗族自治县

630	Ⅱ-131	藏族扎木聂弹唱	青海省海南藏族自治州
631	Ⅱ-132	哈萨克族冬布拉艺术	新疆维吾尔自治区伊犁哈萨克自治州
632	Ⅱ-133	柯尔克孜族库姆孜艺术	新疆维吾尔自治区克孜勒苏柯尔克孜自治州、乌恰县
633	Ⅱ-134	蒙古族绰尔	新疆维吾尔自治区阿勒泰地区
634	Ⅱ-135	黎族竹木器乐	海南省保亭黎族苗族自治县、五指山市
635	Ⅱ-136	口弦音乐	四川省布拖县
636	Ⅱ-137	吟诵调(常州吟诵)	江苏省常州市
637	Ⅱ-138	佛教音乐 (天宁寺梵呗唱诵、鱼山梵呗、大相国寺梵乐、直孔噶举派音乐、拉卜楞寺佛殿音乐道得尔、青海藏族唱经调、北武当庙寺庙 音乐)	江苏省常州市 山东省东阿县 河南省开封市 西藏自治区墨竹工卡县 甘肃省夏河县 青海省兴海县 宁夏回族自治区平罗县
638	Ⅱ-139	道教音乐 (广宗太平道乐、恒山道乐、上海道教音乐、无锡道教音乐、齐云山道场音乐、崂山道教音乐、泰山道教音乐、胶东全真道教音乐、腊山道教音乐、海南斋醮科仪音乐、成都道教音乐、白云山道教音乐、清水道教音乐)	河北省广宗县 山西省阳高县 上海市道教协会 江苏省无锡市 安徽省休宁县 山东省青岛市崂山区、泰安市、烟台市、东平县 海南省定安县 四川省成都市 陕西省佳县 甘肃省清水县

三、传统舞蹈(民间舞蹈,共计55项)

序号	编号	项目名称	申报地区或单位
639	Ⅲ-42	鼓舞 (花钹大鼓、隆尧招子鼓、平定武迓鼓、大奏鼓、陈官短穗花鼓、柳林花鼓、花鞭鼓舞、八卦鼓舞、横山老腰鼓、宜川胸鼓、凉州攻鼓子、武山旋鼓舞)	北京市昌平区 河北省隆尧县 山西省平定县 浙江省温岭市 山东省广饶县、冠县、商河县、栖霞市 陕西省横山县、宜川县 甘肃省武威市、武山县
640	Ⅲ-43	麒麟舞	河北省黄骅市 河南省兰考县 广东省海丰县
641	Ⅲ-44	竹马 (东坝大马灯、邳州跑竹马)	江苏省高淳县、邳州市
642	Ⅲ-45	灯舞	浙江省青田县

		(青田鱼灯舞、莆田九鲤灯舞、鲤鱼灯舞、沙头角鱼灯舞、东至花灯舞、苏家作龙凤灯舞)	福建省莆田市 江西省吉安县 广东省深圳市 安徽省东至县 河南省博爱县
643	Ⅲ-46	沧州落子	河北省南皮县
644	Ⅲ-47	十八蝴蝶	浙江省永康市
645	Ⅲ-48	火老虎	安徽省凤台县
646	Ⅲ-49	商羊舞	山东省鄄城县
647	Ⅲ-50	跑帷子	河南省汤阴县
648	Ⅲ-51	官会响锣	河南省项城市
649	Ⅲ-52	肉连响	湖北省利川市
650	Ⅲ-53	禾楼舞	广东省郁南县
651	Ⅲ-54	蜈蚣舞	广东省汕头市澄海区
652	Ⅲ-55	翻山铰子	四川省平昌县
653	Ⅲ-56	靖边跑驴	陕西省靖边县
654	Ⅲ-57	查玛内	蒙古自治区阿拉善盟
655	Ⅲ-58	朝鲜族鹤舞	吉林省延边朝鲜族自治州
656	Ⅲ-59	朝鲜族长鼓舞	吉林省图们市
657	Ⅲ-60	瑶族长鼓舞	湖南省江华瑶族自治县 广东省连南瑶族自治县 广西壮族自治区富川瑶族自治县
658	Ⅲ-61	傣族象脚鼓舞	云南省潞西市、西双版纳傣族自治州
659	Ⅲ-62	羌族羊皮鼓舞	四川省汶川县
660	Ⅲ-63	毛南族打猴鼓舞	贵州省平塘县
661	Ⅲ-64	瑶族猴鼓舞	贵州省荔波县
662	Ⅲ-65	高山族拉手舞	福建省华安县
663	Ⅲ-66	得荣学羌	四川省得荣县
664	Ⅲ-67	甲搓	四川省盐源县
665	Ⅲ-68	博巴森根	四川省理县
666	Ⅲ-69	彝族铃铛舞	贵州省赫章县
667	Ⅲ-70	彝族打歌	云南省巍山彝族回族自治县
668	Ⅲ-71	彝族跳菜	云南省南涧彝族自治县
669	Ⅲ-72	彝族老虎笙	云南省双柏县
670	Ⅲ-73	彝族左脚舞	云南省牟定县
671	Ⅲ-74	乐作舞	云南省红河县
672	Ⅲ-75	彝族三弦舞 (阿细跳月、撒尼大三弦)	云南省弥勒县、石林彝族自治县
673	Ⅲ-76	纳西族热美蹉	云南省丽江市古城区
674	Ⅲ-77	布朗族蜂桶鼓舞	云南省双江拉祜族佤族布朗族傣族自治县
675	Ⅲ-78	普米族搓蹉	云南省兰坪白族普米族自治县
676	Ⅲ-79	拉祜族芦笙舞	云南省澜沧拉祜族自治县

677	Ⅲ-80	宣舞 （古格宣舞、普堆巴宣舞）	西藏自治区札达县、墨竹工卡县
678	Ⅲ-81	拉萨囊玛	西藏自治区拉萨市
679	Ⅲ-82	堆谐（拉孜堆谐）	西藏自治区拉孜县
680	Ⅲ-83	谐钦 （拉萨纳如谐钦、南木林土布加谐钦）	西藏自治区拉萨市城关区、南木林县
681	Ⅲ-84	阿谐（达布阿谐）	西藏自治区比如县
682	Ⅲ-85	嘎尔	西藏自治区
683	Ⅲ-86	芒康三弦舞	西藏自治区芒康县
684	Ⅲ-87	定日洛谐	西藏自治区定日县
685	Ⅲ-88	旦嘎甲谐	西藏自治区萨嘎县
686	Ⅲ-89	廓孜	西藏自治区曲水县
687	Ⅲ-90	多地舞	甘肃省舟曲县
688	Ⅲ-91	巴郎鼓舞	甘肃省卓尼县
689	Ⅲ-92	藏族螭鼓舞	青海省循化撒拉族自治县
690	Ⅲ-93	则柔（尚尤则柔）	青海省贵德县
691	Ⅲ-94	蒙古族萨吾尔登	新疆维吾尔自治区和静县
692	Ⅲ-95	锡伯族贝伦舞	新疆维吾尔自治区察布查尔锡伯自治县
693	Ⅲ-96	维吾尔族赛乃姆	新疆维吾尔自治区哈密地区、莎车县

四、传统戏剧（共计46项）

序号	编号	项目名称	申报地区或单位
694	Ⅳ-93	老调（保定老调）	河北省保定市
695	Ⅳ-94	四股弦（冀南四股弦）	河北省巨鹿县、馆陶县、魏县、肥乡县
696	Ⅳ-95	赛戏	河北省邯郸市、武安市、涉县山西省朔州市
697	Ⅳ-96	永年西调	河北省永年县
698	Ⅳ-97	坠子戏	河北省深泽县 安徽省宿州市
699	Ⅳ-98	上党落子	山西省潞城市、黎城县
700	Ⅳ-99	眉户 （运城眉户、华阴迷胡、迷糊戏）	山西省运城市 陕西省华阴市 新疆生产建设兵团
701	Ⅳ-100	海城喇叭戏	辽宁省鞍山市
702	Ⅳ-101	黄龙戏	吉林省农安县
703	Ⅳ-102	淮剧	上海淮剧团 江苏省盐城市
704	Ⅳ-103	锡剧	江苏省演艺集团锡剧团、无锡市、常州市
705	Ⅳ-104	淮海戏	江苏省淮安市、连云港市
706	Ⅳ-105	童子戏	江苏省通州市
707	Ⅳ-106	瓯剧	浙江省温州市
708	Ⅳ-107	甬剧	浙江省宁波市
709	Ⅳ-108	姚剧	浙江省余姚市

710	Ⅳ-109	绍剧	浙江省绍兴市
711	Ⅳ-110	婺剧	浙江省金华市、江山市
712	Ⅳ-111	文南词	安徽省宿松县
713	Ⅳ-112	花鼓戏	安徽省宿州市、淮北市、宣城市
			湖北省随州市、麻城市
			湖南省岳阳县、邵阳市、常德市
714	Ⅳ-113	二夹弦	安徽省亳州市
			河南省开封市、滑县
			山东省定陶县
715	Ⅳ-114	打城戏	福建省泉州市
716	Ⅳ-115	屏南平讲戏	福建省屏南县
717	Ⅳ-116	吕剧	山东省吕剧院、济南市、博兴县、东营市东营区
718	Ⅳ-117	柳腔	山东省即墨市
719	Ⅳ-118	山东梆子	山东省菏泽市、泰安市、嘉祥县
720	Ⅳ-119	莱芜梆子	山东省莱芜市
721	Ⅳ-120	枣梆	山东省菏泽市
722	Ⅳ-121	徐州梆子	江苏省徐州市
723	Ⅳ-122	同州梆子	陕西省大荔县
724	Ⅳ-123	罗卷戏	河南省汝南县、范县
725	Ⅳ-124	二股弦	河南省武陟县
726	Ⅳ-125	南剧	湖北省来凤县、咸丰县
727	Ⅳ-126	提琴戏	湖北省崇阳县
728	Ⅳ-127	湘剧	湖南省湘剧院、长沙市、桂阳县
729	Ⅳ-128	祁剧	湖南省祁剧院、衡阳市、祁阳县
730	Ⅳ-129	广东汉剧	广东汉剧院
731	Ⅳ-130	琼剧	海南省琼剧院、海口市
732	Ⅳ-131	黔剧	贵州省黔剧团
733	Ⅳ-132	滇剧	云南省滇剧院、玉溪市滇剧团、昆明市
734	Ⅳ-133	合阳跳戏	陕西省合阳县
735	Ⅳ-134	武都高山戏	甘肃省陇南市
736	Ⅳ-135	佤族清戏	云南省腾冲县
737	Ⅳ-136	彝剧	云南省大姚县
738	Ⅳ-137	白剧	云南省大理白族自治州
739	Ⅳ-138	邕剧	广西壮族自治区南宁市

五、曲艺(共计 50 项)

序号	编号	项目名称	申报地区或单位
740	Ⅴ-47	相声	中国广播艺术团
			北京市歌舞剧院有限责任公司
			天津市
741	Ⅴ-48	京韵大鼓	北京市歌舞剧院有限责任公司
			天津市曲艺团
742	Ⅴ-49	单弦牌子曲(含岔曲)	北京市歌舞剧院有限责任公司、北京市西城区

743	Ⅴ-50	扬州弹词	江苏省扬州市
744	Ⅴ-51	长沙弹词	湖南省长沙市
745	Ⅴ-52	杭州评词	浙江省杭州市
746	Ⅴ-53	杭州评话	浙江省杭州市
747	Ⅴ-54	绍兴词调	浙江省绍兴市
748	Ⅴ-55	临海词调	浙江省临海市
749	Ⅴ-56	四明南词	浙江省宁波市
750	Ⅴ-57	北京评书	北京市宣武区 辽宁省鞍山市、本溪市、营口市
751	Ⅴ-58	湖北评书	湖北省武汉市
752	Ⅴ-59	浦东说书	上海市浦东新区
753	Ⅴ-60	讲古	福建省厦门市思明区
754	Ⅴ-61	湖北大鼓	湖北省武汉市、团风县
755	Ⅴ-62	襄垣鼓书	山西省襄垣县
756	Ⅴ-63	萍乡春锣	江西省萍乡市
757	Ⅴ-64	三弦书 （沁州三弦书、南阳三弦书）	山西省沁县 河南省南阳市
758	Ⅴ-65	莺歌柳书	山东省菏泽市
759	Ⅴ-66	平湖钹子书	浙江省平湖市
760	Ⅴ-67	宁波走书	浙江省宁波市鄞州区、奉化市
761	Ⅴ-68	独脚戏	上海市黄浦区 浙江省杭州市
762	Ⅴ-69	大调曲子	河南省南阳市
763	Ⅴ-70	湖北小曲	湖北省武汉市
764	Ⅴ-71	南曲	湖北省五峰土家族自治县
765	Ⅴ-72	秦安小曲	甘肃省秦安县
766	Ⅴ-73	徐州琴书	江苏省徐州市
767	Ⅴ-74	恩施扬琴	湖北省恩施市
768	Ⅴ-75	四川扬琴	四川省曲艺团、四川省音乐舞蹈研究所、成都艺术剧院
769	Ⅴ-76	四川竹琴	重庆市三峡曲艺团 四川省成都艺术剧院
770	Ⅴ-77	四川清音	四川省成都艺术剧院
771	Ⅴ-78	金华道情	浙江省金华市、义乌市
772	Ⅴ-79	陕北道情	陕西省延安市、清涧县
773	Ⅴ-80	朝鲜族三老人	吉林省和龙市
774	Ⅴ-81	南京白局	江苏省南京市秦淮区
775	Ⅴ-82	武林调	浙江省杭州市
776	Ⅴ-83	绍兴宣卷	浙江省绍兴县
777	Ⅴ-84	温州莲花	浙江省温州市鹿城区、永嘉县
778	Ⅴ-85	山东落子	山东省单县
779	Ⅴ-86	说鼓子	湖北省公安县、松滋市
780	Ⅴ-87	广西文场	广西壮族自治区桂林市

781	Ⅴ-88	车灯	重庆市曲艺团
782	Ⅴ-89	眉户曲子	陕西省户县
783	Ⅴ-90	韩城秧歌	陕西省韩城市
784	Ⅴ-91	金钱板	四川省成都市
785	Ⅴ-92	青海平弦	青海省西宁市
786	Ⅴ-93	青海越弦	青海省西宁市
787	Ⅴ-94	青海下弦	青海省
788	Ⅴ-95	好来宝	内蒙古自治区科尔沁左翼后旗
789	Ⅴ-96	哈萨克族铁尔麦	新疆维吾尔自治区伊犁哈萨克自治州

六、传统体育、游艺与杂技(杂技与竞技，共计38项)

序号	编号	项目名称	申报地区或单位
790	Ⅵ-18	围棋	中国棋院 北京棋院
791	Ⅵ-19	象棋	中国棋院 北京棋院
792	Ⅵ-20	蒙古族象棋	内蒙古自治区阿拉善盟
793	Ⅵ-21	天桥摔跤	北京市宣武区
794	Ⅵ-22	沙力搏尔式摔跤	内蒙古自治区阿拉善左旗
795	Ⅵ-23	峨眉武术	四川省峨眉山市
796	Ⅵ-24	红拳	陕西省
797	Ⅵ-25	八卦掌	河北省廊坊市
798	Ⅵ-26	形意拳	河北省深州市
799	Ⅵ-27	鹰爪翻子拳	河北省雄县
800	Ⅵ-28	八极拳(月山八极拳)	河南省博爱县
801	Ⅵ-29	心意拳	山西省晋中市
802	Ⅵ-30	心意六合拳	河南省漯河市、周口市
803	Ⅵ-31	五祖拳	福建省泉州市
804	Ⅵ-32	查拳	山东省冠县
805	Ⅵ-33	螳螂拳	山东省莱阳市
806	Ⅵ-34	苌家拳	河南省荥阳市
807	Ⅵ-35	岳家拳	湖北省武穴市
808	Ⅵ-36	蔡李佛拳	广东省江门市新会区
809	Ⅵ-37	马球 (塔吉克族马球)	新疆维吾尔自治区塔什库尔干塔吉克自治县
810	Ⅵ-38	满族珍珠球	吉林省吉林市
811	Ⅵ-39	满族二贵摔跤	河北省隆化县
812	Ⅵ-40	鄂温克抢枢	内蒙古自治区鄂温克族自治旗
813	Ⅵ-41	挠羊赛	山西省忻州市
814	Ⅵ-42	传统箭术(南山射箭)	青海省乐都县
815	Ⅵ-43	赛马会 (当吉仁赛马会、玉树赛马会)	西藏自治区拉萨市 青海省玉树藏族自治州
816	Ⅵ-44	叼羊(维吾尔族叼羊)	新疆维吾尔自治区巴楚县

817	Ⅵ-45	土族轮子秋	青海省互助土族自治县
818	Ⅵ-46	左各庄杆会	河北省文安县
819	Ⅵ-47	戏法(赵世魁戏法)	黑龙江省杂技团
820	Ⅵ-48	建湖杂技	江苏省建湖县
821	Ⅵ-49	东北庄杂技	河南省濮阳市
822	Ⅵ-50	宁津杂技	山东省宁津县
823	Ⅵ-51	马戏(埇桥马戏)	安徽省宿州市埇桥区
824	Ⅵ-52	风火流星	山西省太原市
825	Ⅵ-53	翻九楼	浙江省杭州市、东阳市
826	Ⅵ-54	调吊	浙江省绍兴市
827	Ⅵ-55	苏桥飞叉会	河北省文安县

七、传统美术(民间美术，共计45项)

序号	编号	项目名称	申报地区或单位
828	Ⅶ-52	面人 (北京面人郎、上海面人赵、曹州面人、曹县江米人)	北京市海淀区 上海工艺美术研究所 山东省菏泽市牡丹区、曹县
829	Ⅶ-53	面花 (阳城焙面面塑、闻喜花馍、定襄面塑、新绛面塑、郎庄面塑、黄陵面花)	山西省阳城县、闻喜县、定襄县、新绛县 山东省冠县 陕西省黄陵县
830	Ⅶ-54	草编 (大名草编、徐行草编、莱州草辫、沐川草龙、湖口草龙)	河北省大名县 上海市嘉定区 山东省莱州市 四川省沐川县 江西省湖口县
831	Ⅶ-55	柳编 (广宗柳编、维吾尔族枝条编织)	河北省广宗县 新疆维吾尔自治区吐鲁番市
832	Ⅶ-56	石雕 (煤精雕刻、鸡血石雕、嘉祥石雕、掖县滑石雕刻、方城石猴、大冶石雕、菊花石雕、雷州石狗、白花石刻、安岳石刻、泽库和日寺石刻)	辽宁省抚顺市 浙江省临安市 山东省嘉祥县、莱州市 河南省方城县 湖北省大冶市 湖南省浏阳市 广东省雷州市 四川省广元市、安岳县 青海省泽库县
833	Ⅶ-57	玉雕 (北京玉雕、苏州玉雕、镇平玉雕、广州玉雕、阳美翡翠玉雕)	北京市玉器厂 江苏省苏州市 河南省镇平县 广东省广州市荔湾区、揭阳市
834	Ⅶ-58	木雕 (曲阜楷木雕刻、澳门神像雕刻、武汉木雕船模)	山东省曲阜市 澳门特别行政区 湖北省武汉市硚口区

835	Ⅶ-59	核雕 （光福核雕、潍坊核雕、广州榄雕）	江苏省苏州市 山东省潍坊市 广东省增城市
836	Ⅶ-60	椰雕（海南椰雕）	海南省海口市
837	Ⅶ-61	葫芦雕刻（东昌葫芦雕刻）	山东省聊城市
838	Ⅶ-62	锡雕	山东省莱芜市 浙江省永康市
839	Ⅶ-63	汉字书法	中国文学艺术界联合会书法家协会 中国艺术研究院中国书法院
840	Ⅶ-64	藏文书法 （德格藏文书法、果洛德昂洒智）	四川省德格县 青海省果洛藏族自治州
841	Ⅶ-65	木版年画 （平阳木版年画、东昌府木版年画、张秋木版年画、夹江年画、滑县木版年画）	山西省临汾市 山东省聊城市、阳谷县 四川省夹江县 河南省滑县
842	Ⅶ-66	彩扎 （凤凰纸扎、秸秆扎刻、彩布拧台、邳州纸塑狮子头、江苏省邳州市佛山狮头）	湖南省凤凰县 河北省永清县、邯郸市 广东省佛山市
843	Ⅶ-67	龙档（乐清龙档）	浙江省乐清市
844	Ⅶ-68	常州梳篦	江苏省常州市
845	Ⅶ-69	麦秆剪贴	浙江省浦江县
846	Ⅶ-70	北京绢花	北京市崇文区
847	Ⅶ-71	堆锦（上党堆锦）	山西省长治市堆锦研究所、长治市群众艺术馆
848	Ⅶ-72	湟中堆绣	青海省湟中县
849	Ⅶ-73	瓯绣	浙江省温州市
850	Ⅶ-74	汴绣	河南省开封市
851	Ⅶ-75	汉绣	湖北省武汉市江汉区
852	Ⅶ-76	羌族刺绣	四川省汶川县
853	Ⅶ-77	民间绣活 （高平绣活、麻柳刺绣、西秦刺绣、澄城刺绣、红安绣活、阳新布贴）	山西省高平市 四川省广元市 陕西省宝鸡市、澄城县 湖北省红安县、阳新县
854	Ⅶ-78	彝族（撒尼）刺绣	云南省石林彝族自治县
855	Ⅶ-79	维吾尔族刺绣	新疆维吾尔自治区哈密地区
856	Ⅶ-80	满族刺绣 （岫岩满族民间刺绣、锦州满族民间刺绣、长白山满族枕头顶刺绣）	辽宁省岫岩满族自治县、锦州市古塔区 吉林省通化市
857	Ⅶ-81	蒙古族刺绣	新疆维吾尔自治区博湖县
858	Ⅶ-82	柯尔克孜族刺绣	新疆维吾尔自治区温宿县
859	Ⅶ-83	哈萨克毡绣和布绣	新疆生产建设兵团农六师
860	Ⅶ-84	料器（北京料器）	北京京城百工坊艺术品有限公司

861	Ⅶ-85	瓯塑	浙江省温州市
862	Ⅶ-86	砖塑(鄄城砖塑)	山东省鄄城县
863	Ⅶ-87	灰塑	广东省广州市
864	Ⅶ-88	糖塑 (丰县糖人贡、天门糖塑、成都糖画)	江苏省丰县 湖北省天门市 四川省成都市
865	Ⅶ-89	瓷板画	江西省南昌市
866	Ⅶ-90	软木画	福建省福州市
867	Ⅶ-91	镶嵌 (彩石镶嵌、骨木镶嵌、嵌瓷)	浙江省温州市鹿城区、瓯海区,仙居县,宁波市 广东省汕头市、普宁市
868	Ⅶ-92	新会葵艺	广东省江门市新会区
869	Ⅶ-93	传统插花	北京林业大学
870	Ⅶ-94	盆景技艺 (扬派盆景技艺、徽派盆景技艺、英石假山盆景技艺)	江苏省扬州市、泰州市 安徽省歙县 广东省英德市
871	Ⅶ-95	布老虎(黎侯虎)	山西省黎城县
872	Ⅶ-96	建筑彩绘 (白族民居彩绘、陕北匠艺丹青、炕围画)	云南省大理市 陕西省山西省襄垣县

八、传统技艺(传统手工技艺,共计97项)

序号	编号	项目名称	申报地区或单位
873	Ⅷ-90	琉璃烧制技艺	北京市门头沟区山西省
874	Ⅷ-91	临清贡砖烧制技艺	山东省临清市
875	Ⅷ-92	定瓷烧制技艺	河北省曲阳县
876	Ⅷ-93	钧瓷烧制技艺	河南省禹州市
877	Ⅷ-94	唐三彩烧制技艺	河南省洛阳市
878	Ⅷ-95	醴陵釉下五彩瓷烧制技艺	湖南省醴陵市
879	Ⅷ-96	枫溪瓷烧制技艺	广东省潮州市枫溪区
880	Ⅷ-97	广彩瓷烧制技艺	广东省广州市
881	Ⅷ-98	陶器烧制技艺 (钦州坭兴陶烧制技艺、 藏族黑陶烧制技艺、 牙舟陶器烧制技艺、 建水紫陶烧制技艺、 荥经砂器烧制技艺)	广西壮族自治区钦州市 四川省稻城县 云南省迪庆藏族自治州 青海省囊谦县 贵州省平塘县 云南省建水县 四川省荥经县
882	Ⅷ-99	蚕丝织造技艺 (余杭清水丝绵制作技艺、杭罗织造技艺、双林绫绢织造技艺)	浙江省杭州市余杭区、杭州市福兴丝绸厂、湖州市
883	Ⅷ-100	传统棉纺织技艺	河北省魏县、肥乡县

			新疆维吾尔自治区伽师县
884	Ⅷ-101	毛纺织及擀制技艺（彝族毛纺织及擀制技艺、藏族牛羊毛编织技艺、东乡族擀毡技艺）	四川省昭觉县、色达县 甘肃省东乡族自治县
885	Ⅷ-102	夏布织造技艺	江西省万载县 重庆市荣昌县
886	Ⅷ-103	鲁锦织造技艺	山东省鄄城县、嘉祥县
887	Ⅷ-104	侗锦织造技艺	湖南省通道侗族自治县
888	Ⅷ-105	苗族织锦技艺	贵州省麻江县、雷山县
889	Ⅷ-106	傣族织锦技艺	云南省西双版纳傣族自治州
890	Ⅷ-107	香云纱染整技艺	广东省佛山市顺德区
891	Ⅷ-108	枫香印染技艺	贵州省惠水县、麻江县
892	Ⅷ-109	新疆维吾尔族艾德莱斯绸织染技艺	
893	Ⅷ-110	地毯织造技艺（北京宫毯织造技艺、阿拉善地毯织造技艺、维吾尔族地毯织造技艺）	北京市 内蒙古自治区阿拉善左旗 新疆维吾尔自治区洛浦县
894	Ⅷ-111	滩羊皮鞣制工艺	山西省交城县
895	Ⅷ-112	鄂伦春族狍皮制作技艺	内蒙古自治区鄂伦春自治旗 黑龙江省黑河市爱辉区
896	Ⅷ-113	盛锡福皮帽制作技艺	北京市东城区
897	Ⅷ-114	维吾尔族卡拉库尔胎羔皮帽制作技艺	新疆维吾尔自治区沙雅县
898	Ⅷ-115	内联升千层底布鞋制作技艺	北京市
899	Ⅷ-116	黄金溜槽堆石砌灶冶炼技艺	山东省招远市
900	Ⅷ-117	金银细工制作技艺	上海市黄浦区 江苏省南京市、江都市
901	Ⅷ-118	斑铜制作技艺	云南省曲靖市
902	Ⅷ-119	铜雕技艺	浙江省杭州市
903	Ⅷ-120	藏族金属锻造技艺（藏族锻铜技艺、藏刀锻制技艺）	西藏自治区南木林县 四川省白玉县 西藏自治区拉孜县 青海省玉树藏族自治州
904	Ⅷ-121	成都银花丝制作技艺	四川省成都市青羊区
905	Ⅷ-122	维吾尔族传统小刀制作技艺	新疆维吾尔自治区英吉沙县
906	Ⅷ-123	蒙古族马具制作技艺	内蒙古自治区科尔沁左翼后旗
907	Ⅷ-124	民族乐器制作技艺（长子响铜乐器制作技艺、朝鲜族民族乐器制作技艺、苏州民族乐器制作技艺、漳州蔡福美传统制鼓技艺、	山西省长子县 吉林省延边朝鲜族自治州 江苏省苏州市 福建省漳州市 新疆维吾尔自治区疏附县、

		维吾尔族乐器制作技艺）	新和县
908	Ⅷ-125	花丝镶嵌制作技艺	北京市通州区 河北省大厂回族自治县
909	Ⅷ-126	金漆镶嵌髹饰技艺	北京市
910	Ⅷ-127	漆器髹饰技艺 （徽州漆器髹饰技艺、 重庆漆器髹饰技艺）	安徽省黄山市屯溪区 重庆市
911	Ⅷ-128	彝族漆器髹饰技艺	四川省喜德县 贵州省大方县
912	Ⅷ-129	纸笺加工技艺	安徽省巢湖市
913	Ⅷ-130	宣笔制作技艺	安徽省宣城市
914	Ⅷ-131	楮皮纸制作技艺	陕西省西安市长安区
915	Ⅷ-132	白沙茅龙笔制作技艺	广东省江门市
916	Ⅷ-133	砚台制作技艺 （易水砚制作技艺、澄泥砚制作技 艺、洮砚制作技艺）	河北省易县 山西省新绛县 甘肃省卓尼县、岷县
917	Ⅷ-134	印泥制作技艺 （上海鲁庵印泥、漳州八宝印泥）	上海市静安区 福建省漳州市
918	Ⅷ-135	木活字印刷技术	浙江省瑞安市
919	Ⅷ-136	装裱修复技艺 （古字画装裱修复技艺、 古籍修复技艺）	北京市荣宝斋 故宫博物院 国家图书馆 中国书店
920	Ⅷ-137	传统木船制造技艺	江苏省兴化市 浙江省舟山市普陀区
921	Ⅷ-138	水密隔舱福船制造技艺	福建省晋江市、宁德市蕉城区
922	Ⅷ-139	龙舟制作技艺	广东省东莞市
923	Ⅷ-140	伞制作技艺 （油纸伞制作技艺、西湖绸伞）	四川省泸州市江阳区 浙江省杭州市
924	Ⅷ-141	藏香制作技艺	西藏自治区尼木县、墨竹工卡县
925	Ⅷ-142	贝叶经制作技艺	云南省西双版纳傣族自治州
926	Ⅷ-143	土碱烧制技艺	新疆生产建设兵团
927	Ⅷ-144	蒸馏酒传统酿造技艺 （北京二锅头酒传统酿造技艺、 衡水老白干传统酿造技艺、 山庄老酒传统酿造技艺、 板城烧锅酒传统五甑酿造技艺、 梨花春白酒传统酿造技艺、 老龙口白酒传统酿造技艺、 大泉源酒传统酿造技艺、 宝丰酒传统酿造技艺、 五粮液酒传统酿造技艺、 水井坊酒传统酿造技艺、	北京红星股份有限公司、 北京顺鑫农业股份有限公司 河北省衡水市、平泉县、承德县 山西省朔州市 辽宁省沈阳市 吉林省通化县 河南省宝丰县 四川省宜宾市、成都市、 绵竹市、古蔺县、射洪县

		剑南春酒传统酿造技艺、古蔺郎酒传统酿造技艺、沱牌曲酒传统酿造技艺)	
928	Ⅷ-145	酿造酒传统酿造技艺（封缸酒传统酿造技艺、金华酒传统酿造技艺）	江苏省丹阳市、金坛市 浙江省金华市
929	Ⅷ-146	配制酒传统酿造技艺（菊花白酒传统酿造技艺）	北京仁和酒业有限责任公司
930	Ⅷ-147	花茶制作技艺（张一元茉莉花茶制作技艺）	北京张一元茶叶有限责任公司
931	Ⅷ-148	绿茶制作技艺（西湖龙井、婺州举岩、黄山毛峰、太平猴魁、六安瓜片）	浙江省杭州市、金华市 安徽省黄山市徽州区、黄山区、六安市裕安区
932	Ⅷ-149	红茶制作技艺（祁门红茶制作技艺）	安徽省祁门县
933	Ⅷ-150	乌龙茶制作技艺（铁观音制作技艺）	福建省安溪县
934	Ⅷ-151	普洱茶制作技艺（贡茶制作技艺、大益茶制作技艺）	云南省宁洱县、勐海县
935	Ⅷ-152	黑茶制作技艺（千两茶制作技艺、茯砖茶制作技艺、南路边茶制作技艺）	湖南省安化县、益阳市 四川省雅安市
936	Ⅷ-153	晒盐技艺（海盐晒制技艺、井盐晒制技艺）	浙江省象山县 海南省儋州市 西藏自治区芒康县
937	Ⅷ-154	酱油酿造技艺（钱万隆酱油酿造技艺）	上海市浦东新区
938	Ⅷ-155	豆瓣传统制作技艺（郫县豆瓣传统制作技艺）	四川省郫县
939	Ⅷ-156	豆豉酿制技艺（永川豆豉酿制技艺、潼川豆豉酿制技艺）	重庆市 四川省三台县
940	Ⅷ-157	腐乳酿造技艺（王致和腐乳酿造技艺）	北京市海淀区
941	Ⅷ-158	酱菜制作技艺（六必居酱菜制作技艺）	北京六必居食品有限公司
942	Ⅷ-159	榨菜传统制作技艺（涪陵榨菜传统制作技艺）	重庆市涪陵区
943	Ⅷ-160	传统面食制作技艺（龙须拉面和刀削面制作技艺、抿尖面和猫耳朵制作技艺）	山西省全晋会馆、晋韵楼

944	Ⅷ－161	茶点制作技艺 （富春茶点制作技艺）	江苏省扬州市
945	Ⅷ－162	周村烧饼制作技艺	山东省淄博市
946	Ⅷ－163	月饼传统制作技艺 （郭杜林晋式月饼制作技艺、安琪广式月饼制作技艺）	山西省太原市 广东省安琪食品有限公司
947	Ⅷ－164	素食制作技艺 （功德林素食制作技艺）	上海功德林素食有限公司
948	Ⅷ－165	同盛祥牛羊肉泡馍制作技艺	陕西省西安市
949	Ⅷ－166	火腿制作技艺 （金华火腿腌制技艺）	浙江省金华市
950	Ⅷ－167	烤鸭技艺 （全聚德挂炉烤鸭技艺、便宜坊焖炉烤鸭技艺）	北京市全聚德（集团）股份有限公司、北京便宜坊烤鸭集团有限公司
951	Ⅷ－168	牛羊肉烹制技艺 （东来顺涮羊肉制作技艺、鸿宾楼全羊席制作技艺、月盛斋酱烧牛羊肉制作技艺、北京烤肉制作技艺、冠云平遥牛肉传统加工技艺、烤全羊技艺）	北京市东来顺集团有限责任公司、北京市鸿宾楼餐饮有限责任公司、北京月盛斋清真食品有限公司、北京市聚德华天控股有限公司、山西省冠云平遥牛肉集团有限公司、内蒙古自治区阿拉善盟
952	Ⅷ－169	天福号酱肘子制作技艺	北京天福号食品有限公司
953	Ⅷ－170	六味斋酱肉传统制作技艺	山西省太原六味斋实业有限公司
954	Ⅷ－171	都一处烧麦制作技艺	北京便宜坊烤鸭集团有限公司
955	Ⅷ－172	聚春园佛跳墙制作技艺	福建省福州市
956	Ⅷ－173	真不同洛阳水席制作技艺	河南省洛阳市
957	Ⅷ－174	官式古建筑营造技艺 （北京故宫）	故宫博物院
958	Ⅷ－175	木拱桥传统营造技艺	浙江省庆元县、泰顺县 福建省寿宁县、屏南县
959	Ⅷ－176	石桥营造技艺	浙江省绍兴市
960	Ⅷ－177	婺州传统民居营造技艺 （诸葛村古村落营造技艺、俞源村古建筑群营造技艺、东阳卢宅营造技艺、浦江郑义门营造技艺）	浙江省兰溪市、武义县、东阳市、浦江县
961	Ⅷ－178	徽派传统民居营造技艺	安徽省黄山市
962	Ⅷ－179	闽南传统民居营造技艺	福建省泉州市鲤城区、惠安县、南安市
963	Ⅷ－180	窑洞营造技艺	山西省平陆县 甘肃省庆阳市
964	Ⅷ－181	蒙古包营造技艺	内蒙古自治区文学艺术界联合会、西乌珠穆沁旗、陈巴尔虎旗

965	Ⅷ-182	黎族船型屋营造技艺	海南省东方市
966	Ⅷ-183	哈萨克族毡房营造技艺	新疆维吾尔自治区塔城地区
967	Ⅷ-184	俄罗斯族民居营造技艺	新疆维吾尔自治区塔城地区
968	Ⅷ-185	撒拉族篱笆楼营造技艺	青海省循化撒拉族自治县
969	Ⅷ-186	藏族碉楼营造技艺	四川省丹巴县

九、传统医药(共计8项)

序号	编号	项目名称	申报地区或单位
970	Ⅸ-10	中医养生 (药膳八珍汤、灵源万应茶、永定万应茶)	山西省太原市 福建省晋江市、永定县
971	Ⅸ-11	传统中医药文化 (鹤年堂中医药养生文化、九芝堂传统中药文化、潘高寿传统中药文化、陈李济传统中药文化、同济堂传统中药文化)	北京鹤年堂医药有限责任公司 湖南省九芝堂股份有限公司 广东省广州潘高寿药业股份有限公司、 广州陈李济制药厂 贵州省同济堂制药有限公司
972	Ⅸ-12	蒙医药 (赞巴拉道尔吉温针、火针疗法)	内蒙古自治区
973	Ⅸ-13	畲族医药 (痧症疗法、六神经络骨通药制作工艺)	浙江省丽水市 福建省罗源县
974	Ⅸ-14	瑶族医药(药浴疗法)	贵州省从江县
975	Ⅸ-15	苗医药 (骨伤蛇伤疗法、九节茶药制作工艺)	贵州省雷山县、 黔东南苗族侗族自治州
976	Ⅸ-16	侗医药(过路黄药制作工艺)	贵州省黔东南苗族侗族自治州
977	Ⅸ-17	回族医药 (张氏回医正骨疗法、回族汤瓶八诊疗法)	宁夏回族自治区吴忠市、银川市

十、民俗(共计51项)

序号	编号	项目名称	申报地区或单位
978	Ⅹ-71	元宵节 (敛巧饭习俗、九曲黄河阵灯俗、柳林盘子会、蔚县拜灯山习俗、马尾—马祖元宵节俗、泉州闹元宵习俗、闽台东石灯俗、枫亭元宵游灯习俗、闽西客家元宵节庆、永昌县卍字灯俗、九曲黄河灯俗)	文化部 北京市怀柔区、密云县 山西省柳林县 河北省蔚县 福建省福州市马尾区、 泉州市、晋江市、 仙游县、连城县 甘肃省永昌县 青海省乐都县

979	Ⅹ-72	渔民开洋、谢洋节	浙江省象山县、岱山县 山东省荣成市、日照市、即墨市
980	Ⅹ-73	畲族三月三	浙江省景宁畲族自治县
981	Ⅹ-74	宾阳炮龙节	广西壮族自治区宾阳县
982	Ⅹ-75	苗族独木龙舟节	贵州省台江县
983	Ⅹ-76	苗族跳花节	贵州省安顺市
984	Ⅹ-77	苗族四月八姑娘节	湖南省绥宁县
985	Ⅹ-78	德昂族浇花节	云南省德宏傣族景颇族自治州
986	Ⅹ-79	江孜达玛节	西藏自治区江孜县
987	Ⅹ-80	塔塔尔族撒班节	新疆维吾尔自治区塔城地区
988	Ⅹ-81	灯会 （苇子灯阵、胜芳灯会、河曲河灯会、肥东洋蛇灯、南安英都拔拔灯、石城灯会、渔灯节、泮村灯会、自贡灯会）	河北省邯郸市、霸州市 山西省河曲县 安徽省肥东县 福建省南安市 江西省石城县 山东省烟台市 广东省开平市 四川省自贡市
989	Ⅹ-82	羌年	四川省茂县、汶川县、理县、北川羌族自治县
990	Ⅹ-83	苗年	贵州省丹寨县、雷山县
991	Ⅹ-84	庙会 （妙峰山庙会、东岳庙庙会、晋祠庙会、上海龙华庙会、赶茶场、泰山东岳庙会、武当山庙会、火宫殿庙会、佛山祖庙庙会、药王山庙会）	北京市门头沟区、朝阳区 山西省太原市晋源区 上海市徐汇区 浙江省磐安县 山东省泰安市 湖北省十堰市 湖南省长沙市 广东省佛山市 陕西省铜川市
992	Ⅹ-85	民间信俗 （千童信子节、关公信俗、石浦—富岗如意信俗、汤和信俗、保生大帝信俗、陈靖姑信俗、西王母信俗）	河北省盐山县 山西省运城市 河南省洛阳市 浙江省象山县、温州市龙湾区 福建省厦门市海沧区、龙海市、古田县、福州市仓山区 甘肃省泾川县
993	Ⅹ-86	青海湖祭海	青海省海北藏族自治州

994	Ⅹ-87	抬阁(芯子、铁枝、飘色)(葛渔城重阁会、宽城背杆、隆尧县泽畔抬阁、清徐徐沟背铁棍、万荣抬阁、峨口挠阁、脑阁、金坛抬阁、浦江迎会、肘阁抬阁、大坝高装、青林口高抬戏、庄浪县高抬、湟中县千户营高台、隆德县高台、阁子里芯子、周村芯子、章丘芯子、霍童铁枝、福鼎沙埕铁枝、屏南双溪铁枝、南朗崖口飘色、台山浮石飘色、吴川飘色、河田高景)	河北省廊坊市、宽城满族自治县、隆尧县 山西省清徐县、万荣县、代县 内蒙古自治区土默特左旗 江苏省金坛市 浙江省浦江县 安徽省寿县、临泉县 四川省兴文县、江油市 甘肃省庄浪县 青海省湟中县 宁夏回族自治区隆德县 山东省淄博市临淄区、周村区,章丘市 福建省宁德市蕉城区、福鼎市、屏南县 广东省中山市、台山市、吴川市、陆河县
995	Ⅹ-88	打铁花	河南省确山县
996	Ⅹ-89	朝鲜族花甲礼	辽宁省丹东市 吉林省延边朝鲜族自治州
997	Ⅹ-90	祭祖习俗(大槐树祭祖习俗)	山西省洪洞县
998	Ⅹ-91	鄂温克驯鹿习俗	内蒙古自治区根河市
999	Ⅹ-92	蒙古族养驼习俗	内蒙古自治区阿拉善盟
1000	Ⅹ-93	长白山采参习俗	吉林省抚松县
1001	Ⅹ-94	查干淖尔冬捕习俗	吉林省前郭尔罗斯蒙古族自治县
1002	Ⅹ-95	蚕桑习俗(含山轧蚕花、扫蚕花地)	浙江省桐乡市、德清县
1003	Ⅹ-96	洪洞走亲习俗	山西省洪洞县
1004	Ⅹ-97	蟳埔女习俗	福建省泉州市丰泽区
1005	Ⅹ-98	汉族传统婚俗(孝义贾家庄婚俗、宁海十里红妆婚俗、斗门水上婚嫁习俗)	山西省孝义市 浙江省宁海县 广东省珠海市
1006	Ⅹ-99	朝鲜族传统婚礼	吉林省延边朝鲜族自治州
1007	Ⅹ-100	塔吉克族婚俗	新疆维吾尔自治区塔什库尔干塔吉克自治县
1008	Ⅹ-101	水乡社戏	浙江省绍兴市
1009	Ⅹ-102	界首书会	安徽省界首市
1010	Ⅹ-103	洛阳牡丹花会	河南省洛阳市
1011	Ⅹ-104	三汇彩亭会	四川省渠县
1012	Ⅹ-105	石宝山歌会	云南省剑川县
1013	Ⅹ-106	大理三月街	云南省大理市

1014	Ⅹ-107	茶艺(潮州工夫茶艺)	广东省潮州市
1015	Ⅹ-108	蒙古族服饰	内蒙古自治区 甘肃省肃北蒙古族自治县 新疆维吾尔自治区博湖县
1016	Ⅹ-109	朝鲜族服饰	吉林省延边朝鲜族自治州
1017	Ⅹ-110	畲族服饰	福建省罗源县
1018	Ⅹ-111	黎族服饰	海南省锦绣织贝有限公司、 海南省民族研究所
1019	Ⅹ-112	珞巴族服饰	西藏自治区隆子县、米林县
1020	Ⅹ-113	藏族服饰	西藏自治区措美县、 林芝地区、普兰县、 安多县、申扎县 青海省玉树藏族自治州、 门源回族自治县
1021	Ⅹ-114	裕固族服饰	甘肃省肃南裕固族自治县
1022	Ⅹ-115	土族服饰	青海省互助土族自治县
1023	Ⅹ-116	撒拉族服饰	青海省循化撒拉族自治县
1024	Ⅹ-117	维吾尔族服饰	新疆维吾尔自治区于田县
1025	Ⅹ-118	哈萨克族服饰	新疆维吾尔自治区 伊犁哈萨克自治州
1026	Ⅹ-119	珠算 (程大位珠算法、珠算文化)	安徽省黄山市屯溪区 中国珠算心算协会
1027	Ⅹ-120	南海航道更路经	海南省文昌市
1028	Ⅹ-121	藏族天文历算	西藏自治区

第一批国家级非物质文化遗产扩展项目名录

(共计 147 项)

一、民间文学(共计 5 项)

序号	编号	项目名称	申报地区或单位
8	Ⅰ-8	孟姜女传说	河北省秦皇岛市 湖南省津市市
9	Ⅰ-9	董永传说	江苏省金坛市 山东省博兴县
13	Ⅰ-13	宝卷 (靖江宝卷、河西宝卷)	江苏省靖江市 甘肃省张掖市
22	Ⅰ-22	吴歌	上海市青浦区 江苏省无锡市
31	Ⅰ-31	谜语(澄海灯谜)	广东省汕头市澄海区

二、传统音乐(民间音乐,共计17项)

序号	编号	项目名称	申报地区或单位
34	Ⅱ-3	蒙古族长调民歌	新疆维吾尔自治区 巴音郭楞蒙古自治州、 和布克赛尔蒙古自治县
35	Ⅱ-4	蒙古族呼麦	新疆维吾尔自治区 阿勒泰地区
38	Ⅱ-7	畲族民歌	浙江省景宁畲族自治县
44	Ⅱ-13	崖州民歌	海南省乐东黎族自治县
51	Ⅱ-20	花儿(新疆花儿)	新疆维吾尔自治区 昌吉回族自治州、 巴音郭楞蒙古自治州
58	Ⅱ-27	薅草锣鼓 (武宁打鼓歌、宜昌薅草锣鼓、五峰土家族薅草锣鼓、兴山薅草锣鼓、宣恩薅草锣鼓、长阳山歌、川东土家族薅草锣鼓)	江西省武宁县 湖北省宜昌市、 五峰土家族自治县、 兴山县、宣恩县、 长阳土家族自治县 四川省宣汉县
59	Ⅱ-28	侗族大歌	贵州省从江县、榕江县
61	Ⅱ-30	多声部民歌 (潮尔道一蒙古族合声演唱、瑶族蝴蝶歌、壮族三声部民歌、羌族多声部民歌、硗碛多声部民歌、四川省松潘县、雅安市苗族多声部民歌)	内蒙古自治区锡林浩特市 广西壮族自治区富川瑶族自治县、马山县 贵州省台江县、剑河县
65	Ⅱ-34	古琴艺术 (虞山琴派、广陵琴派、金陵琴派、梅庵琴派、浙派、诸城派、岭南派)	江苏省常熟市、扬州市、南京市、南通市、镇江市 浙江省杭州市 山东省诸城市 广东省广州市
66	Ⅱ-35	蒙古族马头琴音乐	吉林省前郭尔罗斯蒙古族自治县
67	Ⅱ-36	蒙古族四胡音乐	吉林省前郭尔罗斯蒙古族自治县 黑龙江省杜尔伯特蒙古族自治县
68	Ⅱ-37	唢呐艺术 (唐山花吹、丰宁满族吵子会、晋北鼓吹、上党八音会、上党乐户班社、丹东鼓乐、杨小班鼓吹乐棚、于都唢呐公婆吹、万载得胜鼓、邹城平派鼓吹乐、沮水鸣音、鸣音喇叭、远安鸣音、青山唢呐、永城吹打、绥米唢呐)	河北省唐海县、丰宁满族自治县 山西省阳高县、忻州市、长子县、壶关县 辽宁省丹东市 黑龙江省肇州县 江西省于都县、万载县 山东省邹城市 湖北省保康县、南漳县、远安县 湖南省湘潭县 重庆市綦江县 陕西省绥德县、米脂县

71	Ⅱ-40	江南丝竹	浙江省杭州市
75	Ⅱ-44	十番音乐 （楚州十番锣鼓、邵伯锣鼓小牌子、楼塔细十番、遂昌昆曲十番、黄石惠洋十音、佛山十番、海南八音器乐）	江苏省淮安市、江都市 浙江省杭州市、遂昌县 福建省莆田市 广东省佛山市 海南省海口市
76	Ⅱ-45	鲁西南鼓吹乐	山东省菏泽市牡丹区
85	Ⅱ-54	土家族打溜子	湖北省五峰 土家族自治县、鹤峰县
90	Ⅱ-59	冀中笙管乐 （白庙村音乐会、雄县古乐、小冯村音乐会、张庄音乐会、军卢村音乐会、东张务音乐会、南响口梵呗音乐会、里东庄音乐老会、辛安庄民间音乐会、安新县圈头村音乐会、东韩村拾幡古乐、子位吹歌）	北京市大兴区 河北省雄县、固安县、霸州市、廊坊市安次区、文安县、任丘市、安新县、易县、定州市

三、传统舞蹈（民间舞蹈，共计13项）

序号	编号	项目名称	申报地区或单位
104	Ⅲ-1	京西太平鼓 （石景山太平鼓、怪村太平鼓）	北京市石景山区、丰台区
105	Ⅲ-2	秧歌 （济阳鼓子秧歌、临县伞头秧歌、原平凤秧歌、汾阳地秧歌）	山东省济阳县 山西省临县、原平市、汾阳市
107	Ⅲ-4	龙舞 （易县摆字龙灯、 曲周龙灯、金州龙舞、 舞草龙、骆山大龙、 兰溪断头龙、大田板灯龙、 高龙、汝城香火龙、 九龙舞、埔寨火龙、人龙舞、 荷塘纱龙、乔林烟花火龙、 醉龙、黄龙溪火龙灯舞）	河北省易县、曲周县 辽宁省大连市金州区 上海市松江区 江苏省溧水县 浙江省兰溪市 福建省大田县 湖北省武汉市汉阳区 湖南省汝城县、平江县 广东省丰顺县、佛山市、 江门市蓬江区、揭阳市、中山市 四川省双流县
108	Ⅲ-5	狮舞 （白纸坊太狮、沧县狮舞、 小相狮舞、槐店文狮子、席狮舞、 丰城岳家狮、布依族高台狮灯舞）	北京市 河北省沧县 河南省巩义市、沈丘县 广东省梅州市 江西省丰城市 贵州省兴义市
110	Ⅲ-7	傩舞 （寿阳爱社、祁门傩舞、	山西省寿阳县 安徽省祁门县

		邵武傩舞、湛江傩舞、文县池哥昼、永靖七月跳会)	福建省邵武市 广东省湛江市麻章区 甘肃省文县、永靖县
112	Ⅲ-9	高跷 (盖州高跷、上口子高跷、独杆跷、高抬火轿)	辽宁省盖州市、大洼县 山东省泰安市 河南省沁阳市
119	Ⅲ-16	滚灯 (奉贤滚灯、海盐滚灯)	上海市奉贤区 浙江省海盐县
120	Ⅲ-17	土家族摆手舞 (恩施摆手舞、酉阳摆手舞)	湖北省来凤县 重庆市酉阳土家族苗族自治县
122	Ⅲ-19	弦子舞(玉树依舞)	青海省玉树藏族自治州
123	Ⅲ-20	锅庄舞 (甘孜锅庄、马奈锅庄、称多白龙卓舞、囊谦卓干玛)	四川省石渠县、雅江县、新龙县、德格县、金川县 青海省称多县、囊谦县
126	Ⅲ-23	苗族芦笙舞	贵州省雷山县、关岭布依族苗族自治县、榕江县、水城县
127	Ⅲ-24	朝鲜族农乐舞	辽宁省铁岭市
129	Ⅲ-26	铜鼓舞 (田林瑶族铜鼓舞、雷山苗族铜鼓舞)	广西壮族自治区田林县 贵州省雷山县

四、传统戏剧(共计33项)

序号	编号	项目名称	申报地区或单位
148	Ⅳ-4	潮剧	广东省揭阳市
160	Ⅳ-16	秦腔	甘肃省秦剧团
162	Ⅳ-18	晋剧	河北省张家口市 山西省太原市
165	Ⅳ-21	上党梆子	山西省长治市
166	Ⅳ-22	河北梆子	北京市河北梆子剧团 天津河北梆子剧院
167	Ⅳ-23	豫剧(桑派)	河北省邯郸市
170	Ⅳ-26	大平调	山东省东明县、菏泽市牡丹区
171	Ⅳ-27	越调	河南省许昌市
172	Ⅳ-28	京剧	湖北省京剧院
175	Ⅳ-31	汉调二簧	湖北省竹溪县
179	Ⅳ-35	荆河戏	湖北省荆州市
183	Ⅳ-39	乱弹(威县乱弹)	河北省威县
187	Ⅳ-43	柳子戏	河南省清丰县
188	Ⅳ-44	大弦戏	山东省菏泽市
192	Ⅳ-48	高甲戏(柯派)	福建省晋江市
194	Ⅳ-50	四平调	山东省金乡县、成武县

195	Ⅳ-51	评剧	北京市中国评剧院 天津评剧院
197	Ⅳ-53	越剧(尹派)	福建省芳华越剧团
200	Ⅳ-56	扬剧	江苏省演艺集团扬剧团、镇江市
207	Ⅳ-63	柳琴戏	江苏省徐州市 山东省临沂市
209	Ⅳ-65	采茶戏	湖北省阳新县
213	Ⅳ-69	曲子戏	新疆生产建设兵团
214	Ⅳ-70	秧歌戏 (蔚县秧歌、祁太秧歌、襄武秧歌、壶关秧歌)	河北省蔚县 山西省祁县、太谷县、襄垣县、武乡县、壶关县
215	Ⅳ-71	道情戏 (洪洞道情、沾化渔鼓戏)	山西省洪洞县 山东省沾化县
217	Ⅳ-73	二人台	陕西省府谷县
221	Ⅳ-77	灯戏	湖北省恩施市
222	Ⅳ-78	花灯戏	贵州省独山县 云南省花灯剧团、弥渡县、姚安县、元谋县
224	Ⅳ-80	藏戏 (德格格萨尔藏戏、巴塘藏戏、色达藏戏、青海马背藏戏)	四川省德格县、巴塘县、色达县 青海省果洛藏族自治州
226	Ⅳ-82	壮剧	云南省文山壮族苗族自治州
227	Ⅳ-83	侗戏	湖南省通道侗族自治县
233	Ⅳ-89	傩戏 (万载开口傩、仡佬族傩戏、鹤峰傩戏、恩施傩戏)	江西省万载县 贵州省道真仡佬族苗族自治县 湖北省鹤峰县、恩施市
235	Ⅳ-91	皮影戏 (北京皮影戏、河间皮影戏、岫岩皮影戏、盖州皮影戏、望奎县皮影戏、泰山皮影戏、济南皮影戏、定陶皮影、罗山皮影戏、湖南皮影戏、四川皮影戏、河湟皮影戏)	北京市宣武区 河北省河间市 辽宁省鞍山市、盖州市 黑龙江省望奎县 山东省泰安市、济南市、定陶县 河南省罗山县 湖南省木偶皮影艺术剧院、衡山县 四川省阆中市、南部县 青海省
236	Ⅳ-92	木偶戏 (孝义木偶戏、杖头木偶戏、平阳木偶戏、单档布袋戏、湖南杖头木偶戏、五华提线木偶、文昌公仔戏、三江公仔戏)	山西省孝义市 江苏省扬州市 浙江省平阳县、苍南县 湖南省木偶皮影艺术剧院 广东省梅州市 海南省文昌市、海口市

五、曲艺(共计 15 项)

序号	编号	项目名称	申报地区或单位
237	Ⅴ-1	苏州评弹 (苏州评话、苏州弹词)	上海市书场工作者协会
240	Ⅴ-4	山东大鼓(梨花大鼓)	河北省鸡泽县、威县
241	Ⅴ-5	西河大鼓	河北省廊坊市
242	Ⅴ-6	东北大鼓	辽宁省锦州市、瓦房店市、岫岩满族自治县 吉林省榆树市 黑龙江省五常市
246	Ⅴ-10	京东大鼓	河北省廊坊市
247	Ⅴ-11	胶东大鼓	山东省青岛市
254	Ⅴ-18	摊簧(杭州摊簧、绍兴摊簧)	浙江省杭州市、绍兴市
255	Ⅴ-19	贤孝(西宁贤孝)	青海省西宁市
257	Ⅴ-21	山东琴书	山东省菏泽市
266	Ⅴ-30	新疆曲子	新疆维吾尔自治区 巴里坤哈萨克自治县
270	Ⅴ-34	歌册(潮州歌册)	广东省潮州市
271	Ⅴ-35	东北二人转	黑龙江省绥棱县 内蒙古自治区通辽市
276	Ⅴ-40	乌力格尔	内蒙古自治区通辽市
277	Ⅴ-41	达斡尔族乌钦	内蒙古自治区莫力达 瓦达斡尔族自治旗
281	Ⅴ-45	哈萨克族阿依特斯	甘肃省阿克塞哈萨克族自治县

六、传统体育、游艺与杂技(杂技与竞技,共计 4 项)

序号	编号	项目名称	申报地区或单位
285	Ⅵ-3	中幡 (安头屯中幡、正定高照、建瓯挑幡)	河北省香河县、正定县 福建省建瓯市
288	Ⅵ-6	线狮(九狮图)	浙江省永康市、仙居县
292	Ⅵ-10	沧州武术 (劈挂拳、燕青拳、孟村八极拳)	河北省沧州市
293	Ⅵ-11	太极拳(武氏太极拳)	河北省永年县

七、传统美术(民间美术,共计 16 项)

序号	编号	项目名称	申报地区或单位
313	Ⅶ-14	藏族唐卡 (昌都嘎玛嘎赤画派、墨竹工卡直孔刺绣唐卡、甘南藏族唐卡)	西藏自治区昌都县、墨竹工卡县 甘肃省夏河县
314	Ⅶ-15	内画 (北京内画鼻烟壶、广东内画)	北京市西城区 广东省汕头市
315	Ⅶ-16	剪纸	山西省广灵县

		（广灵染色剪纸、和林格	内蒙古自治区和林格尔县
		尔剪纸、庄河剪纸、岫岩	辽宁省庄河市、岫岩满族自治
		满族剪纸、建平剪纸、新	县、建平县、新宾满族自治县
		宾满族剪纸、长白山满族剪	吉林省通化市
		纸、方正剪纸、上海剪	黑龙江省方正县
		纸、南京剪纸、徐州剪	上海市徐汇区
		纸、金坛刻纸、浦江剪	江苏省南京市、徐州市、金坛市
		纸、阜阳剪纸、漳浦剪	浙江省浦江县
		纸、泉州（李尧宝）刻	安徽省阜阳市
		纸、柘荣剪纸、瑞昌剪	福建省漳浦县、泉州市、柘荣县
		纸、莒县过门笺、滨州民	江西省瑞昌市
		间剪纸、高密剪纸、烟台	山东省莒县、滨州市、高密市、
		剪纸、灵宝剪纸、卢氏剪	烟台市
		纸、辉县剪纸、孝感雕花	河南省灵宝市、卢氏县、辉县市
		剪纸、鄂州雕花剪纸、仙	湖北省孝感市孝南区、鄂州市、
		桃雕花剪纸、踏虎凿花、	仙桃市
		苗族剪纸、庆阳剪纸）	湖南省泸溪县
			贵州省剑河县
			甘肃省镇原县
317	Ⅶ-18	苏绣	江苏省无锡市、南通市
		（无锡精微绣、南通仿真绣）	
320	Ⅶ-21	蜀绣	重庆市渝中区
321	Ⅶ-22	苗绣	贵州省凯里市
324	Ⅶ-25	挑花（望江挑花、花瑶挑花）	安徽省望江县
			湖南省溆浦县
325	Ⅶ-26	香包（徐州香包）	江苏省徐州市
337	Ⅶ-38	砖雕（山西民居砖雕）	山西省清徐县
339	Ⅶ-40	潮州木雕	广东省揭阳市、汕头市
341	Ⅶ-42	黄杨木雕	上海市徐汇区
343	Ⅶ-44	木偶头雕刻（江加走木偶头雕刻）	福建省泉州市
345	Ⅶ-46	竹刻（无锡留青竹刻、常州留青竹	江苏省无锡市、常州市
		刻、黄岩翻簧竹雕、江安竹簧）	浙江省台州市黄岩区
			四川省江安县
346	Ⅶ-47	泥塑	河北省玉田县
		（玉田泥塑、苏州泥塑、	江苏省苏州市
		聂家庄泥塑、大吴泥塑、	山东省高密市
		徐氏泥彩塑、苗族泥哨、	广东省潮安县
		杨氏家庭泥塑）	四川省大英县
			贵州省黄平县
			宁夏回族自治区隆德县
349	Ⅶ-50	灯彩	北京市崇文区、朝阳区
		（北京灯彩、上海灯彩、	上海市卢湾区
		秦淮灯彩、苏州灯彩、佛	江苏省句容市、苏州市

		山彩灯、潮州花灯、洛阳宫灯、汴京灯笼张）	广东省佛山市、潮州市湘桥区 河南省洛阳市、开封市
350	Ⅶ-51	竹编 （东阳竹编、舒席、瑞昌竹编、梁平竹帘、渠县刘氏竹编、青神竹编、瓷胎竹编）	浙江省东阳市 安徽省舒城县 江西省瑞昌市 重庆市梁平县 四川省渠县、青神县、邛崃市

八、传统技艺（传统手工技艺，共计24项）

序号	编号	项目名称	申报地区或单位
356	Ⅷ-6	维吾尔族模制法土陶烧制技艺	新疆生产建设兵团
373	Ⅷ-23	花毡、印花布织染技艺	新疆维吾尔自治区且末县、塔城地区、英吉沙县
374	Ⅷ-24	蓝印花布印染技艺	湖南省凤凰县、邵阳县
375	Ⅷ-25	蜡染技艺	贵州省安顺市
376	Ⅷ-26	扎染技艺（自贡扎染技艺）	四川省自贡市
380	Ⅷ-30	侗族木构建筑营造技艺	贵州省黎平县、从江县
385	Ⅷ-35	生铁冶铸技艺（干模铸造技艺）	河北省泊头市
388	Ⅷ-38	剪刀锻制技艺 （王麻子剪刀锻制技艺）	北京市
390	Ⅷ-40	银饰制作技艺 （苗族银饰制作技艺、彝族银饰制作技艺）	贵州省黄平县 四川省布拖县
394	Ⅷ-44	弓箭制作技艺 （锡伯族弓箭制作技艺）	新疆维吾尔自治区
395	Ⅷ-45	家具制作技艺 （京作硬木家具制作技艺、广式硬木家具制作技艺）	北京市崇文区 广东省广州市
396	Ⅷ-46	蒙古族勒勒车制作技艺	内蒙古自治区阿鲁科尔沁旗
400	Ⅷ-50	雕漆技艺	甘肃省天水市秦州区
411	Ⅷ-61	老陈醋酿制技艺 （美和居老陈醋酿制技艺）	山西省太原市
420	Ⅷ-70	桑皮纸制作技艺	安徽省潜山县、岳西县
421	Ⅷ-71	竹纸制作技艺	福建省将乐县
427	Ⅷ-77	木版水印技艺	上海书画出版社
428	Ⅷ-78	雕版印刷技艺	福建省连城县
430	Ⅷ-80	藏族雕版印刷技艺 （波罗古泽刻版制作技艺）	西藏自治区江达县
431	Ⅷ-81	制扇技艺 （王星记扇、荣昌折扇、龚扇）	浙江省杭州市 重庆市荣昌县 四川省自贡市
432	Ⅷ-82	剧装戏具制作技艺	北京剧装厂
433	Ⅷ-83	桦树皮制作技艺	内蒙古自治区根河市

		（鄂温克族桦树皮制作技艺、鄂伦春族桦树皮船制作技艺）	黑龙江省大兴安岭地区
436	Ⅷ-86	烟火爆竹制作技艺 （南张井老虎火、万载花炮制作技艺、萍乡烟花制作技艺、蒲城杆火技艺、架花烟火爆竹制作技艺）	河北省井陉县 江西省万载县、上栗县 陕西省蒲城县、洋县
438	Ⅷ-88	风筝制作技艺 （北京风筝哈制作技艺、天津风筝魏制作技艺）	北京市海淀区 天津市南开区

九、传统医药（共计 5 项）

序号	编号	项目名称	申报地区或单位
442	Ⅸ-3	中药炮制技术 （四大怀药种植与炮制、中药炮制技艺）	河南省焦作市 四川省成都市
443	Ⅸ-4	中医传统制剂方法 （龟龄集传统制作技艺、雷允上六神丸制作技艺、东阿阿胶制作技艺、廖氏化风丹制作技艺）	山西省太谷县 江苏省苏州市 山东省东阿县、平阴县 贵州省遵义市红花岗区、汇川区
444	Ⅸ-5	针灸（刘氏刺熨疗法）	重庆市渝中区
445	Ⅸ-6	中医正骨疗法 （宫廷正骨、罗氏正骨法、石氏伤科疗法、平乐郭氏正骨法）	北京市护国寺中医医院 北京市朝阳区 上海市黄浦区 河南省洛阳市 广东省深圳市
448	Ⅸ-9	藏医药 （藏医外治法、藏医尿诊法、藏医药浴疗法、甘南藏医药、藏药炮制技艺、藏药七十味珍珠丸配伍技艺、藏药珊瑚七十味丸配伍技艺、藏药阿如拉炮制技艺、七十味珍珠丸赛太炮制技艺）	西藏自治区藏医学院、西藏自治区山南地区藏医院 青海省藏医院 甘肃省碌曲县 西藏自治区藏医院、西藏自治区藏药厂、西藏自治区雄巴拉曲神水藏药厂 青海省金诃藏药药业股份有限公司

十、民俗（共计 15 项）

序号	编号	项目名称	申报地区或单位
450	Ⅹ-2	清明节（溱潼会船）	江苏省姜堰市
451	Ⅹ-3	端午节 （罗店划龙船习俗、五常龙舟胜会、安海嗦啰嗹习俗）	上海市宝山区 浙江省杭州市余杭区 福建省晋江市

452	Ⅹ-4	七夕节(乞巧节)	甘肃省西和县
453	Ⅹ-5	中秋节 (中秋博饼、佛山秋色)	福建省厦门市 广东省佛山市
456	Ⅹ-8	傣族泼水节	云南省德宏傣族景颇族自治州
473	Ⅹ-25	侗族萨玛节	贵州省黎平县
480	Ⅹ-32	黄帝祭典 (新郑黄帝拜祖祭典)	河南省新郑市
481	Ⅹ-33	炎帝祭典	陕西省宝鸡市
484	Ⅹ-36	妈祖祭典(天津皇会)	天津市民俗博物馆
496	Ⅹ-48	那达慕	青海省海西蒙古族藏族自治州 新疆维吾尔自治区和静县
497	Ⅹ-49	新疆维吾尔族麦西热甫(新疆维吾尔刀郎麦西热甫、维吾尔族却日库木麦西热甫、维吾尔族塔合麦西热甫、维吾尔族阔克麦西热甫)	新疆维吾尔自治区阿瓦提县、阿克苏市、木垒哈萨克自治县、哈密市
502	Ⅹ-54	民间社火 (桃林坪花脸社火、永年抬花桌、本溪社火、义县社火、朝阳社火、浚县民间社火、洋县悬台社火)	河北省井陉县、永年县 辽宁省本溪满族自治县、义县、朝阳县 河南省浚县 陕西省洋县
503	Ⅹ-55	蒙古族婚礼 (阿日奔苏木婚礼、乌珠穆沁婚礼、蒙古族婚俗)	内蒙古自治区阿鲁科尔沁旗、西乌珠穆沁旗 吉林省前郭尔罗斯蒙古族自治县
508	Ⅹ-60	药市习俗 (樟树药俗、百泉药会、禹州药会)	江西省樟树市 河南省辉县市、禹州市
513	Ⅹ-65	苗族服饰	湖南省湘西土家族苗族自治州 贵州省桐梓县、安顺市西秀区、关岭布依族苗族自治县、纳雍县、剑河县、台江县、榕江县、六盘水市六枝特区、丹寨县

(注:本扩展项目名录的序号、编号均为第一批国家级非物质文化遗产名录的序号和编号)

参考文献

[1] 邱德玉.中国旅游文化[M].北京:科学出版社.2010.

[2] 陈来生.中国旅游文化[M].天津:南开大学出版社,2009.

[3] 邹新生.中国旅游文化[M].上海交通大学出版社,2008.

[4] 刘秀峰.中国旅游文化[M].北京:人民邮电出版社, 2006.

[5] 曹诗图,孙静.旅游文化学概论[M]. 北京大学出版社,2008.

[6] 潘宝明.中国旅游文化[M].北京:中国旅游出版社,2010.

[7] 周幼华,周志浩.导游基础知识教程[M]. 北京:气象出版社,2008.

[8] 黄成林.旅游文化[M].芜湖:安徽师范大学出版社,2010.

[9] 陈国生.旅游文化学概论[M].北京:对外经济贸易大学出版社,2008.

[10] 康玉庆.中国旅游文化[M].北京:中国科学技术出版社,2005.

[11] 蔡宗德,李文芬.中国历史文化[M].北京:旅游教育出版社,2001.

[12] 国家旅游局人事教育司.导游基础知识[M]. 北京:旅游教育出版社,1999.

[13] 本书编写组.导游基础知识[M].北京:中国旅游出版社,2008.

[14] 吴忠军.中外民俗[M].大连:东北财经大学出版社,2007.

[15] 陶梨.民族民俗风情赏析[M].北京:旅游教育出版社,2006.

[16] 孙信茹.少数民族丧葬礼仪[J].广西右江民族师专学报,2000,3:18—21.

[17] 王国安,等.茶与中国文化[M]. 上海汉语大词典出版社,2000.

[18] 林冶.中国茶艺集锦[M].北京:中国人口出版社,2004.

[19] 姚国坤,等.饮茶习俗[M]. 北京:中国农业出版社,2002.

[20] 甄尽忠.中国旅游文化[M].郑州大学出版社,2002.

[21] 任志宏.酒博览[M].太原:山西人民出版社,2001.

[22] 大红袍.武夷岩茶论坛 杭州茶室 http://www.513cn.com.

[23] 中国文化旅游网. http://www.cnctrip.com.

[24] 王文章.非物质文化遗产[M].北京:教育科学出版社,2008.

图书在版编目(CIP)数据

中国旅游文化/杨妮主编. —西安:西安交通大学出版社,2011.12(2014.6 重印)
ISBN 978-7-5605-3964-5

Ⅰ.①中… Ⅱ.①杨… Ⅲ.①旅游文化-中国-教材 Ⅳ.①F592

中国版本图书馆 CIP 数据核字(2011)第 130280 号

书　　名　中国旅游文化
主　　编　杨　妮
责任编辑　赵怀瀛

出版发行　西安交通大学出版社
(西安市兴庆南路 10 号　邮政编码 710049)
网　　址　http://www.xjtupress.com
电　　话　(029)82668357　82667874(发行中心)
(029)82668315　82669096(总编办)
传　　真　(029)82668280
印　　刷　西安天成印务有限公司

开　　本　787mm×1092mm　1/16　**印张** 16.375　**字数** 397 千字
版次印次　2011 年 12 月第 1 版　2014 年 6 月第 2 次印刷
书　　号　ISBN 978-7-5605-3964-5/F·278
定　　价　29.80 元

读者购书、书店添货、如发现印装质量问题,请与本社发行中心联系、调换。
订购热线:(029)82665248　(029)82665249
投稿热线:(029)82668133
读者信箱:xj_rwjg@126.com